U0541234

2020年国家社会科学基金重大招标项目"中国佛教方志研究与数据库建设（多卷本）"（项目批准号：20&ZD260）阶段性成果

百家廊文丛
BAIJIALANG WENCONG

曹刚华 ○ 著

中国古代佛教史学批评史

本书受中国人民大学科学研究基金项目暨中央高校基本科研业务费专项资金支持

中国社会科学出版社

图书在版编目（CIP）数据

中国古代佛教史学批评史／曹刚华著 . －－北京：中国社会科学出版社，2025.5

（百家廊文丛）

ISBN 978－7－5227－2703－5

Ⅰ.①中… Ⅱ.①曹… Ⅲ.①佛教史—研究—中国—古代 Ⅳ.①B949.2

中国国家版本馆 CIP 数据核字（2023）第 200924 号

出 版 人	赵剑英
责任编辑	郭　鹏
责任校对	刘文奇
责任印制	李寡寡

出　　版	中国社会科学出版社
社　　址	北京鼓楼西大街甲 158 号
邮　　编	100720
网　　址	http：//www.csspw.cn
发 行 部	010－84083685
门 市 部	010－84029450
经　　销	新华书店及其他书店
印刷装订	北京明恒达印务有限公司
版　　次	2025 年 5 月第 1 版
印　　次	2025 年 5 月第 1 次印刷
开　　本	710×1000　1/16
印　　张	28.75
插　　页	2
字　　数	405 千字
定　　价	139.00 元

凡购买中国社会科学出版社图书，如有质量问题请与本社营销中心联系调换
电话：010－84083683
版权所有　侵权必究

目　录

绪　言 ……………………………………………………………（1）

第一章　魏晋南北朝佛教史学批评 ……………………………（10）
　第一节　魏晋南北朝佛教史学批评形式的多样化 ……………（11）
　第二节　魏晋南北朝史学批评的语言风格 ……………………（19）
　第三节　魏晋南北朝佛教史学批评的主要内容 ………………（27）
　第四节　魏晋南北朝佛教史学批评的标准 ……………………（39）

第二章　隋唐佛教史学批评 ……………………………………（46）
　第一节　隋代经录与佛教史学批评 ……………………………（46）
　第二节　《大唐西域记》在唐中前期的著录和评述 ……………（74）
　第三节　唐僧道宣的佛教史学批评 ……………………………（93）
　第四节　唐僧神清的佛教史学批评 ……………………………（133）

第三章　宋元佛教史学批评 ……………………………………（150）
　第一节　继承与变革：北宋僧传的沿袭与变革 ………………（152）
　第二节　南宋纪传体、编年体佛教史籍的史学批评 …………（178）
　第三节　宋代官私目录对佛教史籍的著录和评述 ……………（195）
　第四节　契嵩的明"道"批评史观及其政治因素 ………………（224）
　第五节　元代佛教史学批评 ……………………………………（241）

第四章 明代佛教史学批评 (264)

第一节 明中前期的佛教史学批评 (268)
第二节 晚明文人居士的佛教史学批评及实践 (282)
第三节 晚明佛教僧家的佛教史学批评与实践 (299)
第四节 明代佛教史家对佛教方志的认知与评述 (318)

第五章 清代佛教史学批评 (327)

第一节 清代官方对佛教史籍的认知与评述
——以官修目录为中心 (327)
第二节 清代私家目录对佛教史籍的著录 (386)
第三节 清代僧家对佛教史籍的认知和实践 (401)

结 语 (418)

主要参考文献 (439)

后 记 (455)

绪　言

2016年，习近平总书记在《在哲学社会科学工作座谈会上的讲话》中明确指出："人类社会每一次重大跃进，人类文明每一次重大发展，都离不开哲学社会科学的知识变革和思想先导。"① 中华文明思想更是世界文明的杰出代表，"中华文明历史悠久，从先秦子学、两汉经学、魏晋玄学，到隋唐佛学、儒释道合流、宋明理学，经历了数个学术思想繁荣时期。"正如总书记所言，中华文明历史久远，传统深厚，无论是儒家思想，还是玄学、佛道，都构成了中华民族的优秀传统文化和思想脉络，为人类文明作出重大贡献。佛教自两汉之际传入中土，一直影响古代社会的事物与观念，无论文学、历史、建筑，还是音乐、美术、语言都可见佛教文化因子，它是中国传统文化中一个重要的组成部分。

中国佛教史学批评是佛教中国化在史学层面上的一个重要反映。中国佛教史籍数量繁多，体裁多样，出现《高僧传》《宋高僧传》《五灯会元》《佛祖统纪》《宗统编年》等大批优秀佛教史籍。诸多高僧大德、文人居士编撰佛教史籍，除了用传统史学的直笔、实录、传记、通史等记载佛教发展历史、寺院变迁痕迹、宗派发展盛衰，他们还用"论""颂""曰"等方式评论、褒贬佛教历史发展、人物得失、社会变迁以及佛教史学、史书评述现象等，这些高度凝结的思想散乱在中国佛教史籍的各部分，或在序言，或在跋语，内容精辟，独成一

---

① 习近平：《在哲学社会科学工作座谈会上的讲话》，人民出版社2016年版，第3页。

系，是中国史学批评思想研究的珍贵资料库，亦是佛教传入中土，受到传统史学影响，佛教中国化的又一明证，不可不言。

何谓佛教史学？这一概念较早出现在日本。1937年，致力于中国佛教研究的学者创建"中国佛教史学会"，采用近代研究方法考察中国佛教史与中国文化、社会的关系，全面阐释佛教教理、教团以及佛教文学、美术、建筑等佛教内容。随后，他们又创立会刊《中国佛教史学》，刊发佛教史学研究文章，成为当时佛教研究的主流。[①] 但日本所言的"佛教史学"更多是指对佛教史以及相关佛教文化的研究，是广义佛教史学的范畴。

二十世纪七十年代，中国台湾学者蓝吉富在《中国佛教史学的规模及其特色》中亦提出佛教史学，对其做出系统论述。（《内明》1972年第3期）九十年代，曹仕邦认为佛教史学是佛教历史及相关佛教文化的研究，佛教史学史则是对这种佛教史学研究的再研究。[②] 谢保成认为："中国佛教史学是随着佛教在中国的传布与发展逐渐形成的。它一方面适应着佛教在中国传布的需要，另一方面又深受中国传统史学的影响。通常人们只把它作为佛教史的一个分支，仅从佛教史、社会史等角度来审视某些佛教史籍的史料价值，却很少从历史学的角度来考察这些史籍的史学意义。其实，佛教史学应该属于交叉学科。"[③] 2002年，严耀中指出佛教史学有狭义、广义之分。狭义的佛教史学是关于佛教历史的专门记述和研究，一般指佛教史家的专著，如《高僧传》；或专门论述佛教的有关史著，如《洛阳伽蓝记》。广义的佛教史学则包括所有记载佛教历史的记载和议论。[④]

---

① ［日］镰田茂雄：《简明中国佛教史》，郑彭年译，中国台湾华宇出版社1987年版，第2页。

② 曹仕邦：《中国佛教史学史——东晋至五代》，中国台湾法鼓文化事业股份有限公司1999年版，第1—2页。

③ 谢保成：《佛教史学与唐代佛教史籍》，《法门寺文化研究》通讯总第10期"98法门寺唐文化国际学术讨论会专号"，1998年11月。

④ 严耀中：《试论佛教史学》，《史学理论研究》2002年第3期。

绪　言

何谓史学批评？吴泽、瞿林东、邓鸿光、李振宏等早有阐述。白云总结前人观点，认为"史学批评是一门反思的学问，是对历史学本身的分析、总结与评论。换言之，史学批评是史学的自我审视和总结，是对史学时间活动及其理论形态的反思和认识。"①

何谓佛教史学批评史？它是中国古代史学批评史中一个新兴的研究领域，以考察中国佛教史学发展中"人们反思、评析史学家们的史学活动、史学成果为研究对象"②。它包括两个层面。一方面是历史评论，即对佛教发展与传统历史社会的发展过程中出现的佛教宗派、历史人物、历史事件的评价与反思。另一方面是史学批评，是指佛教史学家对佛教史学与传统史学发展过程中，对佛教史籍编撰、佛教史家、佛教史学现象以及传统史家、史著的批评和总结。佛教史学批评的产生是中国佛教史学发展到一定高度的标志，代表着中国佛教史学家自我史学意识的独立和较高的史学水准，是佛教中国化在传统史学理论层面的直接反映和杰出代表。

百年来海内外学术界系统性研究中国佛教史学批评的论著较少，多是在研究中国佛教史籍过程中提及佛教史家、史著，并没有出现系统总结中国佛教史学批评思想及发展史的论著。

一是提要式佛教史学批评。以提要形式对中国佛教史籍做一概述有利于推动佛教研究的发展，使更多人了解佛教史籍，有助于我们对佛教史籍概貌的认识。史家对佛教史籍题解时，往往会将史家主观评述代入其中，形成主观性史学观点。

20世纪初，佛教史籍概述研究得到快速发展，陈垣《中国佛教史籍概论》为开山、经典之作。他精选数十种佛教史籍，以提要形式从版本、流传，史料价值和作用等方面加以考证和论述，称是为史学

---

① 白云：《中国古代史学批评史论纲》，人民出版社2010年版，第2页。
② 瞿林东：《关于中国古代史学批评史的几个问题》，《北京师范大学学报》（社会科学版）2018年第5期。

研究所开之"新园地"①，对中国佛教史籍提出开创性研究。陈士强《佛典精解》（上海古籍出版社1992年版）是一部考释中国佛教文史类典籍源流及大意的佛学工具书，按部、门、品、类、附五级分类编制，题解佛教典籍226部，展示了中国佛教史籍基本情况。顾吉辰《宋代佛教史稿》（中州古籍出版社1993年版）对《宋高僧传》《景德传灯录》《传法正宗记》《五灯会元》等宋代佛教史籍提要式概述，对于宋代佛教史学批评稍有提及。此外，汤用彤《汉魏两晋南北朝佛教史》（商务印书馆2020年版）、《隋唐佛教史稿》（中华书局1982年版）专篇探讨了魏晋南北朝，隋唐的佛教史籍。苏晋仁《佛教传记综述》（《世界宗教研究》1985年第1期）概述六朝至清代的高僧传记，按成书年代，分为专传、类传和总传，对每部书的名称、撰者、卷数、版本源流做一考述。陈士强《中国古代的佛教笔记》（《复旦学报》1992年第3期）从佛教史料学的角度简要记叙佛教笔记的产生与发展，并对今存三十二种佛教笔记书名、作者、卷数、版本做一介绍，为深入研究指示了门径。

二是从中国佛教史学、文献学发展考察中国佛教史籍，研究者注意到中国佛教史籍发展有着深刻的时代背景，与社会、史学有密切关联。陈钟楠《略说中国佛教史学文献》（《古籍整理研究学刊》2001年第3期）将中国佛教史学文献形成与演变分为形成期、繁荣期、完善期、调整期四个阶段。王宝坤《论汉传佛教史学意识的自觉及中国佛教史学的兴起》（《陕西师范大学学报》2013年第5期）认为汉传佛教史学家们以更为自觉的史学意识、史学素养，搜讨资料，创制体例，编撰大量史学典籍，促成了佛教史学兴起。严耀中《试论佛教史学》（《史学理论研究》2002年第3期）从中国佛教史学发展的角度概述了中国佛教史籍发展的原因及体例来源等，其中提及中国佛教史学批评的内容。宋道发《佛教史观研究》（宗教文化出版社2009年

---

① 陈垣：《中国佛教史籍概论》，上海书店出版社2005年版，第1页。

版）在研究中国佛教史籍的基础上，总结道法法师一书（缘起史观）六支本迹史观、感应史观、神通史观、业报史观、末法史观、正统史观六种佛教史观。《中国佛教史观的形成与佛教史学的建立》（《法音》1999年第12期）认为中国佛教史学真正成熟于南宋志磐时，中国佛教史学建立既与佛教"末法"思想有关，又受到中国传统文化影响，佛教史籍撰述实与社会环境有关。郭琳《论中国古代编年体佛教通史的撰述》（《史学史研究》2018年第1期）总结中国编年体佛教史籍撰述缘由、体例的特点。相关著述还有魏承思《中国佛教文化概论》（上海人民出版社1991年版）、靖居《中国佛教史学之研究》（《佛学研究》1998年年刊）、宋桂梅《略说魏晋隋唐时期的佛教史学》（《今日南国》2008年第6期）等。

三是断代研究。对魏晋南北朝和隋唐佛教史学研究是目前研究的一个热点，多集中在《高僧传》《续高僧传》《洛阳伽蓝记》《弘明集》《广弘明集》等。纪赟《慧皎〈高僧传〉研究》（上海古籍出版社2009年版）主要从研究综述、作者研究、史学背景、文献学研究与早期传记类资料之史源学研究、史地类史源研究等方面对《高僧传》进行系统研究。李艳《唐代佛教史籍研究》（中国社会科学出版社2018年版）从历史文献学角度对唐代佛教史籍编撰的思想文化背景、流传方式与范围、撰述特征、内容等进行考察。刘学军《张力与典范：慧皎〈高僧传〉书写研究》（商务印书馆2022年版）从整体上考察中古僧传书写的诸种张力现象及其与《高僧传》典范地位之间的关系，从一个全新角度来诠释和思考"佛教中国化"的命题。

此外，相关著述还有刘立夫《弘道与明教：〈弘明集〉研究》（中国社会科学出版社2004年版）、李小荣《〈弘明集〉、〈广弘明集〉述论稿》（巴蜀书社2005年版）、刘飒《魏晋南北朝释家传记研究：释宝唱与〈比丘尼传〉》（岳麓书社2009年版）、辛雷乾《试论释僧祐的佛教史学贡献与史学思想》（《法音》2014年第4期）、李晓明《〈洛阳伽蓝记〉的特点》（《史学史研究》1994年第3期）、毛双民

《研究中国佛教史的重要材料——三朝〈高僧传〉》(《文史知识》1986年第10期)、徐翠先《佛教史志〈古清凉传〉的文学价值》(《文学遗产》2009年第1期)等,这些著述阐述佛教史籍、史家时,亦多涉及佛教史学批评。

宋代佛教史籍研究著述有曹刚华《宋代佛教史籍研究》(华东师范大学出版社2006年版)对四十余部宋代佛教史籍编撰缘由、体裁体例、史料价值做系统考察。李熙《僧史与圣传:〈禅林僧宝传〉的历史书写》(中国社会科学出版社2014年版)从文本形成、书写史、历史叙事学视野等角度对《禅林僧宝传》进行较系统探讨。陈自力《释惠洪研究》(中华书局2005年版)系统考察惠洪的生平事迹、禅学思想、僧史撰述等,尤其对惠洪的佛教史观有深入探讨。金建锋《弘道与垂范——释赞宁〈宋高僧传〉研究》(中国社会科学出版社2014年版)以《宋高僧传》为主,从文献学角度比较前两部僧传,总结《宋高僧传》的承继性和创新性,并探讨原因所在。郭琳《中国古代首部编年体佛教通史思想述略——基于〈隆兴佛教编年通论〉中史论的考察》(《五台山研究》2018年第4期)考察《隆兴佛教编年通论》的史论,品评人物、褒贬史事,探讨了史家的良史观、在佛教中国化背景之下调和儒佛的思想以及对佛教与政治关系的思考。此外,还有宋道发《论南宋志磐的佛学思想》(复旦大学2002年博士学位论文)、聂士全《赞宁〈大宋僧史略〉述评》(戒幢佛学研究所编《戒幢佛学》第1卷,2002年)、郭琳《现存最早编年体佛教通史〈隆兴佛教编年通论〉价值略述》(《中国典籍与文化》2016年第4期)等亦有提及宋代佛教史学思想。

明清佛教史籍研究有曹刚华《明代佛教方志研究》(中国人民大学出版社2011年版)、《清代佛教史籍研究》(人民出版社2018年版)系统探讨明代佛教方志、清代佛教史籍的编撰、体裁体例以及史料价值。于海波《清代净土宗著述研究》(巴蜀书社2009年版)提出清代净土宗著述"三基四类说",梳理出清代净土宗著述演变脉络,揭示出发展规律,其中包含《净土圣贤录》《净土圣贤录续》等清代净土宗史籍。此外,还有南炳文《佛道秘密宗教与明代社会》(天津古籍出版社2002年版)、张新鹰《〈雪窦寺志〉浅考》(《世界宗教研究》1985年第2期)、崔向东《〈嵩书〉作者傅梅考略》(《河南社会科学》2002年第6期)、王路平《明清贵州临济禅宗灯系及其典籍著述》(《世界宗教研究》1999年第1期)、印永清《佛家年谱叙录——清代部分》(《正法研究》1999年创刊号)、徐建华《〈峨眉志〉中有关高僧记载的分析——兼论志书中僧传的撰写》、丁培仁《历史上的〈峨眉山志〉与佛教文化》(永寿主编《峨眉山与巴蜀佛教》,宗教文化出版社2004年版)等都对明清佛教史籍的编撰及史料价值进行探讨。

四是中国港台地区研究。曹仕邦连续出版《中国佛教史学史——东晋至五代》(法鼓文化事业股份有限公司1999年版)《中国沙门外学的研究——东汉至五代》(中国台湾东初出版社1994年版),前者概述魏晋至五代佛教史学的发展,后者涉及了中国佛教史籍相关问题。圣严《明末佛教研究》(台北东初出版社1992年版)对明末居士佛教、禅、净、唯识,做了全面性调查和研究,涉及了很多明末清初佛教史家。郑郁卿《〈高僧传〉研究》(台北文津出版社1990年版)专门研究《高僧传》。林一銮《明幽溪传灯(1554—1628)大师之研究》较系统研究传灯法师的思想及撰述。(华梵大学东方人文思想研究所2004年硕士学位论文)这些论著或宏观论述佛教史学,或个案研究,对佛教史学批评多有涉及。

五是海外研究。日本是研究中国佛教史学重镇之一。大内雄文《南北朝隋唐期佛教史研究》(法藏馆2013年版)对中国中世纪佛教与地方、《历代三宝记》展开深入研究,尤其对魏晋南北朝经录、《经律异相》以及道宣的史著等都有探讨。长谷部幽蹊从20世纪七八十年代至21世纪初撰写系列明清佛教史籍文章。《〈祖灯大统〉的铅印本和影印本》(《爱知学院大学教养部纪要》41卷2号,1993年12

月)、《〈祖灯大统〉印行始末》(《爱知学院大学教养部纪要》40卷2号,1992年12月)、《〈祖灯辨讹〉考释》(一)、(二)(爱知学院大学《禅研究所纪要》13,1984年10月;爱知学院大学《禅研究所纪要》14,1985年12月)四篇文章考证《祖灯大统》编撰过程、流传情况以及与《普慧藏》版本不同的考证。他还撰述了《〈续灯正统〉与聚云法门》(一)、(二)(爱知学院大学《禅研究所纪要》31,2003年3月;爱知学院大学《禅研究所纪要》32,2004年3月)较系统地考述清代高僧聚云吹万法门传承,探讨了清代传灯录《续灯正统》的编撰。永井政之、鸟越文邦《明末に生きた禅者达－费隐通容による五灯严统の成立》,(《驹泽大学宗教学论集9》,驹泽大学宗教学研究会,1979年12月)、《费隐禅师と其の著·五灯严统》(《黄檗文华》88号,京都黄檗山万福寺文华殿,1986年7月)对清初高僧费隐通容生平、思想及其《五灯严统》进行较详细考述。此外,高雄义坚《宋代佛教史研究》(陈季箐译,华宇出版社1987年版)、野上俊静《中国佛教通史》(郑钦仁译,牧童出版社1978年版)、丸田教雄《宋僧赞宁のイム教史观》(《中国佛教史籍の基础研究》《龙谷大学佛教文化研究所纪要》,1973年6月)、安藤智信《〈宋高僧传〉著者赞宁の立场》(《印度学佛教学研究》1971年第3期))、阿部肇一《〈宋高僧传〉と〈禅林僧宝传〉——北宋の赞宁と德洪の僧史观》(《酒井忠夫先生古稀祝贺纪念论集》,1982年)、大尧克道《〈景德传灯录〉の研究》(《龙谷大学佛教文化研究所纪要》,1969年)等论著亦涉及佛教史学批评研究。

此外,卜正民(Timothy Brook)"*Geographical Sources of MING-Qing*"(Center for Chinese Studies The University of Michigan 2002)、《为权力祈祷——佛教与晚明中国士绅社会的形成》(江苏人民出版社2005年版)从文献学、社会史角度爬梳明清佛教寺志编撰、明代佛教与士绅关系,并以提要形式解析明清佛教寺志的撰述。冉云华(Jan Yun-hua)《中国宋代佛教史学》("Buddhist Historical Biography

绪　言

in Sung China",*Zeitschrifi der Deutschen Margenlandischen Ge-sellschaft*，114：2，1964)、《宋代人物传记中的契嵩》("Ch'I – Sung In Sung Biographies"，edited by herbert Franke Wiebaden，*Franz steiner Verlag*，1976)分别个案性解读宋代佛教史家赞宁、契嵩的思想及其史著。美国马德伟(Marcus Bingenheimer)先后发表"Bibliographical Notes on Buddhist Temple Gazetteers, Their Prefaces and Their Relationship to the Buddhist Canon"(《中华佛学学报》第25期，2012年)、The Zhonghua Collection of Buddhist Temple Gazetteers(《中华佛寺志丛书·凡例》，中国台湾新文丰出版有限公司2013年版)阐述他对中国佛教寺院志史料价值的认识。柯嘉豪(John Kieschnick) *Buddhist Historiography in China*(《中国佛教史学》)展开从印度到中国的国际视野，examines the historical writings of monks and Buddhist laymen (Columbia University Press 2022)该书从印度来源、因果报应、预言书写、谱系以及佛教多语种和文化的地理区域等方面，考察中国僧侣和佛教居士的历史著作，认为佛教的历史书写在不同的佛教群体中有很大的差异，揭示了中国佛教历史书写的神话性和现代性。这些都涉及中国佛教史学批评的讨论。

　　总体而言，史学批评很大程度上推动了史学理论发展，是史学发展到高水平的一个标志。佛教史学批评是中国佛教史学理论发展的推动器，佛教史家在继承与批评中改革，不断使中国佛教史学批评理论发展、完善。学术界系统研究中国佛教史学批评的论著较少，多是在中国佛教史学和佛教史籍研究中有所涉及。因此，无论对于历史文献学、中国史学史，还是对于佛教史来说，中国佛教史学批评研究是一个新颖和意义重大的学术课题，有助于我们更好解构中国佛教史学与中国佛教史的发展，对当今中国佛教发展有深远影响和重要的实践价值。

第一章　魏晋南北朝佛教史学批评

东汉末年佛教传入中土，魏晋时出现了许多杰出僧人，他们创建寺院、授徒讲学、制定礼仪、翻译佛经，对佛教在中国的发展作出了很大贡献，时人为了纪念他们的成就，遵循传统史学"有闻必录"的原则，记载这些僧人的生平事迹、宗教活动，便出现了最早的佛教史籍——僧传，如《竺法乘赞传》《名僧传》《高僧传》等，开启了中国佛教史学撰述之先河。① 诸多高僧大德、文人居士编撰佛教史籍，除了用传统史学中实录方法记载佛教发展历史、寺院变迁痕迹、宗派发展之盛衰，还用"论""颂""曰""赞"佛教历史发展的事件和人物以及社会变迁，这些高度凝结的思想散落在魏晋佛教史籍，或在序言，或在跋语，或在文中，内容精辟，形成特有的中国佛教史学批评体系。以往学者对魏晋史学批评研究甚多，但对魏晋佛教史学批评关注较少。②

---

① 魏承思：《中国佛教文化论稿》，上海人民出版社1991年版，第152页。
② 学者对魏晋南北朝史学批评研究甚多，如赵俊《魏晋南北朝史学批评述论》，《中国社会科学院研究生院学报》1990年第3期；王春淑《范晔〈后汉书〉序论赞评析》，《四川师范大学学报》（社会科学版）1998年第4期；白云《中国古代史学批评史论纲》，人民出版社2010年版；瞿林东《中国古代史学批评纵横》，重庆出版社2016年版等。关于魏晋南北朝佛教史学批评研究，有方梅《浅论〈高僧传〉之论赞》，《名作欣赏》2008年第20期；纪赟《慧皎〈高僧传〉研究》，上海古籍出版社2009年版；刘学军《张力与典范：慧皎〈高僧传〉书写研究》，商务印书馆2022年；王志宏《梁〈高僧传〉福慧观之分析与省思——（兴福篇）"论"之研究》中国台湾玄奘人文社会学院宗教学研究所2000年硕士学位论文；等等。不赘言。

第一章　魏晋南北朝佛教史学批评

第一节　魏晋南北朝佛教史学批评形式的多样化

魏晋南北朝是佛教史学批评的肇始时期，撰述者或以论赞附在类后，或以小注代替论赞，或以序跋，或以杂文题记，评述名称亦灵活多样，有人名，别名，法号等。

一　论赞

史书的论赞脱胎于先秦颂赞，所谓以言颂德，表其光辉。"赞者，明也，助也。昔虞舜之祀，乐正重赞，盖唱发之辞也。及益赞于禹，伊陟赞于巫咸，并扬言以明事，嗟叹以助辞也。故汉置鸿胪，以唱言为赞，即古之遗语也。"① 一定程度上，早期的颂赞与佛经的赞颂功能上有相通之处，前者是对君王的歌功颂德，后者是"对佛祖、菩萨、罗汉等无量功德、端庄的面貌，佛国清净殊胜等表达的赞叹喜悦之情"②。

西汉司马相如将这种歌功颂德的颂赞转化为史书的论赞，前论后赞，善恶褒贬，评述史事与人物是其主要内容。"至相如属笔，始赞荆轲。及迁《史》固《书》，托赞褒贬，约文以总录，颂体以论辞；又纪传后评，亦同其名。"③ 唐代刘知几亦曰："《春秋左氏传》每有发论，假君子以称之。二《传》云公羊子、穀梁子，《史记》云太史公。既而班固曰赞，荀悦曰论，《东观》曰序，谢承曰诠，陈寿曰评，王隐曰议，何法盛曰述，常璩曰撰，刘昞曰奏，袁宏、裴子野自显姓名，皇甫谧、葛洪列其所号。史官所撰，通称史臣。其名万殊，其义一揆，必取便于时者，则总归论赞焉。"④ 故从史学角度来说，文学的

---

① （梁）刘勰：《文心雕龙》，中华书局2017年标点本，第103页。
② 王丽娜：《汉译佛典偈颂研究》，商务印书馆2016年版，第58页。
③ （梁）刘勰：《文心雕龙》，中华书局2017年标点本，第103页。
④ （唐）刘知几：《史通》卷四，辽宁教育出版社1997年标点本，第23页。

11

颂赞有史学的属性。

魏晋南北朝的文史之书多有论赞，无论单独成书，还是夹在传记中的论赞，皆蔚然成风，如徐众《三国志评》、范晔《后汉书赞论》、孙绰《至人高士传赞》、嵇康《圣贤高士传赞》等。① 这些史书或评议时事，或赞美人物，或品评史书。如《晋书》卷九四《隐逸传·郭文传》曰："于所居之处而祭哭之，葛洪、庾阐并为作传赞，颂其美云。"

魏晋佛教史学始自僧传，撰者在记载佛教高僧大德生平史事的同时，用论赞发出评述，亦是传统史学影响的结果。

魏晋僧传论赞可以分为单传、类论、专论三类。

单传，指为单人立传时，在文后有赞，或褒或颂，加以评述。魏晋僧人单传多已亡佚，论赞的形式与内容，还能从梁代《高僧传》看到痕迹。按照形式不同，单传论赞又可分为传赞和像赞。

传赞是指在人物传记后面的作者评论。魏晋佛教单人传赞有很多，对象或为高僧大德，或为佛教佛祖、菩萨。如东晋单道开"少怀栖隐，诵经四十余万言。……后入罗浮山，独处茅茨，萧然物外，春秋百余岁，卒于山舍"②。康泓撰《道人善道开传》一卷，该书已亡佚，但传赞仍在。赞曰："肃哉善人，飘然出群。外轨小乘，内畅空身。玄象晖曜，高步是臻。餐茹芝英，流浪岩津。"③ 东晋袁宏亦为单道开立赞曰："物俊招奇，德不孤立。辽辽幽人，望岩凯入。飘飘灵仙，兹焉游集。遗屣在林，千载一袭。"④ 又如，东晋孙绰为高僧康僧会作传立赞，曰："会公萧瑟，实惟令质。心无近累，情有余逸。属此幽夜，振彼尤黜。超然远诣，卓矣高出。"⑤

魏晋时佛祖、菩萨传赞更为常见。如东晋支遁撰《文殊师利赞》

---

① 《隋书》卷三三《经籍二》，中华书局1973年标点本，第975页。
② （梁）释慧皎：《高僧传》卷九，中华书局1992年校注本，第361页。
③ （梁）释慧皎：《高僧传》卷九，中华书局1992年校注本，第362页。
④ （梁）释慧皎：《高僧传》卷九，中华书局1992年校注本，第362页。
⑤ （梁）释慧皎：《高僧传》卷一，中华书局1992年校注本，第18页。

《弥勒赞》《维摩诘赞》《善思菩萨赞》等。他为维摩诘菩萨做《善思菩萨赞》曰："玄和吐清气，挺兹命世童。登台发春咏，高兴希遐踪。乘虚感灵觉，震网发童蒙。外见凭寥廓，有无自冥同。忘高故不下，萧条数仞中，因华请无著，陵虚散芙蓉。能仁畅玄句，即色自然空。空有交映迹，冥知无畅功，神期发筌悟，豁尔自灵通。"①

为单人作传立赞，起自西汉司马相如《荆轲赞》。司马迁《史记》在单人传记后有"太史公曰"。如《蒙恬列传》中太史公曰："吾适北边，自直道归，行观蒙恬所为秦筑长城亭障，堑山堙谷，通直道，固轻百姓力矣。夫秦之初灭诸侯，天下之心未定，痍伤者未瘳，而恬为名将，不以此时强谏，振百姓之急，养老存孤，务修众庶之和，而阿意兴功，此其兄弟遇诛，不亦宜乎！何乃罪地脉哉？"② 这种形式对魏晋佛教的单人传赞影响较深。

像赞，指为人物画像或相貌所作的赞辞，在两汉魏晋南北朝时期较流行。《后汉书·应劭传》曰："父奉为司隶时，并下诸官府郡国，各上前人像赞。"③《隋书·经籍志》记载有"陈英宗撰《陈留先贤像赞》一卷"④。

魏晋南北朝佛教单人像赞也常见，对象既有高僧大德，也有佛祖、菩萨。主要是依据人物图像进行赞颂。如支遁《释迦文佛像赞》《阿弥陀佛像赞》《于法兰像赞》《于道邃像赞》等。他为于道邃像撰赞曰："英英上人，识通理清。朗质玉莹，德音兰馨。"⑤ 充满颂赞和褒奖。

类论是在一类人物之后，进行褒赞评述，亦源自司马迁《史记》"太史公曰"对该篇的评述褒贬。魏晋佛教专类论赞也仿效这种体例，

---

① （清）严可均辑：《全晋文》卷一五七，商务印书馆1999年标点本，下册，第1725页。
② 《史记》卷八八《蒙恬传》，中华书局1982年标点本，第2570页。
③ 《后汉书》卷四八《应劭传》，中华书局1982年标点本，第1614页。
④ 《隋书》卷三三《经籍二》，中华书局1973年标点本，第975页。
⑤ （梁）释慧皎：《高僧传》卷四，中华书局1992年校注本，第170页。

如僧祐《释迦谱》在每节之后，用案语进行总结性评述，案语名称亦多变化。慧皎《高僧传》在每类之后有论赞，不仅有固定的"论曰""赞曰"体裁，撰者还总结佛教历史发展，批评佛教诸多现象，臧否高僧大德是非，最后用四字赞语加以赞美褒贬，前论后赞，颇具史学批评精神，这种体裁多仿效自司马迁《史记》、刘勰《文心雕龙》。[1]

《高僧传》之前现存的中土佛教传记有僧法显《佛国记》、僧祐《释迦谱》、释宝唱《名僧传》（残卷）、《比丘尼传》。这些传记或没有论赞，或只在一类之后有议论。如《名僧传》卷一三《中国法师》后面附有"论三乘渐解实相事"、卷一八律师有"礼法事"等评述。[2]《释迦谱》有祐案、祐寻、祐以为等字样，但没有前论后赞。慧皎的论赞仿效司马迁《史记》"太史公曰"较明显，所谓："讨核源流，商榷取舍，皆列诸赞论，备之后文。而论所著辞，微异恒体，始标大意，类犹前序，未辩时人，事同后议。若间施前后，如谓烦杂，故总布一科之末，通称为论。"[3] 暗合太史公之意。

专论指撰述专门的论赞史书对佛教人物进行评价褒贬。魏晋南北朝论赞之书蔚然成风，如范晔《后汉书赞论》、孙绰《列仙传赞》、郭元祖《列仙传赞》、刘歆《列女传颂》、缪袭《列女传赞》等多是独立成册。[4] 魏晋佛教学也有专门论赞的史书，如孙绰《道贤论》《名德沙门赞》、康法畅《人物始义论》等都是魏晋史学影响的结果，同时也代表魏晋佛教论赞进入一种新的高度。

二 序

印度佛经中有颂、偈、赞，但没有序，如《四十二章经》《四部阿含》《法句经》等多是抄众经而成的独立篇品，经前、经后无印度

---

[1] 方梅：《浅论〈高僧传〉之论赞》，《名作欣赏》2008 年第 20 期。
[2] 纪赟：《慧皎〈高僧传〉研究》，上海古籍出版社 2009 年版，第 203 页。
[3] （梁）释慧皎：《高僧传》卷一四，中华书局 1992 年校注本，第 525 页。
[4] 《隋书》卷三三《经籍二》，中华书局 1973 年标点本，第 978 页。

佛经的原有之序。后来佛经翻译多了，外来或本土高僧仿效传统文体做法，在译经、撰述前后有序记，加以说明，如康僧会《佛说大安般守意经序》《法镜经序》、支遁《大小品对比要抄序》、支敏度《合维摩诘经序》等。东晋为翻译、撰述佛经而写的序比比皆是，如道安不仅撰述《增一阿含经序》《道行般若经序》等，编撰《综理众经目录》时，还保留了很多前人或时人撰写的序记，其中大部分留存《出三藏记集》中，这些多是译经时撰述的序。①

序是阐明一书作意，包括宗旨、目的或写作动机等的文字。正如刘知几所言："孔安国有云：'《序》者，所以叙作者之意也。'窃以《书》列典谟，《诗》含比兴。若不先叙其意，难以曲得其情。故每篇有序，敷畅厥义。降逮《史》《汉》，以记事为宗，至于表志杂传，亦时复立序。文兼史体，状若子书，然可与诰誓相参，风雅齐列矣。"②可见，序可以追述至先秦的《尚书》《诗经》，每篇有序，敷畅厥义，两汉时的序很常见，表、志、杂传等多在文后有序。

东晋佛经已然有序，中土佛教史家受到传统文史与佛教文献有序的双重影响，撰述的佛教史籍亦多有序，如僧祐《释迦谱序》。有趣的是，僧祐既采用传统文体写序的风格，表明撰述之缘由，作者述而不作的用意，同时在序的最后，采用佛经偈颂的形式，用七字言，重复撰述该书的缘由、过程以及本意，颇有印度佛经之风。"祐以不敏，业谢多闻，时因疾隙，颇存寻玩，遂乃披经案记，原始要终，敬述《释迦谱记》，列为五卷。若夫胤裔托生之源，得道度人之要，泥洹塔像之微，遗法将灭之相。总众经以正本，缀世记以附末。使圣言与俗说分条，古闻共今迹相证。万里虽邈，有若躬践，千载诚隐，无隔面对。今抄集众经，述而不作，庶脱寻访，力半功倍。敬率丹心，略敷誓愿：'僧祐前礼最胜尊，稽首清净无比法。次归离垢应真僧，三宝

---

① 方广锠：《中国佛教经纶序跋记集序》，许明编《中国佛教经论序跋记集》，上海辞书出版社2002年版，第1册，第3页。
② （唐）刘知几：《史通》卷四，辽宁教育出版社1997年标点本，第24页。

慈护永住世。像末少信信不纯，邪见迷没陷众苦。三藏邈旷难究寻，懈怠障碍令法没。故集本师源缘记，经律传证增信根。仰承大士誓愿心，敢厝弘意于后世。愿同见闻随喜福，法灯延照尽来际。'"①

僧祐《弘明集》《出三藏记集》皆有序，阐明撰述缘由，编撰体例等。这两个序的风格完全是中土传统意义的序，没有融合常见的佛经偈颂。"昔安法师以鸿才渊鉴，爰撰经录。订正闻见，炳然区分。自兹以来，妙典间出，皆是大乘宝海，时竞讲习。而年代人名，莫有铨贯。岁月逾迈，本源将没，后生疑惑，奚所取明？祐以庸浅，豫凭法门，翘仰玄风，誓弘大化。每至昏晓讽持，秋夏讲说，未尝不心驰庵园，影跃灵鹫。于是牵课羸恙，沿波讨源，缀其所闻，名曰《出三藏记集》，一撰缘记，二铨名录，三总经序，四述列传。"②

梁天监十六年（517年），宝唱撰《比丘尼传》，该书的序"置于卷一书名之后，标题之前"③。

慧皎《高僧传》将序放在书后。"尝以暇日，遇览群作，辄搜捡杂录数十余家，及晋、宋、齐、梁春秋书史，秦、赵、燕、凉荒朝伪历，地理杂篇，孤文片记。并博谘古老，广访先达，校其有无，取其同异。始于汉明帝永平十年，终至梁天监十八年，凡四百五十三载，二百五十七人，又傍出附见者二百余人。开其德业，大为十例：一曰译经，二曰义解，三曰神异，四曰习禅，五曰明律，六曰遗身，七曰诵经，八曰兴福，九曰经师，十曰唱导。"④以序阐明其撰述之意与书的体裁结构、史料出处等。

三 经录

中国目录学起源于西汉刘向、刘歆，他们编纂《七略》，确立中

---

① （梁）释僧祐：《释迦谱》卷一，《大正新修大藏经》，中国台湾财团法人佛陀教育基金会1990年版，第50册，第1页。
② （梁）释僧祐：《出三藏记集》卷一，中华书局1995年校注本，第2页。
③ （梁）释宝唱：《比丘尼传》凡例，中华书局2006年校注本，第39页。
④ （梁）释慧皎：《高僧传》卷一四，中华书局1992年校注本，第524页。

国古代最早学科分类体系及知识系统。佛教经录与中土目录相似，是专门著录佛教文献的一种专科目录。秦汉时有《古经录》《旧录》《汉时佛经目录》《汉录》，但多不足信。[①] 西晋武帝时，竺法护编撰的《众经录目》是第一部著录翻译佛经的经录，但该书"只注意记录佛经的名称，不注意记录译经的时间、地点、译经者、新旧译"[②]。可见，早期佛经目录只是一种记载佛经名称的"流水账"，与传统目录学相比有形而无意。

真正意义上的佛经目录是东晋高僧道安编撰的《综理众经目录》。他见"自汉魏迄晋，经来稍多，而传经之人，名字弗说，后人追寻，莫测年代。安乃总集名目，表其时人，诠品新旧，撰为经录"[③]。该书最大的特点就是记载以往传经人名，表明新旧，记载有据，在一定程度上与传统目录学相似。

僧祐《出三藏记集》是中国现存最早的佛教经录，又简称为《僧祐录》《祐录》。撰者在《综理众经目录》基础上，借助定林寺的丰富经藏，编撰《出三藏记集》。该书结构分为"一撰缘记，二铨名录，三总经序，四述列传。缘记撰则原始之本克昭，名录铨则年代之目不坠，经序总则胜集之时足征，列传述则伊人之风可见。并钻析内经，研镜外籍，参以前识，验以旧闻"[④]。可见，无论在功能、结构，还是分类与考据方法等，《出三藏记集》俨然有传统目录学的架构和意识。

《出三藏记集》有较多佛教史学批评思想，既有对人物、佛教发展的评述，也有对佛经翻译、佛史撰述的总结。如撰者总结佛经翻译曰："祐检阅三藏，访核遗源，古经现在，莫先于《四十二章》；传译所始，靡逾于张骞之使。洎章、和以降，经出盖阙。良由梵文虽至，

---

① 梁启超：《中国佛教史研究》，中国社会科学出版社2008年版，第254—255页；汤用彤：《汉魏两晋南北朝佛教史》，上海人民出版社2015年版，第409页。皆持此观点。
② 陈士强：《大藏经总目提要·文史藏》，上海古籍出版社2008年版，第1册，第5页。
③ （梁）释慧皎：《高僧传》卷五，中华书局1992年校注本，第179页。
④ （梁）释僧祐：《出三藏记集》卷一，中华书局1995年校注本，第2页。

缘运或殊。有译乃传，无译则隐，苟非其人，道不虚行也。迄及桓、灵，经来稍广。安清、朔佛之俦，支谶、严调之属，翻译转梵，万里一契。离文合义，炳焕相接矣。"① 他总结佛经翻译繁盛的原因在于人。

四 杂文

魏晋南北朝的杂文是一个包含着多种文体的综合性的名称，它与现代意义上的杂文有联系，但又有不同。正如刘勰所言："详夫汉来杂文，名号多品，或典诰誓问，或览略篇章，或曲操弄引，或吟讽谣咏。总括其名，并归杂文之区。"② 魏晋佛教亦不乏这种以辩论、对问形式的作品，如东晋宗炳《明佛论》、刘勰《灭惑论》等，译经记有支恭明《合微密持经记》、未知撰人《般舟三昧经记》《普曜经记》等。所谓"由汉届梁，世历明哲。虽复缁服素饰，并异迹同归。至于讲议赞析，代代弥精，注述陶练，人人竞密。所以记论之富，盈阁以牣房；书序之繁，充车而被轸矣"③。可见，佛教的经记、杂论、对问在魏晋蔚然成风。这些杂文、经记有不少对佛教人物、翻译佛经的史学评述。

除了上述的传赞、序、经录、杂记之外，魏晋南北朝佛教史学家还仿效中土史学的做法，采用更为灵活的做法，以各种各样的撰述者称呼，出现在文中、文后。

如北魏杨衒之《洛阳伽蓝记》为中国第一部佛教方志。作者感慨洛阳佛教盛衰变迁，记载洛阳佛教寺院的发展状况及掌故，撰述者还采用"衒之案""衒之曰"等称呼进行评述。再如，僧祐《释迦谱》采用案语对事件、人物进行评述。类似评述在魏晋佛教史籍尚有许多。

---

① （梁）释僧祐：《出三藏记集》卷二，中华书局1995年校注本，第22页。
② （梁）刘勰：《文心雕龙》，中华书局2017年标点本，第165页。
③ （梁）释僧祐：《出三藏记集》卷一二，中华书局1995年校注本，第428页。

第一章　魏晋南北朝佛教史学批评

大致来说，印度人不善于记述，较少有系统、详细记载佛教历史的书籍。早期翻译佛经中多是《四阿含经》《无量寿经》《大方广佛华严经》等反映佛祖及其弟子思想、教义的经典，印度佛教文献中亦少见有史学评论的思想。但我们可以清晰地看到魏晋佛教史籍体例上的评述安排与撰述者史学批评、总结历史的意识所在。这些史学批评或是以专门论赞存在，或在佛经的序、记、经录，或以案语出现在魏晋南北朝佛教文献中。可以说，魏晋南北朝是佛教史学批评的肇始时期，它的出现与发展绝不是偶然，而是魏晋文学、玄学、史学交融影响下的必然产物。

第二节　魏晋南北朝史学批评的语言风格

魏晋南北朝佛教史学批评既有专门的论赞，也有序、记、案语，形式多样，语言风格亦呈现出时代的特色。正如刘勰总结先秦、秦汉至魏晋文风与时代关系曰："时运交移，质文代变，古今情理，如可言乎！"[①] 换言之，先秦至魏晋的文风随着时代变化而变化，无论先秦的歌谣文理，或是西汉的"大风鸿鹄之歌"，或是东汉的"华实所附，斟酌经辞""时好辞制，造羲皇之书，开鸿都之赋"，或是魏晋的"志深而笔长，梗概而多气"[②]，以至"中朝贵玄，江左称盛，因谈余气，流成文体"[③]，都影响魏晋南北朝的文学之风，这些皆源自时代社会的变化，所谓"知文变染乎世情"[④]。

魏晋南北朝佛教史学批评的文风受到整个时代文风的影响，无论论赞、序、记，还是撰述者的评语皆可见魏晋文风与佛教文化融合的因子。思想上，玄学影响了佛教史学批评的记载、评述与内容；结构

---

① （梁）刘勰：《文心雕龙》，中华书局2017年标点本，第496页。
② （梁）刘勰：《文心雕龙》，中华书局2017年标点本，第507页。
③ （梁）刘勰：《文心雕龙》，中华书局2017年标点本，第511页。
④ （梁）刘勰：《文心雕龙》，中华书局2017年标点本，第511页。

上，文理交替影响了逻辑演进以及文体结构的层次推进；语言上，以骈文为主体，散文为辅助，贯穿掌故，大量采用言对、事对、反对、正对、夸饰、比兴等手法，可谓才英秀发，鸿风懿采。

第一，玄学影响了佛教史学批评的内容与思想。玄学作为中国传统文化之一，在魏晋南北朝得到了拓张和发展，是魏晋社会的一大风气，其外在表现之一就是对人物的品藻识鉴，用片言只字点评人物。如《后汉书》卷六八曰："劭与靖俱有高名，好共核论乡党人物，每月辄更其品题，故汝南俗有'月旦评'焉。"钱穆认为"此时代人重视人物，实为此一时代之特殊精神所在"[1]。

魏晋佛教史学撰述与评述也受到玄学的影响。《高僧传》无论是僧人的记载内容，还是每类之后的评述，皆可看到玄学影响的因子。颜色容止，身份富贵，神韵气度、达性志向、德操学识等都是慧皎关注与评述的内容。

身体雄壮魁梧是《高僧传》品评僧人的一个重要指标。如品评僧渊"风姿宏伟，腰带十围"[2]，而"释昙邕，形长八尺，雄武过人"[3]。秀气风雅是撰述者评述传主的另一个重要因子。如品评僧远"言论清畅，风容秀整"[4]。此外，内在气质风度的体现，既是"神"的内敛也是对传主记载的又一重要考虑。如品评帛尸梨密多罗"天姿高朗，风神超迈，直尔对之，便卓出于物"[5]。竺法雅"凝正有器度，……雅风采洒落，善于枢机"[6]。类似"风神秀逸""神情爽拔"等词汇常见于魏晋佛教人物传赞，是人物品评的重要标准。

再如，东晋袁宏为单道开作赞曰："物俊招奇，德不孤立。辽辽

---

[1] 钱穆：《中国学术思想史论丛（三）》，中国台湾东大图书公司1981年版，第143页。
[2] （梁）释慧皎：《高僧传》卷八，中华书局1992年校注本，第303页。
[3] （梁）释慧皎：《高僧传》卷六，中华书局1992年校注本，第236页。
[4] （梁）释慧皎：《高僧传》卷八，中华书局1992年校注本，第317页。
[5] （梁）释慧皎：《高僧传》卷一，中华书局1992年校注本，第29页。
[6] （梁）释慧皎：《高僧传》卷四，中华书局1992年校注本，第152页。

幽人，望岩凯入。飘飘灵仙，兹焉游集。遗屣在林，千载一袭。"① 支遁为于道邃作像赞曰："英英上人，识通理清。朗质玉莹，德音兰馨。"② 这些传赞中的评述多离不开"神""俊""奇""清"等玄学清谈人物的范畴，注重外在形象与内在气质的神形结合。

更有甚者，魏晋佛教史家在玄学清谈人物的影响下，对于佛教佛、菩萨的评述亦倾向于玄学化的内容，即关注佛祖、菩萨的外在形象与内在神情的完美统一。

如支遁《释迦文佛像赞》曰："明明释迦，实惟帝先。应期睿作，化融竺乾。交养恬和，濯粹冲源。迈轨世王，领宗中玄。堂构洪模，揭秀负灵。峻诞昆岳，量裒太清。……比器以形，卓机以神。卷即烟灭，腾亦龙伸。"③ 又如他对月光童子赞曰："灵童绥神理，恬和自交忘。弘规憨昏俗，统体称月光。心为两仪蕴，迹为流溺梁。英姿秀乾竺，名播赤县乡。"④ 可以说，支遁对释迦文佛、月光童子的传赞完全是玄学化范式的人物评价，玄学影响了魏晋佛教史学批评的内容和思想当自无疑。

第二，直觉、体悟，由外及内的逻辑层次推进了文体结构的演进，尤其表现在序、论、记等文体。

文以言道，正如刘勰所言："玄圣创典，素王述训，莫不原道心以敷章，研神理而设教。"⑤ 但文与道如何完美结合？即"文人如何用语言表现其本源？陆机《文赋》谓当'伫中枢以玄览'。盖文非易事，须把握生命、自然、造化而与之接，'笼天地（形外）于形内'，

---

① （清）严可均辑：《全晋文》卷五七，商务印书馆1999年标点本，上册，第597页。
② （清）严可均辑：《全晋文》卷一五七，商务印书馆1999年标点本，下册，第1726页。
③ （清）严可均辑：《全晋文》卷一五七，商务印书馆1999年标点本，下册，第1723页。
④ （清）严可均辑：《全晋文》卷一五七，商务印书馆1999年标点本，下册，第1726页。
⑤ （梁）刘勰：《文心雕龙》，中华书局2017年标点本，第9页。

挫万物于笔端"①。换句话说，直觉、体悟，由外及内，由内而时是魏晋文章逻辑层次以及结构推进的一个主题。

纵观魏晋佛教史学家的序、论、记，多受到魏晋文体结构上的影响。如慧远《大智论钞序》曰："夫宗极无为以设位，而圣人成其能；昏明代谢以开运，而盛衰合其变。是故知险易相推，理有行藏，屈伸相感，数有往复。由之以观，虽冥枢潜应，圆景无穷，不能均四象之推移，一其会通，况时命纷谬，世道交沦，而不深根固蒂，宁极以待哉！若达开塞之有运，时来非由遇，则正觉之道，不虚凝于物表，弘教之情，亦渐可识矣。"②

撰者首先从宗极无为开题，进入到世道盛衰变迁，而知理有行藏，由此而知"冥枢潜应，圆景无穷，不能均四象之推移"，更何况世道更替沉沦，无法自拔；进而引出正觉之道的希望在于"不虚凝于物表，弘教之情，亦渐可识矣"，最后推进到达这种境界的最好途径就是《大智度论》。文章整体结构从虚无到体悟，从体外到体内，从人间到正道之觉醒，最后引出中心观点，层层推进，逻辑紧凑。

再如《高僧传》神异论也是结构清晰，逻辑严谨，推进层次感强。第一层次撰述者首先陈述自我感受，得出"当知至治无心，刚柔在化"的结论。第二层次运用现实社会变迁，导出澄公、佛调、耆域、涉公、杯度等佛教高僧的神异，并对刘安、李脱的妖化进行驳斥。第三层次，先抛出"夫理之所贵者合道也，事之所贵者济物也。故权者反常而合道，利用以成务"③ 的观点，证明慧则、宝志虽然神异，但不失其真。最后用赞词进行总结表明撰述者的观点。整个论述既有撰述者的体悟，又有身外社会之事的评述，还有自我的内心标准。内外结合，较为统一。

---

① 汤用彤：《魏晋玄学论稿》，上海人民出版社2015年版，第226页。
② （清）严可均辑：《全晋文》卷一六二，商务印书馆1999年标点本，下册，第1781页。
③ （梁）释慧皎：《高僧传》卷十，中华书局1992年校注本，第399页。

第三，骈文为主，散文、杂记为辅，文史语言结合的统一和谐。魏晋佛教史学家一方面会采用正对、反对、言对、事对、比兴等修辞手法，使得文章文辞灿烂，奢侈风靡；另一方面，由于记载、评述的对象变化，魏晋佛教史学家亦会平铺直叙，用简洁明白的文风记载事件发展或人物的生平及其评述，可谓文史交替，繁简合融，各领风骚。

骈文也称"骈体文"、"骈俪文"或"骈偶文"，因常用四字、六字句，也称"四六文"或"骈四俪六"，全篇以双句（俪句、偶句）为主，讲究对仗的工整和声律的铿锵，是魏晋南北朝文学的主流。

魏晋南北朝佛教史学评论中的骈文、散文、杂记相互交替，层出不穷，撰述者对正对、反对、言对、事对等丽辞手法的运用颇为纯熟，对于事件、人物记载的平铺直叙，娓娓道来，亦见功底，这些佛教史学家的文学修养可见之深。其中原因亦属自然，一方面，他们或是出家为僧人、居士的传统文人，如袁宏、孙绰、王谧之流；另一方面，或是受到中国传统文化影响颇深的外来僧人，如支谦、康僧会、支敏度等。

如支遁《释迦文佛像赞》，撰者在正赞前先有序，既有华丽风靡之辞，亦有简洁明了之处，繁简交替，文史互融，可为代表。全文以"夫立人之道，曰仁与义。然则仁义有本，道德之谓也"为引，引出"昔姬周之末，有大圣号佛，天竺释王白净之太子也。俗氏母族，厥姓裘昙焉"。接着，又用华丽的辞藻，表现出身高贵，"仰灵胄以丕承，藉俊哲之遗芳。吸中和之诞化，禀白净之颗然"。其后，又采用大段的四六骈文，表现释迦牟尼佛幼时的不凡与摒弃皇位，出家修行的事件。"生自右胁，弱而能言。谅天爵以不加为贵，诚逸禄以靡须为足。故常夕惕上位，逆旅紫庭，纡轸储宫，拟翻区外。俄而高逝，周览郊野，四辟皇扉，三鉴疾苦，风人厉辞以激兴，乃甘心受而莫逆。讯大猷于有道，慨在兹之致淹，遂乃明发遐征，栖迟幽闲，脱皇储之重任，希无待以轻举，褫龙章之盛饰，贸穷岩之襴褐，资送之傺，自崖而反矣。"此后，又是大段的四六骈文，文风华丽，形容释迦牟尼佛的雍容华贵与神奇卓绝。"六情虚于静林，凉五内之欲火，廓太素之浩心。濯般若以进德，潜七住而挹玄，搜冥鱼于六绝，齿既立而废筌。豁万劫之积习，同生知于当年，掩五浊以擅曜，嗣六佛而征传。伟唯丈六，体佩圆光，启度黄中，色艳紫金。运动陵虚，悠往倏忽，八音流芳，逸豫扬彩。妙览未兆，则卓绝六位；曲成已著，则化隆三五。冲量弘乎太虚，神盖宏于两仪，易简待以成体，太和拟而称邵。"① 实际上，撰者笔下记载的释迦牟尼佛更像是魏晋一位玄学高僧，而不是具有异域风采的佛祖。

杨衒之《洛阳伽蓝记序》亦是骈文与叙事结合的一个典范。该文开篇即有华丽辞藻、对仗工整的四六骈句，如"三坟五典之说，九流百氏之言，并理在人区，而义兼天外。至于一乘二谛之原，三明六通之旨，西域备详，东土靡记"②。其后是结构简单，叙事清晰的散文杂记，间又贯穿典故辞藻，整体语言风格简单而不失大气，叙述简洁而又有情感。"自项日感梦，满月流光，阳门饰豪眉之象，夜台图绀发之形，迩来奔竞，其风遂广。至于晋室永嘉，唯有寺四十二所。逮皇魏受图，光宅嵩洛，笃信弥繁，法教愈盛。王侯贵臣，弃象马如脱屣，庶士豪家，舍资财若遗迹。于是招提栉比，宝塔骈罗，争写天上之姿，竞摹山中之影；金刹与灵台比高，广殿共阿房等壮。"③ 这种语言风格被后人高度评价为"风格平实流畅，状物细致生动"④。

第四，佛教典故、术语为主，儒家思想、典故为辅，二者完美交织。

受到魏晋玄学思想、文学风格的影响，佛教史家无论是在人物、事件的叙述，还是在评论方面，儒家典故层出不穷，更多通过儒家文

---

① （清）严可均辑：《全晋文》卷一五七，商务印书馆1999年标点本，下册，第1722页。
② （北魏）杨衒之：《洛阳伽蓝记》卷首，中华书局2010年校注本，第21—22页。
③ （北魏）杨衒之：《洛阳伽蓝记》卷首，中华书局2010年校注本，第21—24页。
④ 郭预衡：《中国古代文学史长编》，上海古籍出版社2007年版，第272页。

化的外衣，衬托内在佛教的影子，佛教术语与典故繁复为多，与儒家典故相互交织。作为佛教史学评论，撰者总结史事、评价人物时，或全部使用佛教术语、典故，或是佛教术语与儒家典故参半，语言风格颇为自然。

僧祐《释迦谱》中的评述语言多以佛教术语、典故为主。如《释迦在七佛末种姓众数同异谱第五》案语曰："祐寻：七佛相次，化迹各殊。夫法身平等，非有优劣。众生业异，故现应不同耳。是以释迦出世，身相紫金。而一千比丘，咸见赭容。十六信士，偏睹灰色。色自彼异，佛恒壹也。类此而言，可无惑矣。"① 再如，《释迦母摩诃摩耶夫人记第十六》评价摩诃摩耶夫人曰："祐敬惟：佛生七日，母升忉利。三世如来，莫不同然。摩耶积因，托化诞圣。是以既为天师，而方味其乳。已入泥洹，而还起致敬。欲报之德，于斯至矣。"② 可见，全书整体评价语言以佛教术语、典故为主。

但有些史学评论是佛教术语、典故与儒家经典相结合，最终落脚点还是佛教。如僧祐《弘明集序》开篇即言："夫觉海无涯，慧境圆照。化妙域中，实陶铸于尧舜。理擅系表，乃埏埴乎周孔矣。"③ "实陶铸于尧舜"语出于《庄子·逍遥游》中"是其尘垢秕糠，将犹陶铸尧舜者也。孰肯以物为事"。其后，僧祐曰："然道大信难，声高和寡。须弥峻而蓝风起，宝藏积而怨贼生。昔如来在世化震大千，犹有四魔稽忿，六师怀毒，况乎像季其可胜哉。"须弥是梵文音译，意思是"妙高""妙光""善积"，它是佛教世界中的诸山之王，为宇宙的中心。大千、四魔、六师、像季等是佛教专有术语。《大智度论》卷六三："魔有四种：五众魔、烦恼魔、死魔、自在天子魔。四魔中多烦恼魔、自在天子魔，故令不信般若，自贪著法，憎嫉他法，愚痴颠

---

① （梁）释僧祐：《释迦谱》卷一，《大正新修大藏经》，中国台湾财团法人佛陀教育基金会1990年版，第50册，第9页。
② （梁）释僧祐：《释迦谱》卷二，《大正新修大藏经》，中国台湾财团法人佛陀教育基金会1990年版，第50册，第55页。
③ （梁）释僧祐：《弘明集》卷首，上海古籍出版社2013年校注本，第1页。

倒，故能破般若波罗蜜。"① 其后，僧祐又连续引用儒家典故："夫鹍旦鸣夜，不翻白日之光。精卫衔石，无损沧海之势。"② 佛教术语与典故与儒家典故互相转化，颇为娴熟。

再如，慧皎《高僧传·明律第五》评述佛教戒律的起源及意义。曰："礼者出乎忠信之薄，律亦起自防非。是故随有犯缘，乃制篇目，迄乎双树，在迹为周。自金河灭影，迦叶嗣兴，因命持律尊者优波离比丘，使出律藏。波离乃手执象牙之扇，口诵调御之言。满八十反，其文乃讫。于是题之树叶，号曰《八十诵律》。"③ 撰者首引老子《道德经》中"夫礼者，忠信之薄，而乱之首也"。其后，由儒家的礼转向佛教的律，出现迦叶嗣兴、优波离出《律藏》、八十诵律等佛教典故。最后，引文以阐释佛教典故为主，间出儒家经典语句。"夫慧资于定，定资于戒，故戒定慧品义次第故，当知入道即以戒律为本，居俗则以礼义为先。《礼记》云：'道德仁义，非礼不成。教训正俗，非礼不备。'经云：'戒为平地，众善由生。三世佛道，藉戒方住。'故律解五法，制使先知。斩草三相，不可不识。然后定慧法门，以次修学。而谬执之徒，互生异论。偏于律者。则言戒律为指事，数论虚诞。薄知篇聚名目，便言解及波离。"④ 类似这种儒家典故与佛教事例相互交织的现象在《高僧传》整体行文中比比皆是。可以说，《高僧传》的语言风格就是以儒家经典为先，引出佛教的典故，或采用四六骈文，或使用平铺直叙的语言将佛教典故与儒家经典串联在一起，二者之间达到较高的文学统一。

大致来说，魏晋南北朝佛教史学批评的语言风格多样化。在魏晋玄学、文学撰述的影响下，无论是专门的论赞、序论记，还是散见文中的案语、子曰等，在逻辑结构上，以直觉、体悟，由外而内呈现撰

---

① 龙树造：《大智度论》卷六三，（后秦）鸠摩罗什译，《大正新修大藏经》，中国台湾财团法人佛陀教育基金会1990年版，第25册，第503页。
② （梁）释僧祐：《弘明集》卷首，上海古籍出版社2013年校注本，第3页。
③ （梁）释慧皎：《高僧传》卷一一，中华书局1992年校注本，第441页。
④ （梁）释慧皎：《高僧传》卷一一，中华书局1992年校注本，第443页。

述者的思想，在语言风格上，融合佛教典故与儒家经典，以四六骈文为主，散文、杂记为辅。既有深邃的高深理论，逻辑井然的结构，又有奢侈华丽的辞藻，平铺直叙的直白，二者达到完美统一。正如《齐太宰竟陵文宣王法集录序第二》评价高僧大德，文人居士撰述的论记、文章所言："尔其众经注义、法塔赞颂、僧制药记之流，导文愿疏之属。莫不诚在言前，理出辞表，大者钩深测幽，小者驰辩感俗，森成条章，郁为卷帙。……冠一代之妙化，垂千祀之胜范者也。"[①] 是对魏晋南北朝佛教文史作品的最好评价，较为中肯。

第三节 魏晋南北朝佛教史学批评的主要内容

魏晋南北朝佛教发展十分迅猛，外有印度佛经的持续输入，帝王权贵、文人士大夫的大力支持，内有鸠摩罗什、安世高、道安、慧远等高僧大德的坚持努力，佛教在中土的第一次大繁盛遂即出现，宗派繁多，寺塔林立，民众信佛者甚多，但良莠不齐、佛道之争、反佛之风益盛等问题亦接踵而来。佛教有识之士在与儒家、道家等反佛人士的争辩中不断自我剖析、总结与批评。他们争执、总结的内容除了涉及佛教教义，亦多涉及佛教大势发展与宗派的盛衰变迁、佛教制度与佛经翻译、佛教高僧大德的光辉史事、世俗社会变迁更替，以及佛教史籍撰述、史家的评价等诸多内容，可谓品评繁多，内容丰富。

第一，关注佛教传入真伪，总结中土佛教的盛衰变迁是魏晋佛教史学批评的主要任务之一。

南北朝时期，佛教传入中土已有近五百年的历史，期间褒贬不一，信奉与诋毁并有。佛教何时传入中土？自汉末牟子《理惑论》到魏晋南北朝时有很多不同的说法。如牟子《理惑论》的汉明求法说、刘宋宗少的伯益知有佛说、三国谢承《后汉书》的西周庄王有佛说、

---

① （梁）释僧祐：《出三藏记集》卷一二，中华书局1995年校注本，第448页。

《穆天子别传》《汉法本内传》《周书异记》的西周昭王有佛说、刘宋宗炳《明佛论》佛图澄见古阿育王寺遗迹说、《拾遗记》战国燕昭王有佛说、《魏书·释老志》汉武帝时张骞通西域佛法传入中国说、刘向《列仙传》中西汉有佛说等。①

佛教史学家既是这些佛教历史的创造者，亦是其传播者和接受者、批判者。不同的选择也成为佛教史学家历史书写的一种观点评判。关注佛教传入史，表现了魏晋南北朝佛教史学家"历史意识"和"批判接受"的史学精神。

实际上，尽管魏晋有诸多关于佛教传入中土的传说，但对汉明帝时佛法传入中国的认同，是当时大部分佛教史学家的一种共识。他们或是直接肯定这个观点，或是在此观点基础上混合其他观点，这在很大程度上表现出魏晋南北朝佛教史家的史学直觉和考辨能力。

道安赞同汉末佛法传入中土说。"佛之著教，真人发起，大行于外国，有自来矣。延及此土，当汉之末世，晋之盛德也。"② 慧皎也认同汉明帝佛法传入说。"王诵黄老之微言，尚浮图之仁祀。及通梦金人，遣使西域。乃有摄摩腾、竺法兰怀道来化，协策孤征，艰苦必达。傍峻壁而临深，蹑飞缅而渡险。遗身为物，处难能夷。"③

杨衒之也坚持汉明帝佛教传入说。他在《洛阳伽蓝记序》曰："自项日感梦，满月流光，阳门饰豪眉之象，夜台图绀发之形，迩来奔竞，其风遂广。"④ 所谓"项日感梦"指的汉明帝夜梦金人之事。并且，他对于以前的佛教传入观点进行了考证与评述，表现出强烈的史学批评思想。他认为战国佛教传入说不足信。"衒之按：苏秦时未

---

① 佛法何时传入中土？主要有以上几种说法，学术界研究多有争论。汤用彤认为牟子《理惑论》为汉末之作，离永明求法有百年之距。这种说法又被转相滋益，揣测附会，种种传说，与时俱增。但之后记载或依托西周、战国之书，或依托秦汉之书，多为魏晋、隋唐之作。汤用彤：《汉魏两晋南北朝佛教史》，上海人民出版社2015年版，第3—12页。
② （清）严可均辑：《全晋文》卷一五八，商务印书馆1999年标点本，下册，第1742页。
③ （梁）释慧皎：《高僧传》卷三，中华书局1992年校注本，第141页。
④ （北魏）杨衒之：《洛阳伽蓝记》卷首，中华书局2010年校注本，第21—22页。

有佛法，功德者不必是寺，应是碑铭之类，颂其声绩也。"① 他反驳了佛图澄见阿育王寺遗迹说，认为其穿凿附会，实不可信。"按澄之等并生在江表，未游中土，假因征役，暂来经过，至于旧事，多非亲览，闻诸道路，便为穿凿，误我后学，日月已甚。"②

僧祐一方面表明佛教自西汉刘向校书时，就已经有佛经传入到中土；另一方面也承认汉明帝感梦，张骞通西域佛法传入中土的事件，将各家观点混为一体。"夫神理本寂，感而后通，缘应中夏，始自汉代。昔刘向校书，已见佛经。故知成帝之前，法典久至矣。逮孝明感梦，张骞远使，西于月支写经《四十二章》，韬藏兰台，帝王所印。于是妙像丽于城闉，金刹曜乎京洛。"③

《魏书·释老志》是北魏官方最早对佛教历史的总结和评述，"传达的是一般民众的佛教信仰和一般阶层的佛教知识"④。说明《魏书·释老志》对佛教知识的记载具有一定的广泛性，亦代表北魏官方对佛教历史的解读与认可。

撰者首先否定了西汉刘向校书时见到佛经的说法。"刘歆著《七略》，班固志《艺文》，释氏之学，所未曾纪。"⑤ 接着阐明了自己的观点，"汉武元狩中，遣霍去病讨匈奴，至皋兰，过居延，斩首大获。昆邪王杀休屠王，将其众五万来降。获其金人，帝以为大神，列于甘泉宫。金人率长丈余，不祭祀，但烧香礼拜而已。此则佛道流通之渐也。及开西域，遣张骞使大夏还，传其旁有身毒国，一名天竺，始闻有浮屠之教。哀帝元寿元年，博士弟子秦景宪受大月氏王使伊存口授浮屠经。中土闻之，未之信了也。后孝明帝夜梦金人，项有日光，飞行殿庭，乃访群臣，傅毅始以佛对。帝遣郎中蔡愔、博士弟子秦景等

---

① （北魏）杨衒之：《洛阳伽蓝记》卷三，中华书局2010年校注本，第103页。
② （北魏）杨衒之：《洛阳伽蓝记》卷二，中华书局2010年校注本，第56页。
③ （梁）释僧祐：《出三藏记集》卷二，中华书局1995年校注本，第22页。
④ 葛兆光：《〈魏书·释老志〉与初期中国佛教史的研究方法》，《世界宗教研究》2009年第1期。
⑤ 《魏书》卷一一四《释老志》，中华书局1974年标点本，第3025页。

使于天竺，写浮屠遗范。愔仍与沙门摄摩腾、竺法兰东还洛阳。中国有沙门及跪拜之法，自此始也。"① 在魏收看来，最早在西汉武帝时，佛教为中土所知。其后，张骞通西域、汉明帝感梦，方有佛教进入中土，中土有沙门之始。撰述者用一种递进思维将见到金人、知晓佛经、开始传入、始有沙门这一系列的事件串联起来。既是对以往历史事件的一种叙述，亦是一种新的历史构建。

除了对佛教传入历史的记载与评述，魏晋南北朝佛教史家也关注佛教数百年来盛衰发展的大势，总结原因，评述观点。

魏晋南北朝佛教史家多持佛教三时说，阐明中土佛教的盛衰发展。所谓三时说指佛教发展的三个阶段，称为正时（佛教兴盛时期）、像时（佛教持续发展时期）、末时（佛教衰微时期）。三个时期互相循环发展，永不停息，表明佛教盛衰发展是一个很自然的事情，有盛亦有衰，这是一种历史循环论的学说。他们认为印度佛教是正法，即佛教的兴盛之时。慧皎曰："昔如来灭后，长老迦叶、阿难、末田地等，并具足住持八万法藏，弘道济人，功用弥博，圣慧日光，余晖未隐。……至若龙树、马鸣、婆薮盤豆，则于方等深经，领括枢要。源发般若，流贯双林。虽曰化洽注隆，而亦俱得其性。故令三宝载传，法轮未绝，是以五百年中，犹称正法在世。"② 宝唱则曰："昔大觉应乎罗卫，佛日显于阎浮。三界归依，四生向慕。比丘尼之兴，发源于爱道，登地证果，仍世不绝。列之法藏，如日经天。自拘尸灭影，双树匿迹，岁历蝉联，陵夷讹紊。于是时浇信谤，人或存亡。微言兴而复废者，不肖乱之也；正法替而复隆者，贤达维之也。"③ 他也认为印度佛教是正法之时，但其兴盛的根本在于贤达之人的努力兴教。

魏晋佛教史家认为佛教传入中土，已经处于像法，即持续发展、佛教盛衰相互交替之间。僧祐曰："昔周代觉兴，而灵津致隔；汉世

---

① 《魏书》卷一一四《释老志》，中华书局1974年标点本，第3025—3026页。
② （梁）释慧皎：《高僧传》卷三，中华书局1992年校注本，第141页。
③ （梁）释宝唱：《比丘尼传》卷首，中华书局2006年校注本，第1页。

像教，而妙典方流。"① 他明确认为汉魏是佛教的法微阶段，两晋佛教才开始繁盛。"汉魏法微，晋代始盛者。道运崇替，未可致诘也。"② 道恒也认为"大法之隆，于兹为盛。"③ 坚持东晋佛教繁盛说。也有佛教史家认为姚秦是佛教的繁盛阶段。如慧皎曰："是时姚兴窃号，跨有皇畿，崇爱三宝，城堑遗法。使夫慕道来仪，遐迩烟萃，三藏法门，有缘必睹，自像运东迁，在兹为盛。"④ 慧远亦曰："于时秦主姚王，敬乐大法，招集名学，以隆三宝，德洽殊浴，化流西域。"⑤ 智思认为北朝佛教的兴盛已过，当世末法，佛教衰微。"正法、像法皆已过去，遗法住世，末法之中，是时世恶，五浊竞兴，人命短促，不满百年，行十恶业，共相杀害。"⑥

可以说，魏晋佛教史家对佛教发展盛衰大势的判断，更多是从纯粹佛教理论来看待佛教本身的变化。但在阐释魏晋南北朝时期佛教盛衰之更替，尤其是繁盛原因时，他们多认为是由于"人"之所致。这个"人"一方面是指印度的圣达贤人，亦有中土的高僧大德。正如僧祐总结东晋佛教繁盛原因曰："至汉末安高，宣译转明；魏初康会，注述渐畅。……自晋氏中兴，三藏弥广，外域胜宾，稠叠以总至。中原慧士，炜晔而秀生。提、什举其宏纲，安、远振其奥领，渭滨务逍遥之集，庐岳结般若之台。像法得人，于斯为盛。"⑦ 所谓"道由人弘，于兹验矣"⑧。另一方面，这个"人"也是指弘道的君主皇帝、权贵将相。东晋高僧道安很早就提出"不依国主，则法事难立"的观

---

① （梁）释僧祐：《出三藏记集》卷一，中华书局1995年校注本，第1页。
② （梁）释僧祐：《弘明集》卷一四，上海古籍出版社2013年校注本，第801页。
③ （清）严可均辑：《全晋文》卷一六三，商务印书馆1999年标点本，下册，第1792页。
④ （梁）释慧皎：《高僧传》卷三，中华书局1992年校注本，第142页。
⑤ （清）严可均辑：《全晋文》卷一六二，商务印书馆1999年标点本，下册，第1781页。
⑥ （南朝陈）释智思：《南岳思大禅师立誓愿文》，《大正新修大藏经》，中国台湾财团法人佛陀教育基金会1990年版，第46册，第788页。
⑦ （梁）释僧祐：《出三藏记集》卷一，中华书局1995年校注本，第1页。
⑧ （梁）释僧祐：《出三藏记集》卷一，中华书局1995年校注本，第1页。

点，慧远、道恒、慧皎等亦多认同这一观点，将东晋、姚秦时期的佛教繁盛归结为皇帝的弘道之心。

第二，除了对佛教大势的关注外，魏晋佛教史家对佛经翻译、义学发展、禅法流传等佛教具体问题亦多评述。

关于佛经翻译，三国高僧支谦有简单评述，评述焦点集中在胡汉语言转换上。"天竺言语，与汉异音，云其书为天书，语为天语，名物不同，传实不易。唯昔安调安侯世高、都尉佛调，释梵为汉，实得其体，斯已难继，后之传者，虽不能审，犹尚贵其实，粗得大趣。"①他认为安世高、佛调的译经为早期翻译的佳作，后人能达到"尚贵其实"就很不错。康僧会评价佛调的翻译风格是"言既稽古，义又微妙"②。换句话说，他认为安世高、佛调的翻译，文体上是三代之文，核心上是佛教之义。道安也是佛经翻译大家，他提出"五失本"和"三不易"的翻译理论，尤其推崇安世高的翻译，认为"世高出经，贵本不饰，天竺古文，文通尚质"③。支敏度评述支谶的翻译是"贵尚实中，不在文饰"④。可以说，魏晋南北朝时期对佛经翻译的评述比比皆是。

作为魏晋南北朝佛教史学家的代表，慧皎对佛经翻译亦有历史意识的总结与评述。他首先承认佛经翻译对佛教在中土发展起到的关键作用，"传译之功尚矣，固无得而称焉"⑤。他认为中土佛经翻译始自东汉摄摩腾、竺法兰，"传法宣经，初化东土"。其后，安清、支谶、康会、竺护等翻译"异世一时，继踵弘赞"。但是梵汉转换确实是个难题，"夷夏不同，音韵殊隔"⑥。除非是精通梵汉的语者才能将佛经

---

① （清）严可均辑：《全三国文》卷七五，商务印书馆1999年标点本，第759页。
② （清）严可均辑：《全三国文》卷七五，商务印书馆1999年标点本，第717页。
③ （清）严可均辑：《全晋文》卷一五八，商务印书馆1999年标点本，下册，第2376页。
④ （清）严可均辑：《全晋文》卷一五七，商务印书馆1999年标点本，下册，第1713页。
⑤ （梁）释慧皎：《高僧传》卷三，中华书局1992年校注本，第141页。
⑥ （梁）释慧皎：《高僧传》卷三，中华书局1992年校注本，第141页。

翻译的更为精妙。"自非精括诂训，领会良难。属有支谦、聂承远、竺佛念、释宝云、竺叔兰、无罗叉等。并妙善梵汉之音，故能尽翻译之致。一言三复，词旨分明，然后更用此土宫商，饰以成制。"① 对支谦、聂承远、竺佛念、释宝云、竺叔兰、无罗叉等人的翻译赞赏有加。

后秦时期，译经大师鸠摩罗什"复恨支、竺所译，文制古质，未尽善美，乃更临梵本，重为宣译，故致今古二经，言殊义一"②。鸠摩罗什认为前人翻译在文风上与古人不符，未能尽善尽美，故此重新翻译佛经，这就造成了佛经译本的多样化。慧皎对鸠摩罗什颇为赞赏。同时，他对只翻译一经、只治一经的做法大加批评。"顷世学徒，唯慕钻求一典，谓言广读多惑，斯盖堕学之辞，匪曰通方之训。何者？夫欲考寻理味，决正法门，岂可断以胸衿而不博寻众典。遂使空劳传写，永翳箱匣，甘露正说，竟莫披寻，无上宝珠，隐而弗用，岂不惜哉?"③

可以说，慧皎系统总结魏晋南北朝译经史，评述各个时段的翻译优劣，历史总结意识十分明显。但最终的落脚点不在于"译"经，而在于"治"经。他推崇的治经方法是"贯采禅律，融治经论"④。他认为近人都称佛经翻译对佛教发展的功德，但他坚持服务于当世的"融治经论"才是译经最大的功劳。

慧皎对于义学发展、禅法流传等佛教大问题亦有重要评述。他认为初传时期的义学泛滥而不是繁盛，所谓"始自鹿苑，以四谛为言初；终至鹄林，以三点为圆极。其间散说流文，数过八亿。象驮负而弗穷，龙宫溢而未尽"⑤。认为魏晋关于圣人之言的解读多是流文散说，数量太多，这种泛滥现象造成的不良后果是"知月则废指，得兔则忘蹄"⑥。

---

① （梁）释慧皎：《高僧传》卷三，中华书局1992年校注本，第141页。
② （梁）释慧皎：《高僧传》卷三，中华书局1992年校注本，第141页。
③ （梁）释慧皎：《高僧传》卷三，中华书局1992年校注本，第142页。
④ （梁）释慧皎：《高僧传》卷三，中华书局1992年校注本，第143页。
⑤ （梁）释慧皎：《高僧传》卷八，中华书局1992年校注本，第343页。
⑥ （梁）释慧皎：《高僧传》卷八，中华书局1992年校注本，第343页。

失去了对佛祖思想的真正体会，造成后世佛教义学的纷杂。所以才有朱士行、竺潜、支遁、于兰、法开等人不辞辛苦，传入般若学，"终令般若盛于东川"。其后，佛图澄、道安、慧远等发扬光大，般若学"乃扬浙东之盛，虽复人世迭隆，而皆道术悬会。故使像运余兴，岁将五百"①。他对般若学推崇甚高。

再如，对于北方流行的禅法，他的评价则是"禅定为用大矣哉"②。具体来说，"禅用为显，属在神通。故使三千宅乎毛孔，四海结为凝稣。过石壁而无壅，擎大众而弗遗。及夫悠悠世道，碌碌仙术。尚能停波止雨，咒火烧国。正复玄高逝而更起，道法坐而从化，焉足异哉"③。他更多强调神通外显是禅法的真正作用，了解禅法的神通外显，则对很多神异事件就不用奇怪。

慧皎实际上是站在南方佛教观点来评述南北朝佛教的问题，稍有偏颇。但他对南北佛学发展具体问题的把握较为准确，亦如吕澂总结南北朝佛学发展特点所言："南方佛学偏重于玄谈，北方佛学偏重于实践。因此，义学在南方比较发达，禅法在北方广为流传。"④ 与慧皎观点颇有相通之处。

第三，对佛教高僧大德的品评。

高僧大德是佛教传法的重要载体，魏晋南北朝佛教史家不仅记载高僧的史事、言行，而且还对其在佛教发展史上的贡献及其优劣加以点评。

现存中土撰述较早的佛教传记为僧祐《释迦谱》，撰者把各种经传中关于释迦的史实摘抄、汇集成册，分为三十四节，上溯佛的氏族来源，下至佛灭后的法化流布等，实则为释迦的一部传记。撰者虽然言称"抄集众经，述而不作"⑤，但他在每节之后，多用案语进行总

---

① （梁）释慧皎：《高僧传》卷八，中华书局1992年校注本，第344页。
② （梁）释慧皎：《高僧传》卷一一，中华书局1992年校注本，第426页。
③ （梁）释慧皎：《高僧传》卷一一，中华书局1992年校注本，第427页。
④ 吕澂：《中国佛学源流略讲》，中华书局1979年版，第159页。
⑤ （梁）释僧祐：《出三藏记集》卷一二，中华书局1995年校注本，第460页。

结性评述，名称亦多变化。如《释迦始祖劫初刹利相承姓谱第一》案语曰："劫初草昧，肇建皇极。发源民主，迄于善思。父子继业三十三王，自善思以后云有十族转轮王。第一伽瓷至第十懿摩，或是兄弟支胤。圣贤递兴，容可异族别起。应天受命，长源遥绪，难以意量也。总其世数，凡八万四千二百一十圣王。仰寻白净所承，出自懿摩。转轮相纂，亿叶重辉。所以释迦权应，示现降生。托迹既显，苗裔遂彰。"① 总结释迦所以现身应世的原因。又如，《释迦同三千佛缘谱第六》案语曰："大觉之缘感也，至矣极矣。夫闻名致敬，则胜业肇于须臾。凭心相化，则妙果成于旷劫。故五十三圣声暖微尘之前，三千至真光铄恒沙之后。虽合掌之因似赊，而树王之报渐及。礼拜称赞，岂虚弃哉。"② 可见，撰者对传统史学"述而不作"的案语评述使用非常熟练，史学总结精神昭然若揭。

慧皎《高僧传》是魏晋僧传的集大成者。该书取材广泛，考述严谨，分为译经、义解、神异、习禅、明律、忘身、诵经、兴福、经师、唱导十类。

《高僧传》的论赞也是魏晋佛教史学论赞的代表作。结构上，撰者在十类之后，对每类涉及的佛教史事与僧人都有评述，前论后赞，颇有《史记》"太史公曰"体例。如他总结神异论曰："神道之为化也，盖以抑夸强，摧侮慢，挫凶锐，解尘纷。至若飞轮御宝，则善信归降，涑石参烟，则力士潜伏。当知至治无心，刚柔在化。……故先代文纪，并见宗录。若其夸炫方伎，左道乱时；因神药而高飞，藉芳芝而寿考。与夫鸡鸣云中，狗吠天上，蛇鹄不死，龟灵千年，曾是为异乎？"③ 其中，详细阐述了佛教神异与社会动荡之间的联系，认为佛教神异史事的出现是现实社会动乱祸乱的结果，故此，文献中的神异

---

① （梁）释僧祐：《释迦谱》卷一，《大正新修大藏经》，中国台湾财团法人佛陀教育基金会1990年版，第50册，第3页。
② （梁）释僧祐：《释迦谱》卷一，《大正新修大藏经》，中国台湾财团法人佛陀教育基金会1990年版，第50册，第10页。
③ （梁）释慧皎：《高僧传》卷十，中华书局1992年校注本，第398页。

与佛教中的神异有本质的区别。最后撰者赞曰："土资水泽,金由火煎。强梁扈化,假见威权。澄照裹土,开导蓄川。惠兹两叶,绥彼四边。如不縶赖,民命何全。"①

再如,他总结诵经类曰："讽诵之利大矣,而成其功者希焉。良由总持难得,惛忘易生。如经所说:止复一句一偈,亦是圣所称美。是以昙邃通神于石坞,僧生感卫于空中,道冏临危而获济,慧庆将没而蒙全。斯皆实德内充,故使征应外启。"②最后也是用了四字赞言:"法身既远,所寄者辞。沈吟反复,惠利难思。无怠三业,有竞六时。化人乃卫,变众来比。此焉实德,谁与较之。"③

东晋著名文士孙绰,博学,善属文,他与佛教高僧来往甚密,撰有《道贤论》《名德沙门赞》专门佛教人物论赞。《道贤论》把两晋七个名僧比作魏晋时的"竹林七贤",对竹林七贤以及佛教高僧大德进行比较、评述论赞。《名德沙门赞》很可能是孙绰为法进《江东名德传》三卷后续做的赞,今皆不存,《高僧传》有只言片语。如他评价竺法乘曰:"法乘、安丰少有机悟之鉴,虽道俗殊操,阡陌可以相准。"④评价道安曰:"物有广赡,人固多宰,渊渊释安,专能兼倍,飞声汧陇,驰名淮海。形虽革化,犹若常在。"⑤

魏晋高僧康法畅撰有《人物始义论》,褒贬高僧大德。《高僧传》卷四曰:"畅亦有才思,善为往复,著《人物始义论》等。"⑥ 如《世说新语·文学篇》引用其言曰:"法深学义渊博,名声蚤著,弘道法师也。"⑦"悟锐有神,才辞通辩。(法畅自叙其美。)"⑧ 可惜这些多已亡佚。

---

① (梁)释慧皎:《高僧传》卷十,中华书局1992年校注本,第399页。
② (梁)释慧皎:《高僧传》卷一二,中华书局1992年校注本,第475页。
③ (梁)释慧皎:《高僧传》卷一二,中华书局1992年校注本,第475页。
④ (梁)释慧皎:《高僧传》卷四,中华书局1992年校注本,第155页。
⑤ (梁)释慧皎:《高僧传》卷五,中华书局1992年校注本,第185页。
⑥ (梁)释慧皎:《高僧传》卷四,中华书局1992年校注本,第151页。
⑦ (南朝宋)刘义庆:《世说新语》,上海古籍出版社2013年标点本,第87页。
⑧ (南朝宋)刘义庆:《世说新语》,上海古籍出版社2013年标点本,第45页。

第一章　魏晋南北朝佛教史学批评

第四，对魏晋南北朝佛教史学的总结与评价。

传统史学对史学的性质与作用有明确的认识，史学惩恶扬善，教化世人的功能在孔子编《春秋》有明显体现。魏晋南北朝史家对这观点亦有深入认识，如袁宏、刘勰认为史传功能有"通古今而笃名教""彰善瘅恶，树之风声"等。① 随着佛教史学的兴起，魏晋南北朝佛教史家对佛教史学也有自己的认识与评价。

首先，就佛教史学性质与作用而言，佛家史家认为佛教史学具有显明彰善、启迪后人的功能。为什么要撰述《释迦谱》？僧祐言："仰禀群经，傍采记传，事以类合，义以例分。显明觉应，故序释迦之谱。"② 可见其撰述的原因在于彰显佛祖的高尚与光明，以指引后人对佛祖的向往，坚定信佛之心，"显明觉应"是他对佛教史学性质与作用的一种定位。王曼颖认为佛史、僧传的作用是彰显高僧大德的光辉事迹，以启迪后人，所谓"缁素传美，铅椠定辞，照示后昆，揄扬往秀"③。

其次，佛教史家认为佛教史学具有贯通古今，补订遗漏，知晓往事的功能。如僧祐认为佛教经录要晓往事，通古今。这也是他推崇道安《经录》的一个主要原因。"昔安法师以鸿才渊鉴，爰撰经录，订正闻见，炳然区分。自兹以来，妙典间出。皆是大乘宝海，时竞讲习。而年代人名，莫有铨贯，岁月逾迈，本源将没，后生疑惑，奚所取明？"④ 他认为道安《经录》补订遗漏，贯通古今，将历代佛经、经师等史事记载详细，为后人解惑，是为高明。

此外，魏晋佛教史家认为佛教史学的撰述范围不仅仅局限在僧传、经录上，佛教地志、尼传、护法集等亦都应以关注。如《比丘尼传》撰者宝唱认为比丘尼在佛史中占有重要的地位，应该记录比丘尼

---

① 赵俊：《魏晋南北朝史学批评述论》，《中国社会科学院研究生院学报》1990年第3期。
② （梁）释僧祐：《出三藏记集》卷一二，中华书局1995年校注本，第457页。
③ （梁）释慧皎：《高僧传》卷一四，中华书局1992年校注本，第552页。
④ （梁）释僧祐：《出三藏记集》卷一，中华书局1995年校注本，第2页。

的高尚事迹和光辉形象。"比丘尼之兴，发源于爱道，登地证果，仍世不绝，列之法藏，如日经天。"①但是"自拘尸灭影，双树匿迹，岁历蝉联，陵夷讹紊。于是时浇信谤，人或存亡。微言兴而复废者，不肖乱之也。正法替而复隆者，贤达维之也"②。他认为史家的职责是对过往史事的记载，劝诫后世。所谓"握笔怀铅之客，将以贻厥方来。比事记言之士，庶其劝诫后世。故虽欲忘言，斯不可已也"③。因此，在佛史的撰述中，被遗忘的比丘尼应该被重视，让后人知晓前代比丘尼的高义德行。再如，北魏杨衒之亦是感于北魏佛教盛衰变迁，却无人记载，恐后世无传，故撰述《洛阳伽蓝记》。

对佛教史籍的评述。魏晋佛教史家对佛教史籍的评述主要表现在史书内容的缺失、疏漏、差异，史料取材等方面。

如佛祖事迹多散见于群经，互有差异，各不相同，所谓"义炳经典，事盈记传。而群言参差，首尾散出，事绪舛驳，同异莫齐"④。僧祐对前人这种史学记载的零散性很不满意。杨衒之对《洛阳伽蓝记》引用惠生《行纪》在记载内容上的缺失亦为不满，评曰："惠生《行纪》事多不尽录。"⑤这种缺点实际上与较早佛教史学家对佛教史学的认知有关。即哪些内容需要记载？哪些内容与时代符合？哪些史事记载要详细？哪些内容记载要简略？

王曼颖为《高僧传》作序时，认为编撰佛史、僧传的原因"固宜缁素传美，铅椠定辞，照示后昆，揄扬往秀"⑥。但很多传统史书对佛史、僧事，或删改或不闻，这些史事杂见于感应和奏文之中。即使有僧人传记，但这些僧传"又非隐括。景兴偶采居山之人，僧宝偏缀游方之士，法济唯张高逸之例，法安止命志节之科。康泓专纪单开，王

---

① （梁）释宝唱：《比丘尼传》卷首，中华书局2006年校注本，第1页。
② （梁）释宝唱：《比丘尼传》卷首，中华书局2006年校注本，第1页。
③ （梁）释宝唱：《比丘尼传》卷首，中华书局2006年校注本，第1页。
④ （梁）释僧祐：《出三藏记集》卷一二，中华书局1995年校注本，第459页。
⑤ （北魏）杨衒之：《洛阳伽蓝记》卷五，中华书局2010年校注本，第209页。
⑥ （梁）释慧皎：《高僧传》卷一四，中华书局1992年校注本，第552页。

秀但称高座，僧瑜卓尔独载，玄畅超然孤录"①。每人都只记载一面，不能概全。

除了上述对佛教人物、事件、译经以及佛教史籍的评价外，魏晋南北朝佛教史家对传统社会的人物、事件也有评判。如杨衒之评述北魏寇祖仁曰："祖仁负恩反噬，贪货杀徽，徽即托梦增金马，假手于兆，还以毙之。使祖仁备经楚挞，穷其涂炭，虽魏其侯之笞田蚡，秦主之刺姚苌，以此论之，不能加也。"② 又如竺僧朗评价南燕主慕容德曰："陛下龙飞，统御百国，天地融溢，皇泽载赖，善逢高鉴，惠济黔首，荡平之期，何忧不一。"③ 前者对寇祖仁的卖主求荣行为大加贬斥，后者对慕容德颇多赞美之词。

第四节　魏晋南北朝佛教史学批评的标准

佛教传入中土初期，君王、权贵把佛当成中国本土的神仙。魏晋南北朝，随着对佛教知识的翻译与理解，"信仰者对佛教的了解也逐渐深入，知道佛不同于中国圣人。经历了几百年在中国的传播、发展，（佛教文化）已成为中国文化的一部分。佛教教义的解释权已从外国僧人之手逐渐转移到中国僧人手中"④。这种知识解释权的转移意味着佛教思想与儒家思想、玄学思想、史学文化的融合与格义成为魏晋南北朝，乃至以后相当长一段时间中国佛教史家阐释、评述佛教文化、史学的主要基准。

第一，儒佛一体，互生互融，儒家思想与佛教思想的融合与格义是魏晋佛教僧众、士人评述佛教文化、佛教史学的一种准则。

"中国读佛经，本来困难在了解名相。若以中国名家与之比较，

---

① （梁）释慧皎：《高僧传》卷一四，中华书局1992年校注本，第552页。
② （北魏）杨衒之：《洛阳伽蓝记》卷三，中华书局2010年校注本，第132页。
③ （清）严可均辑：《全晋文》卷一五九，商务印书馆1999年标点本，下册，第1745页。
④ 任继愈：《魏晋南北朝佛教经学》，国家图书馆出版社2013年版，第1页。

则能帮助了解。"① 儒家五行与佛教的四大、儒家的五常与佛教的五戒、儒家的孝与佛教的孝相比拟常见于佛教著述中，这种儒佛思想的格义亦为魏晋佛教史家评述人物、事件的标准之一。

慧皎总体评述汉魏以来律宗传法与僧众时，先言儒家礼仪五常与佛教戒律的关系。"礼者出乎忠信之薄，律亦起自防非。是故随有犯缘，乃制篇目。"认为二者在教化功能上具有相同的作用。"夫慧资于定，定资于戒。故戒定慧品义次第故。当知入道即以戒律为本，居俗则以礼义为先。《礼记》云：'道德仁义，非礼不成。教训正俗，非礼不备。'经云：'戒为平地，众善由生。三世佛道，藉戒方住。'故律解五法，制使先知，斩草三相，不可不识。然后定慧法门，以次修学。"② 他认为儒家的礼与佛的律是相辅相成，不可不识，只有相通二者，出家为律，居家为礼，才是优秀高僧的标准。这也是《高僧传·明律篇》评述高僧的一个标准。

《高僧传·亡身篇》选录、评价高僧的标准也是以儒家兼济思想与佛教慈悲相格义。"僧群心为一鸭，而绝水以亡身。僧富止救一童，而划腹以全命。法进割肉以啖人，昙称自喂于灾虎。"③ 慧皎认为这些佛教高僧行为不仅是佛教慈悲之心，亦"皆尚乎兼济之道"④。他认为佛教亡身的选择是以慈悲之心救助他人或物为前提，不能愚昧地自伤其身。他对世间有的高僧、信众弃舍身命行为提出了批评。"或欲邀誉一时，或欲流名万代。及临火就薪，悔怖交切。彰言既广，耻夺其操。"⑤ 认为这些行为配不上高僧的标准，有沽名钓誉之嫌。

此外，杨衒之《洛阳伽蓝记》采用儒家思想与佛教因果观点比照评述北魏寇祖之背主求荣行为。"崇善之家，必有余庆；积祸之门，殃所毕集。祖仁负恩反噬，贪货杀徽，徽即托梦增金马，假手于兆，

---

① 汤用彤：《魏晋玄学论稿》，上海人民出版社2015年版，第160页。
② （梁）释慧皎：《高僧传》卷一一，中华书局1992年校注本，第443页。
③ （梁）释慧皎：《高僧传》卷一二，中华书局1992年校注本，第456页。
④ （梁）释慧皎：《高僧传》卷一二，中华书局1992年校注本，第457页。
⑤ （梁）释慧皎：《高僧传》卷一二，中华书局1992年校注本，第457页。

还以毙之。使祖仁备经楚挞,穷其涂炭,虽魏侯之笞田盼,秦主之刺姚苌,以此论之,不能加也。"① 《周易》很早就有"崇善之家,必有余庆;积祸之门,殃所毕集"的说法,它与佛教因果思想有相似之处,亦有不同地方,二者格义在魏晋时就很流行。如慧远的因果理论,引入"性命自然,性分夙定"等儒家观念,但慧远又视其为前生所定之业,今生之自然,从而被因果报应论融摄。② 身为佛教徒的杨衒之评述寇祖之背主求荣,仍采用儒家思想与佛教思想相互融合的方式,亦是格义在佛教史学批评上的一种体现。

第二,传统史学观念是魏晋佛教评述史事、文献、事件又一标准。

中国传统史家"有闻必录"的优秀传统是佛教史学肇始与发展的一个重要因子。传统史书的体裁、体例、撰述观念以及史料的取舍、结构的编排完善了早期佛教史籍的撰述,影响了佛教史籍编撰。魏晋南北朝,传统史学获得了飞跃的进步,史家思想较以往更为活跃,史学批评形式更为灵活,思想更为深邃。③ 在魏晋南北朝佛教史学批评中,传统史学撰述的观点亦成为佛教史家评述佛教人物、文献、事件的一个重要标准。

传统史学的批评精神是佛教史学批评的动力来源。印度佛教并无较多的佛教史学著述,翻译过来的几部僧传,我们也没看到蕴含史学批评思想的内容。可以说,中国佛教史学批评的根源不在于印度佛教,而根植于中国传统史学批评因子。无论是先秦《左传》中"君子曰"、《史记》"太史公曰",还是《汉书》"赞曰"等,都表明魏晋以前传统史学批评发展到了相当高的水准。魏晋南北朝时期的史学批评更为活跃,这些都为佛教史学批评的兴起和发展提供了借鉴与动力。

---

① (北魏)杨衒之:《洛阳伽蓝记》卷三,中华书局2010年校注本,第132页。
② 王月清:《中国佛教伦理研究》,南京大学出版社1999年版,第40页。
③ 赵俊:《魏晋南北朝史学批评述论》,《中国社会科学院研究生学报》1990年第3期。

传统史观是佛教史学批评的标准之一。如用天命史观探讨历史事物发展是中国传统史家的一贯做法，无论王朝兴亡、世间纷乱，还是人们的祸福寿夭都由"天"而定。魏晋南北朝佛教史家亦受此影响，多以天命理解世俗社会发展、人物的历史作用。如慧皎《高僧传》曰："冀州有法称道人，临终语弟子普严云：'嵩高灵神云江东有刘将军应受天命，吾以三十二璧镇金一饼为信。'遂彻宋王。宋王谓（慧）义曰：'非常之瑞，亦须非常之人，然后致之。'"①撰者通过法称道人、神的称呼，表现刘宋政权的天命神受。再如，竺僧朗为南燕主慕容德出谋划策曰："陛下今即闻之檀越，敬览三策，潘尚书之议，可谓兴邦之策矣。且今岁之初，彗星起于奎娄，遂归虚危，彗者除旧更新之象，奎娄为鲁之分野，虚危为齐之分野，宜先定兖州，巡抚琅邪，待秋风届节，然后北转临齐，此天道也。"②他运用传统天象分野学说，建言慕容德兴邦之道，并认为他统一天下，乃天道所归。

传统史学的体裁、体例以及史料搜集也是佛教史家评述佛教史学优劣的标准之一。

如在传统史学"会通"思想的影响下，僧祐综合众经，撰述《释迦谱》，记载释迦牟尼佛一生的通史。再如，王曼颖认为尚可称道的僧传只有"释法进所造，王巾有著，意存该综，可擅一家"③，其可取之处在于博综而立体例，不足之处是范围不广，体例不严。他批评僧祐、宝唱的僧传冗长拖沓，"僧祐成兰，既同法济之责。孝秀染毫，复获景兴之诮。其唱公纂集，最实近之，求其鄙意，更恨烦冗"④。

王曼颖认为优秀的僧传要做到内容上有通、广、博、繁、省的融会贯通；体例上要类例有归，开例成广；文风上要属辞比事，文质恰当。亦如他赞扬慧皎《高僧传》所言："法师此制，始所谓不刊之鸿

---

① （梁）释慧皎：《高僧传》卷七，中华书局1992年标注本，第266页。
② （清）严可均辑：《全晋文》卷一五九，商务印书馆1999年标点本，下册，第1745页。
③ （梁）释慧皎：《高僧传》卷一四，中华书局1992年校注本，第552页。
④ （梁）释慧皎：《高僧传》卷一四，中华书局1992年校注本，第552页。

笔也。绵亘古今，包括内外。属辞比事，不文不质，谓繁难省，云约岂加？以高为名，既使弗逮者耻。开例成广，足使有善者劝。"① 可见，《高僧传》才是他心中最优秀的僧传。

慧皎与王曼颖观念大同小异。他以传统史学撰述中的体裁体例、内容范围等概念批评前人僧史。"众家记录，叙载各异。沙门法济，偏叙高逸一迹。沙门法安，但列志节一行。沙门僧宝，止命游方一科。"② 即使有部分通史记载，或过于简略，或内容矛盾，不知其源，如"沙门法进，乃通撰传论。而辞事阙略，并皆互有繁简，出没成异。考之行事，未见其归"③。其他的一些佛史撰述皆不足称道，"齐竟陵文宣王《三宝记传》，或称佛史，或号僧录。既三宝共叙，辞旨相关，混滥难求，更为芜昧。琅邪王巾所撰《僧史》，意似该综，而文体未足。沙门僧祐撰《三藏记》，止有三十余僧，所无甚众。中书郎郄景兴《东山僧传》、治中张孝秀《庐山僧传》、中书陆明霞《沙门传》，各竞举一方，不通今古"④。他对宝唱《名僧传》亦微词有加。"逮乎宋时，亦继有作者。然或褒赞之下，过相揄扬。或叙事之中，空列辞费。求之实理，无的可称。或复嫌以繁广，删减其事，而抗迹之奇，多所遗削。"⑤

可见，无论僧祐、还是慧皎，多借助传统史学概念对佛教史籍在叙事结构的合理、内容的繁省以及过多褒扬的评述等提出批评。如慧皎对《名僧传》内容上的简略以及文风简朴的批评。再如，宝唱则明确提出"不尚繁华，务存要实"⑥ 等观点。可以说，魏晋佛教史家对于佛史、僧传的批评多集中在史书的体例区分、内容的繁省有约、古今贯通、属辞比事，文质关系等问题上，而这些正是传统史学撰述最为强调的标准。

---

① （梁）释慧皎：《高僧传》卷一四，中华书局1992年校注本，第552页。
② （梁）释慧皎：《高僧传》卷一四，中华书局1992年校注本，第523页。
③ （梁）释慧皎：《高僧传》卷一四，中华书局1992年校注本，第523页。
④ （梁）释慧皎：《高僧传》卷一四，中华书局1992年校注本，第524页。
⑤ （梁）释慧皎：《高僧传》卷一四，中华书局1992年校注本，第524页。
⑥ （梁）释宝唱：《比丘尼传》卷首，中华书局2006年校注本，第2页。

第三，外在为儒，内核为佛，佛教理论始终是魏晋佛教史家评述史事、人物、事件的内在核心。

业力因果、神通感应、三时说、本迹论、垂迹论等印度佛教思想经中土僧人阐释后，影响了中国佛教史籍，成为贯穿中国佛教史学的主题，亦成为中国佛教史学批评的终极思想。如佛教三时说指佛教发展的三个阶段，称为正时（佛教兴盛时期）、像时（佛教持续发展时期）、末时（佛教衰微时期）。三个时期循环发展，永不停息，以此来表明佛教盛衰发展是一个自然的事情，有盛有衰，这是一种历史循环论的学说。慧思亦言："正法、像法皆已过去，遗法住世，末法之中，是时世恶，五浊竞兴，人命短促，不满百年，行十恶业，共相杀害。"[①]认为南北朝佛教兴盛已过，当世末法，佛教衰微。

这种思想在佛教批评上的表现呈现为：无论外在形式是儒家思想，还是玄学、传统史学概念，落实到最后的评价，佛教理论仍然是其评述的终极标准。正如僧祐虽然言"事以类合，义以例分"[②]，认为优秀佛教史籍的标准要事类相从，体例严谨。但他最终目的还是归结到"显明觉应""得道度人"[③]。故此，僧祐撰述《世界记》《弘明集》《出三藏记集》目的皆为此。

再如，为什么魏晋南北朝僧传层出不穷？外在虽有传统史学"有闻必录"的观念影响所致，且体裁体例，属辞比事皆为传统文史之佳作，但这些佛教僧传真正的用意仍是在于"顾惟道藉人弘，理由教显。而弘道释教，莫尚高僧。故渐染以来，昭明遗法，殊功异行，列代而兴"[④]。即诸多僧传撰述皆出于"道藉人弘，理由教显"之缘由。

总体来说，魏晋南北朝是佛教史学批评的初创阶段。在中国传统

[①] （南朝陈）释智思：《南岳思大禅师立誓愿文》，《大正新修大藏经》，中国台湾财团法人佛陀教育基金会1990年版，第46册，第788页。

[②] （梁）释僧祐：《出三藏记集》卷一二，中华书局1995年校注本，第457页。

[③] （梁）释僧祐：《出三藏记集》卷一二，中华书局1995年校注本，第457页。

[④] （梁）释慧皎：《高僧传》卷一四，中华书局1992年校注本，第553页。

史学的影响下，魏晋南北朝佛教史家运用了会通思想、史学撰述的体裁体例、属辞比事等，对佛教高僧大德、教史发展、文献经录等进行记载、评述，评述的原则遵循外在儒家，内则佛教，儒佛一体的思想，展现出佛教史学批评独特的风格，奠定了中国佛教史学批评的基本外延与内涵，具有开创性的史学意义。

第二章　隋唐佛教史学批评

隋唐是中国佛教发展的繁荣阶段，宗派繁多，教义纷纭，高僧大德层出不穷，"承汉魏以来数百年发展之结果，五花八门，演为宗派。且理解渐精，能融会印度之学说，自立门户，如天台宗、禅宗，盖可谓为纯粹之中国佛教也"①。隋唐佛教史籍撰述亦不弱于魏晋南北朝，僧传、经录、感应传、志乘等在此阶段得以发展，僧传有三十余部，著名的有《续高僧传》《法琳别传》《慈恩寺三藏法师传》等。经录体有《历代三宝记》《开元释教录》《大唐内典录》等，志乘体有《古清凉传》《天台地志》《清溪山记》《大唐京寺录传》等。② 在撰述意识上，严谨而博采众家的撰史态度，严肃而敏锐的史学评论是隋唐佛教史籍具有的特色。这一切的产生与形成是中国传统史学进一步影响的结果，亦为宋元佛教史籍发展打下深厚的基础。

第一节　隋代经录与佛教史学批评

佛教经录，又称一切经目录、藏经目录，是记载佛教典籍的一种专科目录。从东汉末佛教传入中土，随着翻译经文数量的增多，经录随之产生。魏晋南北朝是佛教经录的初始和发展阶段，出现了《综理众经目录》《出三藏记集》等佛教经录。前辈学者关注佛教经录素有

---

① 汤用彤：《隋唐佛教史稿》，中华书局1982年版，第2页。
② 汤用彤：《隋唐佛教史稿》，中华书局1982年版，第93—102页。

传统，梁启超、姚名达、陈垣、冯承钧、吕澂、小野玄妙、苏晋仁、黄碧姬等海内外史家先后迭起，著述颇丰。① 但这些著述或全面考察经录的发展史，或考述《出三藏记集》《大唐内典录》《开元释教录》等重要经录，专门研究隋代经录仍不多。②

实际上，隋代佛教繁盛，文帝、炀帝崇信佛教，大兴寺院，广译佛经，隋代佛教史籍现存虽然只有《智者大师别传》《众经目录》《历代三宝记》等数部，但经录代表了隋代佛教史学的较高水平。正如学者所言："现在经录中最谨严有法度者，莫如隋之《法经录》。""（《历代三宝记》）在现存经录中号称该博。"③ 隋代佛教史家编撰经录时，或设置传记录，或以序言，或以题解，或著录等方式表达他们对佛教史籍、史学现象的不同态度。

一 法经《众经目录》对佛教史籍的分类与著录

隋开皇十四年，长安大兴善寺僧法经受敕编撰《众经目录》七卷，著录经目2257部，5310卷，优点是分类细致，配录得当，真伪考辨仔细，使"经、律、论三藏厘然分明，每藏又分大小乘，在佛典分类中最为科学的，其三藏以外之书分抄集、传记、著述三类，而每类又分西域与此土，则一切典籍可以包括无遗"④。这种体例"已撷取前代经录分类之长而加以整齐系统，这是一大进步"。不足是只标

---

① 冯国栋：《佛教目录研究八十年（1926—2006年）述评——以中国大陆地区为中心》，《文献》2008年第1期。

② 学术界专门研究隋代经录有：黄碧姬《费长房〈历代三宝记〉研究》，中国台湾花木兰文化出版社2009年版；苏晋仁《〈历代三宝记〉之研究》，载张曼涛主编《中国佛教史学史论集》，中国台湾大乘文化出版社1978年版；阮忠仁《从〈历代三宝记〉论费长房的史学特质及意义》《东方宗教研究》新1期1990年10月；等等。其余或在阐述佛教经录发展时提及，或以题解形式对隋代经录著录。

③ 梁启超：《佛家经录在中国目录学之位置》，黄夏年主编《梁启超集》，中国社会科学出版社1995年版，第99页。

④ 梁启超：《佛家经录在中国目录学之位置》，黄夏年主编《梁启超集》，中国社会科学出版社1995年版，第96页。

经目，不详时代，没有列传，没有出处。①

法经《众经目录》体例严谨，颇有法度，对后世佛经目录影响较大，"奠定此后千余年经录分类之基础"②。费长房《历代三宝记》、彦悰《众经目录》以及唐代《大周刊定众经目录》《开元释教录》等都受其影响。如僧明佺《大周刊定众经目录序》曰："（谨按）隋朝僧法经等所撰《一切经目录》、隋朝翻经学士费长房所撰《开皇三宝录》、唐朝僧道宣所撰《内典录》等，已编入正目，大小乘经律论并贤圣集传，合二千一百四十六部，六千二百三十五卷。"③

尽管《众经目录》重点著录佛典的存佚，但在分类体例、著录内容以及《大兴善寺翻经众沙门法经等敬白皇帝大檀越书》等文中，或多或少呈现了法经对魏晋南北朝佛教经录《高僧传》《法宝集》等史书的观点。

首先，法经给隋文帝上书中，阐述了魏晋佛经翻译的盛况。他认为东汉摄摩腾、竺法兰翻译《四十二章经》是中土译经之始。此后"世高、支谶广译诸余经部。是后通道之士，相寻而至。爰暨魏晋京洛之日，虽有支谦、康会，骤宣于金陵，竺护、兰炬，飞译于雍洛。然而信敬尚简，奉行固微。比逮东晋二秦之时，经律粗备"④。他认为译经越多，产生的问题亦多，要解决这些问题，只有编撰经录。

其次，法经总结了以往经录的优劣，认为道安《综理众经目录》有利于佛经翻译和流传，对其颇为赞许。"道安法师创条诸经目录，诠品译材，的明时代，求遗索缺，备成录体。"⑤ 但他对道安之后二百年间的

---

① 妙净：《佛经目录解题笔记》，《佛教图书馆馆讯》1991 年第 29 期。
② 黄碧姬：《费长房〈历代三宝记〉研究》，中国台湾花木兰文化出版社 2009 年版，第 30 页。
③ （唐）释明佺等：《大周刊定众经目录》，《大正新修大藏经》第 55 册，中国台湾财团法人佛陀教育基金会 1990 年版，第 372 页。
④ （隋）释法经：《大兴善寺翻经众沙门法经等敬白皇帝大檀越书》，（清）严可均辑《全隋文》卷三五，商务印书馆 1999 年标点本，第 414 页。
⑤ （隋）释法经：《大兴善寺翻经众沙门法经等敬白皇帝大檀越书》，（清）严可均辑《全隋文》卷三五，商务印书馆 1999 年标点本，第 414 页。

经录批评较多,认为只有僧祐《出三藏记集》尚为可观。"自尔达今二百年间,制经录者十有数家。或以数求,或用名取,或凭时代,或寄译人。各纪一隅,务存所见。独有扬州律师僧祐撰《三藏记录》颇近可观。"① 即使如此,法经亦明确指出《出三藏记集》的弊端:"然犹小大雷同,三藏杂糅。钞集参正,传记乱经;考始括终,莫能该备。自外诸录,胡可胜言!"② 他认为《出三藏记集》的分类杂糅,体现不了经律论、大小乘的三藏分类,且传记与经文混淆,著录不全等。《出三藏记集》都有如此多的弊端,其他的经录在法经来看更是差不可言。

再次,法经认为前代经录不如人意的主要原因不在于人,而在于动荡的社会环境。"诸家经录,多是前代贤哲修撰。敬度前贤,靡不皆号一时稽古,而所修撰不至详审者,非彼诸贤才不足而学不周,直是所遇之日,天下分崩,九牧无主,名州大郡,各号帝畿,疆场艰关,并为战国。经出所在,悉不相知;学者遥闻,终身莫睹。故彼前哲虽有材能,若不逢时,亦无所申述也。"③ 这种观点较为中肯,反映出法经对经录认识的客观性,重视时代局限性对于佛教史家的影响,并非一味地批评和指责。

最后,在著录僧传、护法集等佛教史籍上,法经积极创建传记录,将佛教史籍纳入经录的著录体系中,既肯定其长处,又揭示其弊端,对佛教史籍评述较为客观,他对佛教史籍的分类和著录都对后世佛教史籍的著录起到指导性的借鉴。

魏晋南北朝的经录虽然较多,但多著录译经,不记载佛教史籍,更没有设置传记体例。即使著名的《出三藏记集》亦零散提及少许佛教史籍,或是依附于人物传记,或是在目录序文中引出,没有单独的史书分类体例。④ 唐初《隋书·经籍志》虽然著录较多的魏晋佛教史

---

① (隋)释法经:《大兴善寺翻经众沙门法经等敬白皇帝大檀越书》,(清)严可均辑《全隋文》卷三五,商务印书馆1999年标点本,第414页。

② (隋)释法经:《大兴善寺翻经众沙门法经等敬白皇帝大檀越书》,(清)严可均辑《全隋文》卷三五,商务印书馆1999年标点本,第414页。

③ (隋)释法经:《大兴善寺翻经众沙门法经等敬白皇帝大檀越书》,(清)严可均辑《全隋文》卷三五,商务印书馆1999年标点本,第414页。

④ 如《出三藏记集》卷二著录《佛游天竺记》、卷八提及宋智猛《游外国传》、卷一一著录玄畅《诃梨跋摩传》、卷一二著录《释迦谱目序》《弘明集目录序》等。

籍，但编撰者也不知道如何分类，他们将其分置于杂传、地理、旧事、杂者等。可见，无论在法经之前的时代，还是之后的几十年，教内外史家对佛教史籍的分类与归属都比较模糊。

因此，法经首次在《众经目录》设置佛灭度后传记录，又将其分为西域圣贤和此方诸德，其中西域圣贤传记著录十三部三十卷，此方诸德传记著录五十五部一百五十五卷，后者又分为此方佛法传记、大小乘经记。[1] 这种将佛教史籍划入到佛教文献的大体系中的体例是法经重视佛教史籍的明显体现。

为什么法经编撰《众经目录》？创建佛灭度后传记录？这与像法思想有一定的关联。

何谓"像法"？按佛经中有正法、像法、末法三期说，代表佛教发展的三个阶段。正法为佛教兴盛时期，像法是佛教的持续时期，末法为濒临衰微时期。佛教自传入中土，时遭思想与政治的双重责难，魏晋南北朝时期像法、末法思想时渐风行。相关佛灭度的佛经屡见不鲜，涉及像法、末法的论述层出不穷。[2] 如魏晋僧道朗《涅槃序》跋曰："至于千载像法之末，虽有此经，人情之淡薄，无心敬信，当知遗法将灭之相。"僧祐谈及当世佛教衰微时曰："昔如来在世，化震大千，犹有四魔稽忿，六师怀毒；况乎像季，其可胜哉！自大法东流，岁几五百。缘各信否，运亦崇替。"[3] "汉世像教，而妙典方流。法待缘显，信有征矣。"[4] 慧皎亦言："故使像运余兴，岁将五百。"[5] 认为魏晋为像法时代，时长五百年。南岳慧思《誓愿文》则清楚地记载正像末法的年代序列。"正法从甲戌年至癸巳年，足满五百岁止住。像法从甲午年至癸酉年，足满一千年止住。末法从甲戌年至癸丑年，足

---

[1] （隋）释法经：《众经目录》卷七，《大正新修大藏经》，中国台湾财团法人佛陀教育基金会1990年版，第55册，第150页。
[2] 张总：《末法与佛历之关联初探》，《法源》1999年第17期。
[3] （梁）释僧祐：《弘明集》卷首，上海古籍出版社2013年校注本，第1—4页。
[4] （梁）释僧祐：《出三藏记集》卷一，中华书局1995年校注本，第1页。
[5] （梁）释慧皎：《高僧传》卷八，中华书局1992年校注本，第344页。

满一万年止住。"① 可见，像法、末法论在魏晋南北朝广为流传，诸多高僧大德中形成一定的共识。

隋开皇时，尽管文帝大兴寺院，广度僧人，创建译经场，佛教呈现兴盛之势，但教内佛教像法、末法思想很流行。如僧灵裕主持雕造的河南安阳宝山大住圣窟是刻经与造像相结合，体现末法思想。② 又如费长房认为佛灭度后，正法千年，像法千年，当世正是像法接近于末法之时。"正法千年，以度女人减五百年，制修八敬，还满千年。然后像法亦一千年，末法万年。……正法之世，大乘味淳；至乎像代，味少淡泊；若入末法，则无大乘。奴婢出家，污染净行。恶王治世，课税僧尼。今则未然，缘此正像交涉未深，三宝载兴，大乘盛布，宁得已接于末法者哉。"③

法经亦认为隋代是佛灭度后的像法、末法时代。他给隋文帝上表中曰："仰惟无上法宝，道洽无穷，像运中途，缘被兹土。"④ 在编撰《众经目录》的实践中，法经将佛灭度后的像法思想贯穿于分类中，将著录佛经分为佛灭度后撰集录、佛灭度后传记录、佛灭度后著述录，他还著录了《佛灭度后棺敛葬经》《像法决疑经》。⑤ 他明确提出创置这种体例的原因就是鉴于当世"趣末岁广，妖滥日繁。今宜摄入，以敦根本"⑥，希望通过著录佛经正本清源。

面对佛教像法、末法，魏晋南北朝、隋朝士人、僧众采取的方式亦不相同，既有慧思发大誓愿念诵佛经，确立对阿弥陀佛和弥勒菩萨

---

① （南朝陈）释慧思：《南岳思大禅师立誓愿文》，《大正新修大藏经》，中国台湾财团法人佛陀教育基金会1990年版，第46册，第786页。
② 张总：《末法与佛历之关联初探》，《法源》1999年第17期。
③ （隋）费长房：《历代三宝记》卷一，《大正新修大藏经》，中国台湾财团法人佛陀教育基金会1990年版，第49册，第23页。
④ （隋）释法经：《大兴善寺翻经众沙门法经等敬白皇帝大檀越书》，（清）严可均辑《全隋文》卷三五，商务印书馆1999年标点本，第414页。
⑤ （隋）释法经：《众经目录》卷三、卷二，《大正新修大藏经》，中国台湾财团法人佛陀教育基金会1990年版，第55册，第130、126页。
⑥ （隋）释法经：《众经目录》卷二，《大正新修大藏经》，中国台湾财团法人佛陀教育基金会1990年版，第55册，第138页。

51

的信仰;① 也有"隋代三阶教祖信行认为当时已进入正法衰微而僧风浊乱的末法时代,必须修行普法(全佛教),归依一切三宝、断除一切恶、修持一切善,始易有成";② 也有修建塔寺、供养佛像、舍利等方式者挽救佛法颓势。如魏晋南北朝时帝王、民众修寺建塔,供养佛像、舍利者数不胜数。

还有部分世人、僧众则另辟蹊径,欲借佛教著述弥补佛法的衰微。如宝唱曰:"圣旨以为像正浸末,信乐弥衰,文句浩漫,鲜能该洽。以天监七年敕释僧旻等备钞众典,显证深文,控会神宗,辞略意晓。"③ 可见,梁武帝、宝唱已经意识到佛教的衰微。他们就是要借助编撰佛教文献,普及佛法,"令览者易了",来挽救衰势。④ 可见,《众经要钞》《经律异相》《华林佛殿众经目录》这些佛教史籍都是梁武帝、僧旻、宝唱挽救末法意识下的产物。

僧祐是借著述来挽救像法末世的代表者,他的著述除了佛经文献,还有三宝胜迹、四众福缘、杂记碎文、僧众行记、山寺碑铭等,凡是跟佛教有关系之特别事务者,皆为其挽救像法之利器。或有人反对这种做法,僧祐却认为史传亦是佛教成道的一种表现。"祐少长山居,游息净众,虽业勤罔立,而誓心无坠。常愿觉道流于忍土,正化隆于像运,是以三宝胜迹,必也详录,四众福缘,每事述记。所撰法集,已为七部,至于杂记碎文,条例无附,辄别为一帙,以存时事。其山寺碑铭,僧众行记,文自彼制,而造自鄙衷。窃依前古,总入于集,虽俗观为烦,而道缘成业矣。"⑤

僧祐是法经推崇的高僧,他的像法思想以及重视佛教史传的做法

---

① 张总:《末法与佛历之关联初探》,《法源》1999年第17期。
② 宋道发:《中国佛教史观的形成与佛教史学的建立》,《法音》1998年第12期。
③ (梁)释宝唱:《经律异相序》,(清)严可均辑《全梁文》卷七四,商务印书馆1999年标点本,第826页。
④ (梁)释宝唱:《经律异相序》,(清)严可均辑《全梁文》卷七四,商务印书馆1999年标点本,第826页。
⑤ (梁)释僧祐:《出三藏记集》卷一二,中华书局1995年校注本,第498页。

第二章　隋唐佛教史学批评

对其影响甚大。可以说，法经撰述《众经目录》的缘由一方面是由隋文帝大兴佛教，下诏敕编撰经目；另一方面缘于像法。他认为隋代佛教像法表现之一就是经文分类混乱，翻译真伪杂糅，混淆世人，解决这种乱象的方式就是"据诸家目录，删简可否，总标纲纪，位为九录，区别品类，有四十二分，九初六录三十六分，略示经律三藏大小之殊，粗显传译是非真伪之别。"① 二者合一则是编撰《众经目录》的真正缘由。

传记录创建与著录内容也是在这种思想之上，加上僧祐对佛教史传重视的产物。正如他所言："后之三录，集传记注，前三分者，并是西域圣贤所撰，以非三藏正经，故为别录。后之三分，并是此方名德所修，虽不类西域所制，莫非毗赞正经，发明宗教，光辉前绪，开进后学，故兼载焉。"② 可见，在法经看来，传记录虽非是正宗佛经，但它们在一定程度上"毗赞正经，发明宗教，光辉前绪，开进后学，"对于弘扬佛经教义有很大益处，故著录于经目，这种看法与僧祐"道缘成业"观点如出一辙。

此方佛法传记中，法经著录了十六部中土撰述的佛教史籍。"《释迦谱》四卷，释僧祐撰；《萨婆师谘传》三卷，释僧祐撰；《诃梨跋摩传》一卷，释玄畅撰；《高僧传》十五卷，释慧皎撰；《弘明集传》十卷，释僧祐撰；《三藏集记》十六卷；《法苑集记》十卷，释僧祐撰；《沙门仕行送大品本末记》一卷；《佛牙记》一卷；《名僧传》三十卷，释宝唱撰；《法显传》一卷；《佛钵记》一卷；《佛本记》一卷；《世界记传》十五卷，释僧祐撰；《塔寺记》十一卷；《像正记》一卷。"③ 尽管十六部佛教史籍相对于传记录中大小乘经记的数量较

---

① （隋）释法经：《大兴善寺翻经众沙门法经等敬白皇帝大檀越书》，（清）严可均辑《全隋文》卷三五，商务印书馆1999年标点本，第414页。
② （隋）释法经：《大兴善寺翻经众沙门法经等敬白皇帝大檀越书》，（清）严可均辑《全隋文》卷三五，商务印书馆1999年标点本，第414页。
③ （隋）释法经：《众经目录》卷六，《大正新修大藏经》，中国台湾财团法人佛陀教育基金会1990年版，第55册，第146页。

53

少，相对于魏晋南北朝佛教史籍的数量也较少，且又以释僧祐作品为多，但是法经创建传记录为以后佛教史籍在经目中占有一席之地提供了理论依据，对后代大藏经史传部的分类影响甚大，开创之功不可磨灭。

法经对著录的十六部佛教史籍有清晰的认识和分类，著录的范畴更多从佛教史籍流传度、开创性、影响力以及多样化来考虑，并没有像《隋书·经籍志》那样无序、求全。他将这些史书定义为此方佛法传记，主要著录中土高僧撰述，有益于辅助佛法弘扬的僧传、塔寺记、护法集、佛牙记等。无论从著录僧祐编撰佛教史籍的数量，还是从著录的佛教史籍的性质来看，法经对佛教史籍的理解深受僧祐佛教史籍概念的影响。僧祐所提及的寺院胜迹、山寺碑铭，僧众行记等史书在法经的十六部著录中都能找到一两部代表作。

十六部史书可以分为四类：一是僧祐撰述的六部；二是僧人总传《高僧传》《名僧传》；三是僧人单传，玄畅《诃梨跋摩传》和未注明撰者的《法显传》；四是佛教寺塔、佛像、佛牙、法事记等六部。

法经著录僧祐的史著较多，一方面表明僧祐的作品具有较高的流传度和影响力，如《释迦谱》《萨婆师谘传》《弘明集传》《三藏集记》《法苑集记》等多被后人熟知。[①] 另一方面也表明法经对僧祐的偏爱，这与上述他对前代经录体书的观点如出一辙。

僧人总传著录有慧皎《高僧传》十五卷，宝唱《名僧传》三十卷，表明法经对僧传有较高的史学视野。魏晋僧人总传数量较多，如法进《江东名德传》三卷、裴子野《众僧传》二十卷、虞孝敬《高僧传》六卷等。其中代表性作品是宝唱《名僧传》、慧皎《高僧传》，前者"标志着佛教传记体裁完全成熟"[②]，后者是魏晋僧传的集大成

---

① 如梁僧绍编撰《华林佛殿众经目录》是以《出三藏记集》为依据。释僧祐：《出三藏记集》，中华书局 1995 年校注本，前言，第 27 页。

② 纪赟：《慧皎〈高僧传〉研究》，上海古籍出版社 2009 年版，第 210 页。

者。① 因此，法经在众多僧人总传中只著录这两部作品，可谓眼光独到。

魏晋僧人单传亦层出不穷，如季禺《竺法乘赞传》、顾恺之《竺法旷赞传》、王微《竺道生传》等。法经著录的僧人单传有玄畅《诃梨跋摩传》与《法显传》两部，这也是法经一番考虑之后的选择。② 前者为中土僧众较早撰述印度圣贤之传，虽然藏经中有《马鸣菩萨传》、《龙树菩萨传》、《提婆菩萨传》等，但这些皆为翻译之作，故玄畅《诃梨跋摩传》有开创之功。且此书亦备受僧祐重视，《出三藏记集》全文收录释玄畅《诃梨跋摩传》。③《法显传》则是魏晋僧传中甚有影响的一本，较早真实记载公元五世纪初年印度和西域佛教基本情况，为魏晋南北朝中土僧众了解印度佛教提供了珍贵的史料，具有开创外国游记之功，对打开魏晋隋唐中土僧众的新视野具有重要的意义。故《出三藏记集》卷一五、《高僧传》卷三大幅度著录《法显传》内容，重要性不言而喻。亦如岑仲勉所言："涉绝幕，渡重洋，在外十五年，学成而归，就所经行，别出记传，克保于今者，邦贤中首推法显。"④ 法经著录《诃梨跋摩传》《法显传》更多是从其影响力和开创性考虑。

法经著录《佛钵记》《佛本记》《佛牙记》《沙门仕行送大品本末记》，则受僧祐"寺院胜迹、四众福缘、杂记碎文"的观点影响，四种书在《出三藏记集》皆有著录，法经经过一番思量，将其集中于传记录。

《佛钵记》本名《佛钵经》，《出三藏记集》对此书有两处记载。一处僧祐将其归为《新集疑经伪撰杂录》，为经记。"《佛钵经》一

---

① 汤用彤：《理学·佛学·玄学》，北京大学出版社1991年版，第72—79页。
② 或有种说法，隋开皇时，魏晋僧传多亡佚，法经没有看到。这种可能性不大，因为晚于法经三十余年的《隋书》著录了较多魏晋佛教僧传。法经编撰《众经目录》时，诸多魏晋僧传还存世流传，故法经有选择地不著录此书的可能性较大。
③ （梁）释僧祐：《出三藏记集》卷一一，中华书局1995年校注本，第407—410页。
④ 岑仲勉：《〈佛游天竺记〉考释》，知识产权出版社2014年版，第1页。

卷，或云《佛钵记》，甲申年大水及月光菩萨出事。"① 僧祐认为包括《佛钵记》在内的"右十二部经记，或义理乖背，或文偈浅鄙，故入疑录"②。此处《佛钵经》或《佛钵记》，僧祐应该见过，否则不会有"义理乖背，文偈浅鄙"的评价，但他也认为《佛钵记》虽为疑伪经记，但仍能"庶耘芜穢，以显法宝"。法经将《佛钵记》放于此方佛法传记中，想法与僧祐一致，即虽然它不是佛教正宗经文，却也能显扬佛法。但分类上似有不妥，或放置传记录的大小乘经记更好些。

另一处僧祐将《佛钵经》归为《新集续撰失译杂经录》中《修新撰目录阙经》，未见经文，僧祐应未见过此处的《佛钵经》。③ "右合四百六十部，凡六百七十五卷。详校群录，名数已定，并未见其本，今阙此经。"④

对《出三藏记集》中《佛钵经》或《佛钵记》的两处记载，法经采取了一种改名换姓的方式。一方面他将僧祐归入《新集续撰失译杂经录》修新撰目录阙经，未见经文的《佛钵经》直接删除；另一方面，他将僧祐看到的文献，归为《新集疑经伪撰杂录》中的《佛钵经》，归类为《众经伪妄》，且合二为一改经名为"《钵记经》一卷，经记甲申年洪水月光菩萨出世事"⑤。法经对此经的评语是"略观此经，妖妄之甚"⑥。同时，他将僧祐"《佛钵经》或云《佛钵记》"的观点完全否定，认为二者并不是一本书，并将《佛钵记》列入此方佛法传记。

《出三藏记集》曰："《佛本记》一卷（《旧录》所载）。"⑦《出三

---

① （梁）释僧祐：《出三藏记集》卷五，中华书局1995年校注本，第225页。
② （梁）释僧祐：《出三藏记集》卷五，中华书局1995年校注本，第225页。
③ （梁）释僧祐：《出三藏记集》卷四，中华书局1995年校注本，第184页。
④ （梁）释僧祐：《出三藏记集》卷四，中华书局1995年校注本，第211页。
⑤ （隋）释法经：《众经目录》卷二，《大正新修大藏经》，中国台湾财团法人佛陀教育基金会1990年版，第55册，第127页。
⑥ （隋）释法经：《众经目录》卷二，《大正新修大藏经》，中国台湾财团法人佛陀教育基金会1990年版，第55册，第127页。
⑦ （梁）释僧祐：《出三藏记集》卷四，中华书局1995年校注本，第184页。

藏记集》中的"《旧录》"多是指道安《综理众经目录》。僧祐是根据道安的记载，将其归为《新集续撰失译杂经录》中《修新撰目录阙经》，未见经文者，亦未见过《佛本记》一书。①

《出三藏记集》亦有提及《佛牙记》，僧祐为齐太宰竟陵文宣王《法集录》写序时，列出《法集录》著录的书籍，其中有《佛牙记》。②

《沙门仕行送大品本末记》在《出三藏记集》卷三《新集安公失译经录》有著录，二者名称略有不同，僧祐书作"《仕行送大品本末》一卷"③。《新集安公失译经录》分为两类，一是"今并有其经"，一是"失译经"。《仕行送大品本末》归为后者，该经与"从《钵呿沙经》至《打犍稚法》，凡十一部，先在《安公注经录》末，寻其间出，或是晚集所得，今移附此录焉"④。僧祐认为《仕行送大品本末》与《钵呿沙经》《打犍稚法》等十一部经较早著录在道安《经录》的末尾，时有间出，他猜测是道安较晚时候所集，僧祐没有见过这些经文，故将此列为失译经类。

《仕行送大品本末》中的大品当是指《道行品》，该书主要记载高僧仕行到于阗寻得《道行品》原本，后送往仓垣的事件经过。道安对这个事件来龙去脉有简单记载。"佛泥曰后，外国高士抄九十章为《道行品》。桓灵之世，朔佛赍诣京师，译为汉文。因本顺旨，转音如已，敬顺圣言，了不加饰也。然经既抄撮，合成章指，音殊俗异，译人口传，自非三达，胡能一一得本缘故乎？由是《道行》颇有首尾隐者。古贤论之，往往有滞。仕行耻此，寻求其本，到于阗乃得。送诣仓垣，出为《放光品》。"⑤ 道安对此事经过较熟悉，且将《仕行送大品本末》著录于经目中。僧祐时此经已然不传，见者甚少，但僧祐遵

---

① （梁）释僧祐：《出三藏记集》卷四，中华书局1995年校注本，第184页。
② （梁）释僧祐：《出三藏记集》卷一二，中华书局1995年校注本，第452页。
③ （梁）释僧祐：《出三藏记集》卷三，中华书局1995年校注本，第108页。
④ （梁）释僧祐：《出三藏记集》卷三，中华书局1995年校注本，第108页。
⑤ （梁）释僧祐：《出三藏记集》卷七，中华书局1995年校注本，第263—264页。

从道安著录,将其归入《新集安公失译经录》,经名当仍是道安见到的旧名。法经则将僧祐著录《仕行送大品本末》改为《沙门仕行送大品本末记》,且将其从失译经改为传记录的此方佛法传记,亦缘于他对佛教史传概念更为深刻的理解。

总的来看,法经在编撰《众经目录》的同时,亦逐渐建立独特的佛教史学思想。在分类体例上,他创建传记录,对后世大藏经史传部的分类影响甚大,可谓佛教史传体例之开创者。对待经录,他一方面承认前代观点,认同道安创建了经录体,这种体例对译经流传起到了甄别真伪的作用。但另一方面,他也指出前代经录的弊端,认为只有《出三藏记集》还差强人意。他同时将这种现象总结为时代之局限性,并非人力所及。著录佛教史籍时,他受到僧祐史学观点的影响,著录十六部,大部分都与僧祐有关。著录《高僧传》《名僧传》则展现他对魏晋僧传有较高认知和理解。

二 彦悰《众经目录》对佛教史籍的删除

隋仁寿二年,东都上林园翻译沙门彦悰受敕,在法经《众经目录》基础上,"披检法藏,详定经录"①,编撰《众经目录》五卷。撰者"核对原书,所记载的佛典1707部,4311卷,是隋朝所存佛典的真实数目"②。与法经《众经目录》一样,该书只有经目,而无题解,同时在贤圣集传,不分西域、此土,亦删除很多佛教史籍。

在《众经目录序》中,彦悰没有提及译经发展史,但他重点阐述了译经繁多带来的严重问题,致使后人对经文审视不清,真假不分。"梵经西至,流布渐多。旧来正典,并由翻出。近遭乱世,颇失原起。前写后译,质文不同。一经数本,增减亦异。致使凡人,得容妄造。或私采要事,更立别名。或辄构余辞,仍取真号。或论作经称,疏为

---

① (隋)释彦悰:《众经目录》卷一,《大正新修大藏经》,中国台湾财团法人佛陀教育基金会1990年版,第55册,第150页。
② 杨曾文:《隋唐佛教史》,中国社会科学出版社2014年版,第33页。

第二章　隋唐佛教史学批评

论目。大小交杂,是非共混。流滥不归,因循未定。"① 他强调译经过多会造成"陵迟圣说,动坏信心,义阙绍隆,理乖付嘱"②。所以他"披检法藏,详定经录,随类区辩,总为五分"③。彦悰列举诸多译经混淆的问题,认为解决这种困境好的方法是撰述高质量的经目。但与法经相反,他对经录发展视而不见,对于道安创建之功,僧祐经录等一字不提。著录上,他删除法经著录的《出三藏记集》,也不著录其他经录。可见,彦悰轻视以往经录,认为此类书籍无法纳入佛经中。

在佛教史籍的著录上,他保留贤圣集传,却不分西域、此土。④ 同时,他删除法经《众经目录》的佛灭度后传记录,只保留贤圣集传31部,164卷,意为"贤圣所撰,翻译有原"⑤,其中大部分为西域圣贤高僧翻译的佛经,涉及传记只有《阿育王传》五卷(或七卷),梁天监年僧伽婆罗于扬州译;《马鸣菩萨传》一卷,后秦世罗什译;《龙树菩萨传》一卷,后秦世罗什译;《提婆菩萨传》一卷,后秦世罗什译;《婆薮槃豆传》一卷,陈世真谛译撰;《撰三藏及杂藏传》一卷,失译人名,六部记载西域高僧事迹的传记。⑥ 这些显然是在法经《众经目录》著录的十三部,三十六西域圣贤传记的基础上进行了精减。

同时,他删除法经创建的此方佛法传记,将少许佛教文史、护法类书籍放在别生类。"至如《法宝集》之流,《净住子》之类,还同

---

① (隋)释彦悰:《众经目录》卷一,《大正新修大藏经》,中国台湾财团法人佛陀教育基金会1990年版,第55册,第150页。
② (隋)释彦悰:《众经目录》卷一,《大正新修大藏经》,中国台湾财团法人佛陀教育基金会1990年版,第55册,第150页。
③ (隋)释彦悰:《众经目录》卷一,《大正新修大藏经》,中国台湾财团法人佛陀教育基金会1990年版,第55册,第150页。
④ 关于彦悰《众经目录》是否有贤圣集传,《续高僧传》卷二《彦悰传》与藏经中记载不一样。梁启超对此已有考证,今从梁启超观点。《佛家经录在中国目录学之位置》,黄夏年主编《梁启超集》,中国社会科学出版社1995年版,第99页。
⑤ (隋)释彦悰:《众经目录》卷二,《大正新修大藏经》,中国台湾财团法人佛陀教育基金会1990年版,第55册,第161页。
⑥ (隋)释彦悰:《众经目录》卷二,《大正新修大藏经》,中国台湾财团法人佛陀教育基金会1990年版,第55册,第161页。

略抄，例入别生。"① 他在别集抄中著录的佛教文史书籍只有《法宝集》《内典博要》《经律异相》《净住子》《释迦谱》五部，纯粹的佛教史籍少之又少。此外，他对于《高僧传》等佛教史籍亦轻视有加，认为这些史书体例不淳，不是佛教文献，故不予著录。"自余《高僧传》等，词参文史，体非淳正。"② 所谓"体非淳正，事虽可寻，义无在录"，当是纠结于佛经教义与传统史书编撰体例之间的矛盾，即这种佛教文献，体例上是传统史学的传记体，但本义则是宣扬佛法，到底是史书，还是佛书？彦悰对于佛教史籍的观点显然是将其归为史书，认为其无法弘扬佛法正义，故不应算佛书，这种观点是佛教文献史上第一次对佛教史籍的归类提出明显的反对，与僧祐、法经的观点背道而驰。

三 费长房《历代三宝记》对佛教史籍的分类与著录

《历代三宝记》是隋代开皇十七年，成都费长房奉敕编撰的一部佛教经录。全书十五卷，分为帝年、代录、入藏录、总目四类。帝年中，费长房按照时间顺序记载佛教发展，"始于周庄之初，上编甲子，下录年号，并诸代所翻经部卷目，轴别陈叙，亟多条例"③。代录中，编撰者采取历史发展的时间顺序，按照朝代，记载历代译经、注述、论传目录，以知晓"编鉴经翻译之少多"。入藏录则"别识教小大之浅深"④。该书撰述经目的数量之多，远超前人，现存经录中，号为该博。缺陷则是"瓦玉杂糅，真伪难分，得在通行，阙于甄异"⑤。可以说，《历代三宝记》是中国历史上第一部采用编年体撰述的佛教史籍。它既是经录，又是佛史，"叙佛陀行化及东渐以后之历史，并译

---

① （隋）释彦悰：《众经目录》卷一，《大正新修大藏经》，中国台湾财团法人佛陀教育基金会1990年版，第55册，第150页。

② （隋）释彦悰：《众经目录》卷一，《大正新修大藏经》，中国台湾财团法人佛陀教育基金会1990年版，第55册，第150页。

③ （唐）释道宣：《续高僧传》卷二，中华书局2014年校注本，第47页。

④ （隋）费长房：《历代三宝记》卷一五，《大正新修大藏经》，中国台湾财团法人佛陀教育基金会1990年版，第49册，第121页。

⑤ （唐）释道宣：《续高僧传》卷二，中华书局2014年校注本，第47页。

著目录及作者略传，实中华佛教全史也。而首列年表，则佛史编年之始"①。在《历代三宝记》的双重体系中，费长房对于佛教史籍及佛教史学现象是一种怎样的定位与态度？

第一，费长房十分重视佛教史籍的价值和意义，将其等同于三宝，帝年和代录中著录诸多佛教史籍，并大量引用《高僧传》《宝唱录》《出三藏记集》等作为史料考据和著述的来源。

魏晋南北朝经录不著录佛教史籍，因为编撰者多认为佛教史籍不是佛经，虽有益于三宝，但不是三宝。即使如僧祐亦不关注佛教史籍，更别说其他佛教经录。如僧祐《弘明集》曰："又前代胜士，书记文述，有益三宝，亦皆编录，类聚区分，列为十卷。夫道以人弘，教以文明，弘道明教，故谓之《弘明集》。"②在他看来，汇编前代胜士、书记文述而成的《弘明集》虽然有益三宝，但不是佛教三宝。

法经《众经目录》创设佛灭度后传记录、此土佛法传记，明确分类佛教史传，并著录十六部佛教史籍，开经录著录佛教史籍的先河，但他也认为它们只是辅助性佛教文献，而非三宝。"前三分者，并是西域圣贤所撰。以非三藏正经，故为别录。后之三分，并是此方名德所修。虽不类西域所制，莫非毗赞正经，发明宗教，光辉前绪，开进后学，故兼载焉。"③

费长房《历代三宝记》没有采取法经《众经目录》的史传分类，帝年、代录按照时间顺序，通过儒家经义与佛教三宝的排序，将佛教史籍编撰纳入到佛教三宝流传中的历史大事顺序中，承认佛教史籍的重要地位，较之前的经录更进一步。

帝年中，费长房仿效中国传统《春秋》的编年方式，按照时间顺序，将世俗事与佛教三宝流传交织在一起，"始于周庄之初，上编甲

---

① 汤用彤：《隋唐佛教史稿》，中华书局1982年版，第90页。
② （梁）释僧祐：《出三藏记集》卷一二，中华书局1995年校注本，第492页。
③ （隋）释法经：《大兴善寺翻经众沙门法经等敬白皇帝大檀越书》，（清）严可均辑《全隋文》卷三五，商务印书馆1999年标点本，第414页。

子，下录年号，并诸代所翻经部卷目，轴别陈叙，亟多条例"①。《春秋》是中国现存的第一部编年体史书，由孔子根据鲁国史书，删减而成。它按照时间顺序记载鲁国从隐公元年到哀公十四年或十六年间的历史大事。入《春秋》者皆为天下之大事。何谓大事？"大事者，谓君举告庙及邻国赴告，经之所书皆是也。小事者，谓物不为灾及言语文辞，传之所载皆是也。"②费长房以《春秋》所载比附佛教三宝，记载佛、法、僧之事，尤以法为重。正如费长房所言："今依《普曜》《本行》等经校雠《鲁史》，轻举一隅，敬贻来哲。庶宣圣迹，应托善权。"③其思路就是借助《春秋》编年，突出佛教三宝流传的重要性，表达佛经明大道、正伦理，寓理于事、寓经于史的思想。故在帝年中，费长房记载佛经翻译、撰述内容最多，这正是他认为应该记载的佛教大事，以世俗政治兴衰比附佛法盛衰，以《春秋》经中记事的重要性比附帝年中记事之重要性，以张"知佛在世之遐迩"④。可以说，凡是记载在帝年中的所有事件都是费长房心中最重要的佛教大事。

帝年中，除了大量记载佛经翻译、著述外，费长房还首次将官方编撰下敕佛教史籍的情况记载在策，这是其认同佛教史籍的最重要表现。"梁（乙未），敕安乐寺沙门僧绍撰《经目》四卷。……丙申，敕沙门宝唱撰《经律异相》五十卷。……戊戌，敕沙门宝唱撰《众经目录》四卷，……（己亥），敕沙门宝唱撰《名僧传》三十一卷。……（大隋）甲寅，《诸佛护念经》十卷、《贤护菩萨经》六卷，并阇那崛多出。敕沙门法经二十大德撰《众经目录》七卷。"⑤可见，

---

① （唐）释道宣：《续高僧传》卷二，中华书局2014年校注本，第47页。
② （晋）杜预注，（唐）孔颖达疏：《春秋左传正义》卷一，（清）阮元校刻《十三经注疏》，中国台湾艺文印书馆2001年影印本，第9页。
③ （隋）费长房：《历代三宝记》卷一，《大正新修大藏经》，中国台湾财团法人佛陀教育基金会1990年版，第49册，第23页。
④ （隋）费长房：《历代三宝记》卷一五，《大正新修大藏经》，中国台湾财团法人佛陀教育基金会1990年版，第49册，第121页。
⑤ （隋）费长房：《历代三宝记》卷三，《大正新修大藏经》，中国台湾财团法人佛陀教育基金会1990年版，第49册，第45页。

他将官方编撰的佛教史籍等同于正藏的佛经，体例上视为佛教之大事件，实为中国佛教史学史上一大革新。

代录中，费长房按照朝代顺序，以经系人，彰显历代佛经翻译、著述之盛衰变化，"庶有披览，鉴瞻古今。时代散聚，经典离合。明扬盛化，法宝备焉"①。费长房不仅著录大量的佛经翻译、著述，还记载了历代官私编撰的佛教史籍，佛教史籍第一次正式进入到佛教经目。如《历代三宝记》卷七著录《高逸沙门传》《人物始义论》《历游天竺记传》，卷九著录《洛阳伽蓝记》，卷十著录《外国传》，卷一一著录《高僧传》《弘明集》《世界记》《释迦谱》《三宝记》等，不少魏晋南北朝时的佛教史籍著录于其中，可以说，《历代三宝记》是唐之前著录佛教史籍最多的一部经录。

此外，《历代三宝记》引用大量佛教史籍作为其著录和考据的史料支撑，并标明史料来源。"今之所撰集，略准三书以为指南，显兹三宝，佛生年瑞，依周夜明，经度时祥，承汉宵梦，僧之元始，城堑栋梁，毗赞光辉，崇于慧皎。其外傍采，隐居历年，国志典坟，僧祐集记，诸史传等仅数十家，摘彼翠零，成斯纪翻。"②可见，《历代三宝记》在前代经录的基础上，撷取了《高僧传》、国志典坟、僧祐集记等作为其考述佛祖史事、永平传法、僧人之始等佛教事件的史料来源，在一些争议问题上，他以史书记载为准，重史程度为前代经录所不及。

第二，费长房第一次较系统总结隋以前经录的发展，并对一些重要经录做出中肯的评述。

魏晋时期佛教经录众多，但仅僧祐、法经有过片段的评述。前者肯定道安经录的价值。"自汉暨晋，经来稍多，而传经之人，名字弗记。后人追寻，莫测年代。安乃总集名目，表其时人，铨品新旧，撰为经

---

① （隋）费长房：《历代三宝记》卷四，《大正新修大藏经》，中国台湾财团法人佛陀教育基金会1990年版，第49册，第49页。

② （隋）费长房：《历代三宝记》卷一五，《大正新修大藏经》，中国台湾财团法人佛陀教育基金会1990年版，第49册，第120页。

录。众经有据，实由其功。"① 后者评述道安之后二百年间经录。"自尔达今二百年间，制经录者十有数家。或以数求，或用名取，或凭时代，或寄译人，各纪一隅，务存所见。独有扬州律师僧祐撰《三藏记录》颇近可观。"② 其余少有史家从历史角度系统性总结和评述经录。

作为编撰者，费长房记载历代佛教三宝发展、佛经翻译、著述的同时，第一次较系统地总结隋以前经录发展脉络，并将一些重要经录的结构和内容著录到《历代三宝记》，这些做法客观上保存了经录的史料，线性地记载经录发展，在中国经录史上具有重要的开创之功，为后代效仿。

费长房按照所见、未见的标准，将之前的经录分为两类，前者六种经目，"六家录搜寻并见，故列诸家体用如右"③。后者二十四种经目虽然未见，但"检传记有目，并未尝见，故列之于后，使传万世"④。

同时，费长房按照时间顺序，将所见六种经目的内容结构全文记载于《历代三宝记》，计有《众经别录》二卷（未详作者，似宋时述）、齐建武年律师僧祐撰《出三藏集记录》、永熙年敕舍人李廓撰《魏世众经录目》、武平年沙门统法上撰《齐世众经目录》、天监十七年（518年）敕沙门宝唱撰《梁世众经目录》、开皇十四年（594年）敕翻经所法经等撰《大隋众经目录》。⑤

未见的二十四种经目，费长房也按照时间顺序，将经目名称与撰述者列出，有存疑的经目，本着史传万世的原则，亦著录在册。"右录一卷（似是秦时释利防等赍来经目录）、汉时《佛经目录》一卷

---

① （梁）释僧祐：《出三藏记集》卷一五，中华书局1995年校注本，第561页。
② （隋）释法经：《大兴善寺翻经众沙门法经等敬白皇帝大檀越书》，（清）严可均辑《全隋文》卷三五，商务印书馆1999年标点本，第414页。
③ （隋）费长房：《历代三宝记》卷一五，《大正新修大藏经》，中国台湾财团法人佛陀教育基金会1990年版，第49册，第127页。
④ （隋）费长房：《历代三宝记》卷一五，《大正新修大藏经》，中国台湾财团法人佛陀教育基金会1990年版，第49册，第127页。
⑤ （隋）费长房：《历代三宝记》卷一五，《大正新修大藏经》，中国台湾财团法人佛陀教育基金会1990年版，第49册，第125—126页。

第二章　隋唐佛教史学批评

（似是迦叶摩腾创译《四十二章经目》即撰录）、朱士行《汉录》一卷（魏时）、《旧录》一卷（似前汉刘向搜集藏书所见经录）、《释道安录》一卷（秦时）、《聂道真录》一卷（晋时）、释僧叡《二秦录》一卷（后秦）、朱士行《汉录》一卷（魏时）、竺道祖《众经录》四卷（《魏世杂录》《吴世杂录》《晋世杂录》《河西伪录》）、《竺法护录》一卷（晋时）、《支敏度录》一卷（东晋），又《都录》一卷、《释王宗录》二卷（前齐世）、《释弘充录》一卷、释道慧《宋齐录》一卷、《释道凭录》一卷、《释正度录》一卷、《王车骑录》一卷、《始兴录》一卷、《庐山录》一卷、《赵录》一卷（似是赵时未见经致疑姓氏）、《岑号录》一卷、《菩提流支录》一卷（后魏）、释僧绍《华林佛殿录》四卷（梁天监十四年敕沙门释僧绍撰）、《灵裕法师译经录》一卷、《众经都录》八卷（似是总合诸家未详作者）。①

可以说，费长房著录了隋之前他所见、未见的所有经目，并按照时间顺序对其排位；此外，他还对重要的经目和史家进行考述、评论，颇具新意。他对已经亡佚，前人较少提及的经目也有关注。如他考述《魏世录目》《吴世录目》《晋世杂录》《河西录目》的撰述者曰："右四录经目合四卷。庐山东林寺释慧远弟子沙门释道流创撰，未就，而流病卒。同学竺道祖，因而成之，大行于世。"② 他考证《经论都录》曰："右录一卷。成帝世，预章山沙门支敏度总校群经，合古今目录，撰此《都录》。"③ 再如，他评述梁《华林佛殿众经目录》曰："右一录四卷。天监十四年，敕安乐寺沙门释僧绍撰，绍略取祐《三藏集目录》分为四色，余增减之。"④ 他认为《华林佛殿众

---

① （隋）费长房：《历代三宝记》卷一五，《大正新修大藏经》，中国台湾财团法人佛陀教育基金会1990年版，第49册，第127页。
② （隋）费长房：《历代三宝记》卷七，《大正新修大藏经》，中国台湾财团法人佛陀教育基金会1990年版，第49册，第74页。
③ （隋）费长房：《历代三宝记》卷七，《大正新修大藏经》，中国台湾财团法人佛陀教育基金会1990年版，第49册，第74页。
④ （隋）费长房：《历代三宝记》卷一一，《大正新修大藏经》，中国台湾财团法人佛陀教育基金会1990年版，第49册，第99页。

65

经目录》基本上就是在《出三藏记集》基础上增删而成的。

在众多的经目中，费长房对北魏李廓《众经目录》评述较高。"武帝世，洛阳清信士李廓，魏永平年奉敕撰，廓内外学，注述经录，甚有条贯。"① 相反，他对《出三藏记集》《宝唱录》《众经目录》等评述较少，在著述提要中，他基本多引用原书的序作为提要的主要内容。从《历代三宝记》可以看到，在引用史料、考据史事、全书体例结构上，多有三书的痕迹。正如他在序言所言："今之所撰集，略准三书以为指南，显兹三宝。"②

第三，费长房对僧传、佛史、志乘的著录和评述。

如果说法经是创建此方传记、著述佛教史籍第一人，费长房就是真正意义上第一个重视佛教史籍著录的佛教目录学家。他以书系人，以提要形式著录见到的三十余部佛教史籍。同时，他对撰述者的生平、成书情况还做一番考述。可以说，无论是在著录佛教史籍的数量，还是考证质量，都是前人所不及。

僧传方面，费长房著录《高僧传》《名僧传并序录目》《释迦谱》《高逸沙门传》《人物始义论》《僧崖菩萨传》《韶法师传》《验善知识传》。僧传是魏晋南北佛教史籍的主流，其名见于《高僧传》《世说新语》《隋书·经籍志》及其他史书者数量繁多，体裁多样，有单传、类传、专传。费长房著录的僧传有八部，大如《高僧传》《名僧传》，小如《僧崖菩萨传》《韶法师传》，相较前人经目对僧传的著录，是一大进步。但若与南北朝僧传繁盛相比，费氏著录还嫌不足，许多重要的僧传不曾被载，遗漏甚多。如梁僧宝唱"又别撰《尼传》四卷，房录之中，复有《名僧传》等七部，非此人藏，故阙不论"③。唐僧智昇也注意到费长房的这一缺陷。

---

① （隋）费长房：《历代三宝记》卷九，《大正新修大藏经》，中国台湾财团法人佛陀教育基金会1990年版，第49册，第87页。
② （隋）费长房：《历代三宝记》卷一五，《大正新修大藏经》，中国台湾财团法人佛陀教育基金会1990年版，第49册，第120页。
③ （唐）释智昇：《开元释教录》卷六，中华书局2018年校注本，第383页。

第二章　隋唐佛教史学批评

费长房对僧传的评述多集中在史家事迹、成书经过，对于史书本身的评价较少。如他曰："《高僧传》十四卷，武帝世会稽嘉祥寺沙门释慧皎撰。皎学通内外，善讲经律，著《涅槃义》十卷、《梵网戒》等疏，并盛行于世，为时所轨云。"① 基本不对《高僧传》有褒贬。又如，他评述《僧崖菩萨传》《韶法师传》《验善知识传》，亦多关注撰者事迹，评价史书本身，在提要最后评述撰文集时曰："文多清素，语恒劝善。存质去华，见重于世。"② 算是一种对撰者文风的评价。有的史书提要只记载撰述者名称，不做任何评述。如"《高逸沙门传》一卷，孝武帝世剡东御山沙门竺法济撰"③。

志乘体方面，费长房著录《历游天竺记传》《洛阳伽蓝记》《外国传》《西域志》等。他对《历游天竺记传》的考述，多集中在法显史事。"《历游天竺记传》一卷，平阳沙门释法显以安帝隆安三年，发趾长安，游历天竺，远寻灵迹，求晋所无众经律论。经涉诸国，学梵书语。自手抄写前件梵本。从北之南，次师子国中有佛齿。每年三月，彼之国王，预前十日。庄严白象，遣一贵重，辩说智臣，著王衣裳。象上击鼓，大声唱言：'如来在世四十九年，说法度人无量亿数。众生缘尽，乃般泥洹。自尔已来一千四百九十七载。世间长昏，众生可悯。却后十日，佛齿当出，无畏精舍。可办香华，各来供养。'时正当晋义熙元年，显还泛海，达到杨都。于道场寺译经戒论。别传备委，所履历云。计从义熙元年太岁乙巳至今开皇十七年岁次丁巳，便成一千六百八十一载矣。"④ 费长房记载的法显事迹显然是《高僧传》《出三藏记集》法显传的精简版，并无太多新意，算不上是一种评述。

---

① （隋）费长房：《历代三宝记》卷一一，《大正新修大藏经》，中国台湾财团法人佛陀教育基金会1990年版，第49册，第100页。
② （隋）费长房：《历代三宝记》卷一一，《大正新修大藏经》，中国台湾财团法人佛陀教育基金会1990年版，第49册，第101页。
③ （隋）费长房：《历代三宝记》卷七，《大正新修大藏经》，中国台湾财团法人佛陀教育基金会1990年版，第49册，第74页。
④ （隋）费长房：《历代三宝记》卷七，《大正新修大藏经》，中国台湾财团法人佛陀教育基金会1990年版，第49册，第71页。

67

他对《洛阳伽蓝记》的提要,亦完全引用杨衒之《洛阳伽蓝记序》。① 稍有新意的是他对《外国传》的考述。"竭自述游西域事。……武帝世,永初元年黄龙国沙门昙无竭,宋言法勇,召集同志,释僧猛等二十五人共游西域二十余年。"②《外国传》是南朝宋武帝永初元年,僧人昙无竭撰述,但此书早已亡佚,《高僧传》卷三有《昙无竭传》,记载他"招集同志沙门僧猛、昙朗之徒二十五人,共赍幡盖供养之具,发迹北土,远适西方"③。慧皎《高僧传》没有明确该书书名以及主要内容,费长房的考述补充了关于此书的记载。

佛史方面,他著录《三宝记》《三宝集》等佛教通史性书籍,他对这类佛史性书籍的评述亦是史家多于史书。如他简单提及"《三宝记》十卷,亦云佛史,法传僧录"。但评述齐竟陵文宣王萧子良及其撰述文献曰:"爱好博寻,躬自缉撰,备忘拟历,不谓传行。后代学人,相踵抄读,世人参杂,惑乱正文,故举本纲。庶知由委,其外犹有二十余经,并是单卷,文繁不复备录。但上题抄字者,悉是其流,类例细寻,始末自别。"④

又如,他评价《三宝集》只是开头解释何谓《三宝集》。其后,考述撰者的事迹和诗偈。"《三宝集》十一卷,武帝世沙门释净蔼,依诸经论撰出。弘赞大乘,光扬像代。录佛法僧事,故云《三宝集》。蔼后厌身,遂自捐命。其舍寿偈略云:'一见身多过,二不能护法。三欲速见佛,早令身自在。得身自在已,在在诸趣中。随有利益处,护法救众生。又复业应尽,有为法皆然。三界皆无常,时来不自在。他杀及自

---

① (隋)费长房:《历代三宝记》卷九,《大正新修大藏经》,中国台湾财团法人佛陀教育基金会1990年版,第49册,第87页。
② (隋)费长房:《历代三宝记》卷十,《大正新修大藏经》,中国台湾财团法人佛陀教育基金会1990年版,第49册,第92页。
③ (梁)释慧皎:《高僧传》卷三,中华书局1992年校注本,第93—94页。
④ (隋)费长房:《历代三宝记》卷一一,《大正新修大藏经》,中国台湾财团法人佛陀教育基金会1990年版,第49册,第96页。

第二章 隋唐佛教史学批评

死,终归如是处。智者所不乐,应当如是思。众缘既运凑,业尽于今日。'凡三十余偈。山壁树叶,血遍书已。然后舍命。"① 这种提要式著录和评述,费长房关注的还是史家的事迹,而非史书。

其余体裁的佛教史籍,他还著录了《弘明集》《内典博要》《法宝集》《经律异相》《圣迹记》《经法东流记》等。如《内典博要》为简文帝萧纲编撰,费长房评其为"以类相从,有同《华林遍略》,惰学者省有过半之功"②。《法宝集》为湘东王记室虞孝敬撰,费长房评其为"该罗经论,所有要事,备皆收录,颇同《皇览》《类苑》之流。敬法出家,召命入关,亦更有著述云。然此《博要》亦是内学群部之要迳也"③。其余佛教史籍的考述亦多与上述风格大致,重史家而轻史书。

从上可见,《历代三宝记》是记载隋以前佛教三宝在东土的流传发展史,但无论在间接结构、撰述意识,还是在佛教史籍的著录,费长房都十分重视佛教史家的考述与史书的撰述,这与他重"史"、重"法宝"、重"博存"的思想有密切关系。

首先,费长房具有强烈重视"史"的思想,从《历代三宝记》整体结构和撰述意识上可以看出,他寄希望从历史发展脉络中肯定隋代政权的正统性、隋代佛教繁盛和解决像法、预测佛教未来的走向。

从历史中找寻隋代政权的正统性,是费长房为现实做的政治依据。在年表中,他明确显示传承的正统线索,周、秦、汉、魏、西晋、东晋、宋、齐、梁、北周、大隋。"卷八—九列有前后秦及北魏、高齐等非正统王朝的经录,但在论述中若书其帝年号,必冠以晋、宋、齐诸朝的帝年。其意是以为隋承周,周承梁,实得中国正统。周

---

① (隋)费长房:《历代三宝记》卷一一,《大正新修大藏经》,中国台湾财团法人佛陀教育基金会1990年版,第49册,第101页。
② (隋)费长房:《历代三宝记》卷一一,《大正新修大藏经》,中国台湾财团法人佛陀教育基金会1990年版,第49册,第100页。
③ (隋)费长房:《历代三宝记》卷一一,《大正新修大藏经》,中国台湾财团法人佛陀教育基金会1990年版,第49册,第100页。

虽不出中国，但能奉玺归隋，即表示将取之于中国者复归还于中国。"① 可以说，费长房从历史发展角度，为隋的正统地位做了合理性的解释。

  从历史中找寻隋代佛教兴盛与隋文帝崇信之间的缘由，是费长房解决佛教像法、肯定隋代佛教兴盛的宗教需求。费长房《历代三宝记》比法经《众经目录》晚三年，法经与之前僧众所面临的佛教像法，费长房也有强烈的同感。他认为佛灭度后正法千年，像法千年，当世正是像法接近于末法之时。"正法千年，以度女人减五百年，制修八敬，还满千年。然后像法亦一千年，末法万年。……正法之世大乘味淳，至乎像代味少淡泊，若入末法则无大乘。奴婢出家，污染净行。恶王治世，课税僧尼。"② 他还重点记载北魏、北周毁佛，以阐明像法末世的存在。"昔魏太武毁废之辰，止及数州，弗湮经像；近遭建德周武灭时，融佛焚经，驱僧破塔，圣教灵迹，削地靡遗，宝刹伽蓝，皆为俗宅，沙门释种，悉作白衣，凡经十年，不识三宝。当此毁时，即是法末，所以人鬼哀伤，天神悲惨，慧日既隐，苍生昼昏。"③ 但他的着眼点则是从历史发展脉络肯定隋代佛教兴盛与帝王之间的关系。正如他虽然描绘前代佛教末世像法，他却说："今则未然，缘此正像交涉未深，三宝载兴，大乘盛布，宁得已接于末法者哉。"④ 他又说："我皇帝受命四天，护持三宝。承符五运，宅此九州。故诞育之初，神光耀室。君临已后，灵应竞臻。所以天兆龟文，水浮五色。地开泉醴，山响万年。云庆露甘，珠明石变。聋闻瞽视，喑语躄行。禽兽见非常之祥，草木呈难纪之瑞。岂唯七宝独显金轮，宁止四时偏和

---

  ① 阮忠仁：《从〈历代三宝记〉论费长房的史学特质及意义》，《东方宗教研究》新1期1990年10月，第93—129页。
  ② （隋）费长房：《历代三宝记》卷一，《大正新修大藏经》，中国台湾财团法人佛陀教育基金会1990年版，第49册，第23页。
  ③ （隋）费长房：《历代三宝记》卷一二，《大正新修大藏经》，中国台湾财团法人佛陀教育基金会1990年版，第49册，第107页。
  ④ （隋）费长房：《历代三宝记》卷一，《大正新修大藏经》，中国台湾财团法人佛陀教育基金会1990年版，第49册，第23页。

玉烛。……三宝慈化,自是大兴。万国仁风,缘斯重阐。"① 一切隋代佛教的兴盛都是与帝王护持的结果,而这种结论的得出却是建立在总结历史线性发展过程中,更会令人信服。

应该说,费长房这种撰史、重史的做法和思想是以前佛教史籍所不具备的。尽管魏晋南北朝佛教史籍很多,如《三宝记》《高逸沙门传》《名僧传》《高僧传》等。但这些史书或偏重于僧,或偏重于一山一寺,或偏重于游记,或偏重于佛经翻译,没有较全面反映佛教发展的史书,更谈不上能将世俗政治与佛教巧妙融合在一起。即使有南齐竟陵王《三宝记》、北周净蔼《三宝集》等佛教通史,但"或称佛史,或号僧录。既三宝共叙,辞旨相关。混滥难求,更为芜昧"②。

可以说,《历代三宝记》是真正意义上第一部线性记载世俗政治与佛教三宝交织的史书,其重史不仅体现在史书编撰,更体现在通过历史的发展反映事件的内在和现实的互应。体例上,费长房采用编年体,是其重"史"思想最重要的表现之一,亦是其融合世俗政治与佛教、彰显三宝、突出正统,记载佛教历史盛衰发展的最佳体裁。编年体采用以时间为中心的记叙方法,加上采用倒叙、补叙等手法,使历史人物、事件完整,史事有序,历史感强烈。

其次,费长房重视佛法、佛经的流传,将佛教史籍等同于佛经。顾名思义,《历代三宝记》是记载隋以前佛教三宝(佛、法、僧)在中土流传发展之状况。正如道宣所言:"以历代群录,多唯编经,至于佛、僧记述盖寡,乃撰《三宝》。"③ 在费长房看来,三宝中以法宝为最重。"窃惟三宝所资,四生蒙润,而世有兴毁。致人自升沈。兴则福业,恒感天堂、轮王、人主。毁则罪报,常受地狱、饿鬼、畜生。论益物深,

---

① (隋)费长房:《历代三宝记》卷一二,《大正新修大藏经》,中国台湾财团法人佛陀教育基金会1990年版,第49册,第101—102页。
② (梁)释慧皎:《高僧传》卷一四,中华书局1992年校注本,第524页。
③ (唐)释道宣:《大唐内典录》卷五,《大正新修大藏经》,中国台湾财团法人佛陀教育基金会1990年版,第55册,第279页。

无过于法。何者？法是佛母，佛从法生。三世如来，皆供养法。"[1] 他认为法宝是佛教一切之本。而"法藉由佛陀出世以宣流，僧秉佛所宣之法而和合结集成经"[2]，多次结集，三藏具备，法得以续传于世。可以说，经为法之载体，经之繁盛为法之显赫，经为一切法之根本，为佛教之道。亦如僧祐所言："法宝所被远矣。夫神理本寂，感而后通，缘应中夏，始自汉代。昔刘向校书，已见佛经。故知成帝之前，法典久至矣。逮孝明感梦，张骞远使，西于月支写经《四十二章》，韬藏兰台，帝王所印。于是妙像丽于城闉，金刹曜乎京洛，慧教发挥，震照区寓矣。……将使传法之缘有孚，闻道之心无惑。敬贻来世，庶在不坠焉。"[3] 佛经之重要性不言而喻。而从上可见，费长房在帝年中，以佛教大事编年的形式记载了梁、隋官方编撰佛教经录、僧传事，又在代录中记载诸多魏晋南北朝佛教史籍，将佛教史籍等同于佛经，提高了佛教史籍在佛经系统中的地位。

再次，费长房著录文献，重视"博存"的思想。法经编撰《众经目录》总计收录众经有2257部，5310卷，稍晚编撰的《历代三宝记》则著录"所出经律戒论传，二千一百四十六部，六千二百三十五卷"。他所著录的经律戒及论、传6235卷，比《众经目录》多出近千卷。如果说，法经还是"既未获尽见三国经本，校验异同。……不能尽获三国经本及遗文逸法。"[4] 那么费长房《历代三宝记》则是"十余年来，询访旧老，搜讨方获，虽粗缉缀，犹虑未周，广究博寻"[5]。这种做法是《历代三宝记》著录数量超过《众经目录》近千卷的真

---

[1]（隋）费长房：《历代三宝记》卷一五，《大正新修大藏经》，中国台湾财团法人佛陀教育基金会1990年版，第49册，第120页。

[2] 黄碧姬：《费长房〈历代三宝记〉研究》，中国台湾花木兰文化出版社2009年版，第72页。

[3]（梁）释僧祐：《出三藏记集》卷二，中华书局1995年校注本，第22页。

[4]（隋）释法经：《大兴善寺翻经众沙门法经等敬白皇帝大檀越书》，（清）严可均辑《全隋文》卷三五，商务印书馆1999年标点本，第414页。

[5]（隋）费长房：《历代三宝记》卷一五，《大正新修大藏经》，中国台湾财团法人佛陀教育基金会1990年版，第49册，第120页。

正原因，亦如道宣《大唐内典录》评述所言："至于入藏，瓦玉相谬。得在繁富，失在核通。非无凭准，未可偏削。"① 他认为《历代三宝记》的最大优点就是"瓦玉相谬，得在繁富"，即费氏著录的标准宽泛，以致数量繁多，各类皆有，缺陷则是未加审核，真伪难辨。也正是在这种"博存"思想的指导下，凡是费长房能见到的佛教文献，无论是经、律、戒，还是佛教史传记、论述，无论是阙本，还是疑伪，皆在其著录范围之内。后人对这种博存不审的著录思想多有批评。唐僧智昇曰："余检长房《入藏录》中，事实杂谬，其阙本疑伪，皆编入藏，窃为不可。"② 梁启超对费氏这种著录思想既有褒奖，也有批评。他承认《历代三宝记》"在现存经录中号称该博。"③ 但他也认为这种博存是因为"长房为人，贪博而寡识，其书盖钞撮诸家之录而成，蒐采虽勤，别裁苦鲜。"④ 这种评价稍显刻薄。对费长房来说，短短几年既要超越刚刚完成的法经《众经目录》，又要向隋文帝"显大隋之永泰，佛日再照，起自大兴之初，经论冥归，发乎开皇之始"⑤。博采众书，广寻博存，在著录数量上远超《众经目录》是他现实采取的一种最佳方法。这种博存更像隋统一南北后，在佛教文献著录上汇编南北佛教思想的一种外在表现，佛教史学亦借此而进入佛教经录著录体系中，为中国佛教史学上一大新变化。

总的来说，隋代时间不长，但在中国佛教发展史上具有重要的历史地位，无论隋文帝，还是隋炀帝皆提倡佛教，广度僧众，兴修寺院，弘法一代，"隋代二主，佞佛尤虔"⑥。其中，编撰佛教经录更是隋代统一

---

① （唐）释道宣：《大唐内典录》卷五，《大正新修大藏经》，中国台湾财团法人佛陀教育基金会1990年版，第55册，第279页。
② （唐）释智昇：《开元释教录》卷十，中华书局2018年校注本，第602页。
③ 梁启超：《佛家经录在中国目录学之位置》，黄夏年主编《梁启超集》，中国社会科学出版社1995年版，第99页。
④ 梁启超：《佛家经录在中国目录学之位置》，黄夏年主编《梁启超集》，中国社会科学出版社1995年版，第100页。
⑤ （隋）费长房：《历代三宝记》卷一五，《大正新修大藏经》，中国台湾财团法人佛陀教育基金会1990年版，第49册，第121页。
⑥ 姚名达：《中国目录学史》，商务印书馆2014年版，第226页。

南北之后，帝王大兴佛教、僧众总结历史，复兴佛教的外在表现，在中国经录学史上具有重要的历史地位。历代学者对其赞赏有加。所谓"现在经录中最谨严有法度者，莫如隋之《法经录》"①。不仅如此，隋代经录在中国佛教史学史上具有十分重要的开创之功。法经编撰《众经目录》分类经律论、大小乘的同时，逐渐建立独特的佛教史学思想。在分类体例上，他创建传记录，对后世大藏经史传部的分类影响甚大，可谓佛教史传体例之开创者。费长房《历代三宝记》则是采用《春秋》编年体手法，将世俗政治与佛教三宝发展融合在一起，同时，从思想上提高佛教史学的地位，将其等同佛教三宝，在著述、评述佛教史籍上，他广寻博搜，著录几十部佛教史籍。同时，他采用各种史料考辨史家事迹、成书过程等。为佛教史籍入藏打下了理论基础。可以说，隋代经录在中国佛教史学史上占有十分重要的历史地位，它既具有开创之功，也为以后经录编撰提供了示范。

第二节 《大唐西域记》在唐中前期的著录和评述

唐初佛道争执不断，傅奕与法琳之争、老子化胡说之争等络绎不绝，再加上，玄奘西行，带回大量佛典，持续开展佛经翻译，使唐初佛教著述较为繁富，佛教史籍亦应景多见。玄奘法师的《大唐西域记》即为其中代表之一。

《大唐西域记》是唐贞观十九年（645年）玄奘归国后奉敕著述，辩机执笔的一部西域史书。书中记载了贞观三年（629年）至贞观十九年玄奘的西行见闻，记载了大量西域山川交通、风土人情、历史传说、神话故事等，在中国史学和世界史林中具有重要的历史地位和影响，季羡林称"从中国方面来说，《大唐西域记》确实算

---

① 梁启超：《佛家经录在中国目录学之位置》，黄夏年主编《梁启超集》，中国社会科学出版社1995年版，第99页。

第二章　隋唐佛教史学批评

是一个高峰"①。前辈学者对《大唐西域记》研究成果颇丰，更有季羡林、向达、高田时雄、余欣等中外学者对其版本、流传多为关注。② 但他们多注意《大唐西域记》抄本及其在晚唐以后社会流传的研究，并未过多关注《大唐西域记》在唐中前期的流传。实际上，《大唐西域记》在唐初流传并不顺利，随着历史环境的变化，唐初帝王对其从重视到遗忘，文人士族多不关注此书。中唐时期，这种现象才有改变，背后的内在缘由值得探究。

一　《大唐西域记》在唐初帝王、文人士族中的流传与影响

贞观十八年（644年），玄奘从印度回国，途中被于阗王挽留，于是修表，"使高昌小儿逐商伴入朝，陈已昔往婆罗门国求法，今得还归到于阗"③之事。唐太宗闻听，心中大喜，曰："闻师访道殊域，今得归还，欢喜无量，可即速来与朕相见。"④ 可见他非常急切想见到玄奘，原因在于他"是一个有雄才大略之主，西域的突厥始终是他的一块心病，必欲除之而后快"⑤。但苦于中原王朝长期以来对西域地理交通、风俗产物的认知不够深入，多停留在《史记》《汉书》等文献层面，未有亲身考察的详细报告，玄奘回国不亚于为唐太宗送来了解西域的最佳渠道。故尽管贞观十八年十一月，举国上下进入征伐辽东的最后冲刺阶段，"壬寅，车驾至洛阳宫。庚子，命太子詹事、英国

---

① 季羡林：《关于〈大唐西域记〉》，《西北大学学报》（哲学社会科学版）1980年第4期。
② 向达：《记现存几个古本〈大唐西域记〉》，《文物》1962年第1期。玄奘撰、向达辑：《〈大唐西域记〉古本三种》，中华书局1981年影印版。[日]高田时雄、高启安：《京都兴圣寺现存最早的〈大唐西域记〉抄本》，《敦煌研究》2008年第2期。余欣：《〈大唐西域记〉古写本述略稿》，《文献》2010年第4期。季羡林：《佛教十六讲》，长江文艺出版社2010年版等。
③ （唐）释慧立、彦悰：《大慈恩寺三藏法师传》卷五，中华书局2000年校注本，第122页。
④ （唐）释慧立、彦悰：《大慈恩寺三藏法师传》卷五，中华书局2000年校注本，第124页。
⑤ 季羡林：《佛教十六讲》，长江文艺出版社2010年版，第249页。

公李勣为辽东道行军总管。……发天下甲士，召募十万，并趣平壤，以伐高丽"①。但他仍派西京留守、左仆射梁国公房玄龄提前迎接玄奘，以示重视。

贞观十九年春正月，右武侯大将军侯莫陈实、雍州司马李叔慎、长安县令李乾祐等奉迎玄奘入长安城，"自漕而入，舍于都亭驿"②。安置好经卷、佛像之后，玄奘就奔赴洛阳与太宗见面。正月壬辰、二月己亥，太宗分别于洛阳宫、仪鸾殿召见玄奘，迫切询问西域地理交通、风土风俗等，"广问彼事，自雪岭已西，印度之境，玉烛和气，物产风俗，八王故迹，四佛遗踪，并博望之所不传，班、马无得而载"③。同时曰："佛国遐远，灵迹法教，前史不能委详，师既亲睹，宜修一传，以示未闻。"④ 建议玄奘撰述一部西域史书，可见他对这部西域见闻记寄予厚望，以备以后不时之需。

但这次会面非常仓促，"时帝将问罪辽滨，天下兵马已会于洛，军事忙迫，闻法师至，命引入朝，期暂相见，而清言既交，遂不知日昃。"⑤ 见面之后，二月庚戌，太宗即亲率六军从洛阳出发。三月至定州，四月誓师幽州。⑥ 五月"上亲率铁骑与李勣会围辽东城"⑦。六月，大军包围安市城。"秋七月，李勣进军攻安市城，至九月不克，乃班师。"⑧ 这次征伐辽东有失有得，尽管取得了一些胜利，"高丽大溃，杀获不可胜纪，延寿等以其众降"⑨。但久不攻克安市城，造成大

---

① 《旧唐书》卷三《太宗本纪下》，中华书局1975年标点本，第56—57页。
② （唐）释慧立、彦悰：《大慈恩寺三藏法师传》卷六，中华书局2000年标点本，第126页。
③ （唐）释慧立、彦悰：《大慈恩寺三藏法师传》卷六，中华书局2000年校注本，第129页。
④ （唐）释慧立、彦悰：《大慈恩寺三藏法师传》卷六，中华书局2000年校注本，第129页。
⑤ （唐）释慧立、彦悰：《大慈恩寺三藏法师传》卷六，中华书局2000年校注本，第130页。
⑥ 《旧唐书》卷三《太宗本纪下》，中华书局1975年标点本，第57页。
⑦ 《旧唐书》卷三《太宗本纪下》，中华书局1975年标点本，第57页。
⑧ 《旧唐书》卷三《太宗本纪下》，中华书局1975年标点本，第58页。
⑨ 《旧唐书》卷三《太宗本纪下》，中华书局1975年标点本，第58页。

量伤亡,被迫班师,没有完成征服辽东的总体目标。

贞观二十年(646年)三月,太宗返回长安。玄奘此时完成《大唐西域记》。他在《进〈西域记〉表》中,简述了求法印度的经历及撰述《大唐西域记》缘由。他认为大唐疆域广阔,超越前代,文治武功的盛世必须载以史册。《西域记》看似是西域风土人情的记载,实则是大唐福泽四海的最好见证。"越自天府,暨诸天竺,幽荒异俗,绝域殊邦,咸承正朔,俱沾声教。赞武功之绩,讽成口实;美文德之盛,郁为称首。详观载籍,所未尝闻;缅惟图牒,诚无与二。"①

玄奘对《大唐西域记》非常满意。"窃以章亥之所践籍,空陈广袤;夸父之所凌厉,无述土风。班超侯而未远,张骞望而非博。今所记述,有异前闻,虽未极大千之疆,颇穷葱外之境,皆存实录,匪敢雕华,谨具编裁,称为《大唐西域记》,凡一十二卷,缮写如别。望班之右笔,饰以左言,掩《博物》于晋臣,广九丘于皇代。"②他认为以往史书对西域记载或流于空疏,或内容不详,即使如班超、张骞等亲赴西域,实地考察,但仍没有详细记录风土人情。而《大唐西域记》体例完备,删减违说,内容详尽,是一部"颇穷葱外之境,皆存实录,匪敢雕华"的实用史书,胜过班固《汉书》、张华《博物志》等前人著述。

但此时的太宗刚从辽东失利回长安,心态上产生了新变化。一方面,无论在经济实力,还是军事、后勤上,他都认为辽东讨伐是一场必胜之战,自信满满。"况今丰稔多年,家给人足,余粮栖亩,积粟红仓,虽足以为兵储,犹恐劳于转运,故多驱牛羊,以充军食,人无裹粮之费,众有随身之廪,如斯之事,岂不优于曩日?加以躬先七萃,亲决六奇,使攻无所守,战无所拒。略言必胜之道,

---

① (唐)释玄奘、辩机:《大唐西域记》卷一,上海古籍出版社2011年汇校本,第4页。
② (唐)释玄奘、辩机:《大唐西域记》,上海古籍出版社2011年汇校本,第640—642页。

盖有五焉。"① 但结局却是虎头蛇尾，辽东问题成为他一个挥之不去的大心病。正如史臣评价太宗所言："若文皇自定储于哲嗣，不骋志于高丽；用人如贞观之初，纳谏比魏征之日。况周发、周成之世袭，我有遗妍；较汉文、汉武之恢弘，彼多惭德。迹其听断不惑，从善如流，千载可称，一人而已！"② 认为如果太宗没有立储、辽东失利等失误，定可超越周武王、成王，汉文帝、武帝，成为千古一帝。

另一方面，贞观二十年四月，李勣击破薛延陀。"铁勒回纥、拔野古、同罗、仆骨、多滥葛、思结、阿跌、契苾、跌结、浑、斛薛等十一姓各遣使朝贡，奏称：'延陀可汗不事大国，部落乌散，不知所之。奴等各有分地，不能逐延陀去，归命天子，乞置汉官。'"③ 西北各地投降大唐。再加上之前"西突厥、吐火罗、康国、安国、波斯、疏勒、于阗、焉耆、高昌、林邑、昆明及荒服蛮酋，相次遣使朝贡"④。西域问题大为好转，相较辽东的失利，解决西域的迫切性大为降低。

故在这种状况下，玄奘奉上《西域记》并未得到唐太宗过多赞赏。他在《答玄奘法师进〈西域记〉书诏》曰："法师夙标高行，早出尘寰，泛宝舟而登彼岸，搜妙道而辟法门，宏阐大猷，荡涤众罪。是故慈云欲卷，舒之而荫四空；慧日将昏，朗之而照八极。舒朗之者，其唯法师乎！"⑤ 他对玄奘还是十分敬佩和赞叹，但对以往寄予厚望的《西域记》则轻描淡写曰："新撰《西域记》者，当自披览。"⑥ 相较贞观十九年他急切询问玄奘的西域问题，

---

① （唐）李世民：《亲征高丽手诏》，周绍良主编《全唐文新编》卷七，吉林文史出版社2000年版，第72—73页。
② 《旧唐书》卷三《太宗本纪下》，中华书局1975年标点本，第63页。
③ 《旧唐书》卷三《太宗本纪下》，中华书局1975年标点本，第59页。
④ 《旧唐书》卷三《太宗本纪下》，中华书局1975年标点本，第51页。
⑤ 闫小芬、邹同庆等编著：《玄奘集编年校注》，河南大学出版社2012年版，第345页。
⑥ 闫小芬、邹同庆等编著：《玄奘集编年校注》，河南大学出版社2012年版，第345页。

第二章　隋唐佛教史学批评

此时的《西域记》对太宗而言已经不那么重要了。[①] 此后，太宗与玄奘的对话亦多关注于人生经历、翻译佛经、晚年陪伴，未再提及《大唐西域记》。

此后，高宗李治对玄奘亦是赞赏有加，但关注点仍在旅行经历、佛经翻译等，很少提及《大唐西域记》。如李治《述圣记》曰："元奘法师者，夙怀聪令，立志夷简，神清龆龀之年，体拔浮华之世。凝情定室，匿迹幽岩，栖息三禅，巡游十地。超六尘之境，独步迦维；会一乘之旨，随机化物。以中华之无质，寻印度之真文，远涉恒河，终期满字。频登雪岭，更获半珠，问道往还，十有七载，备通释典，利物为心。"[②] 通篇都是对玄奘个人魅力及其求取佛经的赞叹和景仰，并未提及《大唐西域记》。

唐初文人士族对玄奘的关注也多着眼于个人而非《大唐西域记》。如为《西域记》写序的著作郎敬播、尚书左仆射于志宁，他们都赞扬玄奘的光辉事迹，对《大唐西域记》则几句话带过。如敬播《大唐西域记序》先谈西域疆域的广阔，后夸赞玄奘："法师幼渐法门，慨祇园之莫履；长怀真迹，仰鹿野而翘心。……十九年正月，届于长安。所获经论六百五十七部，有诏译焉。亲践者一百一十国，传闻者二十八国，或事见于前典，或名始于今代。"[③] 谈及《西域记》只有"其物产风土之差，习俗山川之异，远则稽之于国典，近则详之于故老。邈矣殊方，依然在目。无劳握椠，已详油素，

[①] 季羡林也认为唐太宗对《大唐西域记》"非凡珍惜，他对玄奘说：'又云新撰《西域记》者，当自披览。'可见他的心情之迫切了"（《关于〈大唐西域记〉》，《西北大学学报》（哲学社会科学版）1980年第4期。该文又见于季羡林《佛教十六讲》，第196页）。但正如上所言，由于辽东征伐失利、西域局势的好转，太宗寄予厚望的《大唐西域记》已经变得不太重要。"新撰《西域记》者，当自披览"更像是太宗对《大唐西域记》轻描淡写的对白，而非季羡林所言"心情之迫切"。

[②] （唐）高宗：《述圣记》，周绍良主编《全唐文新编》卷一五，吉林文史出版社2000年版，第199页。

[③] （唐）敬播：《大唐西域记序》，释玄奘、辩机《大唐西域记》，上海古籍出版社2011年汇校本，第4页。

79

名为《大唐西域记》"①。序文最后，敬播还饶有意味道："窃惟书事记言，固已缉于微婉；琐词小道，冀有补于遗阙。"② 他认为《西域记》只是在西域史辑佚、补遗等方面有一定作用，但并非像玄奘自评那样高。敬播是唐初史学家，久居史职，多次奉诏编撰国史、实录，被称为良史之才。永徽初，他与许敬宗等撰《西域图》。③ 可以说，他的史学水平之高，对西域熟悉之深是唐初少有的大家之一，他对《大唐西域记》的评述没有刻意赞誉，更多是从史学价值角度认为其有益于西域史地的补阙、考述，评述较为中肯。

另一位写序者尚书左仆射于志宁亦是大篇幅记载玄奘的家世、西行印度，翻译佛经，赐《三藏圣教序》《述圣记》等光辉事迹，在序文最后曰："具览遐方异俗，绝壤殊风，土著之宜，人伦之序，正朔所暨，声教所覃，著《大唐西域记》，勒成一十二卷。编录典奥，综核明审，立言不朽，其在兹焉。"④ 他认为《大唐西域记》编纂有法，体例完备，详细记录了异域的风土人情，具有很高的史料价值，"立言不朽，其在兹焉"。

很明显，于志宁对《大唐西域记》评价甚高，颇多赞誉，与敬播的观点稍有不同。于志宁早期跟随唐太宗，"每侍从征伐，兼文学馆学士"，后担任太子李承乾、高宗李治的老师，"永徽元年，加光禄大夫，进封燕国公"⑤，深得太宗、高宗器重，其审时度势、心机之深非比常人。同时，于志宁亦是一个附庸风雅、言行不一之人。《旧唐书》卷七九曰："志宁雅爱宾客，接引忘倦，后进文笔之士，无不影附，

---

① （唐）敬播：《大唐西域记序》，释玄奘、辩机《大唐西域记》，上海古籍出版社2011年汇校本，第4页。
② （唐）敬播：《大唐西域记序》，释玄奘、辩机《大唐西域记》，上海古籍出版社2011年汇校本，第4—5页。
③ 《旧唐书》卷一八九《敬播传》，中华书局1975年标点本，第4954—4955页。
④ （唐）于志宁：《大唐西域记序》，释玄奘、辩机《大唐西域记》，上海古籍出版社2011年汇校本，第5页。
⑤ 《旧唐书》卷七八《于志宁传》，中华书局1975年标点本，第2693—2697页。

第二章　隋唐佛教史学批评

然亦不能有所荐达，议者以此少之。"① 可见，他表面上雅爱宾客，但实际上言不由衷，从不推荐宾客进入朝廷，表里不一。而玄奘正深得太宗、高宗的景仰和赞赏，他评价《大唐西域记》"立言不朽"，相较敬播似乎更具谄媚之意。

除了敬播、于志宁称赞外，其他文人士族对此书关注也不多。他们赞赏玄奘西行、翻译佛经的光辉事迹。如许敬宗赞玄奘"昭彰辩慧，蹑身毒之高踪；生禀神奇，嗣摩腾之芳轨。……访道周游，十有七载，经途所亘，百有余国。异方之语，资一音而并贯；未译之经，罄五财而毕写"②。太常丞吕才则赞叹玄奘西行求经的伟大，甚至称他是现实的佛。"乃有三藏玄奘法师者，所谓当今之能仁也，聪慧凤成，该览宏赡，德业纯粹，律禁翘勤，实三宝之栋梁，四众之纲纪者也。……于是穷源河于西域，涉河水于东维，采贝叶于鹫山，窥金文于鹤树。所历诸国，百有余都，所获经论，向七百部。并传以藩驿，聿归上京，因得面奉圣颜，对扬宗极。"③ 可以说，唐初文人士族对玄奘的赞赏比比皆是，但对《大唐西域记》提及甚少。④

目前见于文献记载《大唐西域记》在唐初官方和贵族之间流传的史料有三条：一是作为礼物赠送西州刺史麴智湛，一是供出使西域的王玄策携带使用，一是供编撰官方《西域图经》参考之用；皆为官方内部流传，民间社会基本不见其踪影。

吐鲁番博物馆藏一件《大唐西域记》残卷81SAT：1，是玄奘赠送给西州刺史麴智湛的礼物。"写于贞观二十一年（647）至永徽二年（651）期间，可能为玄奘赠与安西都护、西州刺史麴智湛的礼物，约

---

① 《旧唐书》卷七八《于志宁传》，中华书局1975年标点本，第2700页。
② （唐）许敬宗：《瑜伽师地论新译序》，周绍良主编《全唐文新编》卷一五二，吉林文史出版社2000年版，第1738页。
③ （唐）吕才：《因明注解立破义图序》，周绍良主编《全唐文新编》卷一六〇，吉林文史出版社2000年版，第1868页。
④ 对《全唐文》《全唐诗》《艺文类聚》及唐初笔记小说等爬梳检索，发现除了玄奘与唐太宗《大唐西域记》的对答，敬播、于志宁《大唐西域记序》外，其余文人士族多无提及《大唐西域记》。

81

在永徽三年由麴智湛从长安带回。"① 这种礼物更像是官方政治意义上的赠送。麴智湛是高昌王麴文泰的小儿子，高昌地理位置十分重要，"时西戎诸国来朝贡者，皆涂经高昌"。太宗即位后，双方良好，赏赐颇丰。贞观四年冬，"（麴）文泰来朝，及将归蕃，赐遗甚厚。其妻宇文氏请预宗亲，诏赐李氏，封常乐公主，下诏慰谕之。"② 但公元638年，高昌叛乱，侯君集率领大军攻占高昌。麴文泰死，麴智盛、麴智湛被押到长安，麴智盛死于长安。永徽三年春二月"苏定方攻破西突厥沙钵罗可汗贺鲁及咥运、阙啜。贺鲁走石国，副将萧嗣业追擒之，收其人畜前后四十余万。甲寅，西域平，以其地置濛池、昆陵二都护府。复于龟兹国置安西都护府，以高昌故地为西州。"③ 为了更好地控制高昌，高宗任命麴智湛为安西都护、西州刺史，回归高昌。麴智湛从公元638年随兄长到长安，公元650年回归高昌，十二年没回西域，对经历大变乱之后的西域地理环境、风土人俗多为不熟。玄奘赠送《大唐西域记》给麴智湛，与其说是礼物，更不如说是官方让麴智湛尽快熟悉西域新环境赠送的实用导向图。

继玄奘西行之后，受唐太宗、高宗派遣，王玄策又相继率领使团三次出使西域各国，《大唐西域记》很有可能被使团携带以作参考。公元661—666年之间，王玄策编撰《中天竺行记》十卷，此书虽已亡佚，但在《法苑珠林》《诸经要集》等中还有残文，可以看到《大唐西域记》的影响。④ 此外，《大唐西域记》还是高宗时许敬宗奉敕编撰《西域志》的主要来源。《法苑珠林》卷二九《感通篇·述意部第一》曰："依奘法师《行传》、《王玄策传》及西域道俗，任土所宜，非无灵异。敕令文学士等总集详撰，勒成六十卷，号为《西国志》，《图画》四十卷，合成一百卷。"⑤ 奘法师

---

① 余欣：《〈大唐西域记〉古写本述略稿》，《文献》2010年第4期。
② 《旧唐书》卷一九八《高昌传》，中华书局1975年标点本，第5294页。
③ 《旧唐书》卷四《高宗本纪上》，中华书局1975年标点本，第78页。
④ 冯承钧：《王玄策事辑》，《清华学报》1932年（增刊）。
⑤ （唐）释道世：《法苑珠林》卷二九，中华书局2003年校注本，第888页。

《行传》即是《大唐西域记》，可见《西域志》受到《大唐西域记》的影响当自无疑。①

从上可见，《大唐西域记》自问世之初，就遇到了一个较尴尬局面，无论是唐太宗、高宗，还是文人士族对玄奘的个人魅力、西行事迹，翻译佛经都赞赏有加，但对《大唐西域记》或是态度有所转变，或是关注不多。究其缘由，除了上述唐太宗征伐辽东前后心态变化，导致《大唐西域记》不受重视外，还有以下两个原因。

一是《大唐西域记》成书之前，唐人对西域了解或来自《史记》《汉书》《后汉书》等关于西域传记，或来自《历游天竺记传》《西域志》(《释氏西域记》)僧人游传，或来自张华《博物志》等笔记小说。尤其道安《西域志》在魏晋南北朝广被引用，郦道元《水经注》屡次引用作为史地考证依据。② 隋代有裴矩《西域图记》、释彦悰《西域记》。这些书籍关于西域的记载对唐初影响较大。如《艺文类聚》一百卷是武德七年（624年）欧阳询、令狐德棻等奉敕编纂的一部类书。该书是唐初以及唐以前知识、文献的大总结。它关于西域知识的记载多引用自《汉书·西域传》《西域记》《博物志》《支僧载外国事》《法显记》《后汉书》《释道安西域志》《魏略》等。③ 而《艺文类聚》《初学记》《三教珠英》等是"为皇室子弟及上层官僚学文而设"④，是其获取知识、引经据典、编撰文献的主要来源。故唐初文人士族、精英分子多熟悉《汉书·西域传》《西域记》《博物志》等书，不知晓《大唐西域记》亦为允当。

---

① 冯承钧：《王玄策事辑》，《清华学报》1932年（增刊）。李宗俊：《唐敕使王玄策使印度事迹新探》，《西域研究》2010年第4期；等等。
② 颜世明、高健：《道安〈西域志〉研究三题》，《新疆社科论坛》2016年第3期。王守春：《释道安与〈西域志〉》，《西域研究》2006年第4期。
③ 参见（唐）欧阳询《宋本艺文类聚》卷四、五、八、七二、七三、七四、八四，上海古籍出版社2013年版。
④ 黄俊杰：《从〈艺文类聚〉和〈初学记〉的引文看初唐的文学传播》，《中国韵文学刊》2010年第2期。

二是《大唐西域记》成书之后不久，王玄策又奉敕编撰《中天竺行记》(《西国行传》)十卷，图三卷。显庆三年，高宗又派遣使者分赴西域康国、吐火罗，勘察风俗物产、人文自然，由许敬宗奉敕编撰《西域图志》一百卷。这两本史书对西域记载更为直观、详细完备，无论在卷数、资料价值、图文结合上，都超过《大唐西域记》，更具权威性。尤其后者"其材料来自诸使者的实地考察，其真实性、全面性、重要性是不容置疑的"①，更便于流传和推广。如唐高宗总章元年（668年）道世编撰《法苑珠林》，虽然著录了《大唐西域记》，却大量引用《中天竺行记》《西域图志》作为史料依据。他编撰的另一部佛教书籍《诸经要集》亦多次引用《中天竺行记》《西域图志》。② 其余如道宣《释迦方志》《集古今佛道论衡》、彦悰《集沙门不应拜俗》等虽然引用《大唐西域记》，但引用上述两书的史料次数更多。③ 可以说，这两本史书的编撰和流传对《大唐西域记》在唐初的流传颇有影响。

二 唐初佛教僧众对《大唐西域记》的著录与引用

尽管《大唐西域记》在唐初文人士族中流传不广，但它在玄奘周围僧众中颇有影响。玄奘带回长安佛经较多，翻译浩大，故助手较多，如翻译《大菩萨藏经》有道宣，翻译《显扬圣教论》有智证、行友，编撰《西域记》有辩机。因此，道宣、智证、行友、辩机等僧众都有机缘看到此书。

道宣是《大唐西域记》的有力推动者。麟德元年（664年），他编撰《大唐内典录》，两次著录《大唐西域记》。一是在《皇朝传译佛经录第十八》，他著录玄奘译述大小乘经论67部，1344卷，《大唐西域记》列为最后。他简单记载玄奘史事，并曰"传度法本，虽非超

---

① 刘全波：《唐〈西域图志〉及相关问题考》，《中华文化论坛》2011年第5期。
② 冯承钧：《王玄策事辑》，《清华学报》1932年（增刊）。
③ 冯承钧：《王玄策事辑》，《清华学报》1932年（增刊）。

挺。然不坠译功,庶后之明识,因斯重复尘黄也"①。他认为玄奘最大贡献就是翻译佛经。另一处在《历代道俗述作注解录第六》著录包含《大唐西域记》在内的佛教文献,目的使少为人知的书籍便于寻阅。

此外,他在《续高僧传·玄奘传》详细记载玄奘西行的经历,多依据《大唐西域记》改写。如《大唐西域记》卷一曰:"缚喝国东西八百余里,南北四百余里,北临缚刍河。国大都城周二十余里,人皆谓之小王舍城也。"②道宣简化为:"缚喝国,土地华博,时俗号为小王舍城。"③又如《大唐西域记》卷一曰:"迦毕试国周四千余里,……伽蓝百余所,僧徒六千余人,并多习学大乘法教。"④道宣改写为"迦毕试国,奉信弥胜。僧有六千,多大乘学"⑤。类似者在《续高僧传·玄奘传》屡见不鲜。

辩机亲身参与《大唐西域记》抄写,他对于《大唐西域记》赞不绝口,他认为此书记载了古所未闻、前所未载的内容:"书行者,亲游践也;举至者,传闻记也。或直书其事,或曲畅其文。优而柔之,推而述之,务从实录,进诚皇极。"认为该书"补阙山经,颁左史之书事,备职方之遍举"⑥。既有传统史学"左史记动,右史记言"的体例,又有古代志书的职能,是一部继往开来的史学巨著,评价可谓甚高。

窥基是玄奘的传人,他编撰《大乘法苑义林章》是唯识学的典籍,对唯识义理、修行理论、果位等教义详加阐释。《大乘法苑义林章·第一结集缘起》就是汇集"《结集三藏传》并《付法藏传》《大智度论》第二卷、《真谛三藏部执疏》第二卷、《大唐西域记》第九

---

① (唐)释道宣:《大唐内典录》卷五,《大正新修大藏经》,中国台湾财团法人佛陀教育基金会1990年版,第55册,第283页。
② (唐)释玄奘、辩机:《大唐西域记》,上海古籍出版社2011年汇校本,第49页。
③ (唐)释道宣:《续高僧传》卷四,中华书局2014年校注本,第99页。
④ (唐)释玄奘、辩机:《大唐西域记》,上海古籍出版社2011年汇校本,第62页。
⑤ (唐)释道宣:《续高僧传》卷四,中华书局2014年校注本,第99页。
⑥ (唐)释玄奘、辩机:《大唐西域记》,上海古籍出版社2011年汇校本,第636—637页。

卷并《四分律》等"合集而成。① 他在书中多次引用《大唐西域记》。如"《西域记》云：'摩揭陀国正中，古先君王所都之处。出胜上吉祥茅草，谓之上茅城，即矩奢揭罗补罗城也。'"② 又如"《西域记》云：'时大迦叶宴坐山林，忽烛光明。又睹地震，曰是何祥？若此之异，以天眼观见佛世尊于双林间入般涅槃。'"③ 这些都是窥基受到《大唐西域记》影响的明证。

道世《法苑珠林》也受到《大唐西域记》影响，书中多处引用玄奘法师《行传》作为史料来源。④ 该书卷一百《杂集部第三》亦著录："《大唐西域传》十二卷，皇朝西京大慈恩寺沙门玄奘奉敕撰。"他在《杂集部第三》阐述设置杂集类目的就是"各造别藏，安置并足。知事守固，禁掌极牢。更相替代，传授领数。虑后法灭，知教全焉"⑤。可见，道世将《大唐西域记》列入杂集部，目的是为考补佛史，有益佛教之用。此外，唐初释靖迈仿效《历代三宝记》编撰《古今译经图纪》，记载从后汉迦叶摩腾到唐玄奘间共117人翻译的经论、图纪。撰者在记载玄奘史事和翻译佛经的同时，亦著录"《大唐西域记》一部，十二卷"⑥。

从上可见，《大唐西域记》在唐初帝王贵族、文人精英中流传较少，更多是在佛教僧众中流传。正如麟德元年，道宣在《大唐内典录·历代道俗述作注解录第六》所言："注述圣言，用通未悟。前已虽显，未足申明。今别题录，使寻览易晓。"⑦ 他认为包括《大唐西

---

① （唐）释窥基：《大乘法苑义林章》卷二，《大正新修大藏经》，中国台湾财团法人佛陀教育基金会1990年版，第45册，第268页。

② （唐）释窥基：《大乘法苑义林章》卷二，《大正新修大藏经》，中国台湾财团法人佛陀教育基金会1990年版，第45册，第268页。

③ （唐）释窥基：《大乘法苑义林章》卷二，《大正新修大藏经》，中国台湾财团法人佛陀教育基金会1990年版，第45册，第268页。

④ 如（唐）释道世《法苑珠林》卷二九（中华书局2003年校注本，第899—915页）数次引用玄奘法师《行传》。

⑤ （唐）释道世：《法苑珠林》卷一〇〇，中华书局2003年校注本，第2871页。

⑥ （唐）释靖迈：《古今译经图纪》卷四，《大正新修大藏经》，中国台湾财团法人佛陀教育基金会1990年版，第55册，第367页。

⑦ （唐）释道宣：《大唐内典录》卷一，《大正新修大藏经》，中国台湾财团法人佛陀教育基金会1990年版，第55册，第219页。

域记》在内的史传文献都是佛教僧俗高人撰述,以前虽然有著录,但流传不广,未足显扬,未被世人知晓,所以《大唐内典录》再次著录,以便"寻览易晓。"这在另一方面也验证《大唐西域记》在唐初社会确实流传不广的不争事实。

三 《大唐西域记》在唐中期的流传与影响

这种现象到唐中期有了新变化。一方面,《大唐西域记》逐渐进入文人士族的视野。一些笔记小说或直接提及《大唐西域记》,或引用《大唐西域记》中的内容作为史地考证的依据。如《大唐新语》是元和(806—820年)时刘肃记载唐代历史人物言行、故事的一部笔记,起自唐初,下迄大历(766—779年),多取材于唐代国史旧闻。该书卷十三《记异》记载了玄奘的身世、经历、求法、翻译的史事,最后曰:"玄奘撰《西域记》十二卷,见行于代,著作郎敬播为之序。"[1] 又如,段成式《酉阳杂俎》续集卷四记载天宝(742—756年)时中岳道士顾玄绩教人炼金丹一事,其中引用玄奘《西域记》曰:"中天婆罗疤斯国鹿野东有一洄池,名救命,亦曰烈士。昔有隐者于池侧结庵,能令人畜代形。"[2] 撰者将其作为异闻逸事,来佐证《酉阳杂俎》记载事情的真实性。再如天宝十年,孙愐编撰《唐韵》采撷大量的史书作为史源,《大唐西域记》亦在其中。[3] 可以说,段成式《酉阳杂俎》、郑常《洽闻记》、牛僧孺《玄怪录》等笔记小说或直接引用,或使用《大唐西域记》进行史地考证和文学创作,在唐中期文坛较为常见。[4] 这些亦表明唐中期《大唐西域记》已经进入更多文人士族视野中,为世人熟悉。

另一方面,《大唐西域记》也为更多佛教僧众熟知,著录、引用该

---

[1] (唐)刘肃:《大唐新语》,中华书局1984年标点本,第193页。
[2] (唐)段成式:《酉阳杂俎》,山东人民出版社2018年校释本,第310页。
[3] (唐)孙愐:《唐韵序》,周绍良主编《全唐文新编》卷三六五,吉林文史出版社2000年版,第4238页。
[4] 何红艳:《〈大唐西域记〉与唐五代小说的创作》,《内蒙古民族大学学报》(社会科学版)2003年第6期。

书成为常态。如华严宗四祖澄观法师撰述《华严大疏钞》九十卷，多次引用《大唐西域记》。如卷七曰："又案《西域记》：'唐三藏初遇龙树宗师，欲从学，法师令服药求得长生，方能穷究。三藏自思本欲求经，恐仙术不成，辜我夙愿，遂不学此宗，乃学法相之宗。'"[1] 同书卷一五亦曰："唐三藏《西域记》亦广说其行迹，疏'遮拘槃国有其具本者。'"[2] 又如，唐贞元间，慧琳撰述《一切经音义》一百卷，亦多次引用《大唐西域记》。如该书卷一一曰："《大唐西域记》云：'印度多有甄叔迦树，其花赤色，形如人手，一说云亦名阿叔迦，亦名无忧树，其花亦赤色，此说正也。'"[3] 又同书同卷曰："《大唐西域记》云：'印度国俗一逾缮那三十里矣，此说真实也，今依此文。'"[4] 再如玄宗天宝十年，车奉朝随使团出使天竺罽宾国。肃宗至德二载，在天竺皈依为僧，"蒙三藏赐与法号，梵云达摩驮都，唐言以翻名为法界。"代宗时他游历迦湿弥罗国、乾陀罗城、拘尸那城等地，一路所见所闻，发出"往来遍寻圣迹，与《大唐西域记》说无少差殊"[5] 感慨，可见游历途中，《大唐西域记》是其必备之书。可以说，中唐时佛教僧众著录、引用亦较为常见，甚至游历西域途中都要携带《大唐西域记》以备之需。

为什么中唐时《大唐西域记》能够获得文人士族、佛教僧众更多青睐而流传开来？原因有二。

首先，中唐传奇的繁盛刺激了文人士族、精英分子对西域知识猎奇的渴望。中国志怪小说肇始于先秦，发展于魏晋南北朝，繁盛于唐代，衍化成独特的传奇文学。正如明人胡应麟所言："凡变异之谈，

---

[1] （唐）释澄观：《大方广佛华严经随疏演义钞》卷七，《大正新修大藏经》，中国台湾财团法人佛陀教育基金会1990年版，第36册，第52页。

[2] （唐）释澄观：《大方广佛华严经随疏演义钞》卷一五，《大正新修大藏经》，中国台湾财团法人佛陀教育基金会1990年版，第36册，第110页。

[3] （唐）释慧琳：《一切经音义》卷一一，《大正新修大藏经》，中国台湾财团法人佛陀教育基金会1990年版，第54册，第371页。

[4] （唐）释慧琳：《一切经音义》卷一一，《大正新修大藏经》，中国台湾财团法人佛陀教育基金会1990年版，第54册，第371页。

[5] （唐）释圆照：《佛说十力经·大唐贞元新译十地等经记》，《大正新修大藏经》，中国台湾财团法人佛陀教育基金会1990年版，第17册，第716页。

盛于六朝，然多是传录舛讹，未必尽幻设语。至唐人乃作意好奇，假小说以寄笔端。"① 而中唐时期正是唐传奇创作的高峰阶段，著名的作品多出于此时，"顾世间则甚风行，文人往往有作"②。如元稹《莺莺传》，李公佐《谢小娥传》《南柯太守传》，李朝威《柳毅传》，牛僧孺《玄怪录》等。"变异""好奇"则是唐传奇的两个主要议题，花妖狐魅、精兽鬼魂、金银器物等一切事物都有幻化人世间的能量和机缘；人仙恋、人鬼恋、神鬼情等离奇神幻、缠绵悱恻的情节更是给唐传奇带来超脱现实的丰富想象。

隋唐是西域少数民族进入中原的繁盛时期，大量西域胡人到长安、洛阳、扬州等地定居，从事经商等活动，不仅影响到唐代上层社会的胡化，对民间社会也产生了巨大影响。尤其是唐玄宗时期，西域胡人文化在中原十分流行，影响颇深。正如向达所言："开元、天宝之际，天下升平，而玄宗以声色犬马为羁縻诸王之策，重以蕃将大盛，异族入居长安者多，于是长安胡化盛极一时，此种胡化大率为西域风之好尚：服饰、饮食、宫室、乐舞、绘画，竞事纷泊；其极社会各方面，隐约皆有所化，好之者不仅帝王及一二贵戚达官已也。"③ 可以说，中唐时期的贵戚达官、文人士族、民众百姓对西域文化的了解和探求达到一个热潮。为了满足这种对西域文化的渴求，大量流传于民间的西域故事、传说，自然为唐传奇撰者所汲取、改造，使之适合唐人的阅读习惯，融入唐传奇中，故西域胡商文化、胡女变形、胡人寻宝亦都成为唐传奇的常见题材。④ 而《大唐西域记》不仅记载了玄奘的西行见闻，山川交通、风土人情等，还记载了大量

---

① （明）胡应麟：《少室山房笔丛》，上海书店2001年版，第371页。
② 鲁迅：《中国小说史略》，中华书局2014年版，第55页。
③ 向达：《唐代长安与西域文明》，商务印书馆2015年版，第44页。
④ 王青：《西域文化影响下的中古小说》，中国社会科学出版社2006年版。黄云鹤、吕方达：《〈太平广记〉中的唐代胡商文化》，《古籍整理研究学刊》2005年第6期。李文才：《〈太平广记〉所见唐代胡商：以扬州为中心》，《扬州文化研究论丛》2015年第2期；等等。相关研究较多，兹不赘言。

印度、西域的寓言传说、神话故事等，"所录故事题材丰富多彩，有的故事情节曲折，富于变化，有的则充满异域风情"①，具有很高的史学和文学价值。可以说《大唐西域记》是西域实录与异域文学的完美结合体，能够获得中唐时期文人士族的青睐亦不足为奇。

其次，唐开元十八年（730年），智昇著录《开元释教录》，并将《大唐西域记》入藏，对该书的流传，尤其对佛教僧众影响颇深。

唐初道宣《大唐内典录》没有将《大唐西域记》入藏，只在《皇朝传译佛经录第十八》著录玄奘译述大小乘经论67部，1344卷，最后列有《大唐西域记》。他还在《历代道俗述作注解录第六》著录《大唐西域记》，以备知晓。《大唐内典录》著录佛教文献方式与《出三藏记集》《历代三宝记》相似。正如道宣所言："更参祐、房等录，祐录征据，文义可观。"②亦如梁启超曰："道宣学风，酷类僧祐（《传》称其为祐转生），同为明律大师，同谙悉佛门掌故。"③故道宣著录包括《大唐西域记》在内佛教史籍的做法就是简单明了，便于知晓，颇似僧祐、费长房。

靖迈《古今译经图纪》亦仿效《历代三宝记》体例，著录后汉迦叶摩腾至唐玄奘之间117人翻译的经论、图纪。撰者只在卷末记载玄奘史事和翻译佛经，并著录《大唐西域记》。曰："《大唐西域记一部》十二卷。"④但撰者统计玄奘著述总数时，却将《大唐西域记》除外，这种做法可能与"直述译经，余无所纪"⑤的思想有关。武周天册万岁元年（695年）时，明佺编撰《大周刊定众经目录》，该书

---

① 何红艳：《〈大唐西域记〉与唐五代小说的创作》，《内蒙古民族大学学报》（社会科学版）2003年第6期。
② （唐）释道宣：《大唐内典录》卷十，《大正新修大藏经》，中国台湾财团法人佛陀教育基金会1990年版，第55册，第338页。
③ 梁启超：《佛家经录在中国目录学之位置》，黄夏年主编《梁启超集》，中国社会科学出版社1995年版，第100页。
④ （唐）释靖迈：《古今译经图纪》卷四，《大正新修大藏经》，中国台湾财团法人佛陀教育基金会1990年版，第55册，第367页。
⑤ （唐）释智昇：《开元释教录》卷八，中华书局2018年校注本，第521页。

基本以《一切经目录》《开皇三宝录》《大唐内典录》为准,却未收入《大唐西域记》,不知其解。

在以往经录的基础上,唐开元十八年(730年)智昇编撰《开元释教录》二十卷。该书为佛教经录之集大成者,"总录括聚群经,别录分其乘藏。二录各成十卷,就别更有七门"①。这种分类更细微,"组织更加绵密,资料更加充实,在斯学中,兹为极轨"②。

《开元释教录》多次著录《大唐西域记》并将其入藏对该书的流传影响颇大。

第一处著录于《总括群经录上之八》。曰:"《大唐西域记》十二卷。"③ 智昇直接引用《内典录》的著录。总括群经录是按照朝代顺序,著录"从汉至唐所有翻述,具帝王年代并译人本事、所出教等,以人代先后为伦,不依三藏之次,兼叙目录新旧同异"。④ 这种体例颇似《历代三宝记》。

第二处著录于《别分乘藏录·有译有本录中圣贤传记录第三·此方撰述集传》。曰:"《大唐西域记》十二卷。大唐三藏玄奘撰。出《内典录》,新编入藏。"⑤ 别分乘藏录称别录。"别录之中,曲分为七:一、有译有本;二、有译无本;三、支派别行;四、删略繁重;五、拾遗补阙;六、疑惑再详;七、伪邪乱正。就七门中,二乘区别,三藏殊科,具悉委由,兼明部属。"⑥ 以前的经录"仅以大小乘经律论分类,至智昇则大小乘经论又各分类焉,派别分类自此始也"⑦。这种细化分类法,扩大了入藏的标准,使以往很多无法进入

---

① (唐)释智昇:《开元释教录》卷一,中华书局2018年校注本,第2页。
② 梁启超:《佛家经录在中国目录学之位置》,黄夏年主编《梁启超集》,中国社会科学出版社1995年版,第105页。
③ 见《内典录》。贞观二十年奉敕于弘福寺翻经院撰,沙门辩机承旨缀缉,秋七月绝笔。(唐)释智昇:《开元释教录》卷八,中华书局2018年校注本,第498页。
④ (唐)释智昇:《开元释教录》卷一,中华书局2018年校注本,第2页。
⑤ (唐)释智昇:《开元释教录》卷一三,中华书局2018年校注本,第907页。
⑥ (唐)释智昇:《开元释教录》卷一,中华书局2018年校注本,第2页。
⑦ 梁启超:《佛家经录在中国目录学之位置》,黄夏年主编《梁启超集》,中国社会科学出版社1995年版,第104页。

藏录的佛教文献得以入藏。《有译有本录》中设置《圣贤传记录》则仿效法经《众经目录》体例。故智昇著录《大唐西域记》于《别分乘藏录·有译有本录中圣贤传记录第三·此方撰述集传》中，简称"新编入藏"。

第三处著录于《别录·补阙拾遗录第五》。所谓"补拾录者，谓旧录阙题、新翻未载之类，今并详而具之也。所冀法轮无玷，慧日增晖，永烛幽途，恒霑沃润者矣"①。撰者著录此方所撰集传目的"于大法裨助光扬，故补先阙，编之见录"②。《大唐西域记》亦在其中。

第四处著录于《入藏录》。曰："《大唐西域记》十二卷。二百三十四纸。"③魏晋南北朝时，《李廓录》《宝唱录》采取简单的大小乘经律论分类法。但《出三藏记集》未使用这种体例。隋代法经《众经目录》将大小乘经律论分类法更加细化，使之"厘然分明"④，但亦未明确提出"入藏录"概念。费长房《历代三宝记》卷一三、一四明确提出入藏录概念，分为大乘录入藏目（菩萨藏）、小乘录入藏目（声闻藏）。《开元释教录》则在《历代三宝记》基础上，"合大小乘经、律、论及圣贤集传见入藏者，总一千七十六部，合五千四十八卷，四百八十帙"⑤。智昇将大小乘经律论及圣贤集传共为入藏是古代经录中一大创举。

这种做法非常有利于《大唐西域记》在唐中晚期及以后的流传和推广，尤其对阅读《大藏经》的佛教僧众和居士影响颇深，因为此后的经录多仿效《开元释教录》的体例。如"贞元间圆照为《贞元新定释教录》，袭录其文，不易一字"⑥。《贞元新定释教录》各处著录《大唐西域记》体例、文字与《开元释教录》相同。宋代经录亦大抵

---

① （唐）释智昇：《开元释教录》卷一七，中华书局2018年校注本，第1185页。
② （唐）释智昇：《开元释教录》卷一七，中华书局2018年校注本，第1230页。
③ （唐）释智昇：《开元释教录》卷二〇，中华书局2018年校注本，第1448页。
④ 梁启超：《佛家经录在中国目录学之位置》，黄夏年主编《梁启超集》，中国社会科学出版社1995年版，第96页。
⑤ （唐）释智昇：《开元释教录》卷一九，中华书局2018年校注本，第1287页。
⑥ 梁启超：《佛家经录在中国目录学之位置》，黄夏年主编《梁启超集》，中国社会科学出版社1995年版，第105页。

续《贞元》之旧，补入新译而已，著录宋以前的书籍则皆以《贞元新定释教录》为准，《贞元新定释教录》又以《开元释教录》为准，可见其影响之深。

总的来说，唐之前关于西域的文献有很多，如道安《西域志》、智猛《外国传》、裴矩《西域图记》、彦悰《西域记》。但这些文献多已亡佚，消失在历史的长河中，只有玄奘《大唐西域记》以其独特的魅力广为流传，唐宋、元明清史学目录和历代藏经皆著录其书，日本亦历代流传抄本，它的影响力超越了时代与疆域。

但这部被玄奘比美于《汉书》《博物志》，于志宁认为立言不朽的《大唐西域记》在唐初的流传并不顺利，它并没有得到唐太宗、高宗以及文人士族、权贵精英的十分重视和广泛关注，只是在佛教僧众有所流传。这种现象在中唐时有了新变化，笔记小说、韵文诗书、佛教文献大量著录、引用《大唐西域记》。晚唐时期，《大唐西域记》在敦煌归义军时代、高昌回鹘时期广为传抄，并且还成为晚唐时期前往印度求法僧侣的旅行指南。[①] 从日本京都兴圣寺藏《大唐西域记》抄本来看，大致在唐贞元（785—805 年）时《大唐西域记》传入日本。[②] 可以说，《大唐西域记》在中晚唐时已经成为一部十分流行的西域史地书籍，其缘由与中唐传奇的繁盛刺激了文人士族、精英分子对西域知识猎奇的渴望及《开元释教录》将《大唐西域记》入藏两大因素是分不开的。

第三节　唐僧道宣的佛教史学批评

唐代佛教兴盛，史家辈出，佛教史籍撰述繁多，史学批评之风迭起。道宣凭借其丰富的史学著述，敏锐的史学观察力、强烈的史学批

---

① 余欣：《〈大唐西域记〉古写本述略稿》，《文献》2010 年第 4 期。
② ［日］高田时雄、高启安：《京都兴圣寺现存最早的〈大唐西域记〉抄本》，《敦煌研究》2008 年第 2 期。

评意识成为唐代杰出的佛教史家之一。道宣注解、编撰有《注戒本》《注羯磨》《行事删补律仪》《释迦方志》《古今佛道论衡》《大唐内典录》《续高僧传》《广弘明集》《东夏三宝感通记》等著作，约计十八部，一百一十余卷。正如宋僧赞宁曰："宣之编修，美流天下。"[1] 对其在佛教文献著述上做出了较大的肯定。前人对道宣的研究成果颇丰[2]，但较系统从史学批评角度探讨其如何著录、分类前代佛教史籍，如何评价前代佛教史籍、史家之优劣仍有诸多薄弱之处。

一 《大唐内典录》对佛教史籍的著录和分类

《大唐内典录》是麟德元年（664年），道宣在年近七十的情况下对唐初及以前佛教文献编撰的一次大总结。"余以从心之年，强加直笔，舒通经教，庶几无没。"[3] 过往经录"举统各有宪章，征核不无繁杂"，[4] 体例烦乱，错误迭出。针对于此，他在僧祐《出三藏记集》、费长房《历代三宝记》的基础上，"总会群作，以类区分。合

---

[1] （宋）释赞宁：《宋高僧传》卷一四，中华书局1987年校注本，第330页。
[2] 冉云华：《中国早期禅法的流传和特点——慧皎、道宣所著〈习禅篇〉研究》，《华岗佛学学报》1984年第7期；林淑玟：《南山大律师——道宣律师》，中国台湾法鼓文化事业公司1996年版；藤善真澄：《〈道宣传〉の研究》，京都大学学术出版会，2002年；王亚荣：《道宣评传》，宗教文化出版社2017年版；王绍峰：《〈续高僧传〉在僧传撰著历史上的地位》，《湖州师范学院学报》2019年第1期；陈金华：《写本、刊藏与藏外文献——针对收入道宣〈续高僧传〉一份僧传所做的个案研究》，《佛教文化研究》2018年9月30日；王大伟：《唐代道宣与他的佛教感通世界》，《华东师范大学学报》2018第1期；戶次显彰：《仏教世界における歴史家の視点——僧祐・道宣を中心とする史書編纂の背景》，《現代と亲鸾》2017年第36卷；朱东润遗稿：《道宣〈续高僧传〉之传叙》，《中华文史论丛》2015年第1期；季爱民：《道宣与中国佛教史上"法难观"的形成》，《东北师大学报》（哲学社会科学版）2011年第2期；王绍峰：《唐释道宣文献价值散论》，《阜阳师范学院学报》（社会科学版）2005年第1期；蒋海怒：《道宣与中国佛教文献学》，《宗教哲学季刊》1999年第5卷4期；高观如：《道宣》，《中国佛教》第2辑，东方出版中心1982年版；前川隆司：《道宣の佛教史观》，《印度学佛教学研究》1961年第9卷2期；等等。
[3] （唐）释道宣：《大唐内典录》卷十，《大正新修大藏经》，中国台湾财团法人佛陀教育基金会1990年版，第55册，第342页。
[4] （唐）释道宣：《大唐内典录》卷一，《大正新修大藏经》，中国台湾财团法人佛陀教育基金会1990年版，第55册，第219页。

成一部，开为十例。依条显列，无相夺伦。文虽重张，义绝烦乱"①。撰成此书。

全书分为：《历代众经传译所从录第一》、《历代翻本单重人代存亡录第二》、《历代众经总撮入藏录第三》、《历代众经举要转读录第四》、《历代众经有目阙本录第五》、《历代道俗述作注解录第六》、《历代诸经支流陈化录第七》、《历代所出疑伪经论录第八》、《历代众经录目终始序第九》、《历代众经应感兴敬录第十》。这种分类代表了道宣一生对佛教文献著录、分类的成熟认知，较之以往经录，更为有系统，有组织，"殆经录中之极轨矣"②。

但就著录、分类佛教史籍而言，道宣在《大唐内典录》中呈现的史学观较之前人亦有发展变化之处。魏晋时僧祐《出三藏记集》只是或在人物传记，或在目录序文，零散提及少许佛教史籍，没有佛教史籍的分类体例。法经撰述《众经目录》设置佛灭度后传记录，分为西域圣贤和此方诸德。后者又分为此方佛法传记、大小乘经记。这种体例将佛教史籍划入佛教文献大体系中，开始重视佛教史籍。费长房《历代三宝记》将佛教史籍列入佛教编年大事系统，著录有数十部之多。道宣是一个佛教史学家，对于佛教史籍撰述十分重视。因此《大唐内典录》对佛教史籍著录有着明确的定位和著录。

一是《历代众经传译所从录》中的佛教史籍著录。

《大唐内典录》卷一至卷五为《历代众经传译所从录》，按照朝代顺序，从后汉到唐朝，"录彼帝世，翻译贤明，并显时君，信毁偏竞，以为初录。且夫汉、晋、隋、唐之运，天下大同，正朔所临，法门一统。魏、宋、齐、梁等朝，地分圮裂，华夷参政，翻传并出。至于广部

---

① （唐）释道宣：《大唐内典录》卷一，《大正新修大藏经》，中国台湾财团法人佛陀教育基金会1990年版，第55册，第219页。
② 梁启超：《佛家经录在中国目录学之位置》，黄夏年主编《梁启超集》，中国社会科学出版社1995年版，第101页。

传俗，绝后超前。即见敷扬，联耀惟远。今则随其时代，即而编之。仍述道俗所撰，附之于后"①。主要记载历代佛经翻译概况，内容上将《出三藏记集》《历代三宝记》基本全部摄入，但更"务求真，而考证綦审"②。其中著录中土道俗之编撰，佛教史籍即列其中。

《东晋朝传译佛经录第五》著录有《历游天竺记传》《魏世录目》《吴世录目》《晋世杂录》《河西录目》《经论都录》《人物始义论》《高逸沙门传》。③

《前后二秦传译佛经录第六》著录《西域志》《综理众经目录》。《后秦传译佛经录第七》著录《马鸣菩萨传》《龙树菩萨传》《提婆菩萨传》《二秦众经录》。④

《宋朝传译佛经录第十》著录《外国传》。《前齐朝传译佛经录第十一》著录《众经目录》《三宝记》《僧史》。《梁朝传译佛经录第十二》著录《出三藏集记》《法苑集》《弘明集》《世界记》《萨婆多师资传》《释迦谱》《华林佛殿众经目录》《经律异相》《名僧传并序目》《众经目录》《高僧传》《法宝集》《内典博要》。《后魏元氏翻传佛经录第十三》著录《付法藏传》《众经录目》《洛阳伽蓝记》。⑤

《后周宇文氏传译佛经录第十五》著录《韶法师传》《验善知识传》《三宝集》。《隋朝传译佛经录第十七》著录《众经录》《圣迹记》《塔寺记》《经法东流记》《十法记》《僧尼制》《众经录目》《达摩笈多传》《旌异传》《开皇三宝录》《西域志》《诸寺碎铭》《南岳

---

① （唐）释道宣：《大唐内典录》卷一，《大正新修大藏经》，中国台湾财团法人佛陀教育基金会1990年版，第55册，第219页。

② 梁启超：《佛家经录在中国目录学之位置》，黄夏年主编《梁启超集》，中国社会科学出版社1995年版，第102页。

③ （唐）释道宣：《大唐内典录》卷三，《大正新修大藏经》，中国台湾财团法人佛陀教育基金会1990年版，第55册，第248页。

④ （唐）释道宣：《大唐内典录》卷三，《大正新修大藏经》，中国台湾财团法人佛陀教育基金会1990年版，第55册，第251、253—254页。

⑤ （唐）释道宣：《大唐内典录》卷四，《大正新修大藏经》，中国台湾财团法人佛陀教育基金会1990年版，第55册，第260、263、265、266—267、268、270页。

思禅师传》《天台智者师别传》《杭州真观法师别传》。《皇朝传译佛经录第十八》著录《破邪论》《辩正论》《释氏谱略》《圣迹见在图赞》《佛化东渐图赞》《释迦方志》《古今佛道论衡》《大唐内典录》《续高僧传》《后集续高僧传》《广弘明集》《东夏三宝感通记》《大唐西域传》《大唐京寺录传》《沙门不敬俗录》《大唐众经音义》《法苑珠林》。

从上可见,《大唐内典录》著录了较多佛教史籍,基本呈现了唐初佛教史籍状况。道宣的著录明显受到隋代费长房《历代三宝记》"博存"思想的影响,《历代三宝记》著录的佛教史籍基本被道宣照搬其中,不少内容甚至直接取材于《历代三宝记》。

著述体例上,道宣与费长房有所不同。费长房认为佛经、佛史并重,皆为"三宝",佛教史籍编撰是佛教大事之一。故在代录中,费长房采用《春秋》编年方法,按照朝代顺序,以经系人,彰显历代佛经翻译、著述的盛衰变化,也记载了历代官私编撰佛教史籍的状况。通过这两种现象,呈现其佛教与政治之间的关系。

《大唐内典录》中,道宣仿效费长房做法,创立《历代众经传译所从录》,按照朝代顺序著录历代佛经翻译,著录僧俗编撰之书。采用"代别出经,及人述作,无非通法,并入经收,故随经出"[①]的方法。但在立意上,道宣未将佛教史籍等同于佛经,而是将佛教史籍附属于翻译佛经。著录体例上,按照同时代中,如既有翻译佛经,又有其他撰述,按照翻译佛经为先,其他撰述附后的顺序排列,然后出翻译者传记。如只有其他撰述,而无翻译佛经者,其他撰述列为后。佛教史籍亦按照此原则著录于《历代众经传译所从录》。前者如《历代众经传译所从录·东晋朝传译佛经录第五》著录晋释法显《历游天竺记传》。先列翻译佛经《大般泥洹经》《方等泥洹经》《杂藏经》《僧祇尼戒本》《杂阿毗昙心》,《历游天竺记传》附于佛经最后,后有法显传,内容取材

---

① (唐)释道宣:《大唐内典录》卷一,《大正新修大藏经》,中国台湾财团法人佛陀教育基金会1990年版,第55册,第219页。

于《历代三宝记》。① 后者如"《高逸沙门传》,孝武帝世剡东仰山沙门竺法济撰"②,其书只为著述,则列于该时代佛经翻译之后。

实际上,《历代众经传译所从录》是道宣著录历代佛经翻译而设,重佛经翻译,轻视其他注释无可厚非。较之《历代三宝记》的代录,这种佛教史籍的著录体例取消了费氏佛经、佛史并列为三宝,同为佛教大事的做法;又摒弃费氏《春秋》编年方法,抹除了佛教大事与世俗政治之间关联,使佛教史籍整体上的地位下降不少。即道宣重视佛教史籍撰述,《大唐内典录》著录数十部之多,但其内心中,仍将其列为三宝之外,为有益于佛教之类,与佛经不能相提并论,仍有轻视之感。

二是《历代众经见入藏录》中的佛教史籍著录。

如上所言,法经《众经目录》创建大乘(修多罗藏、毗尼藏、阿毗昙藏)、小乘(修多罗藏、毗尼藏、阿毗昙藏)、抄集录(西域圣贤、此方诸德)、传记录(西域圣贤、此方诸德)、著述录(西域圣贤、此方诸德)。隋仁寿二年,彦悰又重新撰述《众经目录》,分单本、重翻、贤圣集传、别生、疑伪、阙本六类。费长房在大乘(修多罗藏、毗尼藏、阿毗昙藏)、小乘(修多罗藏、毗尼藏、阿毗昙藏)基础上,创建《入藏录》。

道宣在《历代三宝记·入藏录》基础上编撰《历代众经见入藏录》,"谓经部繁多,纲要备列。从帙入藏,以类相从,故分大小二乘,显单重两译"③,编撰而成。该录分为大乘经、小乘经、小乘律、大乘论、小乘论、贤圣集传。大小乘经、律、论的分类显然受到《历代三宝记·入藏录》的影响,贤圣集传设置则有彦悰《众经目录》痕迹。如道宣所言:"今则随乘大小,据译单重。经律论传,

---

① (唐)释道宣:《大唐内典录》卷三,《大正新修大藏经》,中国台湾财团法人佛陀教育基金会1990年版,第55册,第247页。
② (唐)释道宣:《大唐内典录》卷三,《大正新修大藏经》,中国台湾财团法人佛陀教育基金会1990年版,第55册,第248页。
③ (唐)释道宣:《大唐内典录》卷一,《大正新修大藏经》,中国台湾财团法人佛陀教育基金会1990年版,第55册,第219页。

第二章　隋唐佛教史学批评

条然取别。犹依旧例，未敢大分。"① 旧例则为《历代三宝记》《众经目录》。

《历代三宝记·入藏录》中本无佛教史籍。法经《众经目录》有《西域圣贤传记》《此土诸德传记》，前者著录西方圣贤高僧撰述，后者著录本土高僧大德传记。彦悰《众经目录·贤圣集传》则只著录西方圣贤高僧撰述，删除此土撰述。与佛教史传有关有《付法藏传》《阿育王传》《马鸣菩萨传》《龙树菩萨传》《提婆菩萨传》《婆薮槃豆法师传》《撰三藏及杂藏传》，与法经《众经目录》大致相同。不同之处是删除《众经目录》原有的《佛游天竺记》。这种做法具有一定合理之处，彦悰认为贤圣集传只该记载西方贤圣的撰述、翻译之作。《佛游天竺记》为东晋法显撰述，显然不合入此。

道宣《大唐内典录·历代众经见入藏录》亦设有《贤圣集传》，显然受到彦悰《众经目录》体例的影响，著录佛教史籍有《付法藏因缘传》《阿育王传》《婆薮槃豆法师传》《马鸣菩萨传》《提婆菩萨传》《龙树菩萨传》《入藏目录》《众经目录》《大唐内典录》。关于西方贤圣撰述基本与彦悰《众经目录》一样，不同的是增加了三部本土贤圣撰述的《入藏目录》《众经目录》《大唐内典录》。② 此中《入藏目录》不知何人编著，但其最早见于费长房《历代三宝记》。《入藏目录》有可能是隋末唐初中土佛教人士编撰应当入藏流通的一部佛经目录。《众经目录》（五卷）为彦悰编撰，而非法经编撰；《大唐内典录》亦为道宣编撰。可见，《大唐内典录·历代众经见入藏录》著录的佛教史籍大部分依据隋彦悰《众经目录》，增加的三部都为中土撰述，亦是道宣重视，认为值得入藏的佛教经录，代表了道宣对贤圣和佛教史籍入藏的一种新理解。

---

① （唐）释道宣：《大唐内典录》卷八，《大正新修大藏经》，中国台湾财团法人佛陀教育基金会1990年版，第55册，第302页。
② （唐）释道宣：《大唐内典录》卷八，《大正新修大藏经》，中国台湾财团法人佛陀教育基金会1990年版，第55册，第312页。

三是《历代道俗述作注解录》著录的佛教史籍。

《历代道俗述作注解录》中"道俗述作"源于梁阮孝序《七录》、僧祐《出三藏记集》，亦有道宣对隋唐佛教述作的补，所谓"诸代道俗所传检阮氏《七录》，僧祐统叙，更有缀缉"①。阮孝绪《七录》亡佚，现存有序一篇。从中可见，《七录》分为内、外篇，"方内经记至于术技，合为五录，谓之内篇；方外佛道，各为一录，谓之外篇"②。佛法录三卷，著录"戒律部七十一种，八十八帙，三百三十九卷；禅定部一百四种，一百八帙，一百七十六卷；智慧部二千七十七种，二千一百九十帙，三千六百七十七卷；疑似部四十六种，四十六帙，六十卷；论记部一百一十二种，一百六十四帙，一千一百五十八卷"③。论记部主要著录道俗述作。

"僧祐统叙"是指《出三藏记集》中杂录卷。道宣阐述编撰《历代道俗述作注解录》缘由时曰："昔齐末梁初有钟山定林寺僧祐律师，弘护在怀，综拾遗逸，缵述经诰，不负来寄，今叙其所缀为始，余则附录列之。"④ 魏晋时，随着中土僧众解读佛经增多，"讲议赞析，代代弥精，注述陶练，人人竞密。所以记论之富，盈阁以仞房；书序之繁，充车而被轸矣"⑤。这类述作繁多，但僧祐看来只是佛经附属，"虽非正经，而毗赞道化，可谓圣典之羽仪，法门之警卫。足以辉显前绪，昭进后学。是以寄于《三藏集》末，以广枝叶之览焉"⑥。称之为杂录，选择性著录部分魏晋的道俗述作，将其置于三藏之末。

道宣在《七录》《出三藏记集》基础上，创置《历代道俗述作注

---

① （唐）释道宣：《大唐内典录》卷十，《大正新修大藏经》，中国台湾财团法人佛陀教育基金会1990年版，第55册，第333页。

② （梁）阮孝绪：《七录序》，（唐）释道宣《广弘明集》卷三，《大正新修大藏经》，中国台湾财团法人佛陀教育基金会1990年版，第52册，第109页。

③ （梁）阮孝绪：《七录序》，（唐）释道宣《广弘明集》卷三，《大正新修大藏经》，中国台湾财团法人佛陀教育基金会1990年版，第52册，第111页。

④ （唐）释道宣：《大唐内典录》卷十，《大正新修大藏经》，中国台湾财团法人佛陀教育基金会1990年版，第55册，第326页。

⑤ （梁）释僧祐：《出三藏记集》卷一二，中华书局1995年校注本，第428页。

⑥ （梁）释僧祐：《出三藏记集》卷一二，中华书局1995年校注本，第428页。

解录》。他认为这类述作在魏晋和唐初没有得到应有重视，以致流传不广，几近湮灭。"今人浇薄，多不镜寻。致令前录，同所轻削。所以通法不能开俗。如不编次，则相从埋没。"① 故此录著录大量道宣见到的道俗述作，也包含了诸多佛教史籍，如《三宝记》《僧史》《出三藏集记》《名僧传并序目》《高僧传》《沙门传》《杨都寺记》《洛阳伽蓝记》《三宝集》《圣迹记》《塔寺记》《开皇三宝录》《大唐内典录》《续高僧传》等数十部，几乎囊括了魏晋、隋、唐初的佛教史籍，用意则是"注述圣言，用通未悟，前已虽显，未足申明。今别题录，使寻览易晓"②。认为前人虽然已有著录这类述作，但是没有给予足够的重视，以致湮没于世间，所以，道宣在《历代道俗述作注解录》只是简单做个题录，"使寻览易晓"使这类述作更便于流传，这才是道宣著录此类书籍的真正目的。

为了提高此类述作在佛教文献中的地位，他还引用龙树菩萨《大智度论》曰："《大智度论》明十二部经中，乃至后代凡圣，解释佛语，斯即是第十二部《优波提舍经》。据唐言译云论议也，深有所以名之为议，义取慧解，通敏能之，非彼庸疏，而得陈迹。"③ 认为中土议论序记之作亦是佛经的一种，为重视此类述作提供了理论支撑。可见，较之僧祐等佛教史家，道宣更为重视著录包括佛教史籍在内的道俗述作。

二 道宣对魏晋、隋唐佛教史家及史著的评述

道宣撰述的佛教史籍较多，无论是《大唐内典录》《续高僧传》，还是《释迦方志》《古今佛道论衡》，都有魏晋佛教史家的痕迹，尤

---

① （唐）释道宣：《大唐内典录》卷十，《大正新修大藏经》，中国台湾财团法人佛陀教育基金会1990年版，第55册，第326页。
② （唐）释道宣：《大唐内典录》卷一，《大正新修大藏经》，中国台湾财团法人佛陀教育基金会1990年版，第55册，第219页。
③ （唐）释道宣：《大唐内典录》卷十，《大正新修大藏经》，中国台湾财团法人佛陀教育基金会1990年版，第55册，第326页。

其是僧祐、慧皎以及魏晋诸多佛经目录对其撰述佛教史籍的影响颇深。因此，道宣在佛教史著编撰中，对上述史家、史著做出自己的褒贬和评述，亦未允当。

一是道宣对僧祐及史著的评述。

道宣与僧祐关系密切。《宋高僧传》记载道宣是僧祐转生而来。"（道宣）母娠而梦月贯其怀，复梦梵僧语曰：'汝所妊者即梁朝僧祐律师。'祐则南齐剡溪隐岳寺僧护也。宜从出家，崇树释教云"。① 道宣亦认为他是僧祐转生，僧祐学术精神和思想亦延续至其身上。他借用山神问己之言曰："师本在梁朝，已为称首。大有著述论名，人皆闻之。建初、定林咸其所住，及生见慈尊，少有慢情，亦大有决律相，故今生人间，今之所解，百不存一。然有所注记抄仪，并是曾闻余习，计师报命，已终过一年矣。今则以传录业余慈力所熏，天人扶助，故日复一日，师岂不知。"② 可见道宣对僧祐赞誉有加，或是"学通内外，行总维持"③，或是"学统九流，义包十谛，情敦慈救，志存住法"④，或是"弘护在怀，综拾遗逸。缵述经诰，不负来寄"⑤。可见，无论在律学精深、学识渊博、品性节操、志存住法等各方面，道宣都对僧祐大为赞赏，评价甚高。

这种赞赏态度表现在撰述风格上则是两者颇为相似，道宣在僧祐史著的基础上，结合时代特点，将僧祐史著中观点和做法更加深入与修正。

如道宣《释迦氏谱》是在僧祐《释迦谱》基础上结合唐代出现

---

① （宋）释赞宁：《宋高僧传》卷一四，中华书局1987年校注本，第327页。
② （唐）释道宣：《道宣律师感通录》，《大正新修大藏经》，中国台湾财团法人佛陀教育基金会1990年版，第52册，第439—440页。
③ （唐）释道宣：《释迦氏谱》，《大正新修大藏经》，中国台湾财团法人佛陀教育基金会1990年版，第50册，第84页。
④ （唐）释道宣：《广弘明集》卷一，《大正新修大藏经》，中国台湾财团法人佛陀教育基金会1990年版，第52册，第97页。
⑤ （唐）释道宣：《大唐内典录》卷十，《大正新修大藏经》，中国台湾财团法人佛陀教育基金会1990年版，第55册，第326页。

第二章 隋唐佛教史学批评

的新情况撰述的一部史书。过往佛祖史事散落于群经中，讹误迭出，"群言参差，首尾散出，事绪舛驳，同异莫齐"，无人编撰。僧祐"抄集众经，述而不作，庶脱寻访，力半功倍"。①方成《释迦谱》，可谓是第一部系统研究佛姓氏、种族来源方面的史著。但这并没有改变唐初以前佛教对此问题的认知，诸多高僧大德仍停留在"古德流言，祖佛为师，羞观佛之本系。绍释为姓，耻寻释氏之根源"②。道宣认为唐初亦是这种状态，所谓"以今据量，颇为实录"③。针对现实状况，道宣编撰《释迦氏谱》。道宣一方面肯定僧祐《释迦谱》的引领之功，所谓："昔南齐僧祐律师者，学通内外，行总维持，撰《释迦谱》。"另一方面，亦批评《释迦谱》："援引事类繁缛，神襟自可前修博观，非为后进标领。"④认为《释迦谱》援引经文、撰述内容过于烦琐，虽然在立意和体例上有所创建，但不合时宜，无法为后学表率。

　　道宣的批评有一定道理。因为僧祐《释迦谱》就是从《长阿含经》《增一阿含经》《楼炭经》《十二游经》等佛经中抄集佛祖史事，按照"述而不作"原则，将史料堆砌而成，从系统性上来说有一定缺陷。从内容上来说，僧祐《释迦谱》从"若夫胤裔托生之源，得道度人之要，泥洹塔像之微，遗法将灭之相"⑤，来阐述佛陀姓氏、种姓源流，修行经过等问题，但道宣从中土姓氏起源入手，引出佛陀五姓，接着阐述五姓来历，进而总结佛陀祖先得姓"释迦"几个理由，再阐述其修行经历等问题，与以往佛的记载不同。所谓："余以佛谱所修，

---

① （梁）释僧祐：《释迦谱》卷一，《大正新修大藏经》，中国台湾财团法人佛陀教育基金会1990年版，第50册，第1页。
② （唐）释道宣：《释迦氏谱序》，《大正新修大藏经》，中国台湾财团法人佛陀教育基金会1990年版，第50册，第84页。
③ （唐）释道宣：《释迦氏谱序》，《大正新修大藏经》，中国台湾财团法人佛陀教育基金会1990年版，第50册，第84页。
④ （唐）释道宣：《释迦氏谱序》，《大正新修大藏经》，中国台湾财团法人佛陀教育基金会1990年版，第50册，第84页。
⑤ （梁）释僧祐：《释迦谱》卷一，《大正新修大藏经》，中国台湾财团法人佛陀教育基金会1990年版，第50册，第1页。

异于恒准，俗中谱列，始起于三五，中流从派不一。"① "始起于三五"是文中道宣提及华夏的三皇五帝，他从佛教与中土文化融合的关系入手，将佛的姓氏与中土姓氏融合在一起，更符合唐初佛教与中土文化深入融合的大趋势。因此，从系统性和融合性上来说，道宣《释迦氏谱》更为适宜。

叙述文字的风格上，道宣批评《释迦谱》过于烦琐冗赘亦有一定道理。众经抄集、述而不作的编撰手法使《释迦谱》在系统性上稍显不足，这种问题表现在文字叙述和史料简繁上更为突出。相对而言，道宣在僧祐基础上进行简化处理，避免烦琐。如"道宣法师在对瞿昙和释迦二姓的论述中，所引不出僧祐律师的范畴，但更简略"②。这些都是道宣在《释迦谱》基础上，结合唐初佛教实际情况作出的改变。

《广弘明集》是道宣颇为满意的佛教史著之一。他借天人之语曰："近以今年二月末数感天人，有若曾面，告余云：'所著文翰，《续高僧传》《广弘明集》，裨助圣化，幽灵随喜，无不赞悦。'"③ 此书亦是道宣受僧祐《弘明集》影响编撰的另一部史著。

《弘明集》之作缘于僧祐针对魏晋时佛道儒之间的争辩，出于护法之心，将凡是有益于三宝护法的道俗之说皆收录。"祐以末学，志深弘护，静言浮俗，愤慨于心，遂以药疾微间山栖，余暇撰古今之明篇，总道俗之雅论。其有刻意剪邪，建言卫法，制无大小，莫不毕采。又前代胜士，书记文述，有益三宝，亦皆编录。"④ 目的是"为法御侮""总释众疑"。⑤

---

① （唐）释道宣：《释迦氏谱后序》，《大正新修大藏经》，中国台湾财团法人佛陀教育基金会 1990 年版，第 50 册，第 58 页。
② 释妙智：《论我国古代对佛姓的研究》，《中国佛学》2002 年总第 20 期。
③ （唐）释道宣：《道宣律师感通录》，《大正新修大藏经》，中国台湾财团法人佛陀教育基金会 1990 年版，第 52 册，第 435 页。
④ （梁）释僧祐：《弘明集》卷一，上海古籍出版社 2013 年校注本，第 4 页。
⑤ （梁）释僧祐：《弘明集》卷一四，上海古籍出版社 2013 年校注本，第 794 页。

道宣编撰《广弘明集》缘由与僧祐《弘明集》相似，"斯由情混三坚，智昏四照，故使浇薄之党，轻举邪风，淳正之徒，时遭佞辩"。① 他亦是针对佛教与道儒之间的争辩，世人崇信少而疑惑、排斥者多等，"博访前叙，广综宏明"，编撰《广弘明集》。"博访前叙"即是以僧祐《弘明集》为基准，所谓："昔梁钟山之上定林寺僧祐律师，学统九流，义包十谛，情敦慈救，志存住法。详括梁、晋，列辟群英，留心佛理，构叙篇什，撰《弘明集》一部一十四卷。"② "广综宏明"即在僧祐《弘明集》基础上，扩大著录范围，做出一定调整。

道宣对《弘明集》是赞赏与批评并存。他一方面认为僧祐"讨颜、谢之风规，总周、张之门律，辩驳通议，极情理之幽求；穷较性灵，诚智者之高致"③。所谓颜、谢，指南朝宋诗人颜延之、谢灵运。《宋书·颜延之传》曰："延之与陈郡谢灵运俱以词彩齐名，自潘岳、陆机之后，文士莫及也，江左称颜谢焉。"周、张则指汝南周颙、吴郡张融。门律为张融所定的家训。张融感叹佛、道之对立，而主张二教并修，合而为一，作此文训示族人。周颙立于"佛教为主，儒教为次"立场与之展开论争。两者往复论难书简，俱被僧祐收于《弘明集》中。即僧祐《弘明集》既收录以词彩齐名的颜延之、谢灵运关于佛教文章，亦收录周颙、张融的佛儒辩论书简。灵动与辩驳并存，代表魏晋佛道儒之争的不同风格和较高水平，道宣认为僧祐的做法"诚智者之高致"。

另一方面，道宣对于《弘明集》亦有不满之意。一是此书"备于秘阁"④，流传不广，影响甚微。二是僧祐收录文、记等过于简略。僧

---

① （唐）释道宣：《广弘明集》卷一，《大正新修大藏经》，中国台湾财团法人佛陀教育基金会1990年版，第52册，第97页。
② （唐）释道宣：《广弘明集》卷一，《大正新修大藏经》，中国台湾财团法人佛陀教育基金会1990年版，第52册，第97页。
③ （唐）释道宣：《广弘明集》卷一，《大正新修大藏经》，中国台湾财团法人佛陀教育基金会1990年版，第52册，第97页。
④ （唐）释道宣：《广弘明集》卷一，《大正新修大藏经》，中国台湾财团法人佛陀教育基金会1990年版，第52册，第97页。

祐将世人分为智、迷两类，认为智者天生没有迷惑，迷惑者则需要佛法进行导引，所以采用"指事取征"编撰《弘明集》，所谓："然智者不迷，迷者乖智。若导以深法，终于莫领；故复撮举世典，指事取征。"① 但道宣认为这种方法还是过于简略。"然智者不迷，迷者非智。故智士兴言，举旨而心通标领；迷夫取悟，繁词而方启神襟。"② 尤其针对"迷夫取悟"，他认为更要反复宣扬才能开启其坚信之心。三是针对不同人群的"信"佛，道宣较僧祐分析地更为清晰。"故信有三焉：一知，二见，三谓愚也。知谓生知，佩三坚而入正聚；愚谓愚叟，滞四惑而溺欲尘。化不可迁，下愚之与上智，中庸见信，从善其若流哉！"③ 他将"信"佛分为上智、中从、下愚三种。认为针对不同信众，要收录各类护法文章，这样才能："正信如皎日五翳，虽掩而逾光矣！"④ 四是道宣对《弘明集》内容亦有不同观点。他认为南朝佛教兴盛，文章盛行，对其评价甚高。北朝政治昏暗，重老轻佛，但有个别突出，整体上南朝文章著录多于北朝。"江表五代，三宝载兴，君臣士俗，情无异奉，是称文国，智藉文开。中原周、魏，政袭昏明，重老轻佛，信毁交贸，致使工言既申，佞幸斯及。时不乏贤，剖心特达，脱颖拔萃，亦有人焉"。⑤ 在具体文章收录上，他还是根据自己观点增减了一些文章。"至如寇谦之构崔浩，祸福皎然。郑蔼之抗周君，成败俄顷。姚安著论，抑道在于儒流；陈琳缀篇，扬释越于朝典。此之讽议，涅而不缁，坠在诸条，差难综缉。"⑥ 再如：

---

① （梁）释僧祐：《弘明集》卷一四，上海古籍出版社2013年校注本，第794页。
② （唐）释道宣：《广弘明集》卷一，《大正新修大藏经》，中国台湾财团法人佛陀教育基金会1990年版，第52册，第97页。
③ （唐）释道宣：《广弘明集》卷一，《大正新修大藏经》，中国台湾财团法人佛陀教育基金会1990年版，第52册，第97页。
④ （唐）释道宣：《广弘明集》卷一，《大正新修大藏经》，中国台湾财团法人佛陀教育基金会1990年版，第52册，第97页。
⑤ （唐）释道宣：《广弘明集》卷一，《大正新修大藏经》，中国台湾财团法人佛陀教育基金会1990年版，第52册，第97页。
⑥ （唐）释道宣：《广弘明集》卷一，《大正新修大藏经》，中国台湾财团法人佛陀教育基金会1990年版，第52册，第97页。

"梁、周二武，咸分显晦之仪；宋、魏两朝，同乘弘诱之略。沈休文之慈济，颜之推之归心，词采卓然，迥张物表。尝以余景，诚为举之，弊于庸朽，综集牢落。"① 这些彰显了道宣《广弘明集》与僧祐的不同之处。

二是道宣对《名僧传》《高僧传》的评述。

《续高僧传》是道宣编撰中国佛教史籍中的代表性著述，该书在前人僧史、僧传的基础上，系统性记载魏晋南北朝至唐初七百余重要僧人史事。② 与《广弘明集》一样，道宣通过天人之语，阐明他对此书的重视和喜爱，称赞此书"裨助圣化，幽灵随喜，无不赞悦"③。

道宣对前代僧传的评述和总结是《续高僧传》获得较高赞誉的坚强基础。

他首先从道、言、行三者关系入手，认为："言惟引行，即行而乃极言"，而"夫至道无言，非言何以范世？"④ 认为三者是紧密联系一起的整体，言、行是表现大道的最好形式。接着，他又引用儒家观点证明此说，即"逮于素王继辙，前修举其四科，班生著词，后进弘其九等，皆所谓化导之恒规，言行之权致者也"⑤。前者是指孔子将人分为四等，后者是指班固将人分为九品，进而深入证明人之言行的重要性。

对于佛教来说，僧众言行亦是大道的体现。但佛教传入中土后，印度圣贤、中土大德，高僧辈出，"德充宇宙，神冠幽明，像设焕乎丹青，智则光乎缁素"⑥。但是这些僧众事迹言行多散见于佛经之中，没有继承

---

① （唐）释道宣：《广弘明集》卷一，《大正新修大藏经》，中国台湾财团法人佛陀教育基金会1990年版，第52册，第97页。
② 高丽藏本《续高僧传》收录正传414人，附见202人。明藏本收录正传492人，附见215人，均多于道宣在《续高僧传》提及的人数。陈士强：《中国学术名著提要·宗教卷》，复旦大学出版社1997年版，第196页。
③ （唐）释道宣：《道宣律师感通录》，《大正新修大藏经》，中国台湾财团法人佛陀教育基金会1990年版，第52册，第435页。
④ （唐）释道宣：《续高僧传》卷一，中华书局2014年校注本，第1页。
⑤ （唐）释道宣：《续高僧传》卷一，中华书局2014年校注本，第1页。
⑥ （唐）释道宣：《续高僧传》卷一，中华书局2014年校注本，第1页。

如《付法藏传因缘传》等印度僧传的撰述体系。"固以详诸经部，诚未赞其科条。"① 其中缘由，道宣认为是中、印撰述僧传的理念不同，印度僧传更多为圣贤立传，中土僧传是贤愚皆有，散落于群经之中。"窃以葱河界于剡州，风俗分于唐、梵，华胥撰列，非圣不据其篇，则二十四依，付法之传是也。神州所纪，贤愚杂其题引，则六代所详，群录是也。"②

"二十四依，付法之传"是指《付法藏传因缘传》记载的印度传法世系，从大迦叶起，依次传法为阿难、摩田提、商那和修、优波鞠多等二十四人。"六代所详，群录是也"则指汉至梁时，以道安《综理众经目录》、僧祐《出三藏记集》为代表的众多佛经目录中记载的僧众史事。正如僧祐评价道安《综理众经目录》曰："法轮届心，莫或条叙。爰自安公，始述名录，铨品译才，标列岁月。"③ 而道安《综理众经目录》的撰述特点就是以经为纲，以人系经，并为后世经录仿效。所谓"总集名目，表其时世。铨品新旧，定其制作。众经有据，自此而明。在后群录，资而增广"④。

道宣比较中印记载僧众史事方式的不同，认为这是两者之间的文化风俗差异造成，所谓"风俗分于唐、梵"。但他认为记载方式虽然有差异，但性质和对后世影响的效果殊途同归，都是发扬佛理，树立标榜。"然则统斯大抵，精会所归，莫不振发蒙心，网罗正理，俾夫骀足九达，遗踪望而可寻，徇目四驰，高山委而仰止。"⑤ 这也是道宣对早期经录记载僧众传记的一种最大肯定。

道安经录记载僧众传记的做法被僧祐《出三藏记集》延续。僧祐弟子宝唱在前代僧录基础上，将以往附录于僧录的僧传独立出来，撰成《名僧传》。"（宝唱）天监九年，先疾复动。便发二愿，遍寻经

---

① （唐）释道宣：《续高僧传》卷一，中华书局2014年校注本，第1页。
② （唐）释道宣：《续高僧传》卷一，中华书局2014年校注本，第1页。
③ （梁）释僧祐：《出三藏记集》卷二，中华书局1995年校注本，第22页。
④ （唐）释道宣：《大唐内典录》卷十，《大正新修大藏经》，中国台湾财团法人佛陀教育基金会1990年版，第55册，第336页。
⑤ （唐）释道宣：《续高僧传》卷一，中华书局2014年校注本，第1页。

论，使无遗失；搜括列代僧录，创区别之，撰为部帙，号曰《名僧传》三十一卷，至十三年始就条列。"①"创区别之"，意即《名僧传》与以往经录记载僧众传记方式的不同，宝唱新置门类，分为外国法师（第一、二、三）、神通弘教外国法师（第四）、高行上中国法师、高行中中国法师、高行下中国法师、隐道上中国法师、隐道中中国法师、隐道下中国法师、律师、外国禅师、神力等类，开创中土僧人总传独立之先河。慧皎《高僧传》在此分类法基础上，又将高僧分为译经、义解、神异、习禅、明律、忘身、诵经、兴福、经师、唱导十类。可以说，宝唱、慧皎的僧人总传分类法打破了自道安以来僧人传记附属于僧录之中的体例，尤其慧皎《高僧传》广被后人赞赏，十分类法被后人仿效。

道宣欣赏宝唱《名僧传》、慧皎《高僧传》多于批评。"昔梁沙门金陵释宝唱撰《名僧传》，会稽释惠皎撰《高僧传》，创发异部，品藻恒流，详核可观，华质有据。"②

"创发异部"即宝唱、慧皎创建的僧人总传分类法。"品藻恒流"指《高僧传》设有固定的"论曰"体式，撰述者不仅记载僧人史事，还总结佛教历史发展，批评佛教诸多现象，评论高僧大德的是非臧否，史学品藻昭然若揭。

"详核可观"赞赏两者在史料搜集、使用上颇为严谨。《名僧传》"遍寻经论，使无遗失，搜括列代僧录"③。《高僧传》是"搜检杂录数十家，及晋、宋、齐、梁春秋书史，秦、赵、燕、凉荒朝伪历，地理杂篇，孤文片记。并博咨古老，广访先达，校其有无，取其同异"④。

"华质有据"是赞赏《名僧传》《高僧传》在外在文笔的华丽与内在核心思想上之间的统一有据。文与质是中国先秦文化就存在的阐述文采与

---

① （唐）释道宣：《续高僧传》卷一，中华书局2014年标点本，第10页。
② （唐）释道宣：《续高僧传》卷一，中华书局2014年标点本，第1页。
③ （唐）释道宣：《续高僧传》卷一，中华书局2014年标点本，第10页。
④ （梁）释慧皎：《高僧传》卷一四，中华书局1992年校注本，第524页。

内容的一对概念。孔子《论语·雍也》曰："质胜文则野，文胜质则史。文质彬彬，然后君子。"东汉班彪称赞《史记》"文质相称"。南朝刘勰《文心雕龙》加入了"风骨""辞采"概念，提出"文附质"、"质持文"、文质并茂、互为依存的观点，深化文与质的理论认知。① 这些都表明文与质，从先秦到魏晋对中国撰述影响至深。道宣亦受到这种思想的影响，重视文与质的关系。他曾经引用这对概念来比喻国史与礼学、佛经与俗典的关系。"夫国史之与礼经，质文互举。佛言之与俗典，词理天分。"② 故他也从这个角度赞赏两者的"华质有据"。但这种赞赏，道宣更偏爱于《高僧传》。因为他认为《名僧传》是文胜于质，没有统一。"然唱之所撰，文胜其质。后人凭据，揣而用之，故数陈赏要，为时所列，不测其终。"③ 对《高僧传》评价则是："文义明约，即世崇重。"④

尽管道宣对《名僧传》《高僧传》赞赏有加，但在一些具体问题上，他亦对两书颇有微词，在《续高僧传》也表达了这种批评。

首先，在"名僧""高僧"的概念和范畴上。《名僧传》采用"名僧"概念，是魏晋南北朝时对有德行、有学问，有名望僧人的一种习惯尊称。如东晋隆安元年，"（僧伽提婆）游于京师，晋朝王公及风流名士，莫不造席致敬。时卫军东亭侯王珣，雅有信慧，住持正法，建立精舍，广招学众。提婆至止，珣即延请。仍于其舍讲《阿毗昙》，名僧毕集"⑤。又如，求那跋摩，"宋文帝远闻其风，敕交州刺使称旨迎致，京邑名僧慧严、慧观等附信修虔，并与王书，屈请弘法，阇婆崇为国师"⑥。又如，"齐永明七年十月，文宣王招集京师硕学名僧五百余人，请定林僧柔法师、谢寺慧次法师于普弘寺迭讲"⑦。

---

① 白云：《中国古代史学批评史论纲》，人民出版社2010年版，第63页。
② （唐）释道宣：《大唐内典录》卷一，《大正新修大藏经》，中国台湾财团法人佛陀教育基金会1990年版，第55册，第219页。
③ （唐）释道宣：《续高僧传》卷一，中华书局2014年校注本，第11页。
④ （唐）释道宣：《续高僧传》卷六，中华书局2014年校注本，第193页。
⑤ （梁）释僧祐：《出三藏记集》卷一三，中华书局1995年校注本，第525页。
⑥ （梁）释僧祐：《出三藏记集》卷一四，中华书局1995年校注本，第543页。
⑦ （梁）释僧祐：《出三藏记集》卷一一，中华书局1995年校注本，第405页。

第二章 隋唐佛教史学批评

甚至梁武帝亦采用名僧一词,他在《注解大品序》曰:"龙树菩萨著《大智论》,训解斯经,义旨周备。此实如意之宝藏,智慧之沧海,但其文远旷,每怯近情。朕以听览余日,集名僧二十人,与天保寺去宠等详其去取。"①此外,道安《综理众经目录》《出三藏记集》等亦频繁采用名僧称谓,《出三藏记集》以《综理众经目录》为主要依据,甚至最后僧传部分基本采用《综理众经目录》的记载,上文所引史料多出自《出三藏记集》中僧人传记,故可见名僧一词在魏晋南北朝上层社会与佛教经录中的使用较为常见,确是当时对有德高望重,名重一时僧人的尊称,犹如俗世的"名师""名将""名臣"等称谓。

由上而知,宝唱深受僧祐思想的影响,《名僧传》就是在《出三藏记集》基础上,广搜僧录而成。此外,宝唱颇受梁武帝赏识。如"天监中频年降敕,令庄严寺沙门释宝唱等总撰《集录》,以备要须。或建福攘灾,或礼忏除障,或飨神鬼,或祭龙王。诸所祈求,帝必亲览"②。因此,被梁武帝、僧祐以及时人经常使用的"名僧"一词被宝唱冠《名僧传》,亦属自然合理。

慧皎《高僧传》对"名僧"却大加批评,认为《名僧传》记载的名僧名不符实者较多,那些注重个人实修,品德、行为高尚,但无名望的僧人没有著录,实为不妥。他则用"高"字,代替"名"字。"自前代所撰,多曰名僧。然名者,本实之宾也。若实行潜光,则高而不名;寡德适时,则名而不高。名而不高,本非所纪;高而不名,则备今录。故省名音,代以高字。"③可见,慧皎《高僧传》记载的僧众重"高"不重"名",更注重于那些"名"不显于朝野,隐匿于山林之间,但在学问、修证、品德、行为和弘法都具有真才实学、真修实证,高人一等的僧众。

---

① (梁)释僧祐:《出三藏记集》卷八,中华书局1995年校注本,第296页。
② (隋)费长房:《历代三宝记》第一一,《大正新修大藏经》,中国台湾财团法人佛陀教育基金会1990年版,第49册,第99页。
③ (梁)释慧皎:《高僧传》卷一四,中华书局1992年校注本,第525页。

道宣亦采用了慧皎的观点，但他对"高"的理解是将宝唱的"名"与慧皎的"高"结合在一起，既强调僧众要有闻名于朝野，也强调僧众要具有真修实证、高人一等的本领。甚至在道宣看来，名更重于高，所谓："名尚不闻，何论景行？"① 他认为那些隐匿于山林、神游于缥缈之间，不出于尘俗的僧众不具备高僧称谓。"至于韬光崇岳，朝宗百灵，秀气逸于山河，贞概销于林薄，致有声喧玄谷，神凝紫烟，高谢于松乔，俯昳于穷辙，斯皆具诸别纪，抑可言乎？或复匿迹城闉，陆沉浮俗，盛业可列，而吹嘘罕遇。"② 因为他心中的高僧既要能"布教摄于物情，为要解纷静节，总归于末第，区别世务者也"，又能"见绩风素"③。即真正的高僧既要有外在的风采素养，扬名于朝野，又能为佛教流传和弘法作出突出贡献，具有真修实证，高人一等的本领。

其次，道宣认为《名僧传》《高僧传》在僧传的内容和体例上也有较大的局限。内容上，他批评两书在僧众选择上，重于南朝而忽略北朝，尤其是梁朝僧众入选太多。"缉裒吴、越，叙略魏、燕，良以博观未周，故得随闻成彩。加以有梁之盛，明德云繁，薄传三五，数非通敏。"④ 他也认为这是撰述者身处南朝梁，对北朝史料搜集不全，还存在一定的偏见所造成，可以看到时代局限对撰述者的影响。"斯则同世相侮，事积由来，中原隐括，未传简录。"⑤

体例上，尽管道宣采用了《高僧传》的十科分类，"自前传所叙，通例已颁，回互抑扬，实遵弘检"⑥。但在具体问题上，他还是采取了一些微调。如改《神通》为《感通》，改《亡身》为《遗身》，改《诵经》为《读诵》，合《经师》《唱导》为《杂科》，以及增设《护法》一科等，使体例更适合当时佛教的实际情况。"且夫经导两术，

---

① （唐）释道宣：《续高僧传》卷三一，中华书局2014年校注本，第1267页。
② （唐）释道宣：《续高僧传》卷一，中华书局2014年校注本，第3页。
③ （唐）释道宣：《续高僧传》卷一，中华书局2014年校注本，第3页。
④ （唐）释道宣：《续高僧传》卷一，中华书局2014年校注本，第2页。
⑤ （唐）释道宣：《续高僧传》卷一，中华书局2014年校注本，第2页。
⑥ （唐）释道宣：《续高僧传》卷一，中华书局2014年校注本，第3页。

掩映于嘉苗，护法一科，纲维于正网。必附诸传述，知何续而非功，取其拔滞开元，固可标于等级。余则随善立目，不竟时须。"① 调整过的十类是："一曰译经，二曰解义，三曰习禅，四曰明律，五曰护法，六曰感通，七曰遗身，八曰读诵，九曰兴福，十曰杂科。凡此十条，世罕兼美。"② 可见，道宣对调整的十科分类非常满意。

除了对僧祐、宝唱、慧皎等史家及其史著进行评述外，道宣对《法本内传》《洛阳伽蓝记》等其他魏晋南北朝佛教史籍也有不同褒贬。如他批评杨衒之曰："衒之此奏，大同刘昼之词。言多庸猥，不经周孔。故虽上事，终委而不施行。"③ 对其评价较低。他对虞孝景《内典博要》的评价较高，认为此书"该罗经论，条贯释门，诸有要事，备皆收录，颇同《皇览》、《类苑》之流"④。又如，他对被时人颇受质疑为伪作的《法本内传》⑤ 做出回应："传有五卷，略不备载。有人疑此传近出，本无角力之事。按《吴书》明费叔才憾死，故《传》为实录矣。"⑥ 这些都从另一个方面展示了道宣对魏晋佛教史家及史著的态度。

三是道宣对隋唐佛教史家及史著的评述。

道宣不仅对魏晋南北朝佛教史学进行评述，他对隋、唐初，甚至自己编撰的佛教史籍都有不同的褒贬。

道宣对隋代佛教史家及史著的评述多集中在费长房、彦悰、灵裕等。如他对《历代三宝记》颇为赞赏。"（费长房）时预参传，笔受词义。以历代群录多唯编经，至于佛僧纪述盖寡，乃撰三宝。履历帝年，始自周庄鲁庄，至于开皇末岁。首列甲子，傍列众经。翻译时

---

① （唐）释道宣：《续高僧传》卷一，中华书局2014年校注本，第3页。
② （唐）释道宣：《续高僧传》卷一，中华书局2014年校注本，第2—3页。
③ （唐）释道宣：《广弘明集》卷六，《大正新修大藏经》，中国台湾财团法人佛陀教育基金会1990年版，第52册，第128页。
④ （唐）释道宣：《续高僧传》卷一，中华书局2014年校注本，第6页。
⑤ 刘林魁：《佛教伪史〈汉法本内传〉与佛道论争》，《云南社会科学》2009年第2期。
⑥ （唐）释道宣：《广弘明集》卷一，《大正新修大藏经》，中国台湾财团法人佛陀教育基金会1990年版，第52册，第99页。

代，附见纶综。今所集录，据而本之。"① 他认为《大唐内典录》在费书基础上"据而本之"。肯定《历代三宝记》的巨大作用。但同时，他也批评此书缺陷在于入藏体例与内容"瓦玉相谬，得在繁富，失在核通。非无凭准，未可偏削"②。认为该部分虽然著录繁多，但没有经过严谨审核，讹误亦间杂其中。

又如，道宣对彦悰《众经目录》评价较高，《大唐内典录》设有贤圣集传，即受到此书体例影响，关于西方贤圣撰述亦基本与彦书相同。但他对彦悰《西域传》则是赞赏、批评并存，颇显道宣的矛盾情感。一方面，他认为："昔隋代东都上林园翻经馆沙门彦琮著《西域传》一部十篇，广布风俗，略于佛事，得在洽闻，失于信本。"③ 另一方面他在《续高僧传》又曰："沙门彦琮，内外通照，华梵并闻，预参传译，偏承提诱。以笈多游履，具历多邦，见闻陈述，事逾前传，因著《大隋西国传》一部，凡十篇。本传一方物，二时候，三居处，四国政，五学教，六礼仪，七饮食，八服章，九宝货，十盛列山河、国邑、人物，斯即五天之良史，亦乃三圣之宏图。"④《续高僧传》完成于贞观十九年，此时道宣尚未编撰地理志书，他称谓此书"五天之良史，亦乃三圣之宏图"，评价可谓甚高，较之《大唐西域记》有过之而无不及。永徽元年（650年），道宣编撰《释迦方志》而成，为了凸显《释迦方志》的价值，他评价此类书籍标准亦有改变，"余以为八相显道，三乘陶化，四仪所设，莫不逗机，二严攸被，皆宗慧解。今圣迹灵相，杂沓于华胥；神光瑞影，氤氲于宇内。义须昌明形量，动发心灵"⑤。认为佛教地理

---

① （唐）释道宣：《大唐内典录》卷五，《大正新修大藏经》，中国台湾财团法人佛陀教育基金会1990年版，第55册，第279页。
② （唐）释道宣：《大唐内典录》卷五，《大正新修大藏经》，中国台湾财团法人佛陀教育基金会1990年版，第55册，第279页。
③ （唐）释道宣：《释迦方志》卷一，上海古籍出版社2011年校注本，第2页。
④ （唐）释道宣：《续高僧传》卷二，中华书局2014年校注本，第45页。
⑤ （唐）释道宣：《释迦方志》卷一，上海古籍出版社2011年校注本，第2页。

类书籍还是显现佛教感通为主,故他批评《西域传》"略于佛事,得在洽闻,失于信本"。可见即使评述同一本书,道宣前、后态度的差别较大,这种变化亦代表他中、晚年编撰、批评佛教史籍的观念的转变。

此外,僧传方面,他肯定灵裕《十德记》继承梁朝以来僧传编撰"鸠聚风猷,略无继绪"的同时,也批评此书的狭隘视野和著录体例,"偏叙昭玄师保,未粤广嗣通宗"①。在另一种程度上为他编撰《续高僧传》做好了铺垫。

道宣对唐初的佛教史籍家及史著亦有评述。唐初佛教史籍的兴起与玄奘西行带回大量佛典,持续性的翻译活动有紧密的关系。很多唐初高僧都随玄奘参与译经工作,并在其间撰述佛教史籍。无论是撰述《大唐内典录》《释迦方志》的道宣,撰述《大唐西域记》的辩机,还是编撰《大唐众经音义》的玄应多皆如此。故道宣与唐初佛教史家多为熟悉,褒贬更有针对性。

道宣对玄奘及西行活动评价甚高,认为历代前往天竺者,无论是法显、法勇,还是道邃、道生等人,"妙达文筌,扬导国风,开悟邪正,莫高于奘矣"②。玄奘西行,为国争光,影响深远。"家国增荣,光宅惟远,献奉岁至,咸奘之功。"③但对其编撰的《大唐西域记》则评价一般。尽管《续高僧传》记载玄奘西行经历的史料多依据《大唐西域记》改写。他在《大唐内典录·历代道俗述作注解录第六》亦著录《大唐西域记》,欲使此书便于寻览,更为流行。但他批评该书缺陷为"记传所见,时互出没,取其光显者方为叙之。至如法维、法表之徒,标名无记者,其计难缉。又隋代往还,唐运来往,咸缵履历,具程油素。诸如此例,何可具焉"④。同时,他还

---

① (唐)释道宣:《续高僧传》卷一,中华书局2014年校注本,第2页。
② (唐)释道宣:《续高僧传》卷四,中华书局2014年校注本,第131页。
③ (唐)释道宣:《续高僧传》卷四,中华书局2014年校注本,第131页。
④ (唐)释道宣:《释迦方志》之《游履篇第五》,上海古籍出版社2011年校注本,第93—94页。

认为《大唐西域记》文字较冗长，不好阅读。他在《释迦方志序》曰："洎贞观译经，尝参位席，傍出《西记》，具如别详。但以纸墨易繁，阅镜难尽。佛之遗绪，释门共归，故撮纲猷，略为二卷，贻诸后学。"① 不仅如此，他又再次强调："往参译经，旁观别传。文广难寻，故略举其要，并润其色，同成其类。"② 《大唐西域记》本就是玄奘译经之余编撰的地理史传，道宣、辩机等在译经过程中亦见过此书，所谓"傍出西记""旁观别传"即为此书。"文广难寻"是道宣委婉批评《大唐西域记》的文长难读不易流传，这与辩机对《大唐西域记》较高赞誉的评价截然相反。这也是道宣编撰《释迦方志》的缘由所在。

玄应法师也参与了玄奘译经，《众经音义》是他在译经中针对佛经翻译编撰的一部专业训诂、音义类史书。道宣对此书评价颇高，认为展现华、梵翻译新风尚，为后世译经创制规范。"（玄应）以贞观末，历敕召参传，综经正纬，咨为实录。因绎寻阅，捃拾藏经，为之音义，注释训解。援引群籍，证据章明，焕然可领，结成三帙。自前代所出，经论诸音，依字直反，曾无追顾。致失教义，实迷匡俗。今所作者，全异恒伦，随字删定，随音征引，并显唐梵方言，翻度雅郑，推十代之纰紊，定一朝之风法。"③

又如，他对彦琮《大唐京寺录传》亦较赞赏。寺志始于杨衒之《洛阳伽蓝记》，其书记载洛阳寺院的盛衰，梁代亦有《寺院记》记载江表寺院盛况。唯独长安贵为大唐帝都，"名寺胜塔，独亡述纪"④。道宣对杨衒之及《洛阳伽蓝记》评价较低，但评价此

---

① （唐）释道宣：《释迦方志》卷首，上海古籍出版社2011年校注本，第2页。
② （唐）释道宣：《释迦方志后记》，许明编著《中国佛教经论序跋记集》，上海辞书出版社2002年版，第1册，第246页。
③ （唐）释道宣：《众经音义序》，周绍良主编《全唐文新编》卷九一一，吉林文史出版社2000年版，第12385页。
④ （唐）释道宣：《大唐内典录》卷五，《大正新修大藏经》，中国台湾财团法人佛陀教育基金会1990年版，第55册，第283页。

第二章　隋唐佛教史学批评

书却曰："（彦琮）愤斯事，创就纂结。文实铺发，事亦典据，有宗辖焉。"① 颇多赞赏。可见，他针对更多是杨衒之上书对佛教的态度而非其编撰的史书。

实际上，道宣评述诸多魏晋、隋唐佛教史家及史著，落脚点还在于他对自己编撰佛教史籍的褒贬。从道宣对自己史著褒贬来看，欣赏、赞誉多于批评。他在《大唐内典录》对编撰史著有过一次自评："宣少寻教相，长慕寻师。关之东西，河之南北。追访贤友，无惮苦辛。贞观末年，方事修缉。所列如右，遗失不无，意存毗赞故也。"② 他评述自己所有著作的标准就是"意存毗赞"，以有无襄助佛教发展是其首要标准。故如上文所述，《续高僧传》《广弘明集》是他最欣赏的两部史著，"裨助圣化，幽灵随喜，无不赞悦"。他对早期编撰的著作较多不如意。"余于唐武德九年六月内，尔时搜扬僧伍，无伤俗誉，且闭户依所学撰次，但意在行用，直笔书通，不事虬文，故言多蹇陋。"③ 这个时段恰好是高祖采取禁佛策略，驱除僧尼，毁坏寺观，"京城留寺三所，观二所。其余天下诸州，各留一所，余悉罢之。"④ 道宣只能闭户著述，撰述之法更多强调其实用性和史学的实录性，缺陷则是文笔简陋，这种自评似贬实褒，可谓道宣对其史著自我反思的一个妙处。

三　道宣对传统史家的评述

道宣不仅对佛教史家及其史著进行批评褒贬，对传统史家及其史著亦有独特的理解。

---

① （唐）释道宣：《大唐内典录》卷五，《大正新修大藏经》，中国台湾财团法人佛陀教育基金会1990年版，第55册，第283页。
② （唐）释道宣：《大唐内典录》卷五，《大正新修大藏经》，中国台湾财团法人佛陀教育基金会1990年版，第55册，第282页。
③ （唐）释道宣：《四分律删繁补阙行事钞后记》，许明编著《中国佛教经论序跋记集》上海辞书出版社2002年版，第1册，第239页。
④ 《旧唐书》卷一《高祖本纪》，中华书局1975年标点本，第17页。

从先秦至隋唐，传统史学杰出代表有三：一为孔子《春秋》，一为司马迁《史记》，一为班固《汉书》。《春秋》是孔子"观周礼之旧法，遵鲁史之遗文；据行事，仍人道；就败以明罚，因兴以立功；假日月而定历数，藉朝聘而正礼乐；微婉其说，隐晦其文；为不刊之言，著将来之法，故能弥历千载，而其书独行"①，影响深远。《史记》是司马迁搜集国史，采择民风，采用纪传体撰述的一部上起黄帝，下终汉武帝的通史。《汉书》是班固仿效《史记》体裁，起于高祖，尽于王莽的第一部断代通史，魏晋南北朝时编撰史书受其影响者比比皆是，正如《隋书·经籍志》史部古史类《序》曰："自史官放绝，作者相承，皆以班、马为准。"② 可以说上述三书是魏晋南北朝、隋唐传统史学的佼佼者实不为过。

魏晋南北朝佛教徒与儒道争论繁多，双方争论中谈及佛教史事多会以《春秋》《史记》为讨论，佛教僧众亦对其有所评述。牟子评述孔子《春秋》曰："孔子不以五经之备，复作《春秋》《孝经》者。欲博道术，恣人意耳。"③ 认为《春秋》主观随意性太强，更多为博世人关注，批评可谓猛烈。晋宗炳则将《史记》中的神灵记载比附佛教菩萨，从传统史学合理性来证明佛教神灵的合理性。"史迁之述五帝也皆云：'生而神灵，或弱而能言，或自言其名，懿渊疏通，其知如神。'既以类夫大乘菩萨化见而生者矣。"④ 他还说："今世之所以慢祸福于天道者，类若史迁感伯夷而慨者也。"⑤ 又如，僧祐以传统史书的错误比附道安佛经记载讹误的正常性。曰："校此《杂阿含》，唯有二十五经，而注作四十五，斯岂传写笔散，故重画致谬欤。夫晋记之变三豕，鲁史之温五门，古贤其犹病诸，况佣写之人哉。"⑥ 孔子因鲁史而为

---

① （唐）刘知几：《史通》卷一，辽宁教育出版社1997年标点本，第2页。
② 《隋书》卷三三《经籍二》，中华书局1979年标点本，第959页。
③ （梁）释僧祐：《弘明集》卷一，上海古籍出版社2013年校注本，第18页。
④ （梁）释僧祐：《弘明集》卷二，上海古籍出版社2013年校注本，第108页。
⑤ （梁）释僧祐：《弘明集》卷二，上海古籍出版社2013年校注本，第133页。
⑥ （梁）释僧祐：《出三藏记集》卷三，中华书局1995年校注本，第97页。

《春秋》，代指《春秋》。隋代、唐初佛教僧众运用、评述《春秋》《史记》《汉书》亦为常见。如费长房将《春秋》编年方式运用到《历代三宝记》编撰中。李怀琳曰："左史记言，夏商备于诰誓。右史记事，唐虞流于典谟。暨乃史迁缀史记之文，班固嗣班彪之作。英雄高士，耆旧逸人。传记之兴，其来尚矣。"① 可以说，对魏晋南北朝、隋唐佛教史家而言，从佛教角度评述传统史家及其史著亦属正常。

道宣对传统史家及史著作的评述多从维护佛教出发。如他对孔子《春秋》，司马迁《史记》较为欣赏。"仲尼因《鲁史记》以著《春秋》，使百代之后，仰高风以式瞻，孟轲、孙卿并赞扬大化。暨乎史迁，亦记一代之成败，明鉴诫，作来今。"② 但一旦碰到佛教争论问题，他的批评也是十分严厉。如他对《史记》记载老子化胡说提出批评。"至于李叟称道，才阐二篇。名位周之史臣。门学周之一吏。生于厉乡，死于槐里。庄生可为实录，秦佚诚非妄论。而史迁褒之，乃云西逾流沙。汉景信之，方开东夏道学。尔后宗绪渐布，终沦滞于神州。"认为《史记》关于此事所载"斯言孟浪，无足可称"③。

他对卜商、贾谊以及班彪、班固《汉书》中提出的"性命说"也提出不同看法。"若夫卜商、贾谊之为言，班彪、季康之著论，但知混而谓之命，莫辩命之所以为然。"④ 他认为这些人知其为命，但不知其何以为命的缘由。好比是："何异见罗纨于箧笥，而未识成之由机杼也，睹百谷于仓廪，而未知得之由稼穑也。"⑤ 道宣从佛教教义阐述何谓"命"？"儒之所云命也，释之所云业也，命系于业，业系于心，心发其既参差，业成故亦无准。是以达命业之开士，知报熟而无

---

① （唐）释彦琮：《唐护法沙门法琳别传》卷上，《大正新修大藏经》，中国台湾财团法人佛陀教育基金会1990年版，第50册，第198页。
② （唐）释道宣：《集古今佛道论衡实录》卷甲，《中华大藏经》，中华书局1993年影印本，第60册，第763页。
③ （唐）释道宣：《广弘明集》卷五，《大正新修大藏经》，中国台湾财团法人佛陀教育基金会1990年版，第52册，第117页。
④ （唐）释道宣：《续高僧传》卷二八，中华书局2014年校注本，第1133页。
⑤ （唐）释道宣：《续高僧传》卷二八，中华书局2014年校注本，第1133页。

辞，迷因果之恒人，谓徒言而不应。"①批评上述传统史家是"睹流而不寻源，见一而不知二"②，颇有一叶障目之感。

道宣对东晋史家孙盛、孙潜颇为欣赏。他以"集论者"名曰："盛字安国，有说云即东晋名士绰之后也。祖则魏名臣之子荆也，绰有显论，才学所推闻之，前史盛为名父之子。"③他评价孙盛为"一时名作，是称良史"。评价孙潜撰述的史籍曰："远模前典，宪章在昔，亦一代之事。"④评价可谓之高。

孙盛，字安国，太原中都人。十岁避难渡江，博学多才，善言名理，名重一时。他"笃学不倦，自少至老，手不释卷。著《魏氏春秋》《晋阳秋》，并造诗赋论难复数十篇。《晋阳秋》词直而理正，咸称良史焉"⑤。孙盛也是东晋反"神不灭论"的士人之一。时有罗含撰述《更生论》，用神质论阐述万物更生的规律及其性质，认为："万物不更生，则天地有终矣。天地不为有终，则更生可知矣。"⑥宣扬天地万物是一个可以循环，更生，不灭的系统，与佛教轮回说有相通之处。⑦孙盛对这一观点，提出异议。他认为："缘尽当须冥远，耳目不复开逐。然后乃复其本也。吾谓形既粉散。知亦如之。"⑧认为肉体和精神是统一体，肉体消散，则精神亦为消散，其思想与当时"神不灭""轮回"观点截然不同。但这种明确反对神不灭说的论难之文，与罗含《更生论》同时被僧祐收录《弘明集》第五卷，变成"刻意

---

① （唐）释道宣：《续高僧传》卷二八，中华书局2014年校注本，第1133页。
② （唐）释道宣：《续高僧传》卷二八，中华书局2014年校注本，第1134页。
③ （唐）释道宣：《集古今佛道论衡实录》卷甲，《中华大藏经》，中华书局1993年影印本，第60册，第763页。
④ （唐）释道宣：《集古今佛道论衡实录》卷甲，《中华大藏经》，中华书局1993年影印本，第60册，第763页。
⑤ 《晋书》卷八二《孙盛传》，中华书局1974年标点本，第2148页。
⑥ （梁）释僧祐：《弘明集》卷五，上海古籍出版社2013年校注本，第235页。
⑦ 参见孔维勤《罗含〈更生论〉初探》，《吉林师范大学学报》（人文社会科学版）2017年第2期；马建华《罗含的〈更生论〉与佛教的轮回说——〈弘明集〉研究之二》，《福建师大福清分校学报》1996年第1期等。
⑧ （梁）释僧祐：《弘明集》卷五，上海古籍出版社2013年校注本，第238页。

剪邪，建言卫法"① 有益于佛教之言。

孙盛《孙长沙书》无益于佛教，但《老子疑问反讯》及《老聃非大贤论》虽不言为佛教，却为佛教驳斥道家的"老子化胡说"提供了坚实的理论依据。② 正如宗炳《明佛论》曰："干宝、孙盛之史，无语称佛而妙化实彰。"③ 认为虽然干宝、孙盛撰述没有一句与佛教有关，所反映的思想却与佛教契合。道宣《广弘明集》著录孙盛《圣贤同轨老聃非大贤论》《叙道老子疑问反讯》，以表达他对孙盛的赞赏。他之所以赞扬孙盛为良史，一方面孙盛撰《晋阳秋》因为词直而理正，确被时人称为良史。另一方面更多是借孙盛对老子及其学说的质疑来贬低老子，以反对"老子化胡说"，这才是释道宣的真正目的。

道宣批评最严厉的史家是唐初太史傅奕及史著。"有唐太史傅奕者，本宗李老，猜忌释门。潜图芟剪，用达其鄙。武德之始，上书具述。既非经国，当时遂寝。奕不胜其愤，乃引古来王臣讪谤佛法者二十五人，撰次品目，名为《高识传》。"④ 他认为《高识传》"史意在诛除，搜扬列代论佛法者，莫委存废。通疏二十五人，大略有二，初则崇敬佛法，恐有淫秽。故须沙汰，务得住持。二则憎嫉昌显，危身挟怨。故须除荡，以畅胸襟。初列住持王臣一十四人，傅奕《高识传》通列为废除者，今简则是兴隆之人"⑤。道宣对傅奕及《高识传》进行最严厉的批评，这个符合唐初佛道之争的局势。武德七年，"奕上疏，请除去释教"⑥。高祖采取禁佛策略，驱除僧尼，毁坏寺观，对佛教是一重大打击，道宣正好恰逢其事，被

---

① （梁）释僧祐：《弘明集》卷一，上海古籍出版社2013年校注本，第4页。
② 王启发：《析论东晋孙盛〈老子疑问反讯〉及〈老聃非大贤论〉中的老子》，《山西师范大学学报》（社会科学版）2014年第3期。
③ （梁）释僧祐：《弘明集》卷五，上海古籍出版社2013年校注本，第113页。
④ （唐）释道宣：《广弘明集》卷六，《大正新修大藏经》，中国台湾财团法人佛陀教育基金会1990年版，第52册，第123页。
⑤ （唐）释道宣：《广弘明集》卷六，《大正新修大藏经》，中国台湾财团法人佛陀教育基金会1990年版，第52册，第123页。
⑥ 《旧唐书》卷七九《傅奕传》，中华书局1975年标点本，第2715页。

迫闭户不出。因此，对于唐初佛教的最大敌人，道宣不遗余力地批判其史著，这是其护教立场的必然选择。

四　道宣佛教史学批评的内在准则

道宣是唐初著名的佛教高僧，撰述史著之多，理论水平之高前所罕见。他的佛教史学批评继承前人的思想火花，也有对佛教、现实的结合思考，是唐代佛教史学批评的杰出代表。道宣佛教史学批评有其内在准则和标准，可以分为四个方面。

第一，"法难观""感通观"是道宣佛教史学批评思想的核心。

为什么道宣撰述《续高僧传》《广弘明集》《集古今佛道论衡》等佛教史著？这是道宣基于对魏晋之后的佛教态势以及唐初遇到困境的一种应对。如果说魏晋南北朝、隋代佛教还是像法、末法并行的时代，唐初佛教则完全是一种"法难"。甚至在道宣看来，这种法难在魏晋时已经存在，如北魏太武帝灭佛、北周武帝废佛、大夏赫连勃勃大杀僧徒等。正如他在《大唐内典录》多次感叹曰："自教开中土，三被诛除。"[①]"又以法流东渐，三被诛残。"[②]"自法流中原，三被除屏。"[③] 他更亲身体会了唐初佛教面对的困境，毁坏寺院，搜扬僧众，他只能闭门不出，对佛教未来相当悲观。可以说，道宣将魏晋佛教像法、末法观推进为"法难观"，这种观念"不仅包含批评北方政治的意义，而且又阐发佛教生存危机感的意义"[④]。

"法难"观是道宣重视佛教戒律、完善四分律、设计寺院戒坛、撰述佛教文献等一切努力的动力缘起。他认为虽然佛教历经法难，但每次

[①]　（唐）释道宣：《大唐内典录》卷四，《大正新修大藏经》，中国台湾财团法人佛陀教育基金会1990年版，第55册，第256页。

[②]　（唐）释道宣：《大唐内典录》卷十，《大正新修大藏经》，中国台湾财团法人佛陀教育基金会1990年版，第55册，第281页。

[③]　（唐）释道宣：《大唐内典录》卷十，《大正新修大藏经》，中国台湾财团法人佛陀教育基金会1990年版，第55册，第333页。

[④]　季爱民：《道宣与中国佛教史上"法难观"的形成》，《东北师范大学学报》（哲学社会科学版）2011年第2期。

第二章 隋唐佛教史学批评

都有大德贤能护持而起，哪怕撰述文献百不存一，思想纲领仍在，这就是希望。"自佛经之流东夏也六百余载，三被诛除。值弘护者观机而作，先隐岩穴，固守至真，云雾沾渍，又被淹烂。及后兴法，方事拾遗。百不存一，且存纲领。"① 这种法难观也是道宣批评史家及其史著的核心理念。在这个立场上，他赞赏僧祐、费长房，因为他与二者一样，都对佛教面临的困境深有同感。他会赞赏孙盛，因为孙盛尽管不是佛教徒，甚至还有反对神不灭论，但孙盛提倡的关于老子学说却为佛教反击老子化胡说提供了理论基础。他会批评司马迁、班固、傅奕，因为司马迁《史记》肯定了老子化胡说，班固《汉书》宣扬的人性九品与佛教的性品论背道而驰，傅奕更是整个唐初佛教的敌对者。这些评述都是道宣作为佛教徒面对"末法""法难"的一种史学应对。

感通观是道宣阐释史学思想的一种外在方式，他撰述的感通类佛教史籍有《集神州三宝感通录》《道宣律师感通录》《律相感通传》等，这种佛教思想常见于他的佛教史学批评中。魏晋南北朝时即有感通之意。僧祐曰："反以至道之源，镜以大智之训，感而遂通，何往不被？"② 又可以称为感应、神异、应验等。魏晋南北朝此类作品如《宣验记》《幽明录》《感应传》《观音应验记》《验善知识》等数不胜数。隋唐时的感应传蔚为大观，数量繁多，可见撰述风气之盛。

魏晋南北朝、隋代佛教史家较早关注神异、感应现象，著录、评价此类书籍。如僧祐将儒家神化与佛教感应融合在一起，反对东汉佛教传入说，认为佛教西周传入中土。曰："若疑古无佛教，近出汉世者，夫神化隐显，孰测始终哉？寻羲、农缅邈，政绩犹湮，彼有法教，亦安得闻之？昔佛图澄知临淄伏石有旧像露盘，犍陀勒见枨鸥山中有古寺基址，众人试掘，并如其言。此万代之遗征，晋世之显验；谁判上古必无佛乎？……观其灵迹，乃开士之化。大法萌兆，已见周

---

① （唐）释道宣：《大唐内典录》卷十，《大正新修大藏经》，中国台湾财团法人佛陀教育基金会1990年版，第55册，第326页。
② （梁）释僧祐：《弘明集》卷一四，上海古籍出版社2013年校注本，第794—804页。

初。感应之渐，非起汉世，而封执一时，可为叹息者四。"①

慧皎《高僧传》设立神异科，总结何谓神异？"神道之为化也，盖以抑夸强，摧侮慢，挫凶锐，解尘纷。至若飞轮御宝，则善信归降，竦石参烟，则力士潜伏。当知至治无心，刚柔在化。……故先代文纪，并见宗录。若其夸炫方伎，左道乱时，因神药而高飞，藉芳芝而寿考。与夫鸡鸣云中，狗吠天上，蛇鹄不死，龟灵千年，曾是为异乎。"② 同时详细阐述佛教神异与社会动荡之间的联系，认为佛教神异史事的出现是现实社会动乱祸乱的结果，文献的神异与佛教的神异有本质区别。同时，《高僧传》中还大量引用、著录此类书籍，肯定其价值，又指出其缺陷。"宋临川康王义庆《宣验记》及《幽明录》、太原王琰《冥祥记》、彭城刘俊《益部寺记》、沙门昙宗《京师寺记》、太原王延秀《感应传》、朱君台《征应传》、陶渊明《搜神录》，并傍出诸僧，叙其风素，而皆是附见，亟多疏阙"。③ 隋《历代三宝记》亦著录、评价《旌异传》《验善知识传》《圣迹记》等书籍。

道宣的感通观与僧祐、慧皎的神异观不同，并以此评述以往史家及其史著呈现的神异史观。

他首先阐述为佛教感通立传的重要性、正确性。他认为佛教三宝弘法各有不同，"佛僧随机，识见之缘出没。法为除恼，灭结之候常临"④。前两者是"佛僧两位，表师资之。有从声教，一门诚化"⑤。感通则是显现法宝的最好方式。"受持读诵，必降征祥。如说修行，无不通感。"⑥ 这种现象在天竺"固显常谈"，但在中

---

① （梁）释僧祐：《弘明集》卷一四，上海古籍出版社2013年校注本，第800页。
② （梁）释慧皎：《高僧传》卷十，中华书局1992年校注本，第398页。
③ （梁）释慧皎：《高僧传》卷一四，中华书局1992年校注本，第523页。
④ （唐）释道宣：《集神州塔寺三宝感通录》卷三上，《永乐北藏》，线装书局2000年影印本，第143册，第441页。
⑤ （唐）释道宣：《集神州塔寺三宝感通录》卷三上，《永乐北藏》，线装书局2000年影印本，第143册，第441页。
⑥ （唐）释道宣：《集神州塔寺三宝感通录》卷三上，《永乐北藏》，线装书局2000年影印本，第143册，第441页。

第二章 隋唐佛教史学批评

土是有缘者得知。类似"士行投经于火聚，焰灭而不燋。贼徒盗叶于客堂，腕重而不举"等感通如果不记载，后人很难知晓，故佛教史家将其记载于经录，"敢随代录，用呈诸后"①。道宣认为记载这些非常正确，以往佛教史家"尚为士俗常传，况慧拔重空，道超群有。心量所指，穷数极微。因缘之遘，若影随形。祥瑞之徒，有逾符契"②，连士俗都可以作传，佛教感通人事更应该立传。他批评以往感通史传的缺失，很多记载"多出传纪，志怪之与《冥祥》《旌异》之与征应"③，没有系统记载，实为遗憾，这也是他撰述感通史传的初衷。

其次，道宣将《高僧传》神异科改为《续高僧传》的感通科，并做《感通论》评述前贤，针砭时言，阐述他对感通的认知。

他认为像、末时代来临造成"法"的溃散，感通也为之消亡，魏晋南北朝即使有感通之事亦不敢记载。"像末浇竞，法就崩离，神力静流，通感殆绝。二石之世，澄上扬名；两萧接统，志公标德。备诸纪录，未敢详之。"④再加上乱世尘俗，神异与妖邪并起，故妖邪、神异、感通混淆，是非难论，"妖异之谚林蒸，是非之论蜂起"⑤。他之所以将《高僧传》"神异"改为"感通"亦缘由于此。类似"观音之拔济，信而有征""大圣之通梦，华实相半""圆通之游圣寺、昭达之涉仙宫"等事件在以往僧传中或可定义为"神异"。但在道宣眼中，前者是"斯则托事亲蒙，难免语意无涉；余求想象，实假冥缘，故得有沦虚指"。后者是"信其言焉？难穷事矣"。他认为类似上述事件皆不可以算作感通，正如他批评《高僧传》曰："前传之叙蓬莱，无乖

---

① （唐）释道宣：《集神州塔寺三宝感通录》卷三上，《永乐北藏》，线装书局2000年影印本，第143册，第441页。
② （唐）释道宣：《集神州塔寺三宝感通录》卷三上，《永乐北藏》，线装书局2000年影印本，第143册，第441页。
③ （唐）释道宣：《集神州塔寺三宝感通录》卷三上，《永乐北藏》，线装书局2000年影印本，第143册，第441页。
④ （唐）释道宣：《续高僧传》卷二八，中华书局2014年校注本，第1132页。
⑤ （唐）释道宣：《续高僧传》卷二八，中华书局2014年校注本，第1132页。

鄙例。"① "蓬莱"是指"蓬莱道人"。《高僧传》卷一一曰："道人常在厅事上眠，以箱杖著床头，令使持时人夜偷取欲看之，道人已知，暮辄高悬箱杖，当下而卧，永不可得。后与令辞曰：'吾欲小停，而君恒欲偷人，正尔便去耳。'令呼先小儿，问近所经。小儿云：'道人令其捉杖，飘然而去，或闻足下波浪耳。'并说山中人寄书犹在小儿衣带，令开看，都不解。乃写取，封其本书。令人送此小儿至白土埭，送与史宗。宗开书，大惊云：'汝那得蓬莱道人书耶？'"② 此中记载蓬莱道人的神异还有数种。道宣认为《高僧传》不应该记载类似蓬莱道人等神异之事，与僧传体例不符。

此外，道宣的感通论也是对唐初官方认识感通事件和记载的一种回应。如上所述，道宣经历过高祖禁佛，寺院毁坏，僧众散逸，官方对佛教的认知停留在"方外之教，圣人之远致也。俗士为之，不通其指，多离以迂怪，假托变幻乱于世，斯所以为弊也"③。尤其批评佛教"多离以迂怪，假托变幻乱于世"的光怪神离。道宣感通论也是对这些观点的一种回应。

道宣感通论将儒家的命与佛教的业融合在一起，"儒之所云命也，释之所云业也。命系于业，业系于心"④。然后，他又将感通与佛教的业紧密联系，认为业有千端，即感报有万绪，一切荣枯吉凶皆与之有关。"夫造业千端，感报万绪，或始善而终恶，故先荣而后枯，或吉凶之杂起，故祸福而同萃。"⑤ 这种将感通置于佛教理论系统中的说法与《高僧传》中慧皎理解的"神道之为化也，盖以抑夸强，摧侮慢，挫凶锐，解尘纷"更为高级。《高僧传》著录的"藉秘咒而济将尽，拟香气而拔临危""或韬光晦影，俯同迷俗；或显现神奇，遥记方兆；或死而更生，或窆后空墩。灵迹怪诡，莫测其然"、"慧则之感香瓫，

---

① （唐）释道宣：《续高僧传》卷二八，中华书局2014年校注本，第1132页。
② （梁）释慧皎：《高僧传》卷十，中华书局1992年校注本，第377页。
③ 《隋书》卷三五《经籍四》，中华书局1973年标点本，第1099页。
④ （唐）释道宣：《续高僧传》卷二八，中华书局2014年校注本，第1133页。
⑤ （唐）释道宣：《续高僧传》卷二八，中华书局2014年校注本，第1134页。

第二章　隋唐佛教史学批评

能致痼疾消疗；史宗之过渔梁，乃令潜鳞得命。白足临刃不伤，遗法为之更始。保志分身圆户"① 等神异之事在道宣来看皆不是佛教感通，没有起到有益于佛教的作用。这也是其批评《高僧传》神异科的核心所在。

实际上，"有益于佛教"的神圣思想是道宣佛教史学批评思想的一切准则。正如有学者认为"佛教是道宣所构思神圣世界的核心。而佛陀（及其与之相关的圣物）则是这个世界的中心。所以，与其说道宣在描述感通故事，还不如说道宣其实抱着建立佛教神圣史观的志愿进行书写"②。因此，无论是道宣撰述佛教史籍的缘由，还是他批评史家及其史著皆基于此。

第二，传统史学观念是道宣佛教史学批评思想的外在武器。

由上可知，传统史学优良精神是魏晋南北朝佛教史家评述佛教人物、文献、事件、史学的一个重要标准。道宣在僧祐、慧皎等前人基础上，将传统史学中实录、直笔、文词、良史等概念的运用和讨论更为深化和细致，并以此重新审视以往的佛教史家和史著。

直笔与实录是道宣从史学角度评述史家与史著的第一要素。直笔与实录是传统史学中一组重要的史学概念和评判标准，先秦即有"书法不隐""据事直书""古之良史，书法不隐"等说法，直书亦成为后来史学家追求的最高史学目标，如能做到这一点则可名贯古今。司马迁《史记》问世后，学者对其推崇备至，西汉刘向、扬雄，东汉班固皆称其为实录，明确提出"《史记》实录论"，确立了实录崇《史记》的史学批评准则。③

魏晋南北朝佛教史家讨论佛教史著、评论历史事亦以直书、实录作为一定标准。如东晋道安法师《鞞婆沙序》曰："案本而传，

---

① （梁）释慧皎：《高僧传》卷十，中华书局1992年校注本，第398—399页。
② 王大伟：《唐代道宣与他的佛教感通世界》，《华东师范大学学报》（哲学社会科学版）2018年第2期。
③ 白云：《中国古代史学批评史论纲》，人民出版社2010年版，第99页。

127

不令有损言游字，时改倒句，余尽实录也。"①慧皎《高僧传》评述译经高僧曰："童寿有别室之愆，佛贤有摈黜之迹，考之实录，未易详究。"②慧皎认为童寿、佛贤的事迹未被实录记载，所以简略其事，不易多述，反映作者有本有据，注重实录的态度。又如僧祐评价自撰《出三藏记集》曰："若人代有据，则表为司南；声传未详，则文归盖阙。秉牍凝翰，志存信史。三复九思，事取实录。有证者既标，则无源者自显。"③信史、实录表明他对史料取材的一种肯定。"有证者既标，则无源者自显"则是他对史料考证一种态度。与之比较，他评述道安法师经录："鸿才渊鉴，爰撰经录，订正闻见，炳然区分。""参以前识，验以旧闻。"前人或是订正闻见，或是旧闻，与"信史""实录"相差甚远，这种比较更证明《出三藏记集》是一部"信史"。

道宣推崇僧祐，直书与实录精神与之一脉相承，但又有深入和细致。他坚持的直笔和实录是一种史料为信、撰述为实、佛教为真的融合，他赞同前人史书多以直笔、实录为首要标准，并将之作为自己撰述的目标。"顾惟直笔，即而述之，命帙题篇，披图藻镜。至若寻条揣义，有悟贤明，孤文片记，撮而附列，名曰《广弘明集》。"④"古德流言，祖佛为师，羞观佛（阙）之本系。绍释为姓，耻寻释氏之根源。以今据量，颇为实录。"⑤

史料为信、撰述为实，是指使用的史料经过广搜博采，严谨考据，或自身经历多经过征引考核，颇具可信，而非道听途说。他十分注重史料的来源与考据，故《续高僧传》的史料来源"或博咨先达，

---

① （梁）释僧祐：《出三藏记集》卷十，中华书局1995年校注本，第382页。
② （梁）释慧皎：《高僧传》卷三，中华书局1992年校注本，第142页。
③ （梁）释僧祐：《出三藏记集》卷一，中华书局1995年校注本，第2页。
④ （唐）释道宣：《广弘明集》卷一，《大正新修大藏经》，中国台湾财团法人佛陀教育基金会1990年版，第52册，第97页。
⑤ （唐）释道宣：《释迦氏谱序》，《大正新修大藏经》，中国台湾财团法人佛陀教育基金会1990年版，第50册，第84页。

或取讯行人,或即目舒之,或讨雠集传,南北国史,附见徽音,郊郭碑碣,旌其懿德,皆摄其志行,举其器略"①。他经常使用传统史书作为考据的标准,来判断史书的实录性。如他评述颇被质疑为伪书的《法本内传》曰:"传有五卷,略不备载。有人疑此传近出,本无角力之事。按《吴书》明费叔才憾死,故传为实录矣。"②他运用《三国志·吴书》中记载证明《法本内传》为实录,而非伪书。他对那些道听途说,还标榜实录之书批评较多。如他批评唐以前西域志书曰:"方土所记,人物所宜,风俗之沿革,山川之卓诡,虽陈之油素,略无可纪。岂不以经途辽远,游诣之者希乎?以事讨论,纵有传说,皆祖行人,信非躬睹。相从奔竞,虚为实录。"③认为以前志书都是道听途说,名为实录,实则不然。

佛教为真,是指他对直笔、实录宗教之真的理解,是在实录精神影响下,佛教意义上的实录。由于佛教文化具有一定的宗教神秘色彩,许多在中国传统史家看来是完全不可信,虚幻缥缈的事情,佛教史家却相信不疑,如佛像放光、高僧祥瑞等佛教感应、灵异之事在道宣看来都是佛教信史。这也是他撰述《集神州塔寺三宝感通录》《道宣律师感通录》《律相感通传》的内在动力之一。因为道宣认为这些都是佛教真实存在的信史,应该直笔记载。正如他所言:"齐周隋唐,代有神异。事止百年,见闻不少。备之僧传,故阙而不载。略述感通之会,知僧中之有人焉。予以麟德元年夏六月二十日,于终南山北鄠阴之清宫精舍集之。素有风气之疾,兼以从心之年,恐奄忽泫露,灵感沉没。遂力疾出之直笔,而疏颇存大略而已。"④可以说,这些彰显佛教神秘色彩、无法写进传统史书的内容,在佛教史家看来却是佛教

---

① (唐)释道宣:《续高僧传》卷一,中华书局2014年校注本,第2页。
② (唐)释道宣:《广弘明集》卷一,《大正新修大藏经》,中国台湾财团法人佛陀教育基金会1990年版,第52册,第99页。
③ (唐)释道宣:《释迦方志》卷一,上海古籍出版社2011年校注本,第1页。
④ (唐)释道宣:《集神州塔寺三宝感通录》卷三下,《永乐北藏》,线装书局2000年影印本,第143册,第479页。

文化的真实反映，尽管内容具有神幻色彩，但撰述上是直笔记载，是一种佛教的直笔。

道宣的佛教实录精神还反映在他对司马迁的评述上。"至于李叟称道，才阐二篇。名位周之史臣，门学周之一吏。生于厉乡，死于槐里。庄生可为实录，秦佚诚非妄论。而史迁褒之，乃云西遁流砂，汉景信之，方开东夏道学。尔后宗绪渐布，终沦滞于神州。绝智守雌，全未闻于寰海。蒙俗信度，饰诈扬真。乃造《老子化胡》等经，比拟佛法，四果十地，劫数周循。结土为人，观音侍老。黄书度命，赤章厌祝。斯言孟浪，无足可称。"① 被传统史家奉为实录之尊的司马迁《史记》在道宣看来是"斯言孟浪，无足可称"。道宣实际上对司马迁赞赏有加，但碰到"老子化胡"问题上，道宣从佛教实录角度评述司马迁的不实。与此相反，他称赞僧勉《释老子化胡传》则是："考校年月，究寻人世。依内经外典，采摭群达诚言。区别真假，使一览便见也。"② 两者相较，道宣的佛教实录精神一目了然。

第三，文与质是道宣评述佛教史籍的又一个标准。

文是史书记叙的外在手段，质是史书记载的史实，两者是传统文史构建文采与内容的基本概念。《文心雕龙》将其总结为"文附质"与"质待文"两类。前者比如"夫水性虚而沦漪结，木体实而花萼振"，后者则似"虎豹无文，则鞟同犬羊；犀兕有皮，而色资丹漆"③。两者关系互为表里，缺一不可。所谓："言以文远，诚哉斯验。心术既形，英华乃赡。美锦好渝，舜英徒艳。繁采寡情，味之必厌。"④

魏晋佛经翻译素来重视"文与质"，强调文与义合，文质相近。

---

① （唐）释道宣：《广弘明集》卷五，《大正新修大藏经》，中国台湾财团法人佛陀教育基金会1990年版，第52册，第117页。
② （唐）释道宣：《大唐内典录》卷五，《大正新修大藏经》，中国台湾财团法人佛陀教育基金会1990年版，第55册，第272页。
③ （南朝）刘勰：《文心雕龙》，中华书局2017年标点本，第366页。
④ （南朝）刘勰：《文心雕龙》，中华书局2017年标点本，第372页。

第二章 隋唐佛教史学批评

"安清、朔佛之俦，支谶、严调之属，翻译转梵，万里一契，离文合义，炳焕相接矣。"①"鸠摩罗什硕学钩深，神鉴奥远，历游中土，备悉方言。复恨支、竺所译，文制古质，未尽善美，乃更临梵本，重为宣译。"② 佛教史籍撰述强调文质关系，亦自魏晋。慧皎评价琅邪王巾所撰《僧史》"意似该综，而文体未足。"③ 其中"文体"指史书体裁和文采，认为《僧史》在这两方面稍显薄弱。僧祐在《萨婆多部师资记目录序》中强调"质胜于文"的观点，他认为《萨婆多部师资记》作为一部传记文辞华丽，读者要"略文取心"，"使英声与至教永被，懋实共日月惟新，此撰述之大旨也"④。梁元帝《内典碑铭集林序》提出两者的关系是"艳而不华，质而不野，博而不繁，省而不率，文而有质，约而能润，事随意转，理逐言深，所谓菁华，无以间也"⑤。

道宣也十分看重佛教史籍的文与质，他曾用国史和礼经的关系来比喻文与质，"夫国史之与礼经，质文互举"⑥，认为二者同样重要，互为表里。但他评述自己在武德九年闭门撰述时是"意在行用，直笔书通，不事虬文，故言多蹇陋"⑦，显然限于时局环境的恶劣，他早期撰述的作品忽视了文辞优美，更重在行文之意。这种评述他在晚年总结和评述佛教史籍时则有所改变。如他在撰述《释迦方志》时强调要"润其色"⑧。如他评述《验善知识传》要"文多

---

① （梁）释僧祐：《出三藏记集》卷二，中华书局1995年校注本，第22页。
② （梁）释慧皎：《高僧传》卷三，中华书局1992年校注本，第141页。
③ （梁）释慧皎：《高僧传》卷一四，中华书局1992年校注本，第524页。
④ （梁）释僧祐：《出三藏记集》卷一二，中华书局1995年校注本，第466页。
⑤ （唐）释道宣：《广弘明集》卷二〇，《大正新修大藏经》，中国台湾财团法人佛陀教育基金会1990年版，第52册，第245页。
⑥ （唐）释道宣：《大唐内典录》卷一，《大正新修大藏经》，中国台湾财团法人佛陀教育基金会1990年版，第55册，第219页。
⑦ （唐）释道宣：《四分律删繁补阙行事钞后记》，许明编著《中国佛教经论序跋记集》上海辞书出版社2002年版，第1册，第239页。
⑧ （唐）释道宣：《释迦方志后记》，许明编著《中国佛教经论序跋记集》上海辞书出版社2002年版，第1册，第246页。

清素，语恒劝善。存质去华，见重于世"①。评述宝唱及史著曰："唱之所撰，文胜其质。"② 评价《名僧传》《高僧传》则曰："品藻恒流，详核可观，华质有据。"③ 可以说，根据不同的评价对象，道宣对文质的理解亦不相同，但文质并举，文不繁复，义不烦乱是他晚年评述的一个重要标准。正如他在《大唐内典录》所言要"依条显列，无相夺伦。文虽重张，义绝烦乱。"④

第四，重视传统史学的"通史"撰述意识，也是道宣评述佛教史学的一个重要概念。

如他评述裴子野《高僧传》曰："江表多有裴子野《高僧传》一帙十卷，文极省约，未极通鉴，故其差少。"⑤ 他对裴子野《高僧传》未能囊括、贯通数百年来僧众发展稍显遗憾。他评述灵裕《十德记》及其他僧众撰述传记或"偏叙昭玄师保，未奥广嗣通宗"。或是"孤起支文，薄言行状，终亦未驰高观"⑥。这些都是他从"通史"撰述意识发出的感慨和批评。

总的来说，道宣是唐初杰出的佛教史家，撰述《大唐内典录》《续高僧传》《释迦方志》《古今佛道论衡》等大批佛教史籍，他的佛教史学批评思想亦颇具特色，他在继承僧祐、慧皎等魏晋史家史学批评精神的基础上，根据唐初政治环境时局的变化，对魏晋、隋唐佛教史家与史学做出的褒贬与回应，他坚持站在佛教立场上，运用直笔、实录、文质、通史等传统史学的概念来审视史家的得失与史学的变化，为唐以后佛教史学批评提供更多的思想借鉴。

---

① （唐）释道宣：《大唐内典录》卷五，《大正新修大藏经》，中国台湾财团法人佛陀教育基金会1990年版，第55册，第272页。
② （唐）释道宣：《续高僧传》卷一，中华书局2014年校注本，第11页。
③ （唐）释道宣：《续高僧传》卷一，中华书局2014年校注本，第1页。
④ （唐）释道宣：《大唐内典录》卷一，《大正新修大藏经》，中国台湾财团法人佛陀教育基金会1990年版，第55册，第219页。
⑤ （唐）释道宣：《续高僧传》卷六，中华书局2014年校注本，第193页。
⑥ （唐）释道宣：《续高僧传》卷一，中华书局2014年校注本，第2页。

第二章　隋唐佛教史学批评

第四节　唐僧神清的佛教史学批评

神清，昌明人，俗姓章，字灵庚，唐代著名高僧。他少习儒典，多闻强记，工诗文。绵州开元寺出家，后仕于朝廷，备受礼遇。晚年居住梓州慧义寺，他一生通晓三教，致力经论史传，以讲说著作为事，著述颇多，如《法华玄笺》《释氏年志》《北山录》等，其中"《语录》博该三教，最为南北鸿儒、名僧高士之所披玩焉"[①]。更可贵者《北山录》是神清所存的唯一著作。全书充满佛教史学批评精神，既有对佛教发展史及佛教宗派、文献撰述、高僧大德的总结与批评，亦有他对传统历史社会发展、历史人物、史学发展、史事的评价与反思，对研究佛教史学及唐代儒释思想融合大有裨益。

一　对佛教发展史及宗派变迁、佛经翻译的总结与批评

第一，对佛教发展史的总结。

神清在《北山录》中较清晰勾勒了佛教自秦汉传入至唐代的发展简史。此前，虽有佛教高僧撰述著作，记载佛教发展的情况，但或流于《高僧传》《名僧传》等形式，或流于名山寺记。南齐竟陵王《三宝纪传》、北周净蔼《三宝集》虽然也涉及佛教通史记载，但都已亡佚，不知体例与内容。汤用彤认为这些书多为纪事本末体，"均叙佛之平生，直及教化东流以后之状况"[②]。可以说，佛教编年体通史较为少见，神清以朝代时间为序，从秦时十八沙门自西域远至东夏传法，一直叙述到唐代佛教发展状况，言辞虽简，但逻辑思想、历史发展脉络清晰可见，佛教传入中土发展之过程一目了然，实为早期中国佛教编年体通史的上乘之作，在佛教史籍体裁上具有一定的开创性。

神清总结佛教发展繁盛衰亡的原因，认为佛教废兴取舍皆由

[①]（宋）释赞宁：《宋高僧传》卷六，中华书局1987年标点本，第121页。
[②]汤用彤：《汉魏两晋南北朝佛教史》，上海人民出版社2015年版，第405页。

"时"而定，佛教要想兴盛，就必须应时而行，"夫圣教之于时，其可顺也，不可强也"①。佛教要想更好地发展，就要处理好与官方、儒道等各种外部环境的关系。他认为佛教之所以能在汉代传入中土，实因当时"元淳渐浇，仁义渐废，道德与五经将坠于地，而慈运远构，释教弥布"②。但他也清醒地认识到汉代对佛教的认知亦仅停留在表层意识上，"虽楚王修仁圣之祠，孝桓兴华盖之祭，亦但神佛而已矣，未求仁祠华盖之人也"③。可见，神清认为汉代之所以有信奉佛教的举动，只是将佛比拟民间的神灵，并不是真正意义上接受了佛教，只是尊外在的器，而未重内在的佛法。

总结魏晋时佛教为什么大盛于世时，他认为与当时佛教徒将佛学思想与政治、经济、学术等环境相结合有关。"夫澄、安、林、远，制作对扬，皆词气冲深，有伦有义。虽宣象外之风，率多经济之略。故始言首事，必信重于天下矣。"④论述唐代佛教发展时，神清一方面认为佛教传至唐代时有了较大发展。"迄今我唐，其风浸广。鞠搜众部，八千余卷。"⑤同时，另一方面他也认为唐代佛教处于衰落时期，"法既陵颓，劫极滓下"⑥。"今吾教叔世，法徒多难，朋奸济乱，若苞桑之固矣。"⑦可见，神清实是以一种较客观的历史眼光总结佛教的历史，既承认佛教发展、广为传播的一面，也承认发展过程中存在的弊端，所论较为中肯。美不中足，神清把唐代佛教兴盛的原因归结于"唐宗庙社稷之灵也"⑧，则不免有向唐皇室献媚之嫌。

第二，对禅宗世系的批评。

神清对禅宗世系有较多论断，陈垣曾言"惟因其中有关涉禅宗世

---

① （唐）释神清：《北山录》卷二，中华书局2014年校注本，第106页。
② （唐）释神清：《北山录》卷二，中华书局2014年校注本，第108页。
③ （唐）释神清：《北山录》卷三，中华书局2014年校注本，第167页。
④ （唐）释神清：《北山录》卷三，中华书局2014年校注本，第197页。
⑤ （唐）释神清：《北山录》卷二，中华书局2014年校注本，第111页。
⑥ （唐）释神清：《北山录》卷八，中华书局2014年校注本，第696页。
⑦ （唐）释神清：《北山录》卷八，中华书局2014年校注本，第694页。
⑧ （唐）释神清：《北山录》卷十，中华书局2014年校注本，第780页。

系之说，故为禅者所击"①。其中的禅者为北宋高僧契嵩，他对神清的观点进行了强烈反驳："唐高僧神清，不喜禅者，自尊其宗，乃著书而抑之曰。……吾始视清书，见其校论三昧，虽文词不佳，盖以其善记经书，不别理义端由，而不即非之。及考其禅宗之说，问难凡数番，辄采流俗所尚，及援书传，复不得其详。余初谓此非至论，固不足注意。徐思其所谓迦叶等，岂能传佛心印，尤为狂言。"②他认为神清论及禅宗传承的言论多为胡言乱语，皆属狂言，不可信。契嵩批评神清之言，又是否正确？

契嵩的批评有两点错误：其一，谓神清不喜禅实为谬误。案禅宗自谓教外别传，迦叶为印度禅宗初祖，至二十七祖般若多罗授法于菩提达摩，后达摩入中土传慧可，可传僧璨，璨传道信，信传弘忍，忍传慧能、神秀，分为南北二家。从《北山录》来看，神清讥讽的禅宗是南宗禅，对北宗禅是崇赞有加。"余昔观净众禅门，崇而不僭，博而不佞，而未尝率异惊俗，真曰大智闲闲之士也。遂礼足为师，请事斯旨。"③可见，他曾亲自到南方净众禅门修习禅宗，何来神清不喜禅之说？契嵩言如其不喜禅，实是南宗禅，而非整个禅宗，原因在于契嵩是南宗禅弟子，故以此论神清。

其二，谓神清之所以讥禅，欲尊其宗。神清博识渊学，是一位俱舍宗高僧，但从他反驳南宗禅来看，并无自尊俱舍宗之说，为北宗禅说法。如在南宗禅六祖慧能得授禅宗信衣一事上，南宗禅僧徒大肆宣扬。神会《显宗记》曰："至于达摩，届此为初。遂代相承，于今不绝。……衣为法信，法是衣宗。唯指衣法相传，更无别法。……外传袈裟，将表宗旨。非衣不传法，非法不受衣。"④北宗禅对此大为怀疑，神清观点亦与北宗禅一致。"观第六祖得信衣，若履虎畏噬，怀

---

① 陈垣：《中国佛教史籍概论》，上海书店出版社2005年版，第88页。
② （宋）释契嵩：《镡津文集》卷一三，《大正新修大藏经》第52册，中国台湾财团法人佛陀教育基金会1990年版，第721页。
③ （唐）释神清：《北山录》卷六，中华书局2014年校注本，第497页。
④ （宋）释道原：《景德传灯录》卷三〇，成都古籍书店2000年标点本，第646页。

璧惧残，周憻道路，胁息草泽，今虑传者谬也。"① 再者，在教义批评上，神清认为南宗禅虽讲"顿"，却未领会圣人的"顿"义。"甚哉顿也，虽构似圣人之言，未几圣人之道也。"② 他所称赞的"顿"为"行普均之化，兴广大之业，是谓顿也"③。他主张从外在实践的修行，来达到顿悟的境界，更符合北宗禅的渐修之义。再者，他批评禅宗的不思而说，不虑而对，妄涉虚玄时，则以儒家传习比附，进行批评。可见，神清虽非专门禅宗学者，但其意仍在北宗，他或是用北宗禅，或用儒家的修行方式来讥讽南宗禅，并非完全如契嵩所言。

神清既是俱舍宗僧人，为什么在禅宗问题上有抑南扬北的举动？这与神清在四川净众禅门下兼修北宗禅有关，更主要原因则与唐代宗时期南北禅宗的势力对比有关。

《宋高僧传》认为神会到洛阳之后，六祖慧能顿悟之风荡神秀渐修之道，"致普寂之门盈而后虚"④，南宗禅完全压倒性超过北宗禅。若真如赞宁所言，唐中期南宗禅势力已达极盛，北宗禅毫无势力可言。神清还敢公开从世系、教义上讥讽南宗禅？许多南北鸿儒，名僧高士还敢披玩此书？以此论之，赞宁之言或有不当。

唐中期，北宗禅势力实远超南宗禅，远非如赞宁所言。如当时宰相王缙十分支持北宗禅的普寂系，曾为大证禅师撰写碑文。在碑文中，他明确表示北宗禅是禅门正统。⑤ 又如，独孤及在《舒州山谷寺觉寂塔隋故镜智禅师碑铭序》亦认为"南宗其嗣无闻"，神秀的北宗禅才是禅宗正宗。⑥ 可见，北宗禅在唐中期仍得到许多朝廷高官的支持，势力强盛，此后兴盛的南宗禅在唐中期尚属于"其嗣无闻"的状

---

① （唐）释神清：《北山录》卷六，中华书局2014年校注本，第511页。
② （唐）释神清：《北山录》卷六，中华书局2014年校注本，第514页。
③ （唐）释神清：《北山录》卷六，中华书局2014年校注本，第516页。
④ （宋）释赞宁：《宋高僧传》卷八，中华书局1987年校注本，第179页。
⑤ （唐）王缙：《东京大敬爱寺大证禅师碑》，（清）董皓《全唐文》卷三七〇，中华书局1983年版，第3757页。
⑥ （唐）独孤及：《舒州山谷寺觉寂塔隋故镜智禅师碑铭序》，（清）董皓《全唐文》卷三七〇，中华书局1983年版，第3973页。

态，这才是神清公然讥讽南宗禅的真正原因。

由此可见，神清对禅宗的讥讽与批评，主要是针对南宗禅，对北宗禅赞赏有余，而这种态度与当时的社会环境有一定的关系。宋僧契嵩仅从世系说来批驳神清，并认为其不喜禅，自尊俱舍宗。究其原委，契嵩是南宗禅传人，站在南宗禅立场，不免有偏颇之言。

第三，对佛经翻译工作的总结和批评。

自东汉至两晋，大小乘佛经纷至中土，译经者多为天竺、西域僧人，他们不懂中文，请汉人作译经助手，助译的汉人不懂梵文，则彼此揣测，导致所译佛经，词不达意。因此，汉晋间佛经翻译存在较多的问题。

对此，神清承认佛经翻译的困难，也认识到翻译不当造成的不良影响。"自金言遐萃，缀述多门。广本略本，名义不同。单译重译，有无差异。故大圣俾依义不依语，此先见之著也。佛有八音四辩，超乎群有，睿心冲照，灵浩真雅。而译者率情浅易，章句漏慢，致使缙绅缝掖，相顾意有所非也。"[1]

首先，他认为翻译重在求圣人之意，以译求意，要做到"依义不依语"，他对那些"采摭坟素，雕琢文字，语过涉俗"的翻译大加批评，认为其"尤失圣人之格言也"。[2] 如他总结安世高、康僧会译经，认为他们虽然"学究天人之奥，德动鬼神之契"[3]，但在佛经翻译上，却未尽全美，不能彰显圣人之意。可见，神清对前代高僧大德的翻译提出了不同意见。

其次，他认为佛经翻译要遵循"质文繁简，雅得其所"，不伤本意的标准。针对齐梁文风对佛教典籍撰述翻译的影响，神清指出："齐梁之后，世尚纤丽，词亏体要，致使求其雅言立意，曾不及于汉

---

[1] （唐）释神清：《北山录》卷七，中华书局2014年校注本，第587页。
[2] （唐）释神清：《北山录》卷七，中华书局2014年校注本，第587页。
[3] （唐）释神清：《北山录》卷四，中华书局2014年校注本，第266页。

魏之间箴论，而况于圣人经籍乎？"① 因此，他大力提倡翻译应须质文繁简，雅得其所。他尤其推崇译经大师鸠摩罗什的翻译风格："古今宣译，咸推什公门下，质文繁简，雅得其所，开卷属耳，泠然古风。"② 另外，他对道安评价翻译的标准也较为赞赏，认为后人未能继承道安的翻译风格，未能理解他的翻译要旨。"道安以三不易五过失详评翻译，妙尽枢纽。后世不能研究其旨，实为衡度，以为词不由中，瞠若不闻也。"③

第四，对中土佛教史籍编撰的评价。

除了总结佛经翻译外，神清更关注中土僧人撰述佛教史籍的优劣。在总结佛教护法类文献产生的根源时，他认为佛教护法文献本无攻击道教之意，由于道教徒本身的穿凿附会，才会引起释道双方的争斗。如他认为："昔周道安《二教论》，隋彦琮《通极论》，恣纵心目，出没玄奥，假立宾主，先设奇难，后始通之。……而后世李仲卿等得之，穿窬为盗，隐其所通，演其所难，以制《十异九迷》等论，诳彼所不知者。"④

总结魏晋、隋唐僧传时，神清对以往僧传进行不同程度的批评，并提出自己的良史标准。首先，他认为高僧入传记的标准，重在"德"。他对慧皎《高僧传》大为赞赏，称其为"良史"之作。"梁宝唱撰《名僧传》，慧皎删而改之曰：'高僧以为名者，实之宾也。若实行潜光，高而不名。寡德适时，名而不高。名而不高，非所纪也。'而皎公可谓释氏之良史也。"⑤ 他推崇魏晋僧传的同时，对近世所撰的僧传加以批评，认为这些记载的高僧名不符实。"近世握管记者，鲜闻道德，艺行卓迈为高僧；多其聚徒，结纳延誉为高僧。或世寡贤

---

① （唐）释神清：《北山录》卷四，中华书局2014年校注本，第321页。
② （唐）释神清：《北山录》卷七，中华书局2014年校注本，第587页。
③ （唐）释神清：《北山录》卷七，中华书局2014年校注本，第588页。
④ （唐）释神清：《北山录》卷九，中华书局2014年校注本，第734页。
⑤ （唐）释神清：《北山录》卷六，中华书局2014年校注本，第537页。

良，或搜核不精也。"① 而其中所谓的"近世"者，指的是唐道宣《续高僧传》，他认为此等撰述若流传于世"诚可悲也"②。

其次，他认为僧传应体现佛教的名理和僧人的特点，不可以一味地套用世俗史传的笔法。他猛烈批评道宣采用传统笔法撰写僧传，认为其未能阐明佛教名理。"观乎往所撰者，鲜有正于名理，如《续高僧传》云：'鹦鹉死云灭度；道法徂世，称定中坐化；什公诔言薨；玄奘大舍檥，谓之舍堕。盖流俗浅误，不忌之谈也。'"③ 可见，他认为《续高僧传》过多采用了传统史学的撰述之法，如对待鹦鹉、祖师、高僧等不同死亡，采用不同的称呼，完全效法传统谥法方式，实不可取。

最后，他提倡佛史撰述应去虚言，重实录。所谓："大辩无言，言则导意，意必有归。故洞微而语要，尽词而旨密，于其诬则不书。振世必纪，是谓彝准。于儒老亦然哉！"④ 认为佛家史传也须像儒家一样，有公正的撰史准则。可见，神清已经客观地分析僧传，并将其总结到一个较高的历史撰述理论层次，可谓是唐代佛教史籍编纂的又一个创新。

二 对社会发展、历史人物的总结与批评

中国古代佛教史学肇始于两晋南北朝，发展于隋唐，佛教理论与中国古代史学的结合，构成了佛教僧人认识社会变迁、历史发展的独特视野。一方面，佛教史家运用佛教学说评价历史人物和事件；另一方面，他们将传统史学观点纳入到佛教史籍的撰述中，天命史观、五德论等概念，屡屡在佛教史籍中出现。如，隋代费长房将五德终始说引入佛教理论，用五德终始说阐释世俗社会的发展。又如，唐初法琳引用天命观、五德论阐释社会的发展变化与博弈辩论。⑤ 这些都表明

---

① （唐）释神清：《北山录》卷六，中华书局 2014 年校注本，第 534 页。
② （唐）释神清：《北山录》卷六，中华书局 2014 年校注本，第 534 页。
③ （唐）释神清：《北山录》卷七，中华书局 2014 年校注本，第 580 页。
④ （唐）释神清：《北山录》卷七，中华书局 2014 年校注本，第 582 页。
⑤ （唐）释道宣：《广弘明集》卷一一《辩惑篇》，《大正新修大藏经》，中国台湾财团法人佛陀教育基金会 1990 年影印本，第 52 册，第 160 页。

对传统社会变迁、历史发展的评述与总结成为中国古代佛教史学的一个重要内容。

神清的佛教史学体系也有不少对传统社会发展的总结。他一方面继承了以往佛教史学家对传统社会、历史发展的评价体系；另一方面，他又依据现实环境，或以佛教史观，或以儒家史观，对传统社会发展以及历史人物有着自己独到的评价。正如他自己设定的标准那样，"若乃评今古，谛否臧，不可以尊严称，不可以卑辱废，不可以亲厚党，不可以嫌隙颇"①，虽称不偏不倚，仍心系佛教。

一是神清的天命观。

运用天命观探讨历史事物发展是中国传统史家的一贯做法，无论王朝兴亡、世间治乱，还是人们的祸福寿夭皆由"天"而定，正是对早期中国古代史家运用天命史观考察历史事物发展的最佳证明。早期佛教史家亦受此影响，以天命观来理解传统社会的发展。如慧皎《高僧传》曰："冀州有法称道人，临终语弟子普严云：'嵩高灵神云江东有刘将军应受天命，吾以三十二璧镇金一饼为信，遂彻宋王。'"② 撰者通过法称道人、神灵，表现撰述者对刘宋政权天命神授的认知。

这种天命思想亦被神清继承，他在阐述先民生活状态、社会发展时言："上流有罪，天执其罚。下民之罪，天假其罚。于善者福，亦如之矣。而君子称祸福显乎天命。"③ 其后，他又言："故神农、后稷在人，代天之养也。皋陶甫刑，代天之刑也。成汤、周发，代天之讨也。傅说、邵伯，代天之治也。"④ 可见，在神清看来，决定先民生活、社会发展的主要因素就是"天"，所谓"君子称祸福显乎天命"。

---

① （唐）释神清：《北山录》卷七，中华书局2014年校注本，第584页。
② （梁）释慧皎：《高僧传》卷七，中华书局1992年校注本，第266页。
③ （唐）释神清：《北山录》卷一，中华书局2014年校注本，第27页。
④ （唐）释神清：《北山录》卷一，中华书局2014年校注本，第28页。

神清所言的天命似乎与传统史观中的天命并无多大区分。但实际上，他只是借助了传统史观中"天命"的概念，通过融合了儒家的天命、佛教的天，达到宣传佛教天命的目的。正如他所言："夫有事于圆丘，类乎昊天上帝，飨灵威仰等，礼于日月星辰，斯或大梵王天、帝释、四天王等之事也。"① 故他最后总结道"得非大梵天欤？否者，天之苍苍，无馨无臭，孰为真宰焉。"② 可见，他心中的天，"天命"并非儒家学说中的昊天上帝，而是佛教的大梵天。因此，相比较魏晋佛教的天命观，神清的天命思想更为明确，即借助于传统史观中的天命来宣扬佛教的天命。

二是神清的正统论。

中国古代史学史上，历代史家常有以正统论确定王朝在历史序列中的正统或偏闰位置。这种史学观点也被隋、唐初佛教史家引用，在佛教史籍中表现其对传统社会更替的认识。③

身处唐中期的神清，又是如何看待传统社会的更替？如上所言，传统史学对于中国历史上分裂时期的记载，总跳不出"正闰"观念，或奉南方为正统，或奉北方为正统。费长房《历代三宝记》的"帝年"将魏晋南北朝分裂时期曾有译经事业之国，均依先后编年，未有正闰之分。神清并没有采用费长房的说法，而是采用儒家传统史观来叙述中国历史。"古者三代之正，有所取舍。夏后氏尚黑，建寅为正；殷人尚白，建丑为正；周人尚赤，建子为正。"④ 他先明三代顺充，后继之以秦、汉、魏、两晋、魏承汉代为土德，后"鼎迁于晋"。两晋之后则以南朝为正，北朝为闰，十六国则称伪。但他并未像传统史家一味地崇正抑伪，而是依据德、道来评述。如他称前秦为伪，但又赞其得霸之道，"彼伪符犹愈于真杰，诚可谓得

---

① （唐）释神清：《北山录》卷一，中华书局2014年校注本，第29页。
② （唐）释神清：《北山录》卷一，中华书局2014年校注本，第29页。
③ 如饶宗颐以费长房、道宣为例讨论隋唐佛教史家的正统观，但并未谈及对神清的正统论。饶宗颐：《中国史学上之正统论》，上海远东出版社1996年版，第73—74页。
④ （唐）释神清：《北山录》卷一，中华书局2014年校注本，第73页。

霸之道也"①。可见，神清在对待传统社会历史发展中，有着自己清晰的历史发展观，这种历史发展观的形成与传统史学的强烈影响有着莫大的关联。

三是对历史人物的评价。

传统史观对历史人物的评价多依儒家的伦理道德标准，但神清以佛教史观，或儒家的观点来评价历史人物，亦有自己的特色。

如西周昭王，传统史家对其评价并不高。司马迁曰："昭王之时，王道微缺。昭王南巡狩不返，卒于江上。其卒不赴告，讳之也。《正义帝王·世纪》云：'昭王德衰，南征，济于汉。船人恶之，以胶船进王，王御船至中流，胶液船解，王及祭公俱没于水中而崩。其右辛游靡长臂且多力，游振得王，周人讳之。'"② 认为周昭王当世之时，德衰道缺，死后讳言。但神清对其赞赏有加，认为周昭王是一个承上启下，施无为之治的君王。"夫昭王承文、武、成、康之烈，刑措国治。向能正思无为，谨变乎道而目观其瑞。"③ 这种赞赏的原因在于周昭王二十四年，佛祖降生于西方。"惟周王二十四年甲寅春二月八日，大圣诞于迦维。"④ 所以神清对周昭王的评价才不同于传统史家，他完全是以佛教观点来看待历史人物。

又如，中国历史上，隋炀帝通常被认为是一个弑父杀母的荒淫之君，与桀纣同类，为少见的暴君之一。史官认为隋朝之所以灭亡，实因隋炀帝"淫荒无度"，"自肇有书契，以迄于兹。宇宙崩离，生灵涂炭。丧身灭国，未有若斯之甚也"。⑤ 传统史家对其评价甚低。然而在中国佛教史上，隋炀帝崇奉佛教，与天台宗关系甚密，与高僧智者大师、章安大师来往较密，甚至有佛教护法菩萨之说。这些都影响佛教史家对他的评价。

---

① （唐）释神清：《北山录》卷三，中华书局2014年校注本，第188页。
② 《史记》卷四《周本纪第四》，中华书局1959年标点本，第134—135页。
③ （唐）释神清：《北山录》卷一，中华书局2014年校注本，第46页。
④ （唐）释神清：《北山录》卷一，中华书局2014年校注本，第45页。
⑤ 《隋书》卷四《炀帝纪下》，中华书局1973年标点本，第95—96页。

神清论述隋朝灭亡时，秉持以往佛教史学家的做法，对隋炀帝恶行，避而不谈。他认为这是隋王朝家族内部争斗引起的政权败亡，与隋炀帝个人并无多大关系。"观乎仁寿、开皇，天下大定，亦以善之至也。而智不图远，家爱不减，遂使卜世不永。"①

又如，传统史家评价北魏太武帝曰："世祖聪明雄断，威灵杰立，藉二世之贤。……廓定四表，混一戎华，其为功也大矣。"② 评价可谓较高。但是针对这个曾经实施灭佛政策，对佛教造成极大伤害的北魏太武帝，神清曰："贪夫重利，何顾于君亲？如商臣、蒯聩，无避恶也。拓跋以谮言而杀元子，宇文以猜忌而害家宰。彼尚鲸鲵于骨肉，而岂能仁恕于道德乎？"③ 他认为北魏太武帝是一个贪利无德、无端猜忌之辈，根本不是一个神武君王，对他的评述带有强烈的不满情绪，与传统史家观点亦大相径庭。

再如，崇信佛教的梁武帝，传统史家认为梁武帝之所以亡国，与其溺信佛教有关。"史家曰：（梁武）帝留心俎豆，忘情干戚。溺于释教，弛于刑典。既而帝纪不立，悖逆萌生，……卒至乱亡。"④ 传统史学家对梁武帝溺信佛教，导致国破家亡提出了严厉的批评。但神清认为梁武帝崇信佛教虽过佞，但梁武帝之亡国与佛教无关，而因为"四十五年江表无事，而政刑寡缺，礼乐崩弛，征徭不减，鳏寡无告。君倡臣和，父倡子和，自谓无为致理，高谈治国，遂使侯景伺隙，凭天作威。既丧其身，亦弃其族"⑤。

此外，在评价儒家素以忠闻名的历史人物上，神清亦有诸多评价，如他认为类似伍子胥伏剑自刎，伯夷叔齐饿死不食周粟等事，实在未能理解儒家的真正精神，"斯实滞名害德，失乎中庸之道"⑥。对

---

① （唐）释神清：《北山录》卷三，中华书局2014年校注本，第213页。
② 《魏书》卷四下《帝纪第四下》，中华书局1974年校注本，第109页。
③ （唐）释神清：《北山录》卷五，中华书局2014年校注本，第404页。
④ 《南史》卷七《梁本纪中第七》，中华书局1975年校注本，第226页。
⑤ （唐）释神清：《北山录》卷五，中华书局2014年校注本，第413页。
⑥ （唐）释神清：《北山录》卷八，中华书局2014年校注本，第648页。

这种愚忠的行为，提出了强烈的批评，这种评价亦与传统史家大为不同，在当时儒家思想一统天下的大环境下，亦属难能可贵。

从上可见，神清对历史发展和人物评价有着自己独特的观点和方法。他的史学评价体系的核心就是以佛教事宜为中心，有利于佛教发展的，就加以褒奖，有悖于佛教发展的，就加以批评。但是他并没有直白的运用佛教思想来评价传统历史的发展，而是在借助传统史学概念的外衣下，融合儒、释相同的名词概念，混淆其内涵，将佛教思想渗透到他的史学评价中。他对天命观的理解，他对梁武帝，北魏太武帝的评价，虽有失客观，但他结合儒家学说与佛教史观评价历史发展、人物功过，总结历史发展的社会规律，却为后人对历史的认识提出了一个新视角，在中国佛教史学批评史上占有重要的历史地位。

三 神清佛教史学批评的思想内核

为什么神清无论是评述佛教发展史、宗派变化，还是文献撰述，抑或是总结社会发展、历史人物，都有强烈的史学批评精神？他的史学批评既有佛教之观念，又具有传统史学的思想，另类于传统史学的评述，其背后则是以儒释融汇的思想为内在的核心，也是他展现不同佛教史学批评风格的主要原因之一。

首先，他荟萃儒家、道家、杂家、传统史学、释家思想于一体，思想最终内核仍是以儒释融汇为主。

儒佛一家，二者具有共同本质，是神清整个思想体系中一个主要观点，也是他融汇儒、道、释各种思想的前提。他在《北山录》开篇中利用宾客问答的形式，从佛、儒不同角度解释天地始生的原理，证明二者共同存在的合理性。他先用儒家理论解释天地始："易有太极，是生两仪。厥初未兆，冯冯翼翼。颙颙洞洞，清浊一理，混沌无象，殆元气鸿蒙，萌芽资始，粤若盘古生乎其中。"[①] 论述盘古开天地，创

---

① （唐）释神清：《北山录》卷一，中华书局2014年校注本，第1页。

万物之事。① 继而，他又论述佛教的天地始生论。"前劫既坏，天地已空。空而复成，此劫方始。是时空有微风，风渐乎烈。……大云升空，降雨如轴。……为宝石，为山海，为土地，为宫室，……日月星辰从兹见矣。"② 神清用佛教因果轮转的理论阐述天地万物形成，认为万物之形成，皆由"劫"的交替运动而产生。在此基础上，他认识到："天地无穷，品物流形，孰为六合之外哉？"③ 他认为："儒衣、缁衣各理其优。……释宗以因果，老氏以虚无，仲尼以礼乐，……各适当时之器，相资为美。"④ 儒衣、缁衣，即指儒家与佛教，他认为儒家与佛教、道教三者都有其各自的特点，三者应该适应当时社会环境，互相交融合汇。

在性命说与因果业报的讨论中，神清展现了儒释融汇的精神内核。性命说是儒家学说核心理论之一。《礼记·中庸》首章曰："天命之谓性，率性之谓道，修道之谓教。"因果业报则为佛教的一个主要思想。在《三报论》中，慧远引佛经称："业有三报：一曰现报，二曰生报，三曰后报。现报者，善恶始于此身，即此身受；生报者，来生便生；后报者，或经二生、三生、百生、千生，来生乃受。"⑤ 所谓有因必有果，有果必有因。这两种思想的融合与互辩很早就在儒佛中展开了，如慧远因果业报理论中，引入"性命自然，性分夙定"等儒家之说，但他又都视其为前生所定之业，今生之自然，从而被因果报应论融摄。⑥

神清虽然把性命说与因果业报联系在一起，但他认为运动产生

---

① 儒家关于天地始生的学说较多，盘古开创万物之说为东汉儒家所创，而神清为何取这个传说来作为儒家天地始生的理论？此或与印度古经典《黎俱吠陀》所载宇宙间包括人类在内的万物都由大人所创造说有关（王晖：《盘古考源》，《历史研究》2002年第2期）。可见，即便神清论述儒家理论，也尽量与佛教产生关系。
② （唐）释神清：《北山录》卷一，中华书局2014年校注本，第9页。
③ （唐）释神清：《北山录》卷一，中华书局2014年校注本，第36页。
④ （唐）释神清：《北山录》卷一，中华书局2014年校注本，第39页。
⑤ （梁）释僧祐：《弘明集》卷五《三报论》，上海古籍出版社2013年校注本，第288页。
⑥ 王月清：《中国佛教伦理研究》，南京大学出版社1999年版，第40—41页。

业，然后业再产生善恶、性命。"夫业者，生乎运动者也。动有违顺，成乎善恶，善恶钟乎报施，然后有性命穷通生焉。"① 认为是天地之运动才是产生业、性命的源头。他对儒家的"天命之谓性"提出批评，认为："必若弗假乎业，而受命惟天，则何天道之赋命，而不均其厚薄？"② 继而他认为："机运之业，有于轻重。而性命之报，有于今后。"③ 认为今世之命皆由往世所定，来世之命皆由今世所定，以此解释儒家"天道之赋命，而有其厚薄"。用佛教学说来释儒家的性命说，儒释融汇的思想来融合性命说与因果说，其心昭然若揭。

简言之，神清儒释融汇思想在一些基本观点上继承前人，如皆圣论，但也有其创新之处，如注意与当时唐代政治环境相结合，较早地提出戒与孝的关系。又如，他进一步阐述性命说与因果业报关系，提出与前人不同的看法。这些都是神清基于佛教理论与社会环境的独到思考，对唐宋佛教思想发展有一定的影响，亦是其佛教史学批评思想产生的重要理论来源。

其次，早期佛教史学批评精神与传统史学批评之双重影响是形成神清佛教史学批评思想的又一因素。

中国佛教史学批评在印度佛教文献与传统史学批评的双重影响下产生。印度佛经中，佛祖偈颂无所不在。《高僧传》卷二曰："天竺国俗，甚重文制，其宫商体韵，以入弦为善。凡觐国王，必有赞德，见佛之仪，以歌叹为贵，经中偈颂，皆其式也。"④ 这种偈颂或便于记忆，或是总结讲过内容，或是采用散文叙事，或是采用传记讲述，形式内容多不固定，偈颂内涵中并没有史学批评或总结的意识。

---

① （唐）释神清：《北山录》卷八，中华书局2014年校注本，第621页。
② （唐）释神清：《北山录》卷八，中华书局2014年校注本，第621页。
③ （唐）释神清：《北山录》卷八，中华书局2014年校注本，第621页。
④ （梁）释慧皎：《高僧传》卷二，中华书局1992年校注本，第53页。

第二章　隋唐佛教史学批评

将印度佛教的偈颂外在形式融合进史学批评灵魂的则是中国传统史学批评思想的影响，如《左传》"君子曰"，《史记》中"太史公曰"，《汉书》"赞曰"等。这些"论赞"形式的评论既可用于补充史事、评论人物，又可抒发作者的史学批评情感，是中国史学较早的史学批评思想的肇始。

佛教进入中土后，出现了许多高僧大德，他们创建寺院、翻译佛经、制定礼仪，对佛教在中国发展作出了巨大贡献，为了纪念这些僧众，史学家将这些僧人的生平事迹、宗教活动记载下来，并借用传统史学的形式对佛教发展、僧人史事做评述。如慧皎《高僧传》分为十类，每类之后，撰述者皆对这一类涉及的佛教史事与僧人评述。这些都是早期中国佛教史学批评的体现，也是神清佛教史学批评思想产生的一个主要来源。

再次，唐代三教融汇思想的繁盛以及传统史学与佛教史学进一步合融的形成是神清史学批评思想产生的又一个当代因子。

儒学为唐朝治国之本，唐高祖建国伊始，就立儒学为治国之策，"朕君临区宇，兴化崇儒"，[1] 设立国子学，下令立周公和孔子庙一并祭典。唐太宗也标榜以儒家仁义治国，常言"为国之道，必抚之以仁义"[2]。后代唐朝皇帝皆以此为治国之本。佛教较早为李唐皇室信用。如高祖早年信佛法，尝为李世民祈疾造像。[3] 太宗、高宗、玄宗、代宗等也都相当重视、信仰佛教。至于偏重佛教，还是偏重道教，各代又有不同。总的看来，唐代采取了三教融汇，即以儒家为主，佛道为辅的政策，此为唐代佛教、神清儒释融合思想及史学批评思想形成的重要外在环境。

---

[1] （唐）李渊：《令国子学立周公孔子庙诏》，（清）董皓《全唐文》卷一，中华书局1983年版，第25页。

[2] （唐）吴兢：《贞观政要》卷五《仁义第十三》，上海古籍出版社1978年版，第149页。

[3] （唐）释道世：《法苑珠林》卷三八，《大正新修大藏经》，中国台湾财团法人佛陀教育基金会1990年影印本，第53册，第586页。

唐代是佛教发展的繁盛时期，它不仅表现在佛经的翻译、僧人的西行求法运动和儒、释、道的三教合融等方面，大量佛教史籍的出现也是一项重要内容。僧传是隋唐佛教史籍编撰的重点。僧人传记就约有三四十部之多，如彦琮《法琳别传》、慧立《慈恩寺玄奘法师传》、道宣《续高僧传》等。① 经录体有《开元释教录》《大唐内典录》等，志乘体有慧祥《古清凉传》、神邕《天台地志》、彦琮《大唐京寺录传》等。在佛教史学批评上，唐代佛教史家继承魏晋的同时，佛教史学批评的内涵、内容与外在形式等多方面又呈现新的气象。如道宣继承《高僧传》撰述风格，编纂《续高僧传》。"始岠梁之初运，终唐贞观十有九年，一百四十四载，包括岳渎，历访华夷，正传三百三十一人，附见一百六十人。序而申之，大为十例：一曰译经，二曰解义，三曰习禅，四曰明律，五曰护法，六曰感通，七曰遗身，八曰读诵，九曰兴福，十曰杂科。凡此十条，世罕兼美。"② 而其最为得意者，"随篇拟伦，自前传所叙，通例已颁，回互抑扬，实遵弘捡"③。可见，《续高僧传》对前代僧传有继承，又有创新，表现在佛教史学批评更为突出。他借用传统史学的避讳方法，来撰述不同高僧大德死亡的态度。再如，他对佛教发展、人物品评、宗派发展、社会更替等内容多有评述。如他总结前代翻译，品评翻译僧众言："观夫翻译之功，诚远大矣，前录所载，无得称焉。斯何故耶？……所以列代贤圣，祖述弘导之风；奉信贤明，宪章翻译之意。"④ 其中对前代高僧大德的翻译之功大为赞赏。类似这种史学评述在《续高僧传》《清凉山志》等唐代佛教史籍随处可见。可见，唐代佛教史学批评的发展又上一层次，此亦为神清佛教史学批评思想形成的又一因子。

概言之，唐僧神清的佛教史学批评一方面有其可取之处，如他能

---

① 汤用彤：《隋唐佛教史稿》，中华书局1982年版，第93页。
② （唐）释道宣：《续高僧传》序，中华书局2014年校注本，第2页。
③ （唐）释道宣：《续高僧传》序，中华书局2014年校注本，第3页。
④ （唐）释道宣：《续高僧传》卷四，中华书局2014年校注本，第138页。

较客观地分析佛教发展史，对汉唐佛教发展做出较中肯的总结。如他注意佛教文献偏撰实践，提取理论。又如他不失时机地把佛教、儒家、道家与当时的社会环境相结合，进一步发展三教融合的思想。这些都是其佛教史学批评的闪光点，这些对宋明佛教史学的发展有一定的影响。另一方面，由于受到佛教思想的影响，神清评论历史人物与文献时，宗教色彩较浓厚，多以佛教利益为其出发点，如评价梁武帝、北魏太武帝时，以是否对佛教发展有功过作为其评述的标准，这些在一定程度上展现了其佛教至上的史学评述。但总的来说，神清佛教史学批评思想是唐代三教融合思想的大环境，魏晋、唐代佛教史学进一步发展小环境以及儒释思想融合在史学批评层面上的最终体现，也是中古佛教史学发展的又一个缩影。

第三章 宋元佛教史学批评

随着社会经济文化的发展、禅宗兴盛等佛教新变化因素的影响，宋代佛教史学也随之发展，成为中国佛教史学发展的黄金时期，具体表现有四个方面。[①]

首先，产生《佛祖统纪》《释门正统》《景德传灯录》《大慧普觉禅师年谱》等一批佛教史籍，创建纪传体、灯录体、年谱体新体裁，丰富了中国佛教史籍的内容。如灯录萌芽于南北朝，雏形于隋唐五代，出现《宝林传》《续宝林传》等书。[②] 宋景德年间，僧道原"披奕世之祖图，采诸方之语录，次序其源派，错综其辞句……校岁历以愆殊，约史籍而差谬，咸用删去"[③]，编撰《景德传灯录》。其后有《嘉泰普灯录》《天圣广灯录》《五灯会元》等续作，形成宋代灯录之盛。

其次，宋代佛教史家在传统史书、佛教史籍的基础上，改造编年体、僧传、志乘体等一些旧体裁，使之更适应两宋文化、佛教变化，重新焕发了活力。如编年体的时间上限，宋代佛教史家或是采用两晋南北朝、隋唐时较为流行的周昭王二十四年甲寅佛圣人释迦牟尼诞生日为撰述时间的上限。如僧本觉《释氏通鉴》以东汉明帝永平七年佛

[①] 宋代佛教史学具体情况参见曹刚华《宋代佛教史籍研究》（华东师范大学出版社2006年版），不赘言。

[②] 苏渊雷：《灯录与〈五灯会元〉》，（宋）释普济编集《五灯会元》，中华书局1984年校注本，第1412页。

[③] （宋）释道原：《景德传灯录》，上海书店出版社2010年译注本，第2466页。

教传入中土为记时的上限；僧祖琇《隆兴编年通论》将佛教记时与编年体融合在一起，形成编年体佛教史籍的特色。

再次，由于受到传统史学影响，避讳、曲笔与直书、记事详略、语言繁简等传统史书的编撰体例与佛教史事相结合，被运用到宋代佛教史籍编撰，形成了宋代佛教史籍特有的编撰风格。如宋代佛教史家坚持撰述史书要做到秉笔直书，求事实之真。因此，《佛祖统纪》既有许多高僧大德的高尚事迹，也有类似"筠州沙门惠洪坐交宰相张商英、节度使郭天信被流放流崖州"等佛门不屑的丑事记载。①《宋高僧传》也将求事实之真、追求实录精神作为撰述目标。这些表明，追求实录精神撰述史籍，已经成为宋代佛教史学界的一种风气。

最后，在佛教史观与史学思想方面，宋代佛教史家也达到了较高的水准。宋代佛教史观有两个特点。一是继承并发扬魏晋隋唐以来佛教史观的传统，诸如因果报应论、天命观等魏晋、隋唐佛教史家重视的命题在宋代佛教史籍也有所反映。二是随着宋代传统史学、理学思想的新发展，宋代佛教史观也受到影响，表现出时代的烙印，诸如天命史观、人事观、王霸史观、正统史观、皇极、"心"与"气"等理学家经常探讨的命题也被宋代佛教史学家使用。宋僧志磐、赞宁、惠洪等都有自己独到的史观，这些都表明宋代佛教史家对佛教发展、社会变迁内在原因的理解达到一个新的高度。

史学批评上，宋代佛教史家撰述佛教史籍时也有自己的认识，相对魏晋、隋唐来说，批评的内在主动性更多一些。诸如撰述史书的目的是什么？史书的功能是什么？怎样才是一部好的史书？如何正确处理史料？诸如此类的问题更为两宋佛教史家注意，探讨范围逐渐扩大，认识不断深化。如僧志磐讨论信史曰："有一代君臣，必有一代之史，……尧舜之德必书，跖蹻之行必书，天时人事，善恶臧否，莫

---

① （宋）释志磐：《佛祖统纪》卷四六，《大正新修大藏经》，中国台湾财团法人佛陀教育基金会1990年版，第49册，第419页。

不毕录。有可法，有可诫，谓之信史。"[1] 他认为史书撰写应该善恶必书，类似尧舜的美德善行要记载，如跖跃之恶行也要记录，这才是可信之史。此外，宋代佛教史家更注重史学批评，史料的来源与考订，强调引文的规范性等问题，这些史学批评思想都表明宋代佛教史家整体水平的提高，史学的自觉意识的增强。

可以说，宋代佛教史学继承魏晋、隋唐佛教史籍优秀传统、创新自己的同时，在史学批评理论的高度上再次刷新了过往史家对史学的认识，禅宗出现、印刷术流行、私家目录繁盛等促使宋代佛教史家有新的史学撰述和思考，宋代佛教史学批评理论亦随之达到新高度。

第一节 继承与变革：北宋僧传的沿袭与变革

僧传是宋代佛教史学继承与变革的混合体。一方面，史家继承魏晋隋唐僧传的优良传统，"或案诔铭，或徵志记，或问辖轩之使者，或询耆旧之先民"[2]，继承严谨的撰史作风；另一方面，随着时代与社会新变化的出现，僧传在发展中演变，或是对传统僧传有所改变，或是完全否定传统僧传构思，另起炉灶，撰写符合两宋佛教发展的僧人传记。这些都代表了两宋僧传发展的新方向，体现了宋代佛教史家对僧传提出新的要求和批评。

一 赞宁《宋高僧传》的佛教史学批评

赞宁是北宋初著名高僧，也是佛教史家。俗姓高，浙江德清人，出家余杭祥符寺，后居灵隐寺。博物通学，贯通三教，称为"律虎"，后为两浙僧统。宋太宗赐号为通慧大师，著有《宋高僧传》《三教圣贤事迹》《大宋僧史略》《物类相感志》等。学术界对赞宁及撰述研

---

[1] （宋）释志磐：《佛祖统纪》卷三八，《大正新修大藏经》，中国台湾财团法人佛陀教育基金会1990年版，第49册，第356页。
[2] （宋）释赞宁：《宋高僧传》卷首，中华书局1987年校注本，第2页。

究成果颇丰，但从史学批评角度探讨其如何褒贬佛教史学仍有研究空间。①

（一）对僧传体例的延续与变化

北宋太平兴国七年，赞宁受敕编撰《宋高僧传》，"循十科之旧例，辑万行之新名。或案谏铭，或征志记，或问輶轩之使者，或询耆旧之先民，研磨将经论略同，雠校与史书悬合，勒成三帙"②。所谓"循十科之旧例，辑万行之新名"意即延续慧皎《高僧传》的十科分类法，撰述唐贞观到宋初数百年之间佛教僧众的新状况。为什么《宋高僧传》延续旧的十科分类法？这是赞宁平衡北宋初期官方佛教政策、佛教宗派发展、僧传发展以及个人兴趣的产物。

首先，继承十科分类法是赞宁撰述僧传的较佳选择。《高僧传》是魏晋僧传的大成者，撰者针对僧传弊病，首创译经、义解、神异、习禅等十门分类法，每门之后都系以评论，义例甄著，结构合理，对后世僧传影响深远。唐僧道宣《续高僧传》仿效此书，采取十门分类法，不同的是，他改神异为感通，增加护法类，经师与唱导合并为杂科，每门后系之以议论。这样既突出译经、义解、习禅、护法五科地位，又突出腾虚显奇、飞光吐瑞等神力变化和种种感应事迹的渲染，有益于加强世俗与佛教的关系。但此后，僧人单传屡见不鲜，总结性僧传渐缺。"爰自贞观命章之后，西明绝笔已还，此作（僧传）蔑闻，斯文将缺。"③ 故赞宁撰述僧传时，只有十科分类体例可以借鉴。

其次，十科分类较好反映北宋初官方对佛教的重视与佛教各宗派发展状况。《宋高僧传》是官方修撰，赞扬官方是赞宁撰述该书的一个重要内容。宋太祖鉴于周世宗限制佛教，给予佛教一定打击，影响

---

① 李剑亮：《〈宋高僧传〉的文学史料价值》，《杭州大学学报》（哲学社会科学版）1994 年第 1 期；金建锋：《释赞宁〈宋高僧传〉研究》，中国社会科学出版社 2014 年版；杨志飞：《赞宁〈宋高僧传〉研究》，巴蜀书社 2014 年版；李亚男：《赞宁〈大宋僧史略〉研究》，华东师范大学 2012 年博士学位论文；等等。
② （宋）释赞宁：《宋高僧传》卷首，中华书局 1987 年校注本，第 2 页。
③ （宋）释赞宁：《宋高僧传》卷首，中华书局 1987 年校注本，第 1 页。

许多地区安定，下令停止毁佛，普渡行童八千人，以重兴佛教作为稳定北方局势和取得南方吴越等信佛诸国民众拥戴的重要措施。官方邀请赞宁编撰《宋高僧传》是南方佛教与宋王朝相互支持采取的文化措施之一。正如赞宁所言："伏惟应运统天睿文英武大圣至明广孝皇帝陛下，神龙在天，爱日升上，土疆开辟，四夷请吏而贡琛，时律均和，百谷登敖而栖亩，耕籍田而又劝，……自古及今，青史载千年之应。斯盖陛下来从不动之地，示为长寿之王。"[1] 对宋太祖不乏吹捧之词。

此外，译经是北宋初官方十分重视的一项活动。《大宋僧史略》卷上曰："大宋太平兴国七年，有诏立译经院于东京太平兴国寺之西偏，聚三藏天息灾等梵僧数员，及选两街明义学僧同译新经，译经之务，大宋中兴也。"《大中祥符法宝录》卷三亦曰："大宋太平兴国七年，译成经三卷，……（太宗）命使臣以院之东西堂各建殿宇，东安佛像，西置经藏。"[2] 翻译完成之后，官方对参与翻译的人员、机构也有奖励。如太宗时，译经三藏天息灾、法天、施护担任试光禄卿。僧天息灾上呈译经后，太宗"临幸译筵，亲加慰谕，命天息灾等坐，赐茶，仍出缣帛及受用物等面赐之"[3]。可以说，《宋高僧传》编撰正是北宋大兴译经之时。赞宁《宋高僧传·译经论》大赞道："迨我皇帝临大宝之五载，有河中府传显密教沙门法进请西域三藏法天译经于蒲津，州府官表进，上览大悦，各赐紫衣，因敕造译经院于太平兴国寺之西偏。续敕搜购天下梵夹，有梵僧法护、施护同参其务，左街僧录智照大师慧温证义。……御制新译经序，冠于经首。观其佛日重光，法轮发轫，赤玉箱而启秘，青莲朵以开芳，圣感如然，前代孰堪比

---

[1] （宋）释赞宁：《宋高僧传》卷首，中华书局1987年校注本，第1页。
[2] （宋）杨亿等编《大中祥符法宝录》卷三，《赵城金藏》，北京图书馆出版社2008年版，第679—683页。
[3] （宋）杨亿等编《大中祥符法宝录》卷三，《赵城金藏》，北京图书馆出版社2008年版，第683页。

也。"① 认为北宋译经史无可比，虽言过其词，亦可见北宋译经之盛。

译经为首除了与官方重视相契合，与赞宁的理念相同。"良由译经是佛法之本，本立则道生。其道所生，唯生释子，是以此篇冠首。故曰先王将营海，必先有事于河者，示不忘本也。"② 他认为译经是佛法之本，为佛教发展的重中之重，与慧皎、道宣十科分类法重视译经的观点一贯相承。

又次，北宋初期的佛教并不是禅宗一家独大，唐末五代以来各家并展，其他各派没有完全衰弱，尤其吴越佛教以江浙地区为中心，出现了天台宗、华严宗、律宗和净土宗的中兴局面。③ 吴越国王派遣使者访问高丽，带来了天台宗典籍，复兴天台宗。④ 律宗在杭州再次复兴，出现周秀、道恒、省躬、慧正、玄畅、赞宁等律师，继承律宗法脉。可以说，北宋初期"佛教内部出现了各派学说融合发展的局面，其广度和深度是前所未有的"⑤。故若从唐贞观至北宋初长时段佛教发展而言，十门分类仍是一个适用范围广、较客观的方法，使用十门分类法收录佛教各宗派中的高僧，对唐代至宋初佛教界也是一次较完整梳理。

再次，赞宁个人的知识背景和兴趣也是延续十科分类法一个因素。赞宁生于后梁贞明五年（919年），卒于宋真宗咸平四年（1001年）。北宋王禹偁《右街僧录通惠大师文集序》曰："世姓高氏，法名赞宁，其先渤海人，隋末徙居吴兴郡之德清县。祖玥，考审，皆隐德不仕，母周氏，以唐天祐十六年岁在己卯某月某日，生大师于金鹅山别墅，时梁贞明七年也。武肃王钱某专制江浙，后唐天成中出家。清泰初，入天台山受具足戒，习四分律，通南山律。长兴三年武肃王

---

① （宋）释赞宁：《宋高僧传》卷三，中华书局1987年校注本，第57—58页。
② （宋）释赞宁：《宋高僧传》卷三，中华书局1987年校注本，第58页。
③ 魏道儒：《中华佛教史·宋元明清佛教史卷》，山西教育出版社2013年版，第45页。
④ ［日］镰田茂雄：《简明中国佛教史》，郑彭年译，华宇出版社1987年版，第268页。
⑤ 魏道儒：《中华佛教史·宋元明清佛教史卷》，山西教育出版社2013年版，第46页。

薨，文穆王讳嗣位，大师声望日隆，文学益茂。"① 可见，赞宁精通儒佛，他的佛学知识和背景多出自天台宗、律宗，"大师多毗尼著述，谓之律虎"②。慧皎是义学僧，撰有《涅槃义疏》《梵网经疏》等。道宣是佛教南山律宗开山之祖。无论从义学、律学的相同背景，还是从僧传撰述的传承来说，赞宁个人兴趣偏向于《高僧传》《续高僧传》旧例亦属自然。正如他总结三个僧传之间关系言："前代诸家，或云僧传、僧史、记录，乃题号不一，亦声迹有殊。至梁沙门慧皎云《高僧传》，盖取高而不名者也。则开其德业，文为十科，见于传内。厥后有唐《续高僧传》，仿仰梁之大体而以成之。洎乎皇朝《大宋高僧传》之作也，清风载扬，盛业不坠。"③ 他认为《宋高僧传》与《高僧传》《续高僧传》三者一脉相承，延续前人之风，发扬光大僧传是一种责任和义务，延续十科分类法实属允当。惠洪曾批评赞宁《宋高僧传》曰："用十科为品流，以义学冠之，已可笑。"④ 这种评述的出发点本身就有问题，惠洪没有对北宋初佛教的发展状况以及赞宁知识背景有较客观的认识。

尽管体例上延续十科分类法，但在其他方面，赞宁根据大环境做出不同变化。如在著录僧人标准上，他认为《续高僧传》的杂科有偏差。"终南释氏观览此题（《杂科篇》），得在乎歌赞表宣，失在乎兼才别德也。譬若别均天分，重赋全才，……于是建立《杂篇》，包藏众德，何止声表？无所不容。"⑤ 又如，在议论体例上，《宋高僧传》仿效以往僧传的做法，每门题下有注，末尾有论，提纲挈领总括一篇大旨，但不同的是一些人物传记后，附有"系""通"，作为对所载人物和事的评论，抒发撰者的感情，则是前代僧传所未有。"矧复逐

---

① （宋）王禹偁：《小畜集》卷二〇，上海商务印书馆1937年版，第281—283页。
② （宋）王禹偁：《小畜集》卷二〇，上海商务印书馆1937年版，第282页。
③ （宋）释赞宁：《宋高僧传》卷三〇，中华书局1987年校注本，第759页。
④ （宋）释惠洪：《林间录》卷上，大象出版社2019年校注本，第82页。
⑤ （宋）释赞宁：《宋高僧传》卷三〇，中华书局1987年校注本，第757页。

科尽处，象史论以摅辞；因事言时，为传家之系断。"① 这种议论形式多样灵活，数量较多，不拘泥于固定体例，陈垣认为"系者法《张衡赋》，通者法《白虎通》，此与《续传》不同者也"②。此言甚是，《宋高僧传》多好议论在宋初较为常见，宋代传记文学由于受到社会政治、文化气息的影响，内容上多忧患意识，尤其好发议论。③ 而《宋高僧传》撰写于北宋初期，赞宁又是南方王朝归顺的僧人，受到时局情势的影响尤为强烈，借"系""通"来阐述自己的感受亦属正常。这种议论体例无论是在形式，还是在内容上都对传统僧传有所变化，更多丰富撰者的生活情感、人生体验和哲理思考。

（二）对佛教史家、史著的评述

赞宁是一个传统佛教史家，他理解的僧传还是传统记言、记行的僧传。他对历代佛史撰述充满敬意与赞赏，尤其具有通史性的总传更是赞赏有加。"言与行而可观，槃兼舣而争录。是以王巾《僧史》，孙绰《道贤》，摹列传以周流，象世家而布濩，盖欲希颜之者，慕蔺之俦，成飞锡之应真，作曳山之上士。时则裴子野著《众僧传》，释法济撰《高逸沙门传》，陆杲述《沙门传》，释宝唱立《名僧传》，斯皆河图作《洪范》之椎轮，土鼓为《咸池》之坏器。焉知来者，靡旷其人。慧皎刊修，用实行潜光之目；道宣缉缀，续高而不名之风，令六百载行道之人弗坠于地者矣。"④ 魏晋南北朝的僧传较多，单传、类传、总传皆有，但赞宁褒奖的僧传都是总传，这与其注重通史意识分不开。他曾言："吾徒通达，无相夺伦，譬若文武是一人之艺，不能兼者，互相非斥耳。若相推重，佛法增明。"⑤ 这种"通达"意识表现在史学就是重视"通史"撰述。无论《僧史略》，还是《宋高僧传》都是其通史思想下的产物。

---

① （宋）释赞宁：《宋高僧传》卷首，中华书局1987年校注本，第2页。
② 陈垣：《中国佛教史籍概论》，上海书店出版社2005年版，第32页。
③ 陈兰村：《中国传记文学发展史》，语文出版社1999年版，第227页。
④ （宋）释赞宁：《宋高僧传》卷首，中华书局1987年校注本，第1页。
⑤ （宋）释赞宁：《宋高僧传》卷一三，中华书局1987年校注本，第320页。

赞宁对总传有不同评述，他对裴子野《众僧传》、法济《高逸沙门传》、陆杲《沙门传》、宝唱《名僧传》的评价最高，将之比拟于《河图》与《洪范》之间关系，赞扬其开创之功。具体用词上，赞宁十分讲究。他评述裴子野《众僧传》、释法济《高逸沙门传》为"著""撰"。意即著述、撰述之意，指作者不借用别人的史料或记述，而根据亲身搜集来的文献，按照一定的体裁体例，组织撰写，具有自己独特的学术观点，原创性较强。《宋书·百官志下》曰："汉东京图籍在东观，故使名儒硕学，著作东观，撰述国史。"他评价"陆杲述《沙门传》"。述即孔子所言的"述说不作"，司马迁谓"述故事整齐，其世传非所谓作也"。① 东汉王充亦曾言："非述，非作，论也。"三者"述"的意思与陆杲述《沙门传》意思相同，皆为叙述一事之完整，不做评论。

赞宁评价最高的还是宝唱《名僧传》。他评价其为"立"。立者，树立标准，具有引领作用。从《名僧传》的立意和体例以及对后世影响来看，确实起到引领示范之用。赞宁评其为"立"，实属妥当。赞宁评价慧皎刊修"用实行潜光之目"。赞扬慧皎以《名僧传》为基础，改名为高。"自前代所撰，多曰名僧。然名者，本实之宾也。若实行潜光，则高而不名，寡德适时，则名而不高，名而不高，本非所纪，高而不名，则备今录。故省名音，代以高字。"② 可以说，赞宁对魏晋南北朝佛教史家多持肯定态度，特别注重有两人，一为裴子野，一为宝唱。赞宁评价裴子野《众僧传》为著，赞赏其亲身搜集文献，按照通史意识撰写《众僧传》。不仅如此，赞宁还仿效裴子野《宋略》撰述《大宋僧史略》。"（赞宁）以太平兴国初，叠奉诏旨，《高僧传》外，别修僧史。及进育王塔，乘驲到阙，敕居东寺，披览多暇，遂树立门题，搜求事类，始乎佛生，教法流衍，至于三宝住持，诸务事始，一皆隐括，约成三卷，号《僧史略》焉。盖取裴子野《宋

---

① 《史记》卷一三〇《太史公自序》，中华书局1982年标点本，第3299—3300页。
② （梁）释慧皎：《高僧传》卷一四，中华书局1992年校注本，第523页。

略》为目。"① 赞赏宝唱主要褒奖其撰述《名僧传》的开创之功,为后世典范。

赞宁欣赏的唐代佛教史家有道宣、玄奘、义净,尤其是道宣。赞宁对其史学评价是:"道宣缉缀,续高而不名之风,令六百载行道之人弗坠于地者矣。"缉缀是编辑缀合之意。指收集、汇集、摘录有关的资料或著作,编成文献。辑是收集、汇集意思,缀是连接、融汇之意。这种编撰方式相较著述而言略低一等,但其功劳更多在于"令六百载行道之人弗坠于地者矣"。肯定《续高僧传》的传承之功,这也是赞宁对道宣续撰赞赏较高的主要原因。他对玄奘、义净的评述着眼于其翻译、西行之功,而非史著。"自汉至今皇宋,翻译之人多矣。……二类之人未为尽善。东僧往西,学尽梵书,解尽佛意,始可称善传译者。宋齐已还,不无去彼回者,若入境观风必闻其政者,奘师、净师为得其实。此二师者两全通达,其犹见玺文知是天子之书,可信也。《周礼》象胥氏通夷狄之言,净之才智,可谓释门之象胥也欤!"② 赞赏二人在佛经翻译上的巨大贡献,尤其对义净的翻译贡献更赞赏有加,却较少评述二人撰述的《大唐西域记》《南海寄归内法传》《大唐西域求法高僧传》。

(三) 赞宁评述佛教史家、史著的内在准则

与过往佛教史家相同的是,作为僧人,赞宁评价任何事情的立场还是首先以佛教为出发点。他认为所有佛史应以佛教为先。他撰述《宋僧史略》《宋高僧传》目的皆如此。正如他在《大宋僧史略》说:"夫僧本无史,观乎《弘明》二集,可非记言耶?……原彼东汉,至于我朝,仅一千年,教法污隆,淄徒出没,富哉事迹,繁矣言诠!蕴结藏中,……始乎佛生,教法流行,至于三宝主持,诸务事始,一皆隐括。"③ 明确指出佛教史籍重在记载显示佛教大法流传的史事。《宋

---

① (宋)释赞宁:《大宋僧史略》卷首,中华书局2015年校注本,第1页。
② (宋)释赞宁:《宋高僧传》卷一,中华书局1987年校注本,第3—4页。
③ (宋)释赞宁:《大宋僧史略》卷首,中华书局2015年校注本,第1页。

高僧传》亦是以弘扬佛教大法流传,颂赞佛教高僧大德、佛教大事为中心。他在《宋高僧传》亦以佛教因果报应解释蔡邕、张衡、智威、徐陵之间的关系。"蔡邕是张衡后身,智威本徐陵前事,验皆昭晰,理且弗虚。"① 可见,佛教教义,为佛教先,是其评述的首要标准。

但与其他佛教史家不同的是,赞宁更注重将传统史学概念作为评述的标准。赞宁的佛教史学撰述受到传统史学影响甚大,无论是《大宋僧史略》受到裴子野《宋略》影响,还是《宋高僧传》通篇评述"系者法《张衡赋》,通者法《白虎通》"② 的做法,都表现这一点,故其史学评述的出发点,亦多从传统史学角度出发。

首先,赞宁非常重视史料来源的真实性、广泛性,《宋高僧传》史料取材涉及儒家经史子集,佛教经典、碑志行状等。"或案诔铭,或征志记,或问辖轩之使者,或询耆旧之先民,研磨将经论略同,雠校与史书悬合。"③ 阐明他严谨的史料观。在他看来,小说也可能具有史料真实性。"或曰:'淮西之役,《唐书》胡弗载隐峰飞锡解阵邪?'通曰:'小说所传,或得其实。是故《春秋》一经,五家作传,可得同乎?'"④

其次,赞宁将求事之真、追求实录作为自己撰述目标。"系曰:'彻公言行,无乃太简乎?'通曰:'繁略有据,名实录也。昔太史公可弗欲广三五之世事耶?盖唐虞之前,史氏淳略,后世何述焉?今不遂富赡,职由此也。又与弗来赴告不书同也,诸有繁略不均,必祛诮让焉。'"⑤ 可见,赞宁十分注重史书实录,但他又从语言繁简的角度上提出更高的要求,认为实录并没有繁略之分,只要言之有据,皆是实录。故他十分推崇先秦史家董狐。"慨兹释侣,代有其人,思景行之莫闻,实纪录之弥旷。臣等谬膺良选,俱乏史才,空门不出于董

---

① (宋)释赞宁:《宋高僧传》卷一八,中华书局1987年校注本,第464页。
② 陈垣:《中国佛教史籍概论》,上海书店出版社2005年版,第30页。
③ (宋)释赞宁:《宋高僧传》卷首,中华书局1987年校注本,第2页。
④ (宋)释赞宁:《宋高僧传》卷二一,中华书局1987年校注本,第548页。
⑤ (宋)释赞宁:《宋高僧传》卷一六,中华书局1987年校注本,第389页。

狐，弱手难探于禹穴。"① 董狐是史学不畏强权、仗义执言的代表。唐代刘知几曰："若南、董之仗气直书，不避强御；韦、崔之肆情奋笔，无所阿容，虽周身之防有所不足，而遗芳余烈，人到于今称之。"②

他以这个标准审视《宋高僧传》以及其他佛教史籍。如"释如敏，闽人也，始见安禅师，遂盛化岭外"③。但赞宁对二人相遇之事大加怀疑。"灵树如遇大安，必寿腊帛长，出人常限。疑此亦所闻异辞矣。"④ 他从时间角度考证僧如敏与大安相遇的不可能，认为如果如敏碰上安禅师，他的寿命就得超出常人，这种说法可能是"异辞"而非真实。又如，有史书记载道宣沟通天神的真实性，他认为颇具可信，并非杜撰："律宗犯即问心，心有虚实故。如未得道，起覆想说，则宜犯重矣。若实有天龙来至我所，而云犯重，招谤还婆罗汉同也。宣屡屡有天之使者或送佛牙，或充给使，非宣自述也。如遭龙去孙先生所，岂自言邪？至于乾封之际，天神合沓，或写《祇洹图经》《付嘱仪》等，且非寓言于鬼物乎？君不见《十诵律》中诸比丘尚扬言，目连犯妄。佛言'目连随心，想说无罪'。佛世犹尔，像季嫉贤，斯何足怪也。"⑤

再次，《春秋左传》以及班固《汉书》等史书对其评述佛教史事影响颇深。他评述佛教译经、佛教戒律、僧传沿袭变革时，多次将《春秋》《汉书》的撰述思想作为评判的标准。如他评价历代佛教译经方式曰："逖观道安也，论五失三不易。彦琮也籍其八备，明则也撰《翻经仪式》，玄奘也立五种不翻，此皆类《左氏》之诸凡，同史家之变例。"⑥ 认为这些译经方式的变化与《春秋左传》中的凡例道理是相通的，万变不离其宗。又如，他评价魏晋戒律曰："元魏已前，

---

① （宋）释赞宁：《宋高僧传》卷首，中华书局1987年校注本，第2页。
② （唐）刘知几：《史通》卷七，辽宁教育出版社1997年标点本，第59页。
③ （宋）释赞宁：《宋高僧传》卷二二，中华书局1987年校注本，第561页。
④ （宋）释赞宁：《宋高僧传》卷二二，中华书局1987年校注本，第561页。
⑤ （宋）释赞宁：《宋高僧传》卷一四，中华书局1987年校注本，第330页。
⑥ （宋）释赞宁：《宋高僧传》卷三，中华书局1987年校注本，第53页。

诸受戒者用四分羯磨纳戒。及乎行事，即依诸律为随。何异乎执《左氏》经本专循《公羊》之传文也？"① 认为二者关系稍有混乱，好比是拿《春秋左传》文本却与《春秋公羊传》进行检验的道理。再如，赞宁评述道宣改《高僧传》的"神异"为"感通"曰："昔梁慧皎为传，创立《神异》一科，此唯该摄究极位之圣贤也。或资次征祥，阶降奇特，当收不尽，固有缺然。及乎宣师不相沿袭，乃厘革为感通，盖取诸感而遂通，通则智性，修则感欤，果乃通也。核斯理长，无不包括，亦犹班固增加九流，变书为志同也。"② 他对道宣这种变法评价较高，将其与班固《汉书》变革《史记》"增加九流，变书为志"相比拟。

可以说，赞宁评述佛教史籍著述，无论在体裁体例，还是史料收集、考证等都具有自己的一套标准和认识，这亦是其审视自己与其他佛教史籍的准则。"系曰：'前人立义，皆按教文，岂得好恶随情，是非任见？已行前辙，不覆后车，胡不谨而循之？'通曰：'夫创著述者有四焉：一前说极非，于文茫昧；一僻见谬解，领悟自乖；一乐繁嫌略；一好直怪迂。有一于此，无不著述也。江公《瑞应钞》未经披览，闻诸道路言亦济时须。苟不济用而变革古德义章，则何异以旧防无所用而坏之者，必有水败也。'"③ 这是他在前人著述基础上，总结出的一套适应时代的经验。

二 智圆对僧传的褒贬

北宋初期高僧众多，智圆是一个杰出代表。他字无外，自号中庸子，俗姓徐，钱塘人，天台宗山外派重要的诗文僧，后隐居西湖孤山著述讲学，又号"孤山法师"。智圆虽为佛徒，颇爱好儒学，通文史，喜诗文，撰述颇多，如《闲居编》《维摩垂裕记》《涅槃经

---

① （宋）释赞宁：《宋高僧传》卷一六，中华书局1987年校注本，第406页。
② （宋）释赞宁：《宋高僧传》卷二二，中华书局1987年校注本，第576页。
③ （宋）释赞宁：《宋高僧传》卷二八，中华书局1987年校注本，第703页。

三德指归》等。他会通儒、佛，撰述《中庸子》，陈寅恪、钱穆对其评价颇高。①

智圆对僧传也有不同的见解，他注重僧传的直书、实录精神。他曾对门人言："吾虽不敏而实录其事，庶可贻后也。"② 他为备法师撰述行状时亦曰："得询其既往，直纪事迹，以备僧史云尔。"③ 故他多引用僧传作为史料依据。如他撰述《漉囊赞》，特地查询《南海寄归内法传》中的记载。"尝循义净《内法传》裁制之，既制之，患不能行之，遂为赞。"④ 撰述《钱唐慈光院备法师行状》引用《宋高僧传》中记载。⑤ 可见，他十分重视僧传的实录精神。

智圆认可梁僧慧皎《高僧传》"高而不名"的观点，认为这是百世事不刊之言，是后世僧传之规范。"古之传高僧者有言曰：'实行潜光则高而不名，寡德适时则名而不高。名而不高则非所纪，高而不名则备今录。'古今贤达皆以为知言也而百世不刊。"⑥ 他以此为榜样，并以此作为祖师慈光入《宋高僧传》的依据。"吾祖识见贞亮，道行淳正，不阿有位，不交时俗，不设奇以延誉，不用利以进物，屏弃浮伪，介然自得，故世莫我知，而其徒实寡。所以盛业高行，布于大宋。僧传者盖以高而不名取之耳。"⑦ 他评价备法师时亦以这个观点作

---

① 王继侠：《佛解〈中庸〉之肇端：释智圆的〈中庸子传〉》，《湖南社会科学》2017年第2期。
② （宋）释智圆：《闲居编》卷二四，《卍续藏经》，中国台湾新文丰出版社1994年影印本，第101册，第124页。
③ （宋）释智圆：《闲居编》卷二一，《卍续藏经》，中国台湾新文丰出版社1994年影印本，第101册，第118页。
④ （宋）释智圆：《闲居编》卷一四，《卍续藏经》，中国台湾新文丰出版社1994年影印本，第101册，第94页。
⑤ （宋）释智圆：《闲居编》卷二一，《卍续藏经》，中国台湾新文丰出版社1994年影印本，第101册，第117—118页。
⑥ （宋）释智圆：《闲居编》卷一七，《卍续藏经》，中国台湾新文丰出版社1994年影印本，第101册，第103页。
⑦ （宋）释智圆：《闲居编》卷一七，《卍续藏经》，中国台湾新文丰出版社1994年影印本，第101册，第103页。

为评判的标准。"古人云'实行潜光,高而不名'。有是哉。"①

他对《高僧传》能够传世百代原因有自己独特见解。"凡有立言垂范,靡不藉儒家者流以润色之,启迪之,有若僧肇之撰《四论》,因刘遗民品藻而后传,慧皎之传《高僧》,由王曼颖贻书而后行。"②认为佛教著述之所以能够流芳百世者皆与儒家润色、宣传有大关系,慧皎《高僧传》正是由于王曼颖为之写序方能流传。

智圆特别赞赏道宣。他夸赞道宣在戒律贡献是"当不乐之辰,合展惟馨之荐。恭惟南山律主育灵隋世,阐化唐朝,撰《事钞》则法施于人,荷佛寄则名扬于世。垂范以作,则功德以昭明;止恶防非,颇捍御而显著其道。"③ 实为律宗中兴之主。他还受友人之邀对道宣一生事迹进行评述,为其撰述赞文。"友人择梧律主尝以南山事迹见托为赞,凡三数载矣。"④ 他一直推辞没有撰述。大中祥符七年,又有人拿道宣僧传请写评述,"因览之,得其事类者八,乃次而赞之"。但智圆恐怕写不好,又自谦曰:"词句野质,而不足以歌咏盛德,聊塞友人之请尔。"⑤

智圆还撰述《寄题终南道宣律师塔诗》一首,感叹其律学、史学后继无人的状况。"冷碧终南插太虚,纻麻兰若旧闲居。波离灭后无人继,萧索西风叶满渠。"⑥ 可见,他十分赞赏道宣,对其境遇亦颇多感慨。

---

① (宋)释智圆:《闲居编》卷二一,《卍续藏经》,中国台湾新文丰出版社1994年影印本,第101册,第118页。

② (宋)释智圆:《闲居编》卷二一,《卍续藏经》,中国台湾新文丰出版社1994年影印本,第101册,第116页。

③ (宋)释智圆:《闲居编》卷三五,《卍续藏经》,中国台湾新文丰出版社1994年影印本,第101册,第156页。

④ (宋)释智圆:《闲居编》卷八,《卍续藏经》,中国台湾新文丰出版社1994年影印本,第101册,第79页。

⑤ (宋)释智圆:《闲居编》卷八,《卍续藏经》,中国台湾新文丰出版社1994年影印本,第101册,第79页。

⑥ (宋)释智圆:《闲居编》卷四六,《卍续藏经》,中国台湾新文丰出版社1994年影印本,第101册,第190页。

第三章 宋元佛教史学批评

智圆对赞宁的态度较为矛盾。赞宁是宋初官方的红人。《宋高僧传》完成后上呈朝廷，太宗褒奖有加，称他是"一乘妙道，六度玄门，代有奇人，迭恢圣教。若无纂述，何以显扬？繄尔真流，栖心法苑，成兹编集，颇效辛勤，备观该总之能，深切叹嘉之意"[1]。王禹偁亦夸赞其曰："释子谓佛书为内典，谓儒书为外学。工诗则众，工文则鲜，并是四者，其惟大师。"[2] 但赞宁对《宋高僧传》在后世的评价颇为忐忑，他曾叹曰："知我者以《僧传》，罪我者亦以《僧传》。"[3] 这种担忧是对的，一方面他撰述《宋高僧传》《大宋僧史略》上呈朝廷，得以入藏，受到官方认可，成为宋初官方在佛教界的代言人；另一方面，《宋高僧传》流传不久就受到时人批评，智圆即为之一。

他不满《宋高僧传》的入传标准以及类例，一方面，他认为只有符合义、仁、贞、达四种标准的僧人才能进入僧传。"进贤好施治，行心不忘佛理。噫！进贤，义也；好施，仁也；治行，贞也；心不忘佛理，达也。四者备矣，君子谓列传于高僧播美乎，百世可也。"[4] 但由于《宋高僧传》采用传统十科分类法，上述四类僧众"不见大宋之十科者，虽曰传者不蔽贤，吾不信也"[5]。他认为这种标准和体例实为不妥。

另一方面，他又对《宋高僧传》著录其祖师感到十分荣耀，赞赏赞宁神通佛旨，通入实际，他评述该书卷七《宋杭州慈光院晤恩传》曰："《高僧传》叙吾祖云：'每一布萨，则潜洒不止。'又云'不问贤与不肖，必示以一乘圆，'意盖谓此也。非发明佛旨，通入实际者，其孰能至于是乎？"[6] 颇具个人情感。

---

[1] （宋）释赞宁：《宋高僧传》卷一，中华书局1987年标点本，第2页。
[2] （宋）王禹偁：《小畜集》卷二〇，上海商务印书馆1937年版，第281页。
[3] （宋）释赞宁：《宋高僧传》卷三〇，中华书局1987年标点本，第759页。
[4] （宋）释智圆：《闲居编》卷〇，《卍续藏经》，中国台湾新文丰出版社1994年影印本，第101册，第84—85页。
[5] （宋）释智圆：《闲居编》卷十，《卍续藏经》，中国台湾新文丰出版社1994年影印本，第101册，第85页。
[6] （宋）释智圆：《闲居编》卷一七，《卍续藏经》，中国台湾新文丰出版社1994年影印本，第101册，第103页。

智圆赞同赞宁的通史意识。他还仿效这种思想，结合北宋初期译经兴盛的现实，撰述《翻经通纪》二卷。"我大宋太宗神功圣德文武皇帝，钦承佛记，扶起坠风，由是象胥之学重光，能仁之道益振，阐扬之利，盖不可得而思议焉。有以见汉明丕显之功，不独美于前世者也。某养疾林野，讲谈多暇，遂于嘉祥、南山、通慧三代《僧传》，靖迈、智升两家《图纪》，泊诸传录，而皆删取翻传事迹，编次成文，其间年世差舛，颇为刊正，分为两卷，号曰《翻经通纪》。"① 他仿效传统僧传体例，按照时间排列译经僧，删取翻译事迹，编次成文，撰成此书。"始炎汉，终我朝。正统、僭伪合二十一国，其传译者，凡一百五十一人。所译之经，则存诸目录，此但举其大数而已。"② 其目的有二，一是使"俾学佛者览之，既知大觉之宗有自来矣"。二则是"抑又见太宗之于我教也，有继绝存亡之道与"③。可见后者目的更为重要，稍有讨好北宋官方之嫌。

大致来说，智圆对僧传持肯定态度，无论对《高僧传》的"高而不名"，还是对唐僧道宣的赞赏，都表现他对唐五代以来僧众对传统僧传撰述传承的肯定。他对《宋高僧传》的态度颇为矛盾。一方面，作为台宗僧人，他结合儒家思想提出"义、仁、贞、达"四种入僧传的标准，认为十科分类法和《宋高僧传》的入传标准言过其实。但另一方面，他又以台宗僧人进入《宋高僧传》为荣。他还仿效赞宁做法，撰述译经僧传，取美于官方。这些都是北宋初期僧众对赞宁羡慕、嫉妒以及不满心理的一种具体表现。

三 惠洪的佛教史学批评

如果说赞宁是一位在传统中变化的佛教史学家，那么惠洪就是一

---

① （宋）释智圆：《闲居编》卷十，《卍续藏经》，中国台湾新文丰出版社1994年影印本，第101册，第84页。
② （宋）释智圆：《闲居编》卷十，《卍续藏经》，中国台湾新文丰出版社1994年影印本，第101册，第84页。
③ （宋）释智圆：《闲居编》卷十，《卍续藏经》，中国台湾新文丰出版社1994年影印本，第101册，第84页。

位变革性的佛教史家。《禅林僧宝传》是僧惠洪专门撰述记载禅宗僧人的传记。撰述目的上，他一改魏晋隋唐的僧传风格，撰述一部新的僧传——禅宗意义上的史书。

（一）惠洪为什么要撰述《禅林僧宝传》？

他在《题修僧史》曰："予除刑部囚籍之明年，庐于九峰之下，有苾刍三、四辈来相从，皆齿少志大。予晓之曰：'予少时好博观之，艰难所得者，既不与世合，又销铄于忧患，今返视缺然，望之则竭，不必叩也。若前辈必欲大蓄其德要，多识前言往行，僧史具矣。可取而观。'语未卒，有献言者曰：'僧史自惠皎、道宣、赞宁而下皆略观矣，然其书与《史记》《两汉》《南北史》《唐传》大异，其文杂烦，重如户婚、斗讼、按检。昔鲁直尝憎之，欲整齐，未遑暇，竟以谪死。公蒙圣恩脱死，所又从鲁直之旧游，能粗加删补，使成一体之文，依仿史传，立以赞词，使学者临传致赞语，见古人妙处，不亦佳乎？'予欣然许之，于是仍其所科，文其词，促十四卷为十二卷以授之。"①

此书撰述起因更像是一段机缘巧合。惠洪出狱后，隐居九山，有三、四年少志大者向其问学，惠洪推荐他们阅读僧史，获取知识。有人说过往僧史缺点甚多，文章杂琐，不好检读，想请惠洪重新撰述可读之传。惠洪答应请求，撰述《禅林僧宝传》。看似巧合，实则却是惠洪对过往僧史、现实境况书写的评述与倾诉，有不满，有变革，有怀念。

这种不满一方面表现在他对以往僧传的不满。自魏晋《名僧传》《高僧传》到唐《续高僧传》，再至宋初《宋高僧传》，记言记行，彰显高僧大德光辉事迹是僧传的主要内容。亦如赞宁所言："言与行而可观，椠兼觚而争录。是以王巾僧史，孙绰道贤，挚列传以周流，象世家而布濩，盖欲希颜之者，慕蔺之侔，成飞锡之应真，作曳山之上

---

① （宋）释惠洪：《石门文字禅》卷二五，中国台湾新文丰出版社1987年影印明《嘉兴大藏经》本，第23册，第700页。

士。"① 但宋代禅宗兴起后，关注僧人史事较少，更强调"言语道断，心行处灭"，暗示诸法实相并非一切语言概念所能表达，应该离开语言概念直接契证真如法要。② 故禅宗讲究对语言无所贪著，所谓"不立文字""以心传心"，传统僧传已经跟不上宋代佛教的新发展。

诸如《景德传灯录》《五灯会元》《续灯录》等禅宗灯史的叙述风格皆如此。如《景德传灯录》卷一一记载奉禅师与其他僧人之间的问答。"问：'如何是佛法大意？'师曰：'释迦是牛头狱卒，祖师是马面阿傍。'问：'如何是西来意？'师曰：'东壁打西壁。'"在奉禅师记载中事迹记载甚少，满篇皆是文中所言，答非所问。若从文字表面寻找内在含义，毫无头绪，这正却是禅宗追求不假文字、以求文外之意的风格，也是禅宗长期强调自心顿悟，扫除一切外在权威、经典造成的必然结果。

"什么是佛法大意？什么是佛祖西来意？"对于一个顿悟的禅宗僧人来说，"担水劈柴，无非妙道"信手拈来，皆成般若，追求内心的万法自然，才是真正的佛法大意。若太在乎佛法修行的外在形式，就会受到逻辑思维的限制，无法达到自然真如的地步。因此，回答这个问题时，奉禅师答非所问，表示理解了自然真如的佛法含义，此其一意。另外，奉禅师呵佛骂祖的根本目的，也是他对不要任何外在束缚，自证自悟的表现。这一切内在含义从文字表面是绝对看不出来的。所以《景德传灯录》记载的中心就是类似奉禅师如何悟得"真心"的过程，亦是禅宗所言的微言大义。类似这种关于"如何是佛祖西来意""如何是法身"等禅宗僧人的问答，表达禅宗不拘泥于外在文字表达，注重内在意思的领悟。

惠洪见到的禅宗灯录、语录、笔记、传记风格多如此，正如他所说："曹溪之道，至南岳石头、江西马祖，而分为两宗。云门、曹洞、法眼皆宗于石头，临济、沩仰皆宗于马祖，天下丛林号为五家宗派。

---

① （宋）释赞宁：《宋高僧传》卷首，中华书局1987年校注本，第1页。
② 陈兵：《新编佛教辞典》，中国世界语出版社1994年版，第109页。

嘉祐中，达观昙颖禅师尝为《五家传》，略其世系入道之缘，临终明验之效，但载其机缘语句而已。"① 他以达观昙颖禅师撰述《五家传》为例，名为僧传，却仍以记载入道机缘，悟道语句为主。

可见，禅宗灯录、僧传并非传统意义上的僧传。前者更像是记载禅宗历代传法世系、机缘史书。但禅宗史籍的繁盛造成了传统僧传的衰弱。赞宁《宋高僧传》后，几乎无人撰述传统僧传，通史性总传亦是少之又少。当然二者之间也有很多不同。如僧传有关于禅宗僧人的记载，《高僧传》《续高僧传》《宋高僧传》有习禅篇，多以禅宗僧人的"德业"为立传分类标准，每个列传之间无一定联系。禅宗史籍则是以禅宗传法世系为撰述中心，依次排列立传，僧人列传之间有佛法授受或同门关系。《景德传灯录》"披奕世之祖图""次序其源派"②，从七佛至法眼宗之嗣法齐，凡五十二世，一千七百一人。《五灯会元》记载僧人，上始七佛，下至青原下十六世和南岳下十七世。这种按禅宗传法世系为禅师明统定位、依次立传的修史章法颇具用意，即为禅宗正宗嫡传续写宗谱。可以说，禅宗史籍的宗派"自我性"相较以往僧传更强，《习禅篇》已经无法反映宋代禅宗的重要地位和特性。

惠洪的不满另一方面则表现在他对宋代禅宗危机状况的不满。正如他描述北宋禅宗弊端时所言"禅宗学者自元丰以来师法大坏，诸方以拨去文字为禅，以口耳受授为妙，耆年凋丧，晚辈猬毛而起服纫，绮饭精妙，施施然以处华屋为荣。高尻磬折，王臣为能，以狙诈羁縻学者之貌而腹非之，上下交相欺诳，视其设心。虽侩牛履豨之徒所耻为，而其人以为得计。于是佛祖之微言，宗师之规范扫地而尽也。"③ 他细致刻画了北宋禅僧的诸多龌龊、小人之作，尤其对禅宗不立文

---

① （宋）释惠洪：《禅林僧宝传》卷首，中州古籍出版社2014年标点本，第1页。
② （宋）释道原：《景德传灯录》，上海书店出版社2010年译注本，第2466页。
③ （宋）释惠洪：《石门文字禅》卷二六，中国台湾新文丰出版社1987年影印明《嘉兴大藏经》本，第23册，第706页。

字，口耳相授的弊端提出批评，发出"佛祖之微言，宗师之规范扫地而尽也"的感慨。

惠洪是文字禅的坚定提倡者和支持者。他认为要想改变、拯救禅宗危机方法只有著述于语言文字。他认为禅宗之"心"虽然不能通过语言来领悟，但可以通过语言呈现，并以语言机缘作为判断其得道之深浅。所谓："心之妙不可以语言传，而可以语言见。盖语言者，心之缘，道之标帜也，标帜审则心契。故学者每以语言为得道浅深之侯。"① 故惠洪十分在意文字著述，早有撰述新僧传之意。"予未尝不中夜而起，喟然而流涕，以谓列祖纲宗，至于陵夷者，非学者之罪，乃师之罪也。"② 故他一路行走诸方之间，一路搜集史料，为撰述新僧传做准备。"顷尝经行诸方，见博大秀杰之衲能袒肩以荷大法者，必编次而藏之，盖有志于为史。"③

（二）惠洪如何撰述《禅林僧宝传》？

惠洪对传统僧传的态度较为矛盾。"僧史自惠皎、道宣、赞宁而下皆略观矣，然其书与《史记》《两汉》《南北史》《唐传》大异，其文杂烦，重如户婚、斗讼、按检。"④ 这个观点与他的好友黄庭坚相似，"昔鲁直（黄庭坚）尝憎之（僧传），欲整齐"。却未完成而身亡。如果按照传统僧传体系撰述新的僧传，恐非惠洪所愿。

所以《禅林僧宝传》是惠洪在传统僧传的基础上，融入禅宗的机缘语句与"微言大义"，仿效史传，撰有赞词，编撰禅宗意义上的新僧传。

"在修订传统僧传的基础上"指惠洪对传统僧传在树立榜样、记行记事、注重实录、为后人示范等的肯定。正如他所言："既载其语

---

① （宋）释惠洪：《石门文字禅》卷二五，中国台湾新文丰出版社1987年影印明《嘉兴大藏经》本，第23册，第700页。
② （宋）释惠洪：《石门文字禅》卷二六，中国台湾新文丰出版社1987年影印明《嘉兴大藏经》本，第23册，第706页。
③ （宋）释惠洪：《石门文字禅》卷二六，中国台湾新文丰出版社1987年影印明《嘉兴大藏经》本，第23册，第705页。
④ （宋）释惠洪：《石门文字禅》卷二五，中国台湾新文丰出版社1987年影印明《嘉兴大藏经》本，第23册，第700页。

第三章 宋元佛教史学批评

言，则当兼记其行事，因博采别传遗编，参以耆年宿衲之论增补之。又自嘉祐至政和之初，云门、临济两宗之裔，卓然冠映诸方者，特为之传，依仿史传，各为赞辞。"① 可见，注重记行记事、仿效传统史传是惠洪《禅林僧宝传》坚持的一个原则。

注重实录、严谨考据在惠洪史著中频频可见。如《大宋高僧传》曾记载断际禅师与老妪相遇事。惠洪对此颇有怀疑。"考其时，妪死久矣。而《大宋高僧传》曰：'妪祝断际见百丈。'非也。"② 又如，他对《续高僧传》记载二祖史事颇有微词。"道宣律师作《二祖传》曰：'可遇贼斫臂，以法御心。初无痛苦。'蜀僧神清引其说以左书。予读之，每失笑，且叹宣暗于辨是非也。既列林法师与二祖联传，于林传则曰：'林遇贼斫臂，呼号不已，故人呼为无臂林。'林与二祖友善，一日同饭，怪其亦以一手进，问其故。对曰：'我无臂旧矣。'岂有游从之人为贼斫臂，久而不知，反相问者耶？夫二祖以求法故，世无知者。林公以遇贼故，人皆知之。宣雷同之，辱诬先圣过矣。彼神清何为者也？据以为书，又可以发一笑。虽然孟子曰：'尽信书不如无书。'学者亦可以鉴于此。"③ 可见，惠洪重申孟子"尽信书不如无书"的观点来表达他对道宣、神清的批驳。

惠洪《禅林僧宝传》重视史料来源和考据，行录、行状、碑文是《禅林僧宝传》一个主要史料来源。如《天衣义怀传》主要取自米芾《天衣怀禅师碑》，《黄龙宝觉祖心传》《延恩法安传》取自黄庭坚写的《黄龙心禅师塔铭》《法安大师塔铭》，《泐潭真净克文传》则取自惠洪撰述的《云庵真净和尚行状》。④

---

① （宋）释惠洪：《禅林僧宝传》卷首，中州古籍出版社2014年标点本，第1页。
② （宋）释惠洪：《林间录》卷上，《卍续藏经》，中国台湾新文丰出版社1994年影印本，第148册，第591页。
③ （宋）释惠洪：《林间录》卷下，《卍续藏经》，中国台湾新文丰出版社1994年影印本，第148册，第626—627页。
④ 杨曾文：《北宋惠洪及其〈禅林僧宝传〉》，《江西师范大学学报》（哲学社会科学版）2004年第1期。

融入禅宗的机缘语句与"微言大义",指惠洪承认禅宗机缘语句、佛心相印在僧传撰述中的重要性,这也是《禅林僧宝传》主要表达的核心。"夫所谓佛心印者,众生灵智之府也。其体本自妙而常明,虽万类纷然,日用殊趣,而文彩粲然明了,不差毫末。其知之者,谓之神通光明藏,谓之光严住持。其不知者,谓之生死趣,谓之无明始。自故证发,虽悟如释迦文佛,亦缘然灯记莂,则师承机语之自,其可废也?"① 故禅师悟道的语录、公案、机锋、参禅问道、嗣法传承等都是惠洪关注的重点。

这方面,惠洪主要以达观昙颖禅师《五家传》为基础,该书主要记载宋代禅门五宗著名禅师的机缘语句,但"略其始终行事之迹",没有详细记载他们的世系、人道之缘、明验之效等。② 惠洪在《五家传》基础上,"博采别传遗编,参以耆年宿衲之论增补之。又自嘉祐至政和之初,云门、临济两宗之裔,卓然冠映诸方者,特为之传,依仿史传,各为赞辞。统八十有一人,分为三十卷,书成于湘西之南台"③。正如时人所评述,这种做法是"影由形生,响逐声起,既载其言,则人道之缘、临终之效,有不可唐捐者。遂尽掇遗编别记,茞以诸方宿衲之传"④。可以说,惠洪将外在的言、行与内在的人道之缘、临终之效较完整地融汇在一起,以显禅宗的佛心相传、微言大义。正如他总结其书撰述特点:"予所录《僧宝传》先叙其悟道之缘,又书其死生之际,欲学者法前辈为道之精。"⑤

有言,有行,有事,有机锋,有公案,惠洪基本完成了对新僧传的构建,最后的点睛之笔则是仿效史传设置赞辞。惠洪的赞辞不

---

① (宋)释惠洪:《石门文字禅》卷二四,中国台湾新文丰出版社1987年影印明《嘉兴大藏经》本,第23册,第697页。

② (宋)释惠洪:《禅林僧宝传》,中州古籍出版社2014年标点本,第3页。

③ (宋)释惠洪:《禅林僧宝传》,中州古籍出版社2014年标点本,第1页。

④ (宋)释惠洪:《禅林僧宝传》,中州古籍出版社2014年标点本,第3页。

⑤ (宋)释惠洪:《石门文字禅》卷二六,中国台湾新文丰出版社1987年影印明《嘉兴大藏经》本,第23册,第706页。

同于《高僧传》《续高僧传》的论、赞,也不同于《宋高僧传》的"系""通"。形式上,他或是单传论述,如《禅林僧宝传》卷七对天台韶国师的论述。或是多传论述,如卷三对汝州风穴沼禅师、汝州首山念禅师、汾州太子昭禅师三僧传合而论述,赞辞形式灵活多样。语言和内容上,则注重赞辞的文学性、欣赏性与内容褒贬的统一,为文或散文,或韵语,夹杂诗文,颇显撰者才华,与传统僧传的论赞、系通有很大不同,却蕴含着对传主的褒贬大义。正如胡仔评论曰:"《僧宝传》觉范所撰也。但欲驰骋其文,往往多失事实,至于作赞,又杂以诗句,此岂史法示褒贬之意乎。"[1] 胡氏虽然从史法的角度批评《僧宝传》,但从另一个方面也表明《僧宝传》赞辞的特点。

再者,为了体现禅宗嗣法传承,惠洪大致以唐末五代,北宋初、中、晚期为时间顺序,以禅宗法统为主要线索,按宗派不同著录五家著名禅僧。"曹溪之道,至南岳石头、江西马祖而分为两宗,云门、曹洞、法眼,皆宗于石头,临济、沩仰皆宗于马祖。"[2] 故《禅林僧宝传》可见卷一青原六世僧,卷二青原七世僧,卷三南岳八世、九世、十世僧,卷四又返回青原六世、七世、八世僧。

从表面看,《禅林僧宝传》将禅宗僧人归为列传,不分彼此,但撰者在僧传顺序和记载各宗僧人数量差异来看,石头系僧人就占去大部分篇幅,而刻意将马祖派系(黄龙、杨歧派)僧人或撰述在次,或记载甚少。[3] 再如,《禅林僧宝传》将曹山本寂禅师列为篇首,而将云门文偃列为次,这些都反映撰者偏颇的思想。而以往惯用的僧传分类法无论对当时佛教发展,还是对撰者表达其感情思想来说,都不合适。因此,惠洪打破传统僧传的体例,以禅宗传法系统为撰述主线,

---

[1] (宋)胡仔:《苕溪鱼隐丛话后集》卷三七,商务印书馆1937年版,第707页。
[2] (宋)释惠洪:《石门文字禅》卷二三,中国台湾新文丰出版社1987年影印明《嘉兴大藏经》本,第23册,第688页。
[3] [日]阿部肇一:《中国禅宗史》,关世谦译,东大图书公司印行1988年版,第612页。

既将每个僧人列传串在一起，又表达自己思想，记事与记言兼具，颇具新意。且还体现撰者对禅宗各宗厚此薄彼，实现了其撰述意图。但其中不免稍有混乱之嫌。①

所以说，《禅林僧宝传》是惠洪在汇集宋代灯录、碑文、僧传、行状等史料基础上，以记载禅门五宗著名禅师《五家传》框架，重新撰述彰显历代著名禅僧"前言往行"的新型禅宗史籍。该书既为丛林参禅问道提供前辈榜样，又可为开启后世学人的语录公案。故时人赞赏曰："其识达，其学诣，其言恢而正，其事简而完，其辞精微而华畅，其旨广大空寂，窅然而深矣！"② 可见，无论是在学识、立意、文字风格、记载手法上，还是在反映禅宗的微言大义方面，都获得了时人的好评。

宋代很多禅僧居士以被著录到《禅林僧宝传》为荣。如石溪、偃溪、竹溪等宋代著名禅僧，"爱人物，崇风教，贤于端嘉诸老"③。竹溪相约曰："它时共入《僧宝传》。"④ 居士林希逸也希望"他日与此集诸老，共入《僧宝传》矣"⑤。宗上人看到此书之后，曰："此一代之博书，先德前言往行具焉。愿手录以示江南道侣。"⑥ 可见，《禅林僧宝传》受到了时人较高的认可，甚至南宋晚期时，还有人高度赞赏。"今披是书，知其志趣，千里同风。且见遇与觉范，与八十一人者把臂并行。若有因书省发，得意忘言，即同入此道场，则灵山一会，俨然未散，不为分外。"⑦ 可以说，此书达到惠洪融汇僧传和宋代

---

① （宋）释惠洪：《禅林僧宝传》，中州古籍出版社 2014 年标点本，第 12 页。
② （宋）释惠洪：《禅林僧宝传》，中州古籍出版社 2014 年标点本，第 3 页。
③ （宋）释绍隆：《枯崖漫录》卷一，《卍续藏经》，中国台湾新文丰出版社 1994 年影印本，第 148 册，第 143 页。
④ （宋）释绍隆：《枯崖漫录》卷一，《卍续藏经》，中国台湾新文丰出版社 1994 年影印本，第 148 册，第 143 页。
⑤ （宋）释绍隆：《枯崖漫录》卷三，《卍续藏经》，中国台湾新文丰出版社 1994 年影印本，第 148 册，第 186 页。
⑥ （宋）释惠洪：《石门文字禅》卷二六，中国台湾新文丰出版社 1987 年影印明《嘉兴大藏经》本，第 23 册，第 705 页。
⑦ （宋）释惠洪：《禅林僧宝传》，中州古籍出版社 2014 年标点本，第 6 页。

第三章 宋元佛教史学批评

禅宗史籍及使"后世学者读之,当想见法席之盛也"的初衷。①

(三)惠洪对佛教史家、史著的评述

惠洪对佛教史家、僧传的批评多于肯定。他评述唐僧道宣的律学成就曰:"唐沙门道宣通兼三藏,而精于持律,持律小乘之学也。而宣不许人呼以为大乘师。……宣公甘以小乘自居。"②他从禅宗角度认为持律是小乘,道宣所学是小乘而非大乘,但这样的人"竟能为百世师者知宗用妙而已"。惠洪认为道宣是"惟能博观约取,知宗而用妙耳",并非古代"大过人者"。③他又从律学批评自然过渡到史学批评,认为:"道宣精于律,而文词非其所长,作禅者传,如户婚按检。"④

他对赞宁的批评更严。"赞宁博于学,然其识暗。"⑤认为赞宁虽然博学,但学识较低,所撰《宋高僧传》"用十科为品流,以义学冠之,已可笑"⑥。他认为赞宁采用传统十科分类法撰述《宋高僧传》实为下乘,且以义学为十科之首,则更为可笑。所谓义学,是《高僧传》十科分类法排第二的义解,指佛教教义的学说,如华严学、般若学、法相学等。《宋高僧传》也有义解类第二,惠洪言其"以义学为十科之首",稍有小误。但联系《高僧传》《续高僧传》撰述时的社会环境,义学确实是佛教界的主流,禅宗为教外别传,"非教乘之论",归属杂道,赞宁承袭传统分类,亦情有可原。惠洪从宋代禅宗

---

① (宋)释惠洪:《石门文字禅》卷二六,中国台湾新文丰出版社1987年影印明《嘉兴大藏经》本,第23册,第705页。
② (宋)释惠洪:《石门文字禅》卷二六,中国台湾新文丰出版社1987年影印明《嘉兴大藏经》本,第23册,第706页。
③ (宋)释惠洪:《石门文字禅》卷二六,中国台湾新文丰出版社1987年影印明《嘉兴大藏经》本,第23册,第706页。
④ (宋)释惠洪:《石门文字禅》卷二六,中国台湾新文丰出版社1987年影印明《嘉兴大藏经》本,第23册,第705页。
⑤ (宋)释惠洪:《石门文字禅》卷二六,中国台湾新文丰出版社1987年影印明《嘉兴大藏经》本,第23册,第705页。
⑥ (宋)释惠洪:《林间录》卷上,《卍续藏经》,中国台湾新文丰出版社1994年影印本,第148册,第587页。

175

角度出发苛求前人稍有不妥。

此外，惠洪对《宋高僧传》分类、著录僧人范畴，文体文风、考据不实，等等亦提出批评。他认为诸如以下这些分类都是谬误。"以永明为兴福，岩头为施身。"①"列岩头豁禅师为苦行，智觉寿禅师为兴福，云门大师僧中王也，与之同时，竟不载，何也？"②他对《宋高僧传》不著录云门僧人亦有不解。"予初游吴，读赞宁《宋僧史》，怪不作《云门传》。有耆年曰：'尝闻吴中老师自言，尚及见宁，以云门非讲学，故删去之。'"③

惠洪对《宋高僧传》文体文风的批评则是"聚众碣之文为传，故其书非一体"④。这个批评有一定道理，因为从文风整体性来说，《宋高僧传》确实有前后文相互矛盾，文风不够统一的缺陷。

惠洪批评赞宁《宋高僧传》的考据不实。如《林间录》中，他引用李肇《国史补》对《宋高僧传·法钦传》进行质疑。"李肇《国史补》曰：'崔赵公问径山道人法钦，弟子出家得否？'钦曰：'出家是大丈夫事。非将相所为。'赵公叹赏其言。赞宁作钦传，无虑千言，虽一报晓鸡死，且书之，乃不及此，何也？"⑤又如，惠洪在《冷斋夜话》中对《宋高僧传·僧伽传》亦提出疑问。"唐李邕作碑，不晓其言，乃书传曰：'大师姓何，何国人。'此正所谓对痴人说梦耳。李邕遂以梦为真，真痴绝也。僧赞宁以其传编入《僧史》，又从而解之曰：'其言姓何，亦犹康会本康居国人，便命为康僧会。详何国在碎

---

① （宋）释惠洪：《石门文字禅》卷二六，中国台湾新文丰出版社1987年影印明《嘉兴大藏经》本，第23册，第705页。
② （宋）释惠洪：《林间录》卷上，《卍续藏经》，中国台湾新文丰出版社1994年影印本，第148册，第587页。
③ （宋）释惠洪：《石门文字禅》卷二六，中国台湾新文丰出版社1987年影印明《嘉兴大藏经》本，第23册，第705页。
④ （宋）释惠洪：《石门文字禅》卷二六，中国台湾新文丰出版社1987年影印明《嘉兴大藏经》本，第23册，第705页。
⑤ （宋）释惠洪：《林间录》卷上，《卍续藏经》，中国台湾新文丰出版社1994年影印本，第148册，第586—587页。

叶东北,是碎叶国附庸耳。'此又梦中说梦,可掩卷一笑。"① 又如,惠洪对《宋高僧传》"释圆观三生为比丘事"与苏轼的记载不同,提出异议,他认为苏轼的记载有根据,更为可信。"东坡删削其传,而曰圆泽,而不书岳麓三生石上事。赞宁所录为圆观,东坡何以书为泽,必有据。"②

惠洪对道宣、赞宁的史学批评可以归结为他曾说过的一句话:"禅者精于道,身世两忘,未尝从事于翰墨,故唐宋僧史皆出于讲师之笔。"③ 既然是律宗的讲师,对禅宗记载必有偏颇。魏晋隋唐时佛教义学繁盛,律宗大兴,禅宗初出,僧史多出律宗讲师之手,亦属允当。但到了宋代,禅宗崛起,赞宁仍采用十科撰述僧传,在惠洪看来实非明智之举,故对其批评自然较多。

总的来说,惠洪撰述的僧传既有对前代高僧大德光辉形象的怀古与崇敬,亦有对现实佛教丛林乱象的危机和痛心。正如有学者所言:"兴盛的丛林是惠洪在历史距离中所知晓的过去,而衰败的丛林则是他所经验到的现状。"④ 面临危机和崇敬,他推崇传统僧史具有的榜样精神和经验,否则不会向年轻求学者推荐僧史,但他也清楚认识到,传统僧史的经验与榜样,与现实危机距离太大,无法为现实提供太多助力。这两方面各自的弊端一个是过于注重宗派尊崇,史事记载而有门望轻慢之心;一个是"取诸方贱目睹,而尊信传说"。二者都"不见至道之大全,古人之大体"⑤。因此如何调和二者之间的矛盾,成功撰述一个能让人阅读而有启迪大道的史籍,成为惠洪一直努力的方向,撰述《禅林僧宝传》是他文字禅理念在史著撰述上的一个尝试。

---

① (宋)释惠洪:《冷斋夜话》卷九,中华书局1988年标点本,第70页。
② (宋)释惠洪:《冷斋夜话》卷十,中华书局1988年标点本,第75页。
③ (宋)释惠洪:《石门文字禅》卷二六,中国台湾新文丰出版社1987年影印明《嘉兴大藏经》本,第23册,第705页。
④ 李熙:《僧史与圣传——〈禅林僧宝传〉的历史书写》,中国社会科学出版社2014年版,第23页。
⑤ (宋)释惠洪:《石门文字禅》卷二六,中国台湾新文丰出版社1987年影印明《嘉兴大藏经》本,第23册,第706页。

"因编五宗之训言,诸老之行事为之传,必书其悟法之由,必载其临终之异,以讥口耳授受之徒,谓之《禅林僧宝传》。"① 这种理念必然会对以前的史家、史著有一种厘清,以示区别。故南宋志磐褒奖曰:"自宁、通、慧之后,传僧史者唯师而已。"② 充分肯定惠洪在佛教史学史上的重要地位。

第二节 南宋纪传体、编年体佛教史籍的史学批评

一 南宋纪传体、编年体佛教史籍的创新与变革

(一)纪传体佛教史籍是南宋佛教史籍的一大创新

司马迁《史记》是中国纪传体史书始,历代官修正史多采用此体。唐刘知几曰:"《史记》者,纪以包举大端,传以委曲细事,表以谱列年爵,志以总括遗漏,逮于天文、地理、国典、朝章,显隐必该,洪纤靡失,此其所以为长也。"③ 清人章学诚亦赞道:"纪传行之千有余年,学者相承,殆如夏葛冬裘,渴饮饥食,无更易也。"④

南宋时,禅宗与天台宗争夺正统加剧,台宗内部"山外""山内"争斗亦有出现,如何书写本宗本派的正统嫡传,成为各宗史家的焦点。纪传体史书包举大端、正闰分明的特点则为台宗提供新的思路。宗鉴《释门正统》在吴克己史书的基础上,搜罗增益,重新分类。志磐《佛祖统纪》是纪传体佛教史籍之集大成者。二者多仿效传统纪传体史书,或调整部分结构,或增减、合并内容,融合诸如编年体、纪事本末体、会要体等优点,形成更适应佛教撰述风格。正如宗鉴曰:"法虽迁固,而微显志晦,惩恶劝善,未尝不窃取旧章(编年

---

① (宋)释惠洪:《石门文字禅》卷二六,中国台湾新文丰出版社 1987 年影印明《嘉兴大藏经》本,第 23 册,第 706 页。
② (宋)释志磐:《佛祖统纪》卷四六,《大正新修大藏经》,中国台湾财团法人佛陀教育基金会 1990 年版,第 49 册,第 422 页。
③ (唐)刘知几:《史通》卷二,辽宁教育出版社 1997 年标点本,第 7 页。
④ (清)章学诚:《文史通义》卷一,上海书店出版社 1988 年标点本,第 15 页。

体），此《正统》之作也。"①

首先，仿效并改编传统纪传体史书内部结构，是南宋纪传体佛教史籍最大一个特点。

撰述意识上，南宋佛教纪传体史籍更加突出本纪的正统意识。《释门正统》撰述目的就是为了天台宗遭遇"称戎侮我"②，与敌对抗，申明本宗是佛教"正统"所在。撰者首先创立佛教教主释迦牟尼世尊本纪，记载释迦牟尼的事迹，附大迦叶、阿难、商那修和、摩田地、毱多、提多迦、弥遮迦、佛陀难提等十三人。次立天台宗高祖龙树菩萨本纪，记载天台宗高祖的事迹，附中土传承者提婆、罗睺罗、僧法难提、僧法耶舍等十人。《释门正统》本纪简单明了。本纪记载只有两人，即释迦牟尼和天台宗龙树，给人一种天台宗直接继承佛教"正统"的感觉，但《释门正统》仅为佛祖如来、龙树立本纪，释迦牟尼、龙树之间的十三位祖师以附传形式列在"释迦牟尼世尊本纪"，龙树以后的祖师又被附在"龙树菩萨本纪"里，一定程度上造成《释门正统》正统法系的缺失，无法表明佛祖与天台宗之间代代传承的正统关系，又是《释门正统》的一大败笔。

《佛祖统纪》批评其是"粗立体法""义乖文秽"。撰者明确提出："断自释迦大圣，讫于法智，一佛二十九祖，并称本纪，所以明化事而系道统也。"③ 分为释迦牟尼佛本纪、西土二十四祖本纪、东土九组本纪、兴道下八祖本纪。这种做法摒弃《释门正统》的法系传承，凸显了天台宗继承佛教正统的特点，避免了《释门正统》将西土二十四祖及东土诸祖降为附记的尴尬，达到突出天台宗、罢黜旁宗的意图。

---

① （南宋）释宗鉴：《释门正统》卷一，《卍续藏经》，中国台湾新文丰出版社1994年影印本，第130册，第713页。
② （南宋）释宗鉴：《释门正统》卷一，《卍续藏经》，中国台湾新文丰出版社1994年影印本，第130册，第713页。
③ （宋）释志磐：《佛祖统纪》卷一，《大正新修大藏经》，中国台湾财团法人佛陀教育基金会1990年版，第49册，第129页。

但《释门正统》《佛祖统纪》过于重现本纪分辨正统的作用,忽略了纲纪庶品、包罗万象的功能。对一部纪传体史书而言,本纪是撰者表达历史进程的总纲。《释门正统》只创立了佛祖释迦牟尼、龙树菩萨本纪,无法统领全书。《佛祖统纪》虽然创立"一佛二十祖"本纪,但志磐以天台宗为正统的思想,决定他撰述本纪时只能以天台宗事迹为主,无法兼顾纪主所处时代的其他大事。这也违背本纪具有纲纪庶品、包罗万象的功能。《佛祖统纪》意识到这一点,在志中创建《法运通塞志》,弥补本纪之不足。《释门正统》则未能探讨。

世家是专门记述诸国王侯事迹,各国采用自己的年号,意在尊崇天子正统,压抑诸国王侯。《释门正统》用世家记述天台宗的中国祖师部分。《释门正统·世家序》曰:"原夫世家之作,其犹周诗之有周风争?……去圣逾远,世变日下,学路诡杂,亦在乎学者目择而已,挹流等尖,闻番讨根,撰北齐、南岳世家。"撰者以《诗经》喻意世家之作,说明将中国祖师列入世家之故。《释门正统》本纪将释迦牟尼、龙树菩萨列为本纪,却又将天台宗中国祖师列为世家,难道是在贬低天台宗的中国祖师?其义不通情理。曹仕邦认为宗鉴所作,实"利用《史记》为立世家者,若非帝王的宗室、世子,起码属某朝代的功臣这一旧规,而将本宗的中国祖师列入世家"[1]。这种说法或许有理。但《释门正统》用世家来撰述天台宗中国祖师,与欲树立天台宗为正统这一本义自相矛盾。故志磐将天台宗中国祖师也列入本纪,"一佛二十祖"表明天台宗的正统相传,设立"诸祖旁出世家",记载每代纪主师兄弟的事迹,陈垣谓此相当于正史的诸王传。[2] 这样既突出正统之辨,又解决《释门正统》文献与正统思想之间的矛盾。

传统纪传体史书中的列传与本纪互为表里,相辅相成。《释门正统》将列传放在诸志后,分为《荷负挟持传》《本支辉映传》《扣击

---

[1] 曹仕邦:《论〈释门正统〉对纪传体裁的运用》,张曼涛主编《中国佛教史学史论集》,中国台湾大乘文化出版社1979年版,第305页。

[2] 陈垣:《中国佛教史籍概论》,上海书店出版社2005年版,第97页。

第三章 宋元佛教史学批评

宗途传》《中兴一世至七世传》《护法内传》《护法外传》。既记载大量天台宗僧人，也记载净土宗、律宗、禅宗等僧人，客观上反映了唐宋佛教宗派发展和人物事迹，做到"诸传派别川流"的功效。但《释门正统》记述释迦牟尼、龙树本纪，列传又撰述天台宗山外派、律宗、净土宗僧事迹①，二者之间无太多直接关系，起不到相辅相成的作用，是《释门正统》在列传处理上的一个失误。

相对而言，《佛祖统纪》列传安排更符合纪传体史书本意，诸师列传入选的标准是"自四明（知礼）诸嗣中子科有继"，并且能"盛守家法，御外侮，人能弘道"的僧人，即这些僧人都是志磐心目中正统派弟子；诸师杂传，即指那些"背宗破祖，失其宗诸"的天台宗僧人与未详承嗣传的僧人。这样诸师列传记载天台宗僧人与本纪纪主关系密切，二者相辅相成，互为补充。同时，设立诸师杂传，又给予一定褒贬意义，符合志磐突出天台宗山家派正统地位，这种方法较适宜。

佛教史学家对纪传体中表的使用较早，隋费长房《历代三宝记》帝年采用了表。宋代《释氏通鉴》《景德传灯录》也不同程度地受到表的影响。南宋纪传体佛教史籍既没有采用纪传体年表，也没有延续传统佛教史籍的年表，独创《历代传教表》和《佛祖世系表》。前者是一个简单记事年表，意在"考诸祖之授受，叙弈世之禀承"②，以表述天台宗正统之由来，形式简单、蕴意深远。后者是一个直线图表，将本纪、世家、列传所载人物以直线标示传承关系。这种做法虽然在形式上还是系之以世俗纪传体史书的表，但无论撰述意识，还是手法上都是《佛祖统纪》的一个独创。《释门正统》则未曾立表，缺乏对表的充分利用。

---

① （南宋）释宗鉴：《释门正统》卷一，《卍续藏经》，中国台湾新文丰出版社1994年影印本，第130册，第713页。

② （宋）释志磐：《佛祖统纪》卷一，《大正新修大藏经》，中国台湾财团法人佛陀教育基金会1990年版，第49册，第130页。

志的特点是弹性较大，所收内容广泛，撰者可以自我决定增删内容。《释门正统》曰："志详所行之法，以崇能行之侣。"① 撰者创有八志，《身土志》叙佛之身（报身、法身、应身）及其示现的世界。《弟子志》记叙释迦牟尼入灭后佛法传承及在中土的演变。《塔庙志》记叙佛塔、佛像、佛殿等佛教事物之由来。《护法志》记叙张商英、玄奘等的护法言论。《利生志》记叙放生、施食、设水陆道场等事缘。《顺俗志》记载念佛往生、持斋等佛教事仪。《兴衰志》以编年形式记叙后汉明帝永平七年至南宋宁宗庆元三年间的佛教大事。《斥伪志》记叙唐代景教、摩尼教、祆教及宋代白莲教、白云教宗派的流传情况。这些志体的创立及内容的记载对于纪传体佛教史籍来说有一定的开创意义。

《佛祖统纪》创立九志，志在列传之后。陈垣认为《统纪》九志居末，是"仿《魏书》例"。② 按《佛祖统纪》多次称赞魏收《魏书》为良史，可见《魏书》在志磐心目中有较高的地位。志体的内容选择上，《佛祖统纪》与纪传体史书志相仿，突出撰述重点，发挥志补充本纪、列传之功效，同时达到志磐褒奖天台宗，贬斥异宗目的。《佛祖统纪》共创建九志，《山家教典志》单独收录天台宗著述之书目，犹如正史艺文志。《世界名体志》相当正史的地理志，不但记载中土和西域的真实地理，也记载传说中的天宫、地狱、三千大千世界等。《法门光显志》，记载"香灯供养之具，礼诵歌呗之容"③ 的佛教礼仪，相当于正史中礼乐志。《名文光教志》专收大儒或高僧撰写天台宗有关的文章，"犹地方志之艺文"④。此外，还有《净土立教志》《诸宗立教志》《三世出兴志》《历代会要志》《法运通塞志》。

---

① （南宋）释宗鉴：《释门正统》卷一，《卍续藏经》，中国台湾新文丰出版社1994年影印本，第130册，第713页。
② 陈垣：《中国佛教史籍概论》，上海书店出版社2005年版，第97页。
③ （宋）释志磐：《佛祖统纪》卷一，《大正新修大藏经》，中国台湾财团法人佛陀教育基金会1990年版，第49册，第130页。
④ 陈垣：《中国佛教史籍概论》，上海书店出版社2005年版，第97页。

第三章　宋元佛教史学批评

九志之中尤以《法运通塞志》为重中之重。"大法东流，圣贤继世，所以住持三宝，不令断绝。然历年既久，或兴或废，此盖世事无常之变，于此道何成何亏邪，考古及今，具列行事，用见法运通塞之相，至若儒宗、道流世间之教，虽随时而抑扬，而其事迹，莫不昭然，可训可戒，作《法运通塞志》十五卷。"① 此处，志磐道明《法运通塞志》撰述缘由，认为佛教兴衰变化与世俗有着密切关系。按《佛祖统纪》撰述本纪时材料缺乏及过于局限天台宗派事迹，本纪不能完全像纪传体史书起到"纲纪庶品，包罗万象"的作用，不能完整地记载每个纪主时发生的佛教大事。《法运通塞志》十五卷恰可以起到补充本纪不足，符合纪传体史书志的功能。

《释门正统》虽也撰有《兴衰志》，但他只记载东汉明帝永平七年至南宋宁宗庆元三年间佛教大事，在内容体量和立意上与《法运通塞志》相差甚远，无法弥补《释门正统》本纪的缺陷。同时，志磐也借立志之机，再次阐述他褒贬各宗的思想。如他单独创建《净土立教志》认为"由五浊以登九品者，唯念佛三昧之道为能尔，末代机宜，始自庐阜，作《净土立教志》三卷"②。给了净土宗较高的评价。他创建《诸宗立教志》一卷主要记载律宗、禅宗等重要人物，阐明天台以外诸宗都不是佛教正统。"达摩、贤首、慈恩、灌顶、南山诸师，皆一代之伟，特虽共明此道，而各专一门，区别群宗，作《诸宗立教志》一卷。"③

《释门正统》对待其他宗派问题上仿效《晋书》，创立纪传体佛教史籍中的"载记"，用来记载禅宗、律宗、慈恩宗等其他学派中重要人物事迹。《晋书》中设立载记，用来记述"非我族类"的少数民

---

① （宋）释志磐：《佛祖统纪》卷一，《大正新修大藏经》，中国台湾财团法人佛陀教育基金会1990年版，第49册，第130页。
② （宋）释志磐：《佛祖统纪》卷一，《大正新修大藏经》，中国台湾财团法人佛陀教育基金会1990年版，第49册，第130页。
③ （宋）释志磐：《佛祖统纪》卷一，《大正新修大藏经》，中国台湾财团法人佛陀教育基金会1990年版，第49册，第130页。

族政权。《释门正统》虽然突出天台宗正统地位，但禅宗、律宗等其他宗派毕竟也是佛教分支，引用此法设立载记，来记述各宗，实有可能招致其他宗派的敌意。故而此法"似觉不绝"①，与《佛祖统纪》设立《诸宗立教志》，既表明天台宗正统地位，又不致引起其他宗派敌意的做法相比相差太远。

概言之，南宋纪传体佛教史籍在中国佛教史籍发展史上有着重要的意义。一方面，它们结合佛教撰述特点，融合传统史书撰述方法，创立纪传体，开辟了佛教史籍撰述的新局面；另一方面，它们以广博深厚的内容、较高史料价值，丰富了佛教史自身内涵，扩大了佛教对宋代社会的影响。

（二）编年体佛教史籍是南宋佛教史籍继承与变革的代表

隋费长房《历代三宝记》较早采用编年手法撰述。唐僧神清撰有《释氏年志》，惜此书早已亡佚。随着以《资治通鉴》为首编年体史书的崛起，南宋佛教史籍亦深受影响。正如僧祖琇《隆兴佛教编年通论》曰："今博采累朝外护、圣贤绪余，及弘教秉律，韵人胜士，与夫禅林宗师提纲、警策、法要，规仰司马文正公《通鉴》，裁成此书。"② 明确指出《隆兴佛教编年通论》仿效《通鉴》而成。南宋编年体佛教史籍与《通鉴》有着很深的渊源关系。

但二者很多方面亦不同。如《通鉴》源于"鉴于往事，有资于治道"。故内容表达、材料选择上"专取关国家盛衰，系生民休戚，善可为法者，恶可为戒者以为是书"③。南宋编年体佛教史籍或是撰者感慨"佛法微矣"④，或是为弘扬佛教，保存佛教典籍，故在材料、内

---

① 曹仕邦：《论〈释门正统〉对纪传体裁的运用》，中国台湾大乘文化出版社1979年版，第305页。

② （宋）释祖琇：《隆兴佛教编年通论》卷二八，《卍续藏经》，中国台湾新文丰出版社1994年影印本，第130册，第708页。

③ （元）胡三省：《新注〈资治通鉴〉序》，（宋）司马光《资治通鉴》，中华书局1956年标点本，第28页。

④ （宋）释祖琇：《隆兴佛教编年通论》卷二八，《卍续藏经》，中国台湾新文丰出版社1994年影印本，第130册，第708页。

容等多以佛教为重。因此，完全"规仰《通鉴》"撰述佛教史籍不切实际。

首先，是继承并改造《资治通鉴》以时间为中心的记叙方法。

《通鉴》时间上限的选择以继承左丘明《春秋左氏传》为己任，含有一定文化意义。而南宋佛教史家并没有这种史学传承的责任，没有照搬《通鉴》的时间断限。僧本觉《释氏通鉴》采用了两晋南北朝、隋唐时流行的周昭王二十四年甲寅佛圣人释迦牟尼诞生日为时间上限。僧祖琇《隆兴佛教编年通论》以东汉明帝永平七年佛教传入中土为纪时的上限。

祖琇的观点也代表了部分史家对周昭王二十四年甲寅佛圣人释迦牟尼诞生日为撰述时间上限说法的怀疑："昔西域圣人之教，既非衰周、暴秦之君能致，然西汉二三英主有可致之德，而圣人亦不至，独见梦于显宗，凡近古高僧，皆推圣人去世登千载而后教至，曾未有考著。显宗之德，有必感圣人之理，此予《通论》所以作也。"[①] 其一，祖琇认为在西周、秦，佛教根本就没有传入中土，到东汉显宗时，由于其德之所致，佛教传入中国，这是真正佛教史籍著述的上限，否定了魏晋隋唐时期流行的说法。其二，他又认为以东汉为佛教史籍撰述的时间上限，是继承了前人思想。两种不同时间上限的选择，代表两种不同对中土佛教起源的认识。

其次，继承和发展《通鉴》叙事手法，适当融入传记、文集，运用补叙、追叙等手法对编年体佛教史籍加以改造。

为使记事和记人相对集中，人物形象完整，事实条理清楚。南宋佛教史家在编年体佛教史籍融入大量僧人传记、碑铭、文集等材料，采用倒叙、补叙等手法，使佛教人物形象完整、史事有序。

南宋编年体佛教史籍在处理人物传记上有两种方法。一是直接将人物传记附在相应的纪年下。如《隆兴佛教编年通论》卷二直接将曹

---

① （宋）释祖琇：《隆兴佛教编年通论》卷一，《卍续藏经》，中国台湾新文丰出版社1994年影印本，第130册，第426页。

植、孙权等人传记插入到相应的年号下,这种做法是将列传与编年体硬放在一起,稍显僵硬。二是将列传与编年有机结合。以传主死亡时间为切入点,即在此人死亡之日(或月)先书写其卒,追述其一生事迹,就使人物传记自然地纳入编年体中。

纪传体的列传多集中在一起,或列于本纪、志和相应的条目之下,而编年体佛教史籍的人物传记则分散在各年、月、日中。如《隆兴佛教编年通论》卷七曰:"十二年,特进沈约卒。约字休文,婺州东阳人,左目重瞳,腰有紫志,少为书生,名闻一时,以风流见称,而肌体清,时谓沈郎瘦,甚为武帝所重,官业具《南史》。尝出意撰声律,以事古诗,后世取则,号曰声论,甚精佛理,著《中食论》,理趣甚高。"又如,《隆兴佛教编年通论》卷一三曰:"十四年十月五日,刺史柳宗元卒。宗元字子厚,河东人。少精敏,无不通达,为文章卓伟,精致一时,辈行推仰,博学宏词。累监察御史裹行,善王叔文,叔文得罪,贬永州司马。"这两段记录了传主的一生事迹,与纪传体列传差异不大,宋代佛教编年体史籍用编年手法改造僧传与世俗列传,使人物传记与编年浑然一体。

再次,南宋编年体佛教史籍采用纪事本末体叙事之长,使叙述史事首尾完整,继承和发扬《资治通鉴》记事上的优良传统。

南宋编年体佛教史籍经常采用追叙、补叙手法,常用词语是"初""先是""至是",以此插入事情原委,使某一事件得以集中表述。如《释氏通鉴》卷六曰:"陈法师洪偃,初梁武及太宗皆礼敬之,至是讲于宣武寺,学徒肃服,会齐使崔子武来朝而子武擅其专对之才,帝以偃内外优敏,敕令馆伴,子武加叹而归,帝益敬之。"撰者想表述陈朝法师洪偃与齐使者崔子武之间事情,为了让读者了解僧洪偃的佛法大德,使用"初"和"至是",插入其他一些事情,使整个故事情节更加生动、完整。再如,《隆兴佛教编年通论》卷二〇曰:"(永贞元年)是岁八月,顺宗逊于位,皇太子立,是为宪宗。初顺宗尝在东宫,问佛光如满禅师曰:'佛从何方来，灭向何方去？既言常住世，今佛在何处？'答曰：'佛从无为来，灭向无为去。法身等虚寂空，常住无心处。'……帝闻大悦，又尝问心要于清凉国师。"[1] 按编年顺序，永贞元年八月所记之事是顺宗让位于皇太子，宪宗即位。但撰者将顺宗向满禅师、清凉国师求法的事情补叙其后，表明顺宗皇帝与佛教的渊源关系。通过事例，可以明显看到南宋佛教史家撰述时受到纪事本末体撰述手法的影响。

最后，南宋编年体佛教史籍在注释、论述上也有不同程度的继承与发展。两宋注释《资治通鉴》有很多家，如司马康《释文》等，但这些史书释文多与正文相分离。南宋佛教史籍撰述之始就沿用佛教"合本子注"，融合传统史书注释的特点，将释文散入正文之下，注释内容极为广泛，涉及释音、释义、内容补充、史料出处等多方面，偶尔也夹杂一些撰者议论，形式多样，内容丰富。这种方法比胡三省的合注还要早几十年。概言之，由于撰者、内容侧重、撰述原因等多方面的差异，南宋编年体佛教史籍与传统编年体史书编纂上有诸多融合和变革。可以说，南宋佛教编年体史籍继承了以《资治通鉴》为主的编年体史书的优良传统，结合佛教典籍自身的特点，又有新的变化与变革。

二 南宋纪传体、编年体佛教史籍的史学批评

南宋佛教史学的发展不仅表现在佛教史家对于佛教、传统历史的认识，还表现在他们对于佛教史籍、史家的评述及史学批评理论的提升。诸如撰述史书目的是什么？什么是良史？如何正确处理史料？此类问题都出现在南宋佛教史家讨论中。

（一）什么是良史？

这是传统史家长期探讨的问题。从先秦孔子书法不隐，以求真伪

---

[1] （宋）释祖琇：《隆兴佛教编年通论》卷二〇，《卍续藏经》，中国台湾新文丰出版社1994年影印本，第130册，第621页。

良史，到汉唐注重直书实录①，两宋吴缜的信史之论，朱熹的"读史当观大伦理、大机会、大治乱得失"②之论，这些史家的讨论对南宋佛教史家有很大影响。归纳说来，他们对良史的认识有两类。

首先，传统的善恶必书、考信求真仍是南宋佛教史家讨论良史的一条重要标准。良史即是信史。正如僧志磐曰："有一代君臣，必有一代之史，所以记诸言动法不法也。尧舜之德必书，跖蹻之行必书，天时人事，善恶臧否，莫不毕录。有可法，有可诫，谓之信史，若是其可也。"③认为史书撰写应该善恶必书，类似尧舜的美德善行要记载，而如跖蹻之恶行也要记录，这才是可信之史。故他又以此为标准，评论史书记载佛教事实的得失："自佛法来东，举世知所宗上，真文秘要，盈满天下。明心见性之道，可坐以进，益物救世，正在仁义。久久弊诈，日起之后，通人胜士，钦挹风规，历代修史之家未尝不列叙其事。故范晔之论《西域》曰：'佛道神化兴自身毒，西汉方志莫有称焉，岂道闭往运，而数开叔叶乎。'袁宏之著《汉纪》曰：'天竺有佛道焉，能化通万物，而大济群生。'唐贞观称制《晋书》，摩什、图澄皆列于传，而赞之曰：'垂文阐教，通幽洞冥。'魏收撰《魏书》，其志佛老曰：'佛言三世神识常不灭，凡为善恶，必有报应，渐积胜业，乃至无生。'此皆诸史叙佛之明义，知佛道果可以益物救世云耳。异哉，欧阳氏之修《唐书》也，凡释氏之事有裨国政开人心者，悉删去之，适足以存旧史之该赡，其乏通学，守隘见有若是，谓之信史，未信也。"④

---

① 如班固在《汉书》中评论道："然自刘向、扬雄博极群书，皆称迁有良史之材……其文直、其事核、不虚美、不隐恶，故谓之实录。"参见《汉书》卷六二《司马迁传》，中华书局1962年版，第2738页。刘知几在《史通》亦曰："苟爱而知其丑，憎而知其善，善恶必书，斯为实录。"参见《史通》卷一三《惑经》，辽宁教育出版社1997年版，第114页。

② （宋）吴缜：《新唐书纠谬序》，曾枣庄编《宋代序跋全编》卷一五，齐鲁书社2015年版，第384—386页；（宋）黎靖德编：《朱子语类》卷一一，中华书局1986年版，第196页。

③ （宋）释志磐：《佛祖统纪》卷三八，《大正新修大藏经》，中国台湾财团法人佛陀教育基金会1990年版，第49册，第356页。

④ （宋）释志磐：《佛祖统纪》卷三八，《大正新修大藏经》，中国台湾财团法人佛陀教育基金会1990年版，第49册，第356页。

第三章　宋元佛教史学批评

志磐以传统史书记载佛教事迹为例，赞扬范晔、袁宏、魏收等能够正视并记载佛教发展的事实，指出"历代修史之家。未尝不列叙其事"，同时，他也批评欧阳修在编撰《新唐书》时，删除佛教事实，是未能遵守"天时人事，善恶臧否，莫不毕录"的标准，缺乏见识，根本不能称为信史。

天台宗佛教史家吴克己认为："君举必书，故曰史。史者，所以记当时失得之迹也。以故恶如弑君必书，丑如烝母必书，岂以其丑恶而不之记耶？是知修史者不没其当时善恶之事，斯可为信史也。昔范晔著《汉书·西域传》，始论佛法。陈寿志《三国》，则忽而不录。唐太宗修《晋书》，于沙门高行，时有所取。魏收于《北史》著《佛老志》，李延寿于《南史》作《顾欢传》，凡帝王公卿毁赞佛老者，莫不悉载。其于二教之偏正优劣，当年今日未尝不明识所归。欧阳氏之修《唐书》、《五代史》也，于佛老之事则删之。夫唐书，唐家之正史，非欧阳之私书也。"①他认为史书是用来记载当时得失事实，善恶必书，这才是信史。以此为标准，他认为范晔、唐太宗、魏收修史能注意记载佛教事实，遵循了信史的准则，相反由于陈寿对佛教"忽而不录"，欧阳修编撰《新唐书》《新五代史》"于佛老之事则删之"，对于这些史书，他认为并不是信史之作，批评欧阳修以私人之心来修史，不可取。

与上述二位一样，祖琇也把善恶必书、注重事实作为撰述的重要条件。"自东汉《西域传》范晔论释氏，大暨陈寿《三国志》则置而勿言，唐太宗《晋书》则班班纪著沙门神异之迹，未始辙有一言訾佛。况佛化自晋抵南北朝，始大振于天下，贤哉。魏收、李延寿之作，凡当世帝王公卿从事吾佛者，未尝讳之而不书，书之，亦未尝以人事议佛也。及《顾欢传》，则假手当时群公评议二教而罪欢曰：'欢虽同二法，而意党道教。'呜呼，可谓良史

---

①（宋）释志磐：《佛祖统纪》卷三九，《大正新修大藏经》，中国台湾财团法人佛陀教育基金会1990年版，第49册，第356页。

矣，陋哉。"① 他认为佛教自两汉传入中土，发展甚快，而世俗史书中，有的专门记载佛教神异之事，没有一点毁坏佛教之言，有的则是没有隐讳，将当时士大夫信佛事实记载下来，撰述态度也并不以人心好恶而书之，皆良史之作。

不同的是，祖琇没有据此批评欧阳修《新唐书》，而采取一种调和方法为其开脱。"欧阳文忠公雅嫉吾释，未始略有假借，独于《唐志》尊一行大衍之作，而宋景文于《方技篇》削一行、玄奘等传而独著道泓地理之说，或者以为唐浮图行业无足为二公取者，故止于是而已。夫岂然哉？盖大衍所以统天时，地理则切于人事，是宜史笔取也。若吾释之盛，莫盛于唐，凡三百年间以道德为天下宗师者，不可悉数，欧、宋以为奉异方之教，故讳之而不书，犹春秋时，虽老聃、郯子之贤，返不若江人、黄人得书于经，岂亦老氏不足取哉。盖国经之典，凡礼、乐、刑、政所及，贵贱必书，若吾浮屠大绝世累，颖脱尘表者于刑政何与焉？宜其不参于世典也。由是言之，欧、宋黜吾释，其微意乃所以尊之也。"②

他首先指出史笔之所记载的范围，应是有关天时、人事之事，具体说，即"盖国经之典，凡礼、乐、刑、政所及，贵贱必书"，而佛教虽然昌盛于唐代，但又大绝于尘世，与国家行政、民生之关系不大，故而他认为欧阳修不记载佛家事实，其意与《春秋》史书不记载老子、郯子之贤一样，是尊重佛教的意思。可见，祖琇的良史观比较矛盾，一方面他赞同志磐等观点，坚持善恶必书，注重事实，认为史书不据实记载佛教发展事实，不能算良史之作；另一方面，他又认为史书记载范围应有关天时地理、国民生计的大事，佛教与之关系不大，不予记载很自然，并以此为给欧阳修开脱。

---

① （宋）释祖琇：《隆兴佛教编年通论》卷六，《卍续藏经》，中国台湾新文丰出版社1994年影印本，第130册，第485页。

② （宋）释祖琇：《隆兴佛教编年通论》卷一五，《卍续藏经》，中国台湾新文丰出版社1994年影印本，第130册，第576页。

归纳来说,南宋佛教史家对良史有一个清醒的认识,强调善恶必书、考信求真的标准,注重史书的传道布义、语言繁简都是史家讨论良史的准则,亦表明南宋佛教史家对良史认识的丰富性和深刻性。但将是否著录佛书与良史联系起来,也是他们显而易见的一个缺陷。

(二)经世致用的史学劝鉴

大致来说,南宋佛教史家经世劝鉴的史学理解可分为两方面。首先,他们从世俗角度出发,强调佛教史籍对社会经世劝鉴的作用。如宋僧文莹撰述《玉壶清话》,他在序言中明确表达经世劝鉴的史学理解。"古之所以有史者,必欲其传,无其传,则圣贤治乱之迹,都寂寥于天地间,当知传者,亦古今之大劝也。"[1] 又如,祖琇继承司马光经世劝鉴的撰史思想。"规仰司马文正公《通鉴》"[2],撰成《隆兴佛教编年通论》。他在评论历代政权更替时说:"凡魏晋已来,符、石、姚、刘、二萧、陈、高、宇文、杨氏十三朝兴亡因果循环之验,皆毫未无差,吾教所以诞敷六合,有大益于天下国家者,其言因果报应之事与天道大合,有以助天为劝沮也。故鸿经广论,深切著明,必欲人人自信,因既如是,果亦如之而莫可逭也,儒虽曰其事好还,然未申劝沮之理,此所以(杜)牧之唯诋隋文而不远推累朝积习循环之弊,独唐家之兴,则异于彼,故其运祚灵长,益足以为天下之至鉴也。"[3] 撰者总结了历代世俗政权更替原因,认为唐代之所以能长久不衰,是有其独到之处,指出了后世人君要引以为鉴,明确表达他经世劝鉴的史学意识。

其次,志磐品论桓彝祖孙时曰:"桓彝守宣城死于苏峻之难,忠矣。子温握兵以窥朝廷,乱矣。温子玄藉父之资终为僭逆,身死家

---

[1] (南宋)释文莹:《玉壶清话》卷首,中华书局1984年标点本,第1页。
[2] (宋)释祖琇:《隆兴佛教编年通论》卷二八,《卍续藏经》,中国台湾新文丰出版社1994年影印本,第130册,第708页。
[3] (宋)释祖琇:《隆兴佛教编年通论》卷十,《卍续藏经》,中国台湾新文丰出版社1994年影印本,第130册,第519页。

亡，贼矣。后世修史，置彝《列传》，温玄《四夷传》，辱先世为多矣。玄南面八十日，其迹似王莽，而不能久世为权臣，而卒自陷于乱贼，其可为后世戒。"① 撰者以桓玄父子逆反为例，劝鉴后世要引以为戒，明确表达他劝善戒恶的史学思想。

当然，作为佛教僧人，南宋佛教史家更多着眼于佛教发展，通过总结佛教与世俗社会关系等问题，为当时佛教能兴盛发展提供劝鉴作用。志磐就不时地借古劝今，借今劝后。如他在评论宋代权势之家强占寺院土地时说："今时势家多以恩例冒占寺院，子弟干仆并缘为奸，取寺山造蒙，是陷父母于不义之地。而钱谷、竹木，四时诛求视以为常，不思他日地狱酬偿之苦，为儒、为官，不幸而负此见识，以是教其子，以是责其仆，小得而大失，可不自警哉。李意及为寺家奴，特其报之轻者，今故表出之，以为好作重过者之戒。"② 志磐批评这种强占寺院土地现象，认为其应受报应，"今故表出之，以为好作重过者之戒"，以此来劝鉴世俗人士要处理好与佛教的关系。

祖琇仿效司马光的资治思想，经常借古劝今。如他在比较北魏、唐太宗、玄宗等普度众僧时说："唐太宗即位首议频赦，乃忠良之害，予谓国家横恩普度，亦非法门之利也。昔元魏末泛渡僧尼至数百万，卒有周武之祸。……盖患乎泛滥猥薛，苟安衣食者，徒玷明德，而无补于教也。"③ 他总结以前僧人的普度情况，认为国家频繁剃度僧人也是不利于佛教发展的，此处看似在评论以前得失，实际他也是针对宋王朝频繁剃度僧人，借古劝今，以劝鉴当权者不要随便剃度僧人，这样不仅无益于国家，也无益于佛教的发展。应该说，与传统史家相比，南宋佛教史家对经世劝鉴的史学理解有其特点，更多以古劝今，

---

① （宋）释志磐：《佛祖统纪》卷三六，《大正新修大藏经》，中国台湾财团法人佛陀教育基金会1990年版，第49册，第340页。

② （宋）释志磐：《佛祖统纪》卷三九，《大正新修大藏经》，中国台湾财团法人佛陀教育基金会1990年版，第49册，第369页。

③ （宋）释祖琇：《隆兴佛教编年通论》卷二四，《卍续藏经》，中国台湾新文丰出版社1994年影印本，第130册，第658页。

着眼于宋朝君臣与佛教之间关系，才是南宋佛教史家经世劝鉴、史学批评的真正目的。

（三）强调史书撰述的规范性

强调史书撰述规范性也是南宋佛教史家注重史学批评的一项重要意识，在某种程度上，它的出现表明南宋佛教史家整体水平的提高，史学自觉意识进一步增强，诸如注重史料来源与考订、强调引文规范性等问题都成了南宋佛教史家关注的对象。

综观南宋佛教史籍撰述，可以看出佛教史家在史料采用的态度上多为谨慎，取材范围之广，考订史料之严谨与早期佛教史家相比，有过之而无不及。如上文提及的《玉壶清话》，撰者就是采用神道碑、墓志、行状、实录及奏议、碑表、野编小说、文集等撰成。《佛祖统纪》在史料来源上专门列举一个清单，可见撰者非常重视史料来源的真实性、广泛性，其中涉及儒家经、史、子、集，佛教经典，道教典籍，碑志、行状等有数百种之多。

除了取材上讲求广泛、真实，在审视史料本身真伪上更见南宋佛教史家的严谨性。即使是从正史、行状中采用的史料，他们也敢于持怀疑态度，并从史料撰写主观性角度给予批评，如僧祖琇说："唐李习之曰：'史官记事不得实，乃取行状、谥牒，凡为状者皆门生故吏，苟言虚美，尤不足信。'予观李德裕故吏郑亚所为《会昌一品制集序》铺张德裕勋业，与新史本传无异，而《旧史·武宗纪》则著德裕之恶，与诏词皆合，然则新史取信故吏之说，宁不误后来者乎？"[1] 援引唐代史家观点，批评李德裕故吏郑亚为其所撰的《会昌一品制集序》，认为它不可信。实际上，祖琇是从史源学角度提出撰述史书要注意史料的主观性偏差给人造成的误导，从理论上发展宋代佛教史籍撰写的规范性。

在这种追求史料真实性思想的指导下，考据史料在南宋佛教史籍

---

[1] （宋）释祖琇：《隆兴佛教编年通论》卷二六，《卍续藏经》，中国台湾新文丰出版社1994年影印本，第130册，第679页。

是较平常事。无论是佛教经典，还是儒家信史都是南宋佛教史家纠谬、考据的对象。祖琇十分推崇孟子"尽信书，不如无书"的怀疑态度[1]，认为对使用的史料多要考据，他在《隆兴佛教编年通论》卷一六对唐僧道宣与无畏之间的神奇事情做过一番详细的考证，认为不足信。志磐在《佛祖统纪》卷三七则考订佛教善慧大士的史事。这些都是南宋佛教史家注重史料真实性的表现。

强调引文规范性也是南宋佛教史家关注的内容之一。在不少南宋佛教史籍中，撰者多强调要表明史料引文的来源，或在句后，或在篇首。如宋僧本觉《释氏通鉴》大多利用小注注明所引内容的出处，《释氏通鉴》卷一二甲寅后周世宗显德元年条下记载："正月，南唐节度使冯延巳撰《开先院碑》，略曰：'……云云。'"[2] 撰者引用引文较规范，既标明所用史料来源，又用"略"字表明对引文删节，态度严谨。但也有南宋佛教史家对引文规范性有自己的理解。如《佛祖统纪》处理引文采取的方法是有时注明出处，有时无须注明。"此书之作，或因旧文以删修，或集诸文以补足，或取师友之论著，或考碑碣之撰述，不复一一注所出者，修史之法当若是也，其间关涉稍众者，则必时时有所引证，不得已耳。"[3] 他认为佛教史籍由于取材上或删除旧文，或取之文集，或征引碑表，根本无法一一注明出处，只要在关键地方标出即可，这样才是真正的修史方法。

总的来说，南宋佛教史家对史学批评理解要比前代史家丰富得多，他们更多关注史家修养、史学规范、史学作用等深层次问题。换句话说，南宋佛教史家对史学批评表现更自觉、客观、实用，更加传统化，理论水平亦更高。

---

[1] （宋）释祖琇：《隆兴佛教编年通论》卷二七，《卍续藏经》，中国台湾新文丰出版社1994年影印本，第130册，第687页。

[2] 下注"略曰，材料引自《庐山记》"

[3] （宋）释志磐：《佛祖统纪》卷一，《大正新修大藏经》，中国台湾财团法人佛陀教育基金会1990年版，第49册，第131页。

第三节 宋代官私目录对佛教史籍的著录和评述

汉末至魏晋佛经翻译繁多，记载佛教典籍的专科目录——经录也随之出现。曹魏时朱士行《汉录》，西晋竺法护、聂道真《众经录》，东晋道安《综理众经目录》，其后有《魏众经目录》《出三藏记集》《众经目录》《历代三宝记》《大唐内典录》等内容丰富，体例严谨。梁启超、陈士强等对此有详细研究。中国古代官、私目录著录有大量佛教典籍，学者虽有研究，但或局限于《七录》《七志》《隋书·经籍志》等，或在中国目录学史稍带提及，或只考察宋代目录著录的禅宗典籍，没有系统考察传统目录学对佛教史籍的著录和分类。[①] 宋代目录学承前启后，继往开来，出现了《崇文总目》《遂初堂书目》《郡斋读书志》《直斋书录解题》等，在中国目录学史上占有重要的历史地位。这些宋代官私目录在分类、著录、评述包含佛教史籍在内的释书都有新的诠释，代表了传统史家对中国佛教史籍的态度，是宋代佛教史学批评的又一亮点。

一 宋以前官私目录对佛教典籍的著录和评述

传统目录学著录佛教典籍，始自西晋秘书监荀勖《晋中经簿》，"晋领秘书监荀勖因《魏中经》更著新薄，虽分为十有余卷，而总以四部别之"[②]。该书著录"一千八百八十五部，二万九百三十五卷，

[①] 曾主陶：《论我国古典目录中佛教和道教两类的产生和发展》，《高校图书馆工作》1985年第3期；哈磊：《宋代目录书所收禅宗典籍》，《四川师范大学学报》（社会科学版）2010年第3期；罗凌：《〈宋史·艺文志〉子部释氏类书目考辨》，《三峡论坛》2018年第3期；来新夏：《古典目录学》，中华书局1991年版；倪士毅：《中国古代目录学史》，杭州大学出版社1998年版。均有提及。

[②] （唐）释道宣：《广弘明集》卷三，《大正新修大藏经》，中国台湾财团法人佛陀教育基金会1990年版，第52册，第109页。

其中十六卷佛经，书簿少二卷，不所载多少"①。这十六卷佛经在《晋中经簿》如何分类？以及是什么文献，皆不得而知。刘宋王俭仿效《七略》撰述《七志》，"改六艺为经典，次诸子，次诗赋为文翰，次兵为军书，次数术为阴阳，次方技为术艺。以向歆虽云七略，实有六条，故立图谱一志，以全七限"②。他又将"《七略》及《汉艺文志》中经簿所阙之书，并方外之经，佛经、道经各为一录"附七志之后，但又不在其数。③

梁阮孝绪仿此撰述《七录》，"其方内经记至于术技，合为五录，谓之内篇。方外佛道各为一录，谓之外篇。凡为录有七，故名《七录》"④。他将佛道正式列入七数，比王俭《七志》更进一步，他认为王氏处理佛道的做法不足为取，"虽载于篇，而不在志限。即理求事，未是所安。故序佛法录，为外篇第一"⑤。《佛法录》三卷，著录戒律部、禅定部、智慧部、疑似部、论记部五部二千四百四十六种，二千六百六十八帙五千四百一十卷。"戒律部七十一种，八十八帙三百三十九卷。禅定部一百四种，一百八帙一百七十六卷。智慧部二千七十七种，二千一百九十帙三千六百七十七卷。疑似部四十六种，四十六帙六十卷。论记部一百一十二种，一百六十四帙一千一百五十八卷。"⑥是传统目录对包含佛教史籍在内释书的第一次大规模著录和分类，从著录思想来看，阮孝绪想穷尽天下佛道之书，"天下之遗书秘

---

① （唐）释道宣：《广弘明集》卷三，《大正新修大藏经》，中国台湾财团法人佛陀教育基金会1990年版，第52册，第110页。

② （唐）释道宣：《广弘明集》卷三，《大正新修大藏经》，中国台湾财团法人佛陀教育基金会1990年版，第52册，第109页。

③ （唐）释道宣：《广弘明集》卷三，《大正新修大藏经》，中国台湾财团法人佛陀教育基金会1990年版，第52册，第109页。

④ （唐）释道宣：《广弘明集》卷三，《大正新修大藏经》，中国台湾财团法人佛陀教育基金会1990年版，第52册，第109页。

⑤ （唐）释道宣：《广弘明集》卷三，《大正新修大藏经》，中国台湾财团法人佛陀教育基金会1990年版，第52册，第109页。

⑥ （唐）释道宣：《广弘明集》卷三，《大正新修大藏经》，中国台湾财团法人佛陀教育基金会1990年版，第52册，第111页。

记,庶几穷于是矣"①。故《佛法录》基本囊括他能见到的佛教文献。史家将释书纳入传统目录体系始自阮孝绪《七录》无疑。

《魏书·释老志》是北魏官方对佛教历史、文化现象总结和评述的产物。它"传达的是一般民众的佛教信仰和一般阶层的佛教知识"②。表明北魏普通阶层对佛教知识记载的认知,代表官方对佛教历史的解读与认可。撰述者系统介绍法身、三世、四谛、六度等佛教的基本概念和教义,有关出家、在家的规定和结果,佛陀的故事以及佛教发展史。

佛教典籍并不是《魏书·释老志》重点介绍的内容,除了记载佛祖及其弟子著述情况,表明佛教文献撰述历史及起源。"初释迦所说教法,既涅槃后,有声闻弟子大迦叶、阿难等五百人,撰集著录。阿难亲承嘱授,多闻总持,盖能综核深致,无所漏失。乃缀文字,撰载三藏十二部经,如九流之异统,其大归终以三乘为本。后数百年,有罗汉、菩萨相继著论,赞明经义,以破外道,《摩诃衍大小阿毗昙》《中论》《十二门论》《百法论》《成实论》等是也。皆傍诸藏部大义,假立外问,而以内法释之。"③ 其余多为介绍佛教译经,如"晋元康中,有胡沙门支恭明译佛经《维摩》、《法华》、三《本起》等。微言隐义,未之能究","僧肇尤为其最,罗什之撰译,僧肇常执笔,定诸辞义,注《维摩经》"等之事。《魏书·释老志》较少系统性记载佛教典籍,更不用论佛教史籍。可以说,南北朝相较而言,南朝史家对佛教文献、佛教史籍的分类和著录远超过北朝史家的重视度。

《隋书·经籍志》是现存最早四部分类的官方目录,是隋统一南北后第一次的学术大总结。它把佛、道作为附录置于四部之后,并作一概述,却不著录书名。"大乘经六百一十七部,二千七十六卷。小乘经四百八十七部,八百五十二卷。杂经三百八十部,七百一十六

---

① (唐)释道宣:《广弘明集》卷三,《大正新修大藏经》,中国台湾财团法人佛陀教育基金会1990年版,第52册,第109页。
② 葛兆光:《〈魏书·释老志〉与初期中国佛教史的研究方法》,《世界宗教研究》2009年第1期。
③ 《魏书》卷一一四《释老志》,中华书局1974年标点本,第3028页。

卷。杂疑经一百七十二部，三百三十六卷。大乘律五十二部，九十一卷。小乘律八十部，四百七十二卷。杂律二十七部，四十六卷。大乘论三十五部，一百四十一卷。小乘论四十一部，五百六十七卷。杂论五十一部，四百三十七卷。记二十部，四百六十四卷。"①

《四库全书总目》认为《隋书·经籍志》处理道、佛两类方法遵循《七录》例："梁阮孝绪作《七录》，以二氏之文，别录于末，《隋书》遵用其例，亦附于志末，有部数、卷数而无书名。"②但未说明《隋书·经籍志》对释书再分类是否也遵循《七录》。

实际上，《隋书·经籍志》对释书再分类可能参考隋开皇十四年法经《众经目录》分类法。梁僧祐《出三藏记集》为现存最早佛教经录，但其未按大小乘、经、律、论分类。之后佛教经录开始注重按大小乘、经、律、论分类。有两部仅存篇目的经录，分类颇有参考价值，一为《李廓录》，一为《宝唱录》。这两个经录都有大小乘、经律论之分，但又过于琐碎，体例上也不够严谨。法经《众经目录》出现，这一问题才得以解决。该目录在时间上与《隋书·经籍志》相距仅20多年，体例上，《隋书·经籍志》对释书再分类也与其相似。可以说，《隋书·经籍志》对释书分类可能是《七录》与佛教经录的总结，对释书的体系和经典经过认真整理，只不过由于"道、佛者，方外之教，圣人之远致也。俗士为之，不通其指，多离以迂怪，假托变幻乱于世，斯所以为弊也。故中庸之教，是所罕言，然亦不可诬也。故录其大纲，附于四部之末"③。意即儒家士人不相信怪力神鬼之说，但又不能忽视佛道的存在，故只记载其大纲，不著录具体书名，但其对释家类理解完全是佛经目录的认知。

《隋书·经籍志》文末对佛道有一个类似《魏书·释老志》的简单总结。开篇即明"佛经者，西域天竺之迦维卫国净饭王太子释迦牟

---

① 《隋书》卷三五《经籍四》，中华书局1973年标点本，第1094—1095页。
② （清）永瑢、纪昀主编：《四库全书总目》卷一四五，中华书局1965年版，第1236页。
③ 《隋书》卷三五《经籍四》，中华书局1973年标点本，第1099页。

尼所说"①，以此引起佛陀故事。其后，"初释迦说法，以人之性识根业各差，故有大乘、小乘之说。至是谢世，弟子大迦叶与阿难等五百人，追共撰述，缀以文字，集载为十二部。后数百年，有罗汉菩萨，相继著论，赞明其义。然佛所说，我灭度后，正法五百年，像法一千年，末法三千年，其义如此"②，引起大小乘经、正法像法末法思想的起源等。又言"推寻典籍，自汉已上，中国未传。或云久以流布，遭秦之世，所以堙灭"③。以之引出张骞出使西域，方有《四十二章经》翻译，其后《十住经》《泥洹经》《放光般若经》《维摩》《法华》《十诵律》相继翻译，佛教文献流行中土。是书又提及："梁武大崇佛法，于华林园中，总集释氏经典，凡五千四百卷。沙门宝唱撰《经目录》。"④"大业时，又令沙门智果于东都内道场撰诸经目，分别条贯，以佛所说经为三部；一曰大乘，二曰小乘，三曰杂经。其余似后人假托为之者，别为一部，谓之疑经。又有菩萨及诸深解奥义、赞明佛理者，名之为论，及戒律并有大、小及中三部之别。又所学者，录其当时行事，名之为记。凡十一种。今举其大数，列于此篇。"⑤

《隋书·经籍志》文末对佛教历史简单总结既记载了佛陀故事、教义，也记载高僧大德翻译佛经、传播佛教的光辉事迹，但撰述者多以佛教文献作为佛教历史发展、僧众传播的主线索贯穿其中，与《魏书·释老志》做法截然相反，个中缘由一方面表明撰述对佛教文献在佛教发展过程中重视作用的肯定；另一方面或与其为《隋书·经籍志》而非《释老志》有一定关系，即《经籍志》更注重文献的发展及作用。

尽管如此，《隋书·经籍志》还是著录大量与佛教有关的书籍，共计乐类2种，孝经类2种，小学类2种，仪注类1种，旧事类1种，杂传类15种，地理类9种，儒家类2种，杂者类11种，天文类4种，历

---

① 《隋书》卷三五《经籍四》，中华书局1973年标点本，第1095页。
② 《隋书》卷三五《经籍四》，中华书局1973年标点本，第1096页。
③ 《隋书》卷三五《经籍四》，中华书局1973年标点本，第1096页。
④ 《隋书》卷三五《经籍四》，中华书局1973年标点本，第1098页。
⑤ 《隋书》卷三五《经籍四》，中华书局1973年标点本，第1099页。

法类8种，医家类17种，别集类12种，总集类4种。这些多是佛教高僧撰述有关文学、儒家、音义、杂传、地理、目录类的书籍，这种分类很大程度上表明撰述者对佛教文献和非佛教文献有明显的区分，即未被著录在佛经类中的文献在传统史家看来多是传统书籍而非佛教典籍。

《隋书·经籍志》著录的佛教史籍多分布在经部小学类，史部杂传类、地理类、子部杂者类中，如杂传著录《道人善道开传》《名僧传》《高僧传》《江东名德传》等十余部僧传。缘由是阮仓作《列仙图》，刘向作《列仙》《列士》《列女》传，魏文帝作《列异》序鬼物奇怪之事，嵇康作《高士传》叙圣贤之风。后人"因其事类，相继而作者甚众，名目转广，而又杂以虚诞怪妄之说。推其本源，盖亦史官之末事也。……今取其见存，部而类之，谓之杂传"①。可见在《隋书·经籍志》来看，魏晋南北朝出现的僧传只是时人仿效前人《列仙》《列士》《高士》传的继作的史书而已，多是"史官之末事"而非佛教典籍，故将其列入史部杂传类。同理，地理类著录《佛国记》《庐山南陵云精舍记》《洛阳伽蓝记》《外国传》《历国传》《大隋翻经婆罗门法师外国传》《游行外国传》《慧生行传》。② 撰述者更多将这些佛教史籍看作是史部地理书而非佛教典籍。

《隋书·经籍志》子部杂者亦著录《历代三宝记》《真言要集》《感应传》《众僧传》《高僧传》《皇帝菩萨清净大舍记》《宝台四法藏目录》等与佛教有关书籍，却名入杂者传。所谓："杂者，兼儒、墨之道，通众家之意，以见王者之化，无所不冠者也。古者司史历记前言往行，祸福存亡之道。然则杂者，盖出史官之职也。放者为之，不求其本，材少而多学，言非而博，是以杂错漫羡，而无所指归。"③ 从中可见，撰述者认为类似《历代三宝记》《感应传》《众僧传》《高僧传》等书籍虽然都是史书，但又言非而博，杂错漫羡，不好归类，只好都放

---

① 《隋书》卷三三《经籍二》，中华书局1973年标点本，第982页。
② 《隋书》卷三三《经籍二》，中华书局1973年标点本，第982—985页。
③ 《隋书》卷三四《经籍三》，中华书局1973年标点本，第1010页。

在子部杂者中。名为杂者，亦却明确了这些书籍与佛经之间的区别。

实际上，《隋书·经籍志》对佛教史籍的分类与著录不明确之处甚多。如同一本宋尚书郎王延秀撰的《感应传》既被收入史部杂传，又被收进杂者传。又如《历代三宝记》《宝台四法藏目录》在佛经目录中是目录书，却被放进子部杂者。再者《众僧传》《高僧传》等僧传被撰述者各分类在史部杂传、子部杂者、集部总集中。这些皆表明《隋书·经籍志》试图将包含佛教史籍在内的释书的分类和著录纳入传统知识体系中还有诸多不明确之处，传统史家对佛教史籍等具有史学、佛学、地理学等多重性质的文献认知尚待完善。

与《隋书·经籍志》相比，《旧唐书·经籍志》既有失败之处，也有可取之处。失败在于没有仿效《隋书·经籍志》专设释家类，而把佛教典籍附录在道家类。《隋书·经籍志》乃至毋煚《开元内外经录》对释书的分类和著录的理论都被抛弃了。

《旧唐书·经籍志》减少与佛教有关书籍的著录，道家类共著录22种佛教典籍，数量偏少，且大部分是魏晋、隋唐僧俗撰述的佛教论议、护法文集、目录类作品，如《牟子》《法苑》《内典博要》《六趣论》《夷夏论》《破邪论》《历代三宝记》等。① 关涉佛教教义的经文、注疏基本未著录，与《隋书·经籍志》对释家类的理解完全不同。此外，《旧唐书·经籍志》乐类还著录佛教典籍1种，小学2种，正史1种，杂传14种，地理4种，杂家11种，历算9种，医术本草2种，别集2种。《皇帝菩萨清净大舍记》《宝台四法藏目录》《大隋翻经婆罗门法师外国传》等原本著录于《隋书·经籍志》的佛教史籍被《旧唐书·经籍志》删除了。

但《旧唐书·经籍志》著录佛教史籍的可取之处在于，撰述者试图扭转《隋书·经籍志》分类与著录佛教史籍的混乱现象。首先，撰述者将《隋书·经籍志》子部杂者中虞孝敬撰六卷《高僧传》放到

---

① 《旧唐书》卷四七《经籍下》，中华书局1974年标点本，第2030页。

史部杂传，与《名僧传》《比丘尼传》《续高僧传》《草堂法师传》《稠禅师传》等同归一类。① 其次，《旧唐书·经籍志》还著录了一些唐代佛教史家的史著，如《续高僧传》《西域求法高僧传》《辩正论》《集古今佛道论衡》《广弘明集》等，表明了《旧唐书·经籍志》对当代佛教史籍撰述的重视。

二 宋代官方目录对佛教史籍的分类和著述

《崇文总目》是景祐元年，宋仁宗因为"三馆及秘阁所藏或谬滥不全"②，"新作崇文院，命翰林学士张观等编四库书，仿《开元四部录》为《崇文总目》，书凡三万六百六十九卷"③。它是宋代第一部有解题，著录较全，规模宏大的官修书目。

解题之说起源于《七略》，书名下附有简略说明，节录"叙录"而成解题。④ 但其后书目"不能辨其流别，但记书名而已"⑤。如《隋书·经籍志》《旧唐书·经籍志》等多无解题。《崇文总目》则打破过往书目无解题的格式，为以后书目所效仿。"今所传者以《崇文总目》为古，晁公武、赵希弁、陈振孙并准为撰述之式。"⑥

据清钱东垣、金锡鬯、钱侗等辑《崇文总目》5 卷，45 类，按经史子集划分。其中子部二十类，释书在最后。除了史部地理类著录僧法琳《青溪山记》、唐玄奘《大唐西域记》，其余佛教典籍皆归入子部释书类。⑦

撰述者将佛教典籍分为释书上（57 部，336 卷）、释书中（45

---

① 《旧唐书》卷四六《经籍上》，中华书局 1974 年标点本，第 2003 页。
② （清）永瑢、纪昀主编：《四库全书总目》卷八五，中华书局 1965 年版，第 728 页。
③ （元）脱脱等：《宋史》卷二〇二《艺文志一》，中华书局 1977 年标点本，第 5032 页。
④ 闵定庆：《叙录体目录生成的文化机制——〈七略〉研究之一》，《古籍整理研究学刊》1993 年第 5 期。
⑤ （清）永瑢、纪昀主编：《四库全书总目》卷八五，中华书局 1965 年版，第 728 页。
⑥ （清）永瑢、纪昀主编：《四库全书总目》卷八五，中华书局 1965 年版，第 728 页。
⑦ （宋）王尧臣等编，（清）钱绎辑释：《崇文总目》卷二，《粤雅堂丛书》，清道光至光绪间南海伍氏刻本，二编第十五集，第 49—50 页。

部，89卷）、释书下（27部，202卷）3类，可见撰述者对佛教典籍的分类和著录有新的观点和认知。相较《隋书·经籍志》《旧唐书·经籍志》或将释书置于四部之末，或将释书置于道家之中，《崇文总目》恢复单独释书类为一大进步。这种进步还表现在撰述者对释书分类更为有序，著录数量更多。著录释书有138部，627卷之多，数量上超过前代。

从著录释书的分类来看，第一，《崇文总目》减少了对佛经著录，尤其是翻译佛经著录更是少之又少。释书上只著录《楞严经》《佛说法句经》《释摩诃衍论》等几部翻译佛经，其余皆为中土僧众撰述。中土僧众撰述又分为佛经、文论、灯录、类书等。如《坛经》《宝藏论》《内典叙记集》《辩证论》《景德传灯录》《法苑珠林》《释氏六帖》《僧史略》等。① 这种现象是与宋代译经衰弱有密切关联。自唐末五代，由于战乱四起，译经一蹶不振。北宋初期曾有过短暂的翻译活动，神宗时即废除译经院、印经院，正式停止了佛经翻译工作。② 可以说，宋代自太平兴国七年至景祐四年，共翻译佛经260部，681卷，数量远低于唐代。③ 再加上，此时的印度密教发展正盛，传入北宋的佛教典籍多是密教经典，成为佛经翻译的主要对象。④ 因此，在宋代译经减弱与密宗经典翻译盛行下，中土僧人对佛经翻译兴趣不高，甚至有人鉴于部分密宗经文内容的不妥，提出"宜焚弃此本，以绝后惑"⑤。这种情况下，宋代佛教的注意力自然会转到中土佛学撰

---

① （宋）王尧臣等编，（清）金锡鬯辑释：《崇文总目》卷四，《粤雅堂丛书》，清道光至光绪间南海伍氏刻本，二编第十五集，第76—88页。
② （宋）李焘：《续资治通鉴长编》卷三二八，中华书局2004年标点本，第7895页。
③ 关于宋代翻译佛经的总量，主要依据北宋《大中祥符法宝录》《天圣释教总录》《景祐新修法宝录》所记载翻译数量，去掉重复统计而成。（这三种宋代经录的数据来源参考陈士强《佛典精解》，上海古籍出版社1993年版，第105、111、114页）另外，顾吉辰认为自太平兴国七年至景祐二年共翻译佛教经论464卷（顾吉辰：《宋代佛教史稿》，中州古籍出版社1993年版，第107页）。
④ 吕澂：《中国佛学源流略讲》，中华书局1979年版，第386页。
⑤ （宋）释志磐：《佛祖统纪》卷四三，《大正新修大藏经》，中国台湾财团法人佛陀教育基金会1990年版，第49册，第401页。

述。反映到《崇文总目》释书著录上就是关注中土佛经撰述,减少翻译佛经的数量。

第二,撰述者加重对禅宗文献的著录。如释书主要以著录禅宗语录、法句、警言为主,如《禅宗理性偈》《无住和尚说法记》《禅关入门》《雍熙禅颂》《仰山辩宗论》等,其中著录的佛教史籍亦以《禅门法印传》《六祖传》等禅宗人物传为主。[1] 可见,撰述者对释书中的定位就是著录魏晋唐宋禅宗文献,反映了宋代对禅宗的重视。禅宗的一枝独秀本就是宋代佛教发展的新特点。两宋时类似隋唐时宗派林立的现象已经不复存在,律宗、法相宗、密宗等相比隋唐而言大不如从前,逐渐衰弱。禅宗至宋代发展甚为昌盛,以致有禅宗"五家七宗"之说。[2] 正如宋僧契嵩总结禅宗发展史所说:"(禅宗)正宗至大鉴传既广,而学者遂各务其师之说,天下于是异焉,竞自为家,故有沩仰云者,有曹洞云者,有临济云者,有云门云者,有法眼云者,若此不可悉数,而云门、临济、法眼之家三徒于今尤盛。"[3] 僧契嵩虽然概括宋代禅宗的发展情况,却从某种角度说明宋代禅宗的兴盛。因此,《崇文总目》释书中著录禅宗文献为多亦是宋代禅宗繁盛在官方目录学中的反映。

第三,《崇文总目》释书下著录以佛教史籍为主,既有《比丘尼传》《宝林传》《法显传》《僧法琳别传》等僧传,亦有《弘明集》《广弘明集》《庐山集》《破胡集》等护法文集。亦有《金陵塔寺记》《舍利塔记》《摄山栖霞寺记》等寺记塔志。也有《开皇三宝录》等经录。[4] 过往《隋书·经籍志》《旧唐书·经籍志》对僧传、护法文集、寺记塔志、经录的处理是不归入到释书中,而是将其分散归入到

---

[1] (宋)王尧臣等编,(清)金锡鬯辑释:《崇文总目》卷四,《粤雅堂丛书》,清道光至光绪间南海伍氏刻本,二编第十五集,第76—88页。
[2] 吕澂:《中国佛学源流略讲》,中华书局1979年版,第388页。
[3] (宋)释契嵩:《传法正宗记》卷八,《大正新修大藏经》,中国台湾财团法人佛陀教育基金会1990年版,第51册,第763页。
[4] (宋)王尧臣等编,(清)金锡鬯辑释:《崇文总目》卷四,《粤雅堂丛书》,清道光至光绪间南海伍氏刻本,二编第十五集,第86—88页。

第三章　宋元佛教史学批评

史部杂传、地理，子部杂者传、集部中。这些表明隋唐史家对此类书籍属于佛教文献，还是史书性质尚不明确。但《崇文总目》这种著录实际上是宋代官方对这些佛教史籍首先归属佛教文献，其次是史书性质的一种肯定。

第四，重视五代、北宋佛教文献的著录。《崇文总目》除了著录魏晋隋唐的佛教文献，亦著录了五代、北宋僧众撰述的佛教文献，如可洪《新集藏经音义随函录》、义楚《释氏六帖》、赞宁《僧史略》等，尤其是禅宗文献的著录，如《祖堂集》、道原《景德传灯录》、延寿《感通赋》等。这亦是撰述者重视当代佛教典籍著录的一种表现。

此外，《崇文总目》对著录每部书都有解题，郑樵曾反对这种做法曰："每书之下，必著说焉。据标类自见，何用更为之说？且为之说也，已自繁矣。何用一一说焉？"①清钱东垣、金锡鬯、钱侗等辑《崇文总目》五卷，辑得原序三十篇，原释九百八十条，引证四百二十条。②其中辑的释书类多据宁波天一阁藏明抄宋本《崇文总目》，多为有目无释。常见"原释以下缺，见天一阁抄本"③字样。只有两条原释不缺。"《破胡集》一卷，原释释氏兴于西域，自汉末始流入中国。（见《东观余论》）"④"《德山集》一卷，原释不详何人。（见《东观余论》）"⑤

从这两条解题可见，《崇文总目》对释书的解题较为简单，还是以作者、书籍的内容为主。但此两条的解题均为《崇文总目》引自北宋黄伯思撰述《东观余论》。该书是黄伯思（1079—1118年）在《法帖刊误》基础上辑录平日关于书法的议论题跋而成的一部书学著作。

---

①（宋）郑樵：《通志·二十略》，中华书局1995年标点本，第1818页。
②倪士毅：《中国古代目录学史》，杭州大学出版社1998年版，第114页。
③（宋）王尧臣等编，（清）金锡鬯辑释：《崇文总目》卷四，《粤雅堂丛书》，清道光至光绪间南海伍氏刻本，二编第十五集，第77页。
④（宋）王尧臣等编，（清）金锡鬯辑释：《崇文总目》卷四，《粤雅堂丛书》，清道光至光绪间南海伍氏刻本，二编第十五集，第88页。
⑤（宋）王尧臣等编，（清）金锡鬯辑释：《崇文总目》卷四，《粤雅堂丛书》，清道光至光绪间南海伍氏刻本，二编第十五集，第88页。

《崇文总目》编撰于仁宗景祐元年（1034年），完成于庆历元年（1041年）。故上述两条解题当是黄伯思撰述《东观余论》时引用《崇文总目》释书中解题，钱东垣、金锡鬯等辑《崇文总目》，又自《东观余论》反辑出来，故标明"见《东观余论》"，这也是钱东垣等辑《崇文总目》少见标清引文来源的地方之一。

（一）《宋国史艺文志》《中兴国史艺文志》对佛教史籍的分类与著录

宋代每朝都撰国史，其中艺文志就称《国史艺文志》。《宋史·艺文志》著录有六部国史，吕夷简《宋三朝国史》（太祖、太宗、真宗三朝）、王珪《宋两朝国史》（仁宗、英宗两朝）、李焘和洪迈《宋四朝国史》（神宗、哲宗、徽宗、钦宗）被《玉海》《文献通考》《宋史》等引用。尚有留存，其余三书或"绍兴时，以褒贬失实，废而不用"或"王旦之书，则南渡时已不传"，皆已亡佚。①

1932年，赵士炜据《玉海》《文献通考》《宋史》等重新辑出《宋国史艺文志辑本》二卷，因"《玉海》所引多曰《国史志》，未有区别，不悉其为《三朝志》，抑《两朝志》，故今所辑录，合前三志于一编，统曰《国史志》"②，共辑208条。

据赵士炜辑本，《宋国史艺文志》采用经史子集四部分类法，释家类列于子部第四，位在道家、神仙家之后，法家之前。体例沿革上，"《三朝志》似本之咸平《馆阁书目》，《两朝志》本之《崇文总目》，《四朝志》似本之政和《秘书总目》"③。基本上"每类有小序，每书有解题"④。

---

① 赵士炜：《宋国史艺文志辑本序》，王承略、刘心明等编《二十五史艺文经籍志考补萃编》第二〇卷，清华大学出版社2013年版，第455页。
② 赵士炜：《宋国史艺文志辑本序》，王承略、刘心明等编《二十五史艺文经籍志考补萃编》第二〇卷，清华大学出版社2013年版，第456页。
③ 赵士炜：《宋国史艺文志辑本序》，王承略、刘心明等编《二十五史艺文经籍志考补萃编》第二〇卷，清华大学出版社2013年版，第456页。
④ 赵士炜：《宋国史艺文志辑本序》，王承略、刘心明等编《二十五史艺文经籍志考补萃编》第二〇卷，清华大学出版社2013年版，第456页。

第三章 宋元佛教史学批评

《三朝志》著录释书58部，616卷，《两朝志》著录113部，《四朝志》著录10部。① 这与北宋末年政局动荡，图书散逸有很大关系，所谓"靖康之变，散失莫考，今见于著录，往往多非曩时所访求者"②。其著录的佛教典籍虽较《崇文总目》为少，但考虑到辑本缺失，亦可见宋代官方对佛教典籍的重视。

赵士炜《宋国史艺文志辑本》只辑得《三朝志》释家类中一条《序》。"《三朝志》：'《唐开元释藏录》凡五千四十八卷，《正元藏目》又二百七十五卷，而禅观之书不预焉。迄于皇朝，复兴翻译。太平天国后至道二年，二百三十九卷。又至大中祥符四年，成一百七十五卷，润文官赵安仁等编纂新目，为《大中祥符法宝》。咸平初，云胜奉诏编《藏经随函索隐》六百六十卷入。令诏访唐正元以后未附藏诸经益之，并令摹刻。刘安仁又分《太宗妙觉秘诠》为名《真宗法音》，集论颂赞诗为三卷，以《法音旨要》为名，摹印颁行。讫于天禧末，又译成七十卷。（凡大乘经三百三十四卷，大乘律一卷，大乘论二十九卷，小乘经八十一卷，小乘律五卷，西方圣贤集二十九卷）。今取传记、禅律纂之书参儒典者具之。'"③

可见，《三朝志》直接以唐《开元释藏录》（当为释智昇《开元释教录》）著录的卷数为释书目录的起点，将《出三藏记集》《众经目录》《历代三宝记》等魏晋、隋经录弃之不理。接着谈及《正元藏目》（应为唐释圆照《贞元新定释教目录》）又增加275卷。后结合宋代佛教禅宗兴盛，批评两者不著录禅宗文献。以下则都讨论宋代《大中祥符法宝》《藏经随函索隐》《真宗法音》等目录编纂。最后"今取传记、禅律纂之书参儒典者具之"。强调《三朝志》释家类著

---

① 赵士炜：《宋国史艺文志辑本序》王承略、刘心明等编《二十五史艺文经籍志考补萃编》第二〇卷，清华大学出版社2013年版，第495—496页。
② 赵士炜：《宋国史艺文志辑本序》王承略、刘心明等编《二十五史艺文经籍志考补萃编》第二〇卷，清华大学出版社2013年版，第463页。
③ 赵士炜：《宋国史艺文志辑本序》，王承略、刘心明等编《二十五史艺文经籍志考补萃编》第二〇卷，清华大学出版社2013年版，第496页。

207

录的书籍除了有常见经律论，还包括有僧传、禅宗语录、仪律、论议等文献，实际上亦为以后《两朝志》《四朝志》以及《崇文总目》《中兴国史艺文志》著录佛教典籍定了一个基调，影响颇深。

《中兴国史艺文志》是南宋官藏书籍和学术又一次的大总结。"淳熙四年，秘书少监陈骙等言：'中兴馆阁藏书，前后搜访，部帙渐广，乞仿《崇文总目》类次。'五年，书目成，计现在书四万四千四百八十六卷，较《崇文总目》所载实多一万三千八百一十七卷。"① 该书将释家类置于兵家、医家、神仙家之后，在类书之前，共著录"一百家一十部七百七十五卷"。但是赵士炜怀疑曰："按家已一百，部才一十，当无是理，恐有阙文也。"② 赵士炜辑本没有著录任何释家类的序或书名。

（二）《新唐书·艺文志》《宋史·艺文志》对佛教史籍的分类和著录

仁宗时，宋祁、欧阳修、曾公亮等奉敕撰述《新唐书》，开始于仁宗庆历四年（1044年），完成于仁宗嘉祐五年（1060年），共225卷，其中《艺文志》由欧阳修负责修撰。从时间上，正好接续《崇文总目》。但《新唐书·艺文志》主要是"以《唐开元四库书目》《旧唐书·经籍志》为蓝本，旁及唐人其他目录而编成"③。

《新唐书·艺文志》延续《旧唐书·经籍志》不设置释家类，将其归入到道家类中的方式。但在一些佛教史籍具体分类和著录上，两者略有不同。欧阳修在道家类中著录"凡释氏二十五家，四十部，三百九十五卷。"④ 与《旧唐书·经籍志》不同的是，《新唐书·艺文志》道家类著录佛教典籍既有裴子野《名僧录》、僧宝唱《名僧传》、

---

① 赵士炜：《中兴国史艺文志序》，王承略、刘心明等编《二十五史艺文经籍志考补萃编》第二〇卷，清华大学出版社2013年版，第521页。
② 赵士炜：《中兴国史艺文志序》，王承略、刘心明等编《二十五史艺文经籍志考补萃编》第二〇卷，清华大学出版社2013年版，第543页。
③ 倪士毅：《中国古代目录学史》，杭州大学出版社1998年版，第109页。
④ 《新唐书》卷五九《艺文志三》，中华书局1975年标点本，第1524页。

僧惠（慧）皎《高僧传》、僧道宗《续高僧传》、陶弘景《草堂法师传》、萧回理《草堂法师传》等，亦有《注戒本》《释门章服仪》《释门归敬仪》《释门护法仪》等佛教仪律，亦有《俱舍论文疏》《大庄严论文疏》《法华经缵述》《大乘集议论》《注金刚般若经》等佛教经疏。① 这些佛教典籍都是《旧唐书·经籍志》道家类未著录的，欧阳修又将其重新归入释书，较之《旧唐书·经籍志》是谓又一新变化。这种著录佛教典籍的新变化与《崇文总目》对释书的分类和著录略有相近，或是两者皆仿效唐《开元四部书目》所致。

《宋史》集众手撰述，编撰时间从元至正三年三月到五年十月，用时两年半，时间仓促。《宋史·艺文志》著述佛教典籍，更多是"利用现成的四部国史文献，因人而成"②。并没有从佛教典籍角度考虑如何审慎著录。因此，数量上，相比上述四部国史艺文志，扩大佛教典籍著录范围；体例上，它忽略佛教藏经已有分类体系以及《隋书·经籍志》《旧唐书·经籍志》等传统做法，编排混乱，重复迭出。③ 但颇为可取之处是编撰者注意到宋代佛教史籍在两宋飞速发展这一社会文化现象，著录《天圣广灯录》《景德传灯录》《普灯录》《续灯录》《景祐法宝录》《僧史略》《法藏碎金》《辅教编》《释氏要览》《宗门统要》十部宋代佛教史籍，但漏掉《宋高僧传》《佛祖统纪》《释门正统》等重要宋代佛教史籍亦为遗憾。

三 宋代私家书目对佛教史籍的分类和著录

（一）《通志·艺文略》对佛教史籍的分类和著录

《通志·艺文略》是南宋郑樵在《汉书·艺文志》《隋书·经籍志》《旧唐书·经籍志》《新唐书·艺文志》以及《崇文总目》《国史艺文志》等基础上，汇集古今书目，编撰而成的一部通史性书籍目录

---

① 《新唐书》卷五九《艺文志三》，中华书局1975年标点本，第1525—1528页。
② 罗凌：《〈宋史·艺文志〉子部释氏类书目考辨》，《三峡论坛》2018年第3期。
③ 罗凌：《〈宋史·艺文志〉子部释氏类书目考辨》，《三峡论坛》2018年第3期。

大全。"今总天下之大学术而条其纲目，名之曰略，凡二十略，百代之宪章，学者之能事，尽于此矣。"①它打破过往传统的四分法、五分法、六分法、七分法、九分法，创建了经、礼、乐、小学、史、诸子等十二小类，增加三级类目，删除序和解题，类例分明，一目了然。

《通志·艺文略》诸子类共分儒术、道家、释家、法家、名家、墨家等十一类，释家类名列第三，可见郑樵对其较重视。三级分目中，他又将释家类分为传记、塔寺、论议、铨述、章钞、仪律、目录、音义、颂赞、语录十小类。

传记位于第一，著录60部，361卷。第一部分按照魏晋、隋唐、宋的时间顺序，著录僧人总传、类传。如魏晋时总传有僧宝唱《名僧传》《比丘尼传》、僧祐《高僧传》、王巾《法师传》、慧皎《高僧传》等。②唐代僧人总传或类传记有道宗《续高僧传》、道宣《续高僧传》《后集续高僧传》、义净《大唐西域求法高僧传》、元伟《真门圣胄集》等。宋代僧人总传只著录道原《景德传灯录》、杨亿《传灯玉英集》两部，很显然，郑樵将灯录理解为僧人总传或类传的史书。此外，尽管按照时间著录，亦有混乱之感，经常出现同一作者两部作品之间被插入其他著述。如僧宝唱《名僧传》《比丘尼传》、僧祐《高僧传》《萨婆多部传》之间皆如此。③还有，宋代僧人总传有赞宁《宋高僧传》较为有名，郑樵却非将两部灯录列为总传而不著录《宋高僧传》，亦为费解。

传记第二部分为僧人单传，亦是按照时间顺序著录。魏晋南北朝时有《法显传》《法显行传》《梁故草堂法师传》《稠禅师传》等；唐代有《高僧懒残传》《僧伽行状》《一行传》《宝林传》《法琳别传》《云居和尚示化实录》等。④但在较集中的单传，郑樵又混入了《宝

---

① （宋）郑樵：《通志·二十略》，中华书局1995年标点本，第5页。
② （宋）郑樵：《通志·二十略》，中华书局1995年标点本，第1640页。
③ （宋）郑樵：《通志·二十略》，中华书局1995年标点本，第1640页。
④ （宋）郑樵：《通志·二十略》，中华书局1995年标点本，第1641页。

林传》《释氏系传》《莲社十八贤行状》三部类传，亦有混乱之嫌。此外，郑樵没有著录宋代僧人单传，反映这种形式在宋代没落。

传记第三部分是杂传、杂记类。既有《古清凉传》《续清凉传》《释迦方志》等地理记，亦有《华严经纂灵记》《金刚经报应记》《瑞像历年记》《皇帝菩萨清净大舍记》《四天王行藏记》等各类杂记。还有《历代三宝记》《古今译经图记》《续古今译经图记》本是佛教经录产物，却被郑樵归入传记。[①] 这部分郑樵基本没有著录宋人作品。

塔寺类，著录10部，70卷，基本按照时间顺序著录魏晋隋唐时的塔寺作品，如魏晋南北朝、隋代有《庐山南陵精舍记》《洛阳伽蓝记》《京师寺塔记》《华山精舍记》等。唐代有《金陵寺塔记》《大唐京寺录传》《摄山栖霞寺记》《成都大慈寺记》等。

论议类按照时间顺序，著录64部，175卷，其中或为探讨佛教传统教义注疏、或释道儒之间论争，或为禅宗理论之作。传统佛教教义、注疏有《释摩诃衍论》《宝藏论》《起信论》《僧肇论》等；释道儒之间论争有《齐三教论》《笑道论》《三教诠衡》《集古今佛道论衡》《续古今佛道论衡》《破胡集》等；禅宗理论之作有《达摩血脉》《傅大士心王传语》《菏泽禅师微决》等。[②]

诠述类按照时间顺序著录35部，472卷。既有《法苑集》《弘明集》《广弘明集》《内典博要》《内典序记集》等护法文集，也有《僧史略》《释氏会要》《释氏蒙求》《释氏六帖》等佛教简史、入门、汇集类书籍，还有神清《北山语录》、延寿《感通赋》、契嵩《辅教编》等。[③] 如果说郑樵将上述论议当作佛教经典、注疏之作的话，诠述著录书籍更像是对论议的一种补充。

仪律类著录29部，92卷，主要著录《四分律疏》《礼佛仪式》

[①] （宋）郑樵：《通志·二十略》，中华书局1995年标点本，第1641页。
[②] （宋）郑樵：《通志·二十略》，中华书局1995年标点本，第1643页。
[③] （宋）郑樵：《通志·二十略》，中华书局1995年标点本，第1644页。

《释门章服仪》等记载佛教戒律、礼仪的书籍，无佛教史籍。

目录类著录 6 部，48 卷。有《大唐贞观内典录》、《大唐内典录》、《续大唐内典录》、《内典目录》、《开元内外经录》、《唐众经目录》。郑樵全部著录的是唐代佛教目录，却将隋代费长房《历代三宝记》列为传记类，未著录《大中祥符法宝录》《景祐新修法宝录》等宋代佛教目录，亦颇费解。

音义类著录僧玄应《大唐众经音义》、郭迻《音决》、僧可洪《藏经音义》《大藏经音》4 部，59 卷。①

颂赞类著录 38 部，61 卷，著录《智闲偈颂》《见道颂》《净慧偈颂》《佛化东渐图赞》等魏晋、隋唐僧人撰述的篇幅简短，文句整秩，颇有韵文的颂赞类作品。② 其中还著录有《显宗集》《竹林集》等名虽为文集，但从体例上亦归入颂赞类。

语录类著录 56 部，91 卷，著录《德山和尚语录》《云门和尚语录》《百丈常禅师语录》《秀禅师语录》等唐宋禅师语录。

总的来说，《通志·艺文略》将释家类分为十种，共著录佛教典籍"三百三十四部，一千七百七十七卷"③。体例上，他打破《隋书·经籍志》《旧唐书·经籍志》《崇文总目》对佛教典籍的著录，创建传记、塔寺、论议、铨述、章钞、仪律、目录、音义、颂赞、语录三级分目，尤其是对佛教史籍的分类和著录较之佛教经录、传统书目更为合理。《通志·艺文略》释家类对宋代禅宗文献亦有关注。这些都是《通志·艺文略》著录佛教典籍的新亮点。但遗憾的是，由于郑樵反对《崇文总目》烦琐的类序和解题，因此包括释家类在内的整篇《艺文略》多简单著录书名、作者、卷数，有的只有书名，甚至还有作者名字错误、同一本书重复著录等现象，这些问题在释家类亦为常见。

---

① （宋）郑樵：《通志·二十略》，中华书局 1995 年标点本，第 1647 页。
② （宋）郑樵：《通志·二十略》，中华书局 1995 年标点本，第 1647 页。
③ （宋）郑樵：《通志·二十略》，中华书局 1995 年标点本，第 1649 页。

（二）《遂初堂书目》对佛教史籍的分类和著录

南宋家藏文献之风兴盛，博雅君子与荐绅文人皆好收藏书籍，"家藏之积殆与中秘侔矣"①。《遂初堂书目》是南宋尤袤根据自己平时阅读家藏书编撰的一部目录。"晋陵尤延之，始自青衿，迄夫白首，嗜好既笃，网罗斯备，日增月益，昼诵夕思，重之不以借人，新若未尝触手。耳目所及，有虞监之亲抄，子孙不忘，多杜侯之首校。……其剖析条流，整齐纲纪，则有目录一卷，甲乙丙丁之别，可以类知。"②

按照时人毛开给其作序，《遂初堂书目》按照甲乙丙丁四部分类，实际上，该书无四部之名，却有四部之实。子部有十二门，释家类排第四，与《宋史·艺文志》将释家类列于子部第四相同。毛开称其体例是"剖析条流，整齐纲纪"。但该书既无总序，又无小序、解题，这种无所诠释的体例遵循郑樵废除《崇文总目》烦琐类序、解题的建议。正如四库馆臣曰："惟郑樵作《通志·艺文略》，始无所诠释，并建议废《崇文总目》之解题，而尤袤《遂初堂书目》因之。自是以后，遂两体并行。"③

《遂初堂书目》释家类著录有具体书名的佛教典籍60部，加上"谢阳以下二十二家语录"字样，共约八十二部。④ 大致可以分为四类：一是常见的佛经、注疏，约有10部，如《金刚经》《华严经》《楞严经》《圆觉经》等。二是宋代较流行的禅宗典籍。这是整个释家类著录最多的佛教典籍，又可再分为禅宗经典、解经、注释类，如《金银字傅大士颂》《六祖金刚经解义》《六祖坛经》《王荆公注金刚经》《诸祖宗偈颂》。三是禅宗语录类为最多，著录了《勇禅师语录》

---

① （宋）毛开：《遂初堂书目序》，尤袤《遂初堂书目》，《丛书集成初编》，商务印书馆1935年版，第1页。
② （宋）毛开：《遂初堂书目序》，尤袤《遂初堂书目》，《丛书集成初编》，商务印书馆1935年版，第1页。
③ （清）永瑢、纪昀主编：《四库全书总目》卷八五，中华书局1965年版，第728页。
④ （宋）毛开：《遂初堂书目》，尤袤《遂初堂书目》，《丛书集成初编》，商务印书馆1935年版，第20页。

《雪窦语录》《马祖四家录》《临济语录》《云门语录》等马祖以下至于宋代的语录42种，为现存书目著录唐宋语录最全者。① 四是禅宗灯录、僧传、类书、杂史等佛教史籍有《宗门统要》《僧宝传》《续僧宝传》《传灯录》《佛运统纪》《正法眼藏》《林间录》等。著录禅诗的还有《庞居士诗》《寒山诗》两部。

除了著录大量禅宗典籍，《遂初堂书目》还著录《宏明集》《广宏明集》《原人论》《高僧传》等非禅宗的护法文集、经疏、僧传等，但这些数量与禅宗相比少了许多。如上所述，《遂初堂书目》是尤袤私人家藏、阅读的书目，"自然地展现了宋代士人所读佛教著作的本来面貌"②。可见，禅宗文献在宋代流行甚广，传统佛经仍具有一定的影响力，佛教史籍在宋代文人之中有一席之地。宋代禅宗繁盛、宋人阅读佛教典籍兴趣之转移等种种现象从家藏书目可管窥得见。

除了在子部释家类著录佛教典籍，《遂初堂书目》在小说类中著录北宋熙宁、元丰年间僧人文莹撰述的两部作品《湘山野录》《玉壶清话》，两书多记载宋太祖至宋神宗时期的掌故，间涉五代事。③

（三）《郡斋读书志》对佛教史籍的分类和评述

南宋绍兴二十一年，晁公武据自己藏书撰述《郡斋读书志》，时人赵希弁重编。"书凡五十箧，合吾家旧藏，除其复重，得二万四千五百卷有奇。"④ 它是现存最早的一部有提要的私家书目，囊括南宋以前的著述，尤以唐、宋书籍为多，著录图书1492部，可补前人《经籍志》和《艺文志》之缺。该书采用经史子集四分法，43类，对后

---

① 哈磊：《宋代目录书所收禅宗典籍》，《四川师范大学学报》（社会科学版）2010年第3期。

② 哈磊：《宋代目录书所收禅宗典籍》，《四川师范大学学报》（社会科学版）2010年第3期。

③ （清）永瑢、纪昀主编：《四库全书总目》卷一四〇，中华书局1965年版，第1193页。

④ （宋）晁公武：《衢本昭德先生郡斋读书志序》，《郡斋读书志》卷首，上海古籍出版社1990年校注本，第15页。

世目录影响较大。如"马端临作《经籍考》全以是书及陈氏《书录解题》为据"①。

《郡斋读书志》子部有18类，释书类位列最后。为什么晁公武要著录佛教典籍？一是他遵循前人旧例，"昔刘歆既录神仙之书，而王俭又录释氏，今亦循之"②。二者著录释书是为劝诫世人所用。所谓："神仙服食之说盛，释氏因果之教兴，杂然与儒者抗衡而意常先之。君子虽有取焉，而学之者不为其所误者鲜矣，则为患又甚于汉。盖彼八家，皆有补于时，而此二教，皆无意于世也。八家本出于圣人，有补于时，特学者失之，而庄、老犹足以亡晋，申、商犹足以灭秦，况二教无意于世，不自附于圣人，若学而又失之，则其祸将如何？故存之以为世戒云。"③ 他认为神仙家、佛教自汉唐以来到宋代十分流行，诸多儒家学人容易迷失其中，为社会一祸。为警示世人，特著录释书。

《郡斋读书志》释书类没有明确三级分类，但从著录顺序来看，大致可分为经义、注释，禅宗经典、灯录、语录、论议、护法文集等，每类又大致按照魏晋、唐宋时间顺序，著录52部文献。④ 既有《四十二章经》《华严经合论》《华严经清凉疏》《注维摩诘所说经》等佛教各宗派经典注疏，其中尤以华严宗经典为多。也有专门著录《庞蕴语录》《六祖解心经》《景德传灯录》《天圣广灯录》《古塔主语录》等唐宋禅宗语录、灯录作品。可见，晁公武十分注重对宋代禅宗兴起的著录。

五十二部佛教典籍中，具有史籍性质的约有13部，计灯录5部（《景德传灯录》《天圣广灯录》《玉英集》《分灯集》《靖国续灯

---

① （清）永瑢、纪昀主编：《四库全书总目》卷八五，中华书局1965年版，第729页。
② （宋）晁公武：《郡斋读书志》卷十，上海古籍出版社1990年校注本，第409页。
③ （宋）晁公武：《郡斋读书志》卷十，上海古籍出版社1990年校注本，第409页。
④ （宋）晁公武：《郡斋读书志》卷一六，上海古籍出版社1990年校注本，第769—799页。

录》），类书有《释氏要览》一部，护法类论议、文集有六部（《弘明集》《广弘明集》《破邪论》《甄正论》《辨正论》《辅教编》），杂史类一部（《林间录》）。这些文献尽管具有史籍性质，但在晁公武看来还是无益于士人的佛教之书。

类似《高僧传》《名僧传》《求法高僧传》《洛阳伽蓝记》等文献则被晁公武归入到史部传记类、地理类中。原因是自《隋书·经籍志》《旧唐书·经籍志》就有将僧传、佛教地理志书归入史部的传统，所谓"旧以职官、仪注等，凡史氏有取者，皆附之史，今从焉"①。晁氏认为这些文献虽然是佛教僧众、居士撰述，但因循"凡史氏有取者，皆附之史"的旧例，仍将其归入史部。

此外，《郡斋读书志》在子部小说类著录宋僧文莹《湘山野录》《玉壶清话》，宋僧惠洪《冷斋夜话》。② 前两部作品《遂初堂书目》小说类亦著录，《冷斋夜话》未被《遂初堂书目》著录。他还在经部小学类不著录唐代玄应《一切经音义》等经典，而著录辽僧行均《龙龛手镜》，亦颇有独特之处。③

《郡斋读书志》对著录的佛教典籍都有题解，少则只著录书名、卷数、作者，多则阐述著录的缘由、成书过程以及史料价值、思想观点等。

从题解来看，晁公武对于佛教历史发展、教义论疏、三藏结构以及禅宗灯录、语录以及所反映的思想观点等较熟悉。如他在《四十二章经》解题中，首先阐述佛教传入中土的过程，并言"自汉以上，中国未传，或云虽传而泯绝于秦火"④。将东汉末年定为佛教传入的肇始，颇有见识。其次，他又将《四十二章经》定为佛经传入中土之始。"及明帝感傅毅之对，遣蔡愔、秦景使天竺求之，得此经以归，

---

① （宋）晁公武：《郡斋读书志》卷五，上海古籍出版社1990年校注本，第174页。
② （宋）晁公武：《郡斋读书志》卷一三，上海古籍出版社1990年校注本，第589—591页。
③ （宋）晁公武：《郡斋读书志》卷四，上海古籍出版社1990年校注本，第161页。
④ （宋）晁公武：《郡斋读书志》卷一六，上海古籍出版社1990年校注本，第769页。

中国之有佛书自此始,故其文不类他经云。"① 突出《四十二章经》的重要地位,阐明著录此书的原因。再次,则阐述佛教三藏的形成与结构,继而引入到禅学。最后,他表明释书类著录原则是"藏经猥众,且所至有之,不录,今取其余者列于篇"②。即《郡斋读书志》著录佛教典籍多是未入藏者。《四十二章经》之所以入选,在于"此经虽在藏中,然以其见于《经籍志》,故特取焉"③,有其重要的特殊性。从上述他阐述的内容来看,基本多来自《魏书·释老志》《隋书·经籍志》对佛教的认知。

他对华严宗典籍情有独钟,是除禅宗之外著录较多的一个重点。有学者曾研究他的叔父晁说之,认为:"晁说之和他的侄子晁公武一样,都是宋代有名的藏书家,并且是天台宗信徒。最新的研究结果表明晁氏家族长久以来一直信奉天台佛教,晁说之本人也是佛教徒。"④晁说之的佛教信仰为天台宗当属无疑,清代《居士传》曰:"尝访湖南明智法师,学天台教观,晚年日诵《法华经》不辍云。"⑤ 从其交游的僧人来看,亦是台宗僧人为多。⑥

但若从《郡斋读书志》著录佛教典籍来看,晁公武并非台宗信徒,他著录的台宗文献只有一部《法华言句》,但他著录的华严经典有十部之多。计有唐代《华严经合论》《华严经清凉疏》《华严决疑论》《华严经略》《华严起信文》《华严经百门义海》《华严奥旨》,宋代《法界撮要记》《法界披云集》《华严吞海集》,这些多为唐宋华严宗经典,眼光独到。

再者,他在解题中展现的对华严宗典籍的版本流传、教义思想亦颇有见地,显现其深厚的华严理论修养。他解题《华严经》版本流传曰:

---

① (宋)晁公武:《郡斋读书志》卷一六,上海古籍出版社1990年校注本,第769页。
② (宋)晁公武:《郡斋读书志》卷一六,上海古籍出版社1990年校注本,第769页。
③ (宋)晁公武:《郡斋读书志》卷一六,上海古籍出版社1990年校注本,第769页。
④ 金秉垣:《辩太极图源于佛教一说》,《世界宗教研究》2010年第3期。
⑤ (清)彭绍升:《居士传》卷二六,成都古籍出版社2001年标点本,第137页。
⑥ 吕继北:《晁说之与佛教僧人交游考》,《咸阳师范学院学报》2017年第5期。

"《华严》大经,龙宫有三本:佛灭度后六百年,有龙树菩萨入龙宫,诵下本十万偈,四十八品,流传天竺。晋有沙门支法领得下本,分三万六千偈,至此土,义熙十四年,译成六十卷。唐证圣元年,于阗沙门喜学再译旧文,兼补诸阙,通旧总四万五千颂,成八十卷,三十九品。《合论》者,唐李通玄所撰。通玄,太原人,宗室子也。当武后时,隐居不仕。旧学佛者皆曰佛说此经时,居七处九会,独通玄以为十处十会云。"[①] 又如,他解题《华严经清凉疏》曰:"右唐僧澄观撰。澄观居清凉山,号清凉国师,即韩愈赠之诗者。文元公有言曰:'明法身之体者,莫辨于《楞严》,明法身之用者,莫辨于《华严》。'学佛者以为不刊之论云。"[②] 可见,他对于《楞严》《华严》之功效和区别是一目了然。正如有学者言宋代士大夫更多注重于禅宗语录和灯录,所重视的佛教外来译籍并不多,《华严经》是其中重要的一种。书写《华严经》亦成为宋代士大夫群体加强自身与佛教团体、社会联系的一种途径。[③] 故此,晁公武《郡斋读书志》著录较多的华严经典一方面与其信奉《华严经》有关系;另一方面亦是当时社会风气之反映。

晁公武对僧传的解题多中规中矩,基本著录僧传的卷数、作者、内容、体例等,如有不妥,亦随文修改。如:"《高僧传》十四卷,右萧梁僧释慧皎撰。慧皎以刘义庆《宣验记》、陶潜《搜神录》等数十家并书诸僧,殊疏略,乃博采诸书,咨访古老,起于永平十年,终于天监十八年,凡四百五十二载,二百五十七人,又附见者二百余人。分为《译经》《义解》《神异》《习禅》《明律》《遗身》《诵经》《兴福》《经师》《唱道》十科。"[④]

上述评述晁公武依据慧皎《高僧传序》改写而成。慧皎原意是"宋临川康王义庆《宣验记》及《幽明录》,太原王琰《冥祥记》,彭

---

① (宋)晁公武:《郡斋读书志》卷一六,上海古籍出版社1990年校注本,第770页。
② (宋)晁公武:《郡斋读书志》卷一六,上海古籍出版社1990年校注本,第771页。
③ 魏道儒:《中华佛教史·宋元明清佛教史卷》,山西教育出版社2013年版,第132页。
④ (宋)晁公武:《郡斋读书志》卷八,上海古籍出版社1990年校注本,第390—391页。

城刘俊《益部寺记》,沙门昙宗《京师寺记》,太原王延秀《感应传》,朱君台《征应传》,陶渊明《搜神录》,并傍出诸僧,叙其风素,而皆是附见,亟多疏阙"①。晁公武一则将原书列举的十余部史书压缩为刘义庆《宣验记》、陶潜《搜神录》两部;二则没有标明慧皎因为这些书"傍出诸僧,叙其风素,而皆是附见,亟多疏阙"才撰述《高僧传》,省略原文过多,造成歧义,稍为不妥。其余除了将原文"凡四百五十三载"改为"四百五十二载",《唱导》改为《唱道》外,多与慧皎原意同。

如果说,晁公武解题慧皎《高僧传》无甚新意,那么他解题"《高僧传》六卷,右梁僧惠敏撰,分《译经》《义解》两门"②。文字虽短,却稍有创见。《隋书·经籍志》《旧唐书·经籍志》等都有著录梁虞孝敬撰述《高僧传》六卷,从未说明此书之体例。晁公武言梁僧惠敏撰述《高僧传》六卷,虞孝敬出家后僧号为惠命,两者为一人。③且晁公武言此书有《译经》《义解》两门,亦超过前人对此书的著录。

晁公武对魏晋、唐代僧传解题参考了《新唐书·艺文志》。"《续高僧传》三十卷,右唐僧道宣撰。《艺文志》作道宗,大明寺僧也。以慧皎会稽人,故其书详于吴、越,而略于燕、魏。故上距梁天监,下终唐贞观十九年,百四十四载,编载二百四十人,附见者又一百六十人。"④又如:"《比丘尼传》四卷,右萧梁僧宝唱撰。起晋升平,讫梁天监,得尼六十五人,为之传。以检净为首。宝唱,金陵人。《艺文志》有其目。"⑤其中"《艺文志》作道宗"、"《艺文志》有其目"皆指《新唐书·艺文志》。

---

① (梁)释慧皎:《高僧传》卷一四,中华书局1992年校注本,第523页。
② (宋)晁公武:《郡斋读书志》卷八,上海古籍出版社1990年校注本,第389页。
③ (宋)晁公武:《郡斋读书志》卷八,上海古籍出版社1990年校注本,第389—390页。
④ (宋)晁公武:《郡斋读书志》卷八,上海古籍出版社1990年校注本,第391—392页。
⑤ (宋)晁公武:《郡斋读书志》卷八,上海古籍出版社1990年校注本,第393页。

宋代僧传，他只著录了《僧宝传》一部。"《僧宝传》三十二卷，右皇朝僧德洪撰。其序云：'五家宗派，嘉祐中达观、昙颖尝为之传，载其机缘语句而略其终始行事。德洪谓入道之缘，临终之效，有不可阙者，遂尽掇遗编别记，补以诸方之传，又自嘉祐至政和，取云门、临济两宗之裔绝出者，合八十七人，各为传，系之以赞云。'"①从中可见，他对宋代僧传著录不多，只有《禅林僧宝传》入其法眼，但他对此书亦无评论，只是引用此书原序内容作为题解阐述撰述缘由。《郡斋读书志》著录德洪三部佛教作品，除了此书，还有子部小说家《冷斋夜话》、子部释书类《林间录》。他对《林间录》的评价较低。"《林间录》四卷，右皇朝僧德洪撰。记高僧嘉言善行，谢逸为之序。然多寓言，如谓杜祁公、张安道皆致仕居睢阳之类，疏阔殊可笑。"②认为其中记载不乏很多可笑之事，是对《林间录》最大的鄙视。

晁公武著录的宋代灯录较多，显现其对禅宗独爱之处和深厚的禅学功底。他对北宋道原《景德传灯录》颇为赞赏，认为该书："披奕世祖图，采诸方语录，由七佛以至法眼之嗣，凡五十二世，一千七百一人。献于朝，诏杨亿、李维、王曙同加裁定。亿等润色其文，是正差缪，遂盛行于世，为禅学之源。夫禅学自达磨入中原，世传一人，凡五传至慧能，通谓之祖。慧能传行思、怀让，行思之后，有良价，号'洞下宗'；又有文偃，号'云门宗'；又有文益，号'法眼宗'；怀让之后有灵祐、慧寂，号'沩仰宗'；又有义玄，号'临济宗'。五宗学徒遍于海内，迄今数百年。'临济'、'云门'、'洞下'，日愈益盛。尝考其世，皆出唐末五代兵戈极乱之际，意者，乱世联明贤豪之士，无所施其能，故愤世嫉邪，长往不返，则其名言至行，譬犹联珠叠璧，虽山渊之高深，终不能掩覆其光彩，而必辉润于外也。故人得而著之竹帛，罔有遗轶焉。"③

---

① （宋）晁公武：《郡斋读书志》卷八，上海古籍出版社1990年校注本，第394页。
② （宋）晁公武：《郡斋读书志》卷一六，上海古籍出版社1990年校注本，第799页。
③ （宋）晁公武：《郡斋读书志》卷一六，上海古籍出版社1990年校注本，第784页。

第三章　宋元佛教史学批评

题解中，他一是著录了《景德传灯录》的卷数、作者、内容以及它"为禅学之源"的重要地位。二则较详细阐述了禅宗的"五家七宗"的传承。这些评述较为中肯，亦展现了晁氏对《景德传灯录》以及禅宗的深刻认识。按《景德传灯录》确为宋代禅宗重要的禅宗典籍，大中祥符四年即敕准入藏，得到官方朝廷的极大认可。同时，此书在宋代文人士大夫中亦流传较广，影响颇深。"宋代士大夫对佛教禅宗的看法和认识，很大程度上由《景德传灯录》等灯史所形塑。"[1]故此，无论是《崇文总目》《宋国史·艺文志》《新唐书·艺文志》，还是郑樵《通志·二十略》，尤袤《遂初堂书目》等官私多有著录此书，将其作为宋代禅宗的代表。

总的来说，晁公武《郡斋读书志》将设置释书类，著录五十二部佛教典籍，此外又按照《隋书·经籍志》《旧唐书·经籍志》《新唐书·艺文志》等旧例，著录僧传、灯录、地理志、小说等佛教史籍，解题中规中矩，既著录书名、卷数、作者，亦著录撰述缘由、流传情况，其中亦不乏对宋代禅宗、华严宗典籍的个人评述，为以后私家目录著录、解题佛教典籍开创了一个模式。

（四）《直斋书录解题》对佛教史籍的分类和著录

《直斋书录解题》二十二卷，南宋陈振孙撰。陈振孙字伯玉，号直斋，安吉人，曾担任绍兴教官、溧水教授、江西南城县官、兴化军通判，宋端平三年，担任浙西提举，后改知嘉兴府等。《直斋书录解题》是其据家藏书籍仿照《郡斋读书志》体例编撰的一部私人书目。《四库全书总目》引《癸辛杂识》曰："近年惟直斋陈氏书最多，盖尝仕于莆，传录夹漈郑氏、方氏、林氏、吴氏旧书至五万一千一百八十余卷，且仿《读书志》作解题，极其精详。"[2] 该书"以历代典籍

---

[1] 冯国栋：《关于〈景德传灯录〉的几点思考》，（宋）释道原《景德传灯录》，中州古籍出版社2019年校注本，第1页。

[2] （清）永瑢、纪昀主编：《四库全书总目》卷八五，中华书局1965年版，第730页。

分为五十三类，各详其卷帙多少，撰人名氏，而品题其得失，故曰'解题'。虽不标经史子集之目，而核其所列，经之类凡十，史之类凡十六，子之类凡二十，集之类凡七，实仍不外乎四部之说也"①。此书久佚，四库馆臣根据《永乐大典》辑得二残卷，"惟当时编辑潦草，讹脱宏多，又卷帙割裂，全失其旧，谨详加校订，定为二十二卷"②。

《直斋书录解题》设有释氏类，在神仙类之后，兵书类之前，颇似《郡斋读书志》。但不同的是陈氏将释书类改为释氏类，且将其放置于子部中间位置，与《郡斋读书志》将之置于子部最后稍有不同。③

著录释书的种类上，陈振孙与晁公武观点稍有异同。《直斋书录解题》释氏类共著录佛教典籍31部，翻译或注疏经典佛经有十五部，如鸠摩罗什翻译《金刚般若经》的三种刻本、唐实叉难陀翻译《华严经》、唐班剌密谛翻译《万行首楞严经》等皆在其中，④可见相比晁公武，陈氏对经典佛经较重视。与晁公武略同的是，陈氏著录禅宗文献8部，其中灯录2部《嘉泰普灯录》《宗门统要》，语录有《六祖坛经》《雪峰广录》《大慧语录》3部，禅宗僧传1部《禅林僧宝传》，偈颂2部《禅宗颂古联珠集》《龙牙和尚颂》。⑤其余还有宋代居士语录2部，《法藏碎金》《道院要集》；杂史1部，《林间录》；音义1部，《景祐天竺字源》；文集2部，遵式《金园集》《天竺别集》等。

除了在释氏类著录佛教典籍，其余各类未仿效《郡斋读书志》在经部小学类、史部传记、地理类中著录佛教音义、僧传、地理史籍的

---

① （清）永瑢、纪昀主编：《四库全书总目》卷八五，中华书局1965年版，第730页。

② （清）永瑢、纪昀主编：《四库全书总目》卷八五，中华书局1965年版，第730页。

③ （宋）陈振孙：《直斋书录解题》卷一二，上海古籍出版社1987年校注本，第353页。

④ （宋）陈振孙：《直斋书录解题》卷一二，上海古籍出版社1987年校注本，第353—354页。

⑤ （宋）陈振孙：《直斋书录解题》卷一二，上海古籍出版社1987年校注本，第357—359页。

做法。陈氏只在集部别集中著录惠洪《石门文字禅》，并作出评述，是陈氏为数不多对佛教史家、文献的评述，可见他对德洪的器重。"《石门文字禅》三十卷，僧高安喻德洪觉范撰。一作惠洪。其在释门得法于真净克文。而于士大夫则与党人皆厚善，诵习其文，得罪不悔。为张商英、陈瓘、邹浩尤尽力。其文伟俊，不类浮屠语。韩驹子苍为塔铭云尔。"①

从著录佛教典籍来看，陈氏注重经典佛经与禅宗文献，著录佛教史籍的只有《僧宝传》《林间录》《嘉泰普灯录》《宗门统要》四部，诸如《高僧传》《名僧传》《景德传灯录》等多未著录，可见他对佛教史籍并不重视。形成这种原因，一者在于，陈氏并没有像晁公武《郡斋读书志》承袭《隋书·经籍志》《旧唐书·经籍志》《新唐书·艺文志》《崇文总目》对佛教典籍的分类和著录。二者在于二人对佛教的兴趣和理解差别较大。正如陈垣所言："晁、陈二氏见解不同，陈氏颇不喜佛，晁氏则以佛为其家学。"② 一个不喜佛，一个是佛教信徒。《四库全书总目》言《直斋书录解题》仿效《郡斋读书志》，但若单从释书类来看，二者差异明显，但亦属允当，毕竟兴趣所致。

总的来说，自西晋秘书监荀勖撰《晋中经簿》著录佛教典籍开始，释书就进入到传统目录学体系中。无论是《七志》《七录》，还是《隋书·经籍志》《旧唐书·经籍志》等都著录佛教典籍。宋代是传统目录学著录佛教典籍的一个新时代，《崇文总目》《宋国史艺文志》《中兴馆阁书目》等官方书目在前人基础上，对佛教典籍的分类、著录都有新的见解，并且有较详细的解题，为宋代世人熟悉、了解佛教典籍提供更多的官方认可。郑樵、晁公武、陈振孙等在官方书目、禅宗兴起的影响下，撰述私人书目，著录较多禅宗文献。但无论是官方，还是私家目录著录佛教典籍，目的或是如晁公武为了警戒世人不

---

① （宋）陈振孙：《直斋书录解题》卷一七，上海古籍出版社1987年校注本，第521页。
② 陈垣：《中国佛教史籍概论》，上海书店出版社2005年版，第104页。

要沉迷于佛教，或是出于"以辨其真伪，核其异同。亦考证之所必资，不可废也"①，更多是有助于史家之考辨，从佛教角度出发而著录者则少矣。

第四节 契嵩的明"道"批评史观及其政治因素

契嵩（1007—1072年）俗姓李，字仲灵，号潜子，藤州镡津（今广西藤县）人。母钟氏。七岁入东山沙门出家，十三岁落发，受具足戒，"十九而游方，下江湘，徙衡庐"②，遍参名师，经传杂书，靡不研究。他会通五戒、十善同儒家五常，著《原教篇》《孝论》《传法正宗论》《辅教篇》等，为宋代颇有影响的禅学高僧。无论在佛教理论，还是在佛教史学撰述，对后人都有较大影响，在他诸多著述中，明道批评史观是其重要的一个史学思想观念，深受后代佛教史学家的重视。

什么是"道"？对于佛教史家来说，道有二道：一是佛祖无上证道，阐释佛教的真如之道、如来之道、顿悟之道、护法之道等皆为佛教史籍的首要标准；一是传统社会伦理之道、儒家的王道、皇极之道，兴废存亡之道等，此为佛教史籍阐发的又一道，正所谓"佛之道本而常，未始离乎世相推迁之际"。佛教与人间社会是两个不能分离的世界，移风易俗，宣传王朝的道德伦理也是佛教史籍的一个职责。明"道"是契嵩在佛教史学撰述中一直坚持强调的重要思想，明佛教禅宗的正统之道，明儒家学说的教化之道。他坚持佛教有益于世俗政治说，并始终亲力亲为推行这一理想，并以之作为评判问题的标

---

① （清）永瑢、纪昀主编：《四库全书总目》卷八五，中华书局1965年版，第730页。
② （宋）陈舜俞：《镡津明教大师行业记》，（宋）释契嵩《镡津文集》卷首，《大正新修大藏经》，中国台湾财团法人佛陀教育基金会1990年版，第52册，第648页。

准。他的教化之道深受宋代官方和学术界的影响，在传统社会的影响远大于正统之道。这一切得益于他积极的政治实践和宋代官方对佛教的支持政策。①

一 对佛教史与禅宗正统的评述

契嵩是宋代云门高僧之一，弘扬佛法，广开善门是其分内之事，故明佛教之"道"是其明道史观的一个主要核心层面。从史学史的角度来说，他的主要工作是对以往佛教史的总结，然后在此基础上确立禅宗正统的地位。

对佛教史的总结是魏晋南北朝时期高僧大德比较忽略的工作之一。虽有佛教高僧撰述著作，以记佛教发展情况，但或是流于僧传，如《高僧传》《名僧传》等僧人传记，或又流于名山寺塔记，虽然也有涉及佛教通史者，如南齐竟陵王之《三宝纪传》、北周净蔼《三宝集》，但二书皆亡佚，不知其体例与内容，汤用彤先生猜测为"想均叙佛之平生，直及教化东流以后之状况，上列三书，均纪事本末体也"②。唐代时期对佛教史的总结有了进一步发展，如神清在《北山录》中用编年体手法，以朝代时间为序，从秦时十八沙门自西域远至东夏传法，一直叙述到唐代佛教发展状况，虽然言辞过简，但其总结佛教发展史的思想清晰可见，其他总结佛教发展史的著作也多出现在唐代。

相对于唐代而言，宋代僧众对佛教史的总结更为积极，其中更多的是借总结佛教史来树立佛教宗派内部的正统问题。③ 契嵩也不例外，

---

① 关于契嵩研究，学术界多有成果。洪淑芬：《佛儒交涉与宋代儒学复兴——以智圆、契嵩、宗杲为例》，大安出版社1997年版；陈雷：《契嵩佛学思想研究》，宗教文化出版社2008年版；陈斐：《契嵩的"非韩"与宋代的儒释互动》，《河南师范大学学报》2009年第4期；等等。但从佛教史学批评角度探讨他的明道史观与政治关系尚不多见。

② 汤用彤：《汉魏两晋南北朝佛教史》，上海人民出版社2015年版，第405页。

③ 如宋代禅宗著述《景德传灯录》、天台宗著述《佛祖统纪》等都通过佛教史籍撰述宣扬派别的正统地位。

他在多数作品中都屡次提到了他对佛教史发展的考虑及其背后的佛教正统观。

首先,他批判唐僧神清关于禅宗发展的若干观点。"唐高僧神清,不喜禅者,自尊其宗,乃著书而抑之……吾始视清书,见其校论三昧……及考其禅宗之说,问难凡数番,辄采流俗所尚……徐思其所谓迦叶等,岂能传佛心印,尤为狂言。"① 按,禅宗是谓教外别传,迦叶为印度禅宗初祖,秘密相传一人,至二十七祖般若多罗授法于菩提达摩,后达摩入中土传慧可,可传僧璨,璨传道信,信传弘忍,忍传慧能、神秀,分为南北二家,遂有南北正统之争。从《北山录》来看,神清所赞赏的禅宗是北宗禅,他对南宗禅的态度则是讥讽过多;而契嵩是南宗云门派系僧众,因此,他对于神清的批判其性质仍是南北之争。

其次,他总结了宋代佛教发展,尤其南宗之盛状,归纳其繁盛的原因。两宋时期,类似隋唐时宗派林立的现象已经是不复存在了,律宗、法相宗、密宗等势力相比隋唐而言是大不如从前,呈现逐渐衰弱之势。相反禅宗、天台宗、净土宗则较为流行。禅宗至宋代时发展甚为昌盛,以致有禅宗"五家七宗"之说。② 他在总结宋代禅宗发展史时说道:"(禅宗)正宗至大鉴传既广,而学者遂各务其师之说,天下于是异焉,竞自为家,故有沩仰云者,有曹洞云者,有临济云者,有云门云者,有法眼云者,若此不可悉数,而云门、临济、法眼之家三徒于今尤盛,沩仰已熄,而曹洞者仅存,绵绵然尤大旱之引孤泉,然其盛衰者,岂法有强弱也,盖后世相承得人与不得人耳。书不云乎,苟非其人,道不虚行。"③ 此中,契嵩概括了禅宗在宋代的发展情况,认为随着禅宗学者的各功其说,禅宗(南禅)于是一分为五派,而云

---

① (宋)释契嵩:《镡津文集》卷一三,《大正新修大藏经》,中国台湾财团法人佛陀教育基金会1990年版,第52册,第721页。
② 吕澂:《中国佛学源流略讲》,中华书局1979年版,第388页。
③ (宋)释契嵩:《传法正宗记》卷八,《大正新修大藏经》,中国台湾财团法人佛陀教育基金会1990年版,第51册,第763页。

门、临济、法眼三家发展的尤为兴盛，沩仰宗则已经消亡，曹洞宗也呈衰弱之势，形成这种盛衰不均现象的原因，并不是哪种宗派佛法高低的问题，关键看是否传授得人，佛教各宗派的兴盛与后世佛教僧徒的继承发展有着莫大的关系，故曰"岂法有强弱也，盖后世相承得人与不得人耳"。

最后，肯定禅宗是佛教的正统地位不容置疑。两宋时期天台宗在吴越王钱弘俶、僧义寂、遵式、知礼等人的努力下也渐趋兴盛，但天台宗与禅宗之间的正统之争也不时出现。故契嵩曰："原夫菩提达摩实佛氏之教之二十八祖也，与乎大迦叶，乃释迦文如来直下之相承者也，……而学者寡识，不能推详其本真，……适考其是非，正其宗祖……某幸此窃谓识者曰：'吾教以正法要为一大教之宗，以密传授为一大教之祖，其宗乃圣贤之道原，生灵之妙本也，其祖乃万世学定慧之大范。'"① 充分肯定了禅宗教外别传是佛祖如来的正统传法。

可以说，契嵩从佛教发展史的角度出发，再次肯定了禅宗是佛教的正统，也是宋代佛教发展的杰出代表，他在肯定上述的同时也肯定了自己的佛教地位，为其以后更好阐明佛道、得到政治支持，打下了第一步理论基础。

二 儒家之道与佛教学说融合的教化构建及其世俗正统观的建立

如果说，上述厘清佛教发展脉络，肯定禅宗在宋代佛教正统地位仅仅是其解决佛教内部事情的话，那么顺应潮流，将儒家之道与佛教理论融合的教化并构建其世俗正统观则是其进入政治层面，获得官方认可的关键。

首先，融合佛教真如之道与儒家的性情之说，将其两者在本质上融为一体。概括说来，作为禅宗僧人，契嵩是站在禅宗佛性理论的立场上，较系统地融合了儒家性命说与佛教学说，故而他对儒家性命说

---

① （宋）释契嵩：《镡津文集》卷一一，《大正新修大藏经》，中国台湾财团法人佛陀教育基金会1990年版，第52册，第703页。

的理解与他人相比，是既有相同之处，也有超越的地方。其思想的重要点有二。

第一，辨别性情，指出儒家性情与佛教性情的异同。那什么是性？"夫性也，为真，为如，为至，为无邪，为清，为静。近之则为贤，为正人。远之则为圣神，为大圣人。圣人以性为教，教人而不以情。"①"万物有性情，古今有死生。"②"性也者无之至也，至无则未始无，出乎生入乎死而非死非生，圣人之道所以寂焉明然，唯感所适。"③"性，生人者之自得者也，命生人者之得于天者也。"④

以上是契嵩对性认识的几种定义，显而易见，在契嵩看来，性既是代表着儒家的人性，又指的是佛教的真如佛性，儒家之"性"即是佛家的本心，儒家的情就是佛家的烦恼，由此构成儒、佛在性命观上的统一。如上所述，禅宗自六祖改革后，最大的特点就是提出了心即佛的观点，把本来虚无缥缈的佛性转化成为一种现实的、具体的人性，因此宋代禅宗僧人所谈论的佛性在某种程度上来说也就是现实的人性，因此，从这个层面上来说，契嵩的这种融合儒佛性观的做法只是继承了以往禅宗的一贯方法，而并没有凸显自己的特点。

其真正有意义的地方在于把"性"区分开来。契嵩认为性是自内而生，是一种内在的东西，并不是外在力量的赋予，他在反对东汉大儒郑玄观点的时候说："吾尝病郑氏之说不详，而未暇议之。然郑氏者，岂能究乎性命之说耶？夫所谓天命之谓性者，天命则天地之数也，性则性灵也。盖谓人以天地之数而生，合之性灵者也。性乃素有之理也，情感而有之也。圣人以人之性皆有乎恩爱、感激、知别、思

---

① （宋）释契嵩：《镡津文集》卷二，《大正新修大藏经》，中国台湾财团法人佛陀教育基金会1990年版，第52册，第655页。
② （宋）释契嵩：《镡津文集》卷一，《大正新修大藏经》，中国台湾财团法人佛陀教育基金会1990年版，第52册，第648页。
③ （宋）释契嵩：《镡津文集》卷一，《大正新修大藏经》，中国台湾财团法人佛陀教育基金会1990年版，第52册，第655页。
④ （宋）释契嵩：《镡津文集》卷六，《大正新修大藏经》，中国台湾财团法人佛陀教育基金会1990年版，第52册，第674页。

虑、徇从之情也，故以其教因而充之。恩爱可以成人也，感激可以成义也，知别可以成礼也，思虑可以成智也，徇从可以成信也。孰有因感而得其性耶。夫物之未形也，则性之与生俱无有也，孰为能感乎。人之既生也，何待感神物而有其性乎。彼金、木、水、火、土，其为物也无知，孰能谆谆而命其然乎。怪哉郑子之言也，亦不思之甚矣。"① 认为郑玄的观点是错误的，性并不是外界力量所能强加的，而是一种素有之理，是不以外在力量为转移的，是内在的东西。从而指出汉唐儒家所讲的"性"实际上只是一种外在的情。他在批驳韩愈的观点时也说："韩子之言，其取乎仲尼，所谓不移者也，不能远详其义，而辄以善恶定其上下者，岂诚然耶。善恶，情也，非性也。情有善恶，而性无善恶者，何也？性，静也。情，动也。善恶之形见于动者也，孟子之言犬之性犹牛之性，牛之性犹人之性者，孟氏其指性之所欲也，宜其不同也。吾之所言者性也，彼二子之所言者情也，情则孰不异乎，性则孰不同乎。"② 认为儒家一向所谈论的性的问题，如性之善恶等，实际上并不是真正意义上的性，而只是一种外在的情，这样契嵩就把佛教的性（即强调人世的性）与儒家的性严格地区分开来，使一切谈论性命的问题，归宿点都要落于佛教理论上，这也正是其用心所在。

从上可见，契嵩一方面继承以往禅宗僧人的做法，在概念上将儒家的人性与佛性进行比附，使二者名异而同义，在表面上达到会通儒家性命观与佛教学说的地步。但另一方面，契嵩则是站在禅宗的立场上来区分"性"之不同，使得佛教所谈论的性明显高于儒家的性命观，这也是其在会通性命观超越前人的地方。但无论如何，这种调和理论中的矛盾还是很明显的，那他又是如何从理论上根本解决这个问题的呢？

---

① （宋）释契嵩：《镡津文集》卷四，《大正新修大藏经》，中国台湾财团法人佛陀教育基金会1990年版，第52册，第666页。
② （宋）释契嵩：《镡津文集》卷四，《大正新修大藏经》，中国台湾财团法人佛陀教育基金会1990年版，第52册，第667页。

第二，心统性情。为了解决上述出现的矛盾，从理论上根本融合儒家性命观和佛教学说，契嵩又提出了"心统性情"这一观点，《广原教》开篇就抓住了这一概念，以心作为儒佛一致的哲学基础，统一三教百家的学说。"惟心之谓道，阐道之谓教"，即用心来统一佛性与儒家的人性。那什么又是心呢？"心乎大哉至也矣，幽过乎鬼神，明过乎日月，博大包乎天地，精微贯乎邻虚。幽而不幽，故至幽；明而不明，故至明；大而不大，故绝大；微而不微，故至微。精日精月，灵鬼灵神，而妙乎天地三才，若有乎若无乎，若不有不无，若不不有，若不不无。是可以言语状及乎？不可以绝待玄解谕，得之在乎瞬息，差之在乎毫氂者。是可以与至者知，不可与学者语，圣人以此难明难至也，乃为诸教。"①"心也者，聪明睿智之源也，不得其源而所发能不缪乎。圣人所以欲人自信其心也，信其心而正之，则为诚常、为诚善、为诚孝、为诚忠、为诚仁、为诚慈、为诚和、为诚顺、为诚明，诚明则感天地振鬼神，更死生变化而独得，是不直感天地动鬼神而已矣。将又致乎圣人之大道者也，是故圣人以信其心为大也。"②"古之有圣人焉，曰佛，曰儒，曰百家。心则一，其迹则异。夫一焉者，其皆欲人为善者也；异焉者，分家而各为其教者也。"③

从上可见，在契嵩看来心是最高的精神存在，世界的本原，宇宙的本体，世界上的万事万物和现象都是由心所派生出来的。从这个层面来说，心与佛教的佛性是异名同义，但另一方面，他也认为心并不是佛教所独有，而是为儒家、百家所共有之心，儒家、百家、佛教之心是相同的。这样，契嵩就利用佛教禅宗之心具有的人世性，混淆了儒家、百家之心，找到了三教百家学说的相同之处（也包括儒家的性

---

① （宋）释契嵩：《镡津文集》卷二，《大正新修大藏经》，中国台湾财团法人佛陀教育基金会1990年版，第52册，第655页。

② （宋）释契嵩：《镡津文集》卷二，《大正新修大藏经》，中国台湾财团法人佛陀教育基金会1990年版，第52册，第656页。

③ （宋）释契嵩：《镡津文集》卷二，《大正新修大藏经》，中国台湾财团法人佛陀教育基金会1990年版，第52册，第660页。

命观），找到这些观点共同存在的哲学基础。这样，他在融合儒家性命说与佛教学说时，就能用"心"这个比较模糊的概念来统一性情，以达到融会贯通的目的。他在《镡津文集·寂子解》篇中指出："其心既治，谓之情性真正，情性真正，则与夫礼义所导而至者不亦会乎？"

可见，契嵩的性情说就是以心为根据的，但他并不说清这个心是什么之心，从而就能做到以"心统性情"，并用儒家性命观与佛教学说互相阐释，解决了阐释佛教学说与儒家性命观时简单的比附现象，这也可以说契嵩在这个问题上前进了一大步，比较系统地阐释了这个命题，对于以后儒家性命观与佛教学说融合的发展有着重要的影响，也为当时他更好地被宋代文人士大夫和官方所接受作了另一个理论铺垫。

其次，他在前人的基础上，将儒家的孝与佛教的戒更好地结合在一起，提倡孝戒一体，都是治世之良道。他著有《孝论》十二章，被称为禅宗之《孝经》。概括来说，他是站在儒家伦理立场上，以儒家孝道来融通佛教之意，"拟儒《孝经》，发明佛意"[1]。具体来说，其思想主要有三点。

第一，在孝名为戒思想的基础上提出"孝为戒先"的命题，更加强调孝在佛教中的重要性。孝名为戒的思想在宋代以前就已经有之，佛教《梵网经》中就有孝名为戒的说法，唐僧神清在《北山录》中也表明这一思想，而在契嵩的融合理论中则将其进一步扩大，把儒家的孝放在佛教的戒之前，认为孝是戒之本原。所谓："孝名为戒，盖以孝而为戒之端也，……夫孝也者，大戒之所先也。戒也者，众善之所以生也。为善微戒，善何生邪？"[2] 这里契嵩融合了善、孝、戒三种概念，从反向思维来认为孝并不是戒的终结归宿，而是戒得以存在的

---

[1] （宋）释契嵩：《镡津文集》卷十，《大正新修大藏经》，中国台湾财团法人佛陀教育基金会1990年版，第52册，第701页。
[2] （宋）释契嵩：《镡津文集》卷三，《大正新修大藏经》，中国台湾财团法人佛陀教育基金会1990年版，第52册，第660页。

本原，这样就把以前关于孝名为戒的思想掉了个，从而重新诠释了孝与戒的伦理旨趣，实际上，这种孝为戒先的思想实质上是承认了儒家伦理在佛教戒律之上，与以往那种会通的做法，即孝名为戒的思想是有很大区别的，更加突出孝的第一性。

第二，将孝、五常、五戒联系在一起，以说明戒有孝之蕴。何谓戒？隋智者大师曾论道"事戒三品，名之为戒。戒即有漏，不动不出"①。通俗说，佛教的戒指其戒律，最基本的五种戒律为不杀生、不偷盗、不妄语、不邪淫、不饮酒。儒家之五常与佛教五戒之间的融合是较早就开始了，这种思想在宋代也表现得更为活跃，广泛为世俗政权和当时僧人所接受。如宋孝宗就曾经说："朕观韩愈《原道论》，谓佛法相混，三教相绌，未有能辨之者，徒文烦而理迂耳，若揆之以圣人之用心，则无不昭然矣。何则释氏穷性命，外形骸，于世事了不相关，又何与礼乐仁义者哉，然犹立戒曰：'不杀、不淫、不盗、不妄语、不饮酒。'夫不杀，仁也。不淫，礼也。不盗，义也。不妄语，信也。不饮酒，智也。此与仲尼又何远乎？"②明确表达宋代官方对儒家五常与佛教五戒之间融合的肯定。又如宋代僧人道诚引用《法苑珠林》中观点也说："夫世俗所尚仁、义、礼、智、信也，含识所资杀、盗、淫、妄、酒也。道俗相乖，渐教通也。故本于仁者则不杀，奉于义者则不盗，执于礼者则不淫，守于信者则不妄，师于智者则不饮酒，斯盖接化于一时也。"③ 但与上述不同的是，契嵩不仅将五常与五戒联系起来，而且也将孝融合在一起，别具一格。"五戒，始一曰不杀，次二曰不盗，次三曰不邪淫，次四曰不妄言，次五曰不饮酒。夫不杀，仁也。不盗，义也，

---

① （隋）释智颛说，释灌顶记：《摩诃止观》卷四，《大正新修大藏经》，中国台湾财团法人佛陀教育基金会1990年版，第46册，第39页。

② （宋）释志磐：《佛祖统纪》卷四七，《大正新修大藏经》，中国台湾财团法人佛陀教育基金会1990年版，第49册，第429页。

③ （宋）释赞宁：《释氏要览》卷上，《大正新修大藏经》，中国台湾财团法人佛陀教育基金会1990年版，第54册，第271页。

不邪淫，礼也。不饮酒，智也。不妄言，信也。是五者修，则成其人，显其亲，不亦孝乎？是五者，有一不修，则弃其身，辱其亲，不亦不孝乎？夫五戒，有孝之蕴，而世俗不睹，忽之。"① 儒家五常与佛教五戒之间融合在佛教中很早就有，但直到宋代也很少有僧人将其与孝联在一起，而契嵩恰恰在提出孝为戒先思想的同时又将孝与儒家五常、佛教五戒融合在一起，强调不修五戒、五常，就是不孝，这一方面是其"孝为戒先"思想的延伸；另一方面则又是为了满足当时政权统治者便于统治利益的需要。

第三，继承佛教以往的大孝概念，扩大了孝的范围。既然契嵩认为孝为戒先，那什么是他心中的孝呢？在契嵩看来，孝可以分为儒家的小孝和佛教的大孝。"天下以儒为孝，而不以佛为孝。曰：'既孝矣，又何以加焉？'嘻，是见儒而未见佛也，佛也极焉，以儒守之，以佛广之，以儒入之，以佛神之，孝其至且大矣。"② "夫天下之报恩者，吾圣人可谓至报恩者也，天下之为孝者，吾圣人可谓纯孝者也。"③ 此中，契嵩将孝分为儒家的小孝与佛教的大孝。认为儒家的孝只对自己现世父母行孝，而佛教的孝则涉及一切有性情的众生，是至大之孝。因为佛教认为任何一种事物都有可能是自己的往世、来世父母，因此在孝的范围上，佛教比儒家要广泛得多。同时，在佛教看来，子女对父母行孝不仅表现在现实中，更重要的是使父母能从生死轮回中解脱，达到脱离生死的境界，这才是真正的大孝。实际上，契嵩这种观点还是在以往佛教"大孝"的观点基础上加以发挥，不同的是，他是在孝为戒先的命题下提出。

不仅如此，契嵩对儒家孝含义的认识也不仅仅局限在父母身上，

---

① （宋）释契嵩：《镡津文集》卷三，《大正新修大藏经》，中国台湾财团法人佛陀教育基金会1990年版，第52册，第661页。
② （宋）释契嵩：《镡津文集》卷三，《大正新修大藏经》，中国台湾财团法人佛陀教育基金会1990年版，第52册，第661页。
③ （宋）释契嵩：《镡津文集》卷三，《大正新修大藏经》，中国台湾财团法人佛陀教育基金会1990年版，第52册，第661页。

他指出："夫道也者，神用之本也；师也者，教诲之本也；父母也者，形生之本也。"① 认为道、师、父母三者是人存在之本，父母赋予生命，老师给予人的教化，道是人作为人所追求的终极目标。故而行孝的对象不仅是父母，而且还应该包括老师和道，这样他就把行孝的范围扩大了很多，而不是仅仅局限于儒家所重视的父母之孝，就能更好地将儒家的孝与佛教结合在一起。

另外，即使是在儒家父母之孝的问题上，契嵩也有自己独特的见解："孝行者，养亲之谓也，行不以诚则其养有时而匮也，夫以诚而孝之，其事亲也全，……是故圣人之孝，以诚为贵也。"②"孝有可见也，有不可见也。不可见者，孝之理也；可见者，孝之行也。理也者，孝之所以出也；行也者，孝之所以形容也。修其形容而其中不修，则事父母不笃，惠人不诚；修其中而形容亦修。"③ 他指出即使是父母之孝，也不仅仅是供养父母，而且还要求子女必须诚心供养父母，因为在他看来，养仅是孝之行，如若离开了孝之理，则并非是真正的孝，而孝之理，则是要求诚心，这样就扩大了儒家父母之孝的范围，即分为伪孝与诚孝两种。其实质上是又把父母之孝归结到"心"这个概念上，既扩大了儒家父母之孝的范围，又与禅宗的心性论有了同一归宿。当然，在契嵩著述的《孝论》十二章中所反映的孝亲思想还有很多，如他对孝行内容的阐发、孝与善关系的讨论等，总的看来，契嵩通过对孝的重新阐释，确立了儒家孝亲观与佛教戒律的新关系，达到了一个新的思想高度。

戒孝关系是佛教中国化的一个重要思想命题，从东汉佛教传入，历经魏晋南北朝、隋唐，众多高僧对此均有阐述。两宋时期僧人在这

---

① （宋）释契嵩：《镡津文集》卷三，《大正新修大藏经》，中国台湾财团法人佛陀教育基金会1990年版，第52册，第660页。
② （宋）释契嵩：《镡津文集》卷三，《大正新修大藏经》，中国台湾财团法人佛陀教育基金会1990年版，第52册，第660页。
③ （宋）释契嵩：《镡津文集》卷三，《大正新修大藏经》，中国台湾财团法人佛陀教育基金会1990年版，第52册，第660页。

个命题上也做出自己的理解,一方面他们继承以往众多高僧的观点;另一方面,他们也根据自身和环境的变化,不断地对这个命题作出新的阐释,其中最为显著的就是僧契嵩,他的孝亲思想无论是与历代高僧,还是与当代僧人相比,其创新性、系统性都是明显可见的。可以说,这一命题直至契嵩的《孝论》方有一圆满回答,这也是整个宋代僧人对这一命题不断探求的结果。

再次,他将佛教有益于世俗政治说与佛教、理学的学说结合起来,既从理论上提高了高度,又从根本上阐发了佛教有益于世俗政治说这一观点,二者之间结合得十分紧密。

> 若今文者皆曰:"必拒佛,故世不用,而尊一王之道,慕三代之政。"是安知佛之道与王道合也。夫王道者,皇极也。皇极者,中道之谓也。而佛之道亦曰中道,是岂不然哉?然而适中与正,不偏不邪,虽大略与儒同,及其推物理而穷神极妙,则与世相万矣。故其法曰随欲,曰随宜,曰随对治,曰随第一义,此其教人行乎中道之谓也。若随欲者姑勿论,其所谓随宜者,盖言凡事必随其宜而宜之也。其所谓随其对治,盖言其善者则善治之。恶者则恶治之,是二者与夫王法以庆赏进善以刑罚惩恶,岂远乎哉?但佛心大公天下之道善而已矣,不必已出者好之,非已出者恶之。然圣人者必神而为之,而二帝、三皇庸知其非佛者之变乎?佛者非二帝三皇之本耶?①
>
> 天下同之之谓大公,天下中正之谓皇极。②
>
> 是故古之圣人推皇极于人君者,非他也,欲其治天下也。教皇极于人民者,非他也,欲其天下治也。③

---

① (宋)释契嵩:《镡津文集》卷八,《大正新修大藏经》,中国台湾财团法人佛陀教育基金会1990年版,第52册,第687页。
② (宋)释契嵩:《镡津文集》卷四,《大正新修大藏经》,中国台湾财团法人佛陀教育基金会1990年版,第52册,第664页。
③ (宋)释契嵩:《镡津文集》卷四,《大正新修大藏经》,中国台湾财团法人佛陀教育基金会1990年版,第52册,第664页。

天下多善孰知非因是而益之，有谓佛无所助，夫王者之治天下者，此不睹乎理者也。①

前文中"今文者皆曰，必拒佛"是指与契嵩同时代的儒家学者大多持反佛态度，所谓："天下学者反不能自信其心之然，遂毅然相与排佛之说，以务其名。"②"当是时，天下之士学为古文，慕韩退之排佛而尊孔子，东南有章表民……学者宗之。"③ 即是此意，而"一王之道""三代之政"则是宋代理学家心中崇奉的理想治国之道。"皇极""中正"则是理学家思想中的概念，是不偏不倚的意思，是他们理想的帝王治国策略。

由此可见，契嵩也是认为佛教有益于世俗政治的统治，可以辅助儒家治理天下。但他并没有停留在表面层次的讨论上，而是从理论层次上首先承认理想帝王的治国策略是"一王之道""三代之政"，也就是"皇极之道"，接着，他就以"皇极"为切入点，认为皇极就是适中与正、不偏不邪的意思，与中正、中道是异名同义，三者的意思实际是一样的。紧接着，他引入了佛教中道的概念，认为佛教之中道在某种程度上也就是理学的中正、皇极。故就得出帝王与理学所推崇的三代之政、皇极之道、中正之道实际上也就是在推行佛教的中道，而诸如上文中"是故古之圣人推皇极于人君者，非他也，欲其治天下也；教皇极于人民者，非他也，欲其天下治也"之言，看起来他似乎是在赞同儒家的治国之道，实质上则是在为佛教有益于世俗政治这个观点做最好辩护。

最后，在儒家政权的正统问题上，他坚持宋代流行的正统观念，积极向当时的主流思潮靠拢。他认为得天命者即是正统。什么是天命呢？

---

① （宋）释契嵩：《镡津文集》卷二，《大正新修大藏经》，中国台湾财团法人佛陀教育基金会1990年版，第52册，第657页。

② （宋）释契嵩：《镡津文集》卷一，《大正新修大藏经》，中国台湾财团法人佛陀教育基金会1990年版，第52册，第652页。

③ （南宋）陈舜俞：《镡津明教大师行业记》，（宋）释契嵩《镡津文集》，《大正新修大藏经》，中国台湾财团法人佛陀教育基金会1990年版，第52册，第648页。

第三章 宋元佛教史学批评

他解释道："天命者天之所钟也，人命者人之所授也。夫天也者三极之始也，圣人重其始，故总曰天命。天命至矣，人命必矣，至之虽幽明其有效也，必之虽贵贱其有定也，贵贱有定，故不可曲求于天也。"① 认为天命是上天所赋予，非人力所能变也，但契嵩此处谈论的天命与以往观念又有不同，他所认为的天命更加强调人、德的作用。"夫天命者因人心而安人也，是则人心归其德乎，五行七政顺其时乎，虽曰奉天之命，其实安天之命者也。后世不仁而弃德，始异者之致之也，坐其罪故不容于刑。天命者大命也，人命者禀天而成形，亦大命也。"②

此处他指出人心、人德是天命的两个重要因素，反对以往那种"奉天之命"的观念，非常重视"人心"在安天命方面所起的重要作用，十分强调人的主观能动性。这种思想颇与理学的观点相似，理学家认为人人心中皆有天理（即天命），是否得天理，在于人是否通过正心诚意来传承天道。君王之有德，天命才归之，君王若失德，天命就移之。"故古之人，德合天道而天命属之，德臻人道而人命安之。春秋先春而次王，此圣人显王者之尊天命也。以正次王，此圣人明文王法天而合乎天道也。故得天命者谓之正统也。"接着他又将德与天道、天命相联系，认为德合天道而天命属之，明确指出得天命者即谓之正统也。在契嵩看来："昔者民厄洪水，天下病之，禹以勤劳援天下于既溺，功德合乎天而天命归之，故谓正统也。夏之末也，民不胜其虐，天下苦之，以汤至仁而天命归之，故为人统也。殷之末也，如夏（原文为夏，疑为周）文王以至德怀民，故天命将归而武王承之，故为天统也。秦也、隋也，而人苦其敝，汉、唐始以宽仁，振五季伪乱也。吾宋以神武平，故天命皆归焉。"③ 他赞同夏、商、周三代和

---

① （宋）释契嵩：《镡津文集》卷五，《大正新修大藏经》，中国台湾财团法人佛陀教育基金会1990年版，第52册，第671页。
② （宋）释契嵩：《镡津文集》卷五，《大正新修大藏经》，中国台湾财团法人佛陀教育基金会1990年版，第52册，第672页。
③ （宋）释契嵩：《镡津文集》卷五，《大正新修大藏经》，中国台湾财团法人佛陀教育基金会1990年版，第52册，第671—672页。

汉、唐、宋为正统之朝代，而以秦、隋不得人心，虽有天下而不得为正统。从上可见，僧契嵩虽名之以得天命者为正统，但他所强调的天命实指的是人心、德政，"人心归其德，而五行七政顺其时者也，此舜、禹、汤、武之所以享天下也"。这才是他正统史观形成的真正思想基础。

应该指出的是，契嵩的这种正统史观也不是凭空而出的，他也是受到当时世俗史家的影响而出现的。宋代史家对正统论的探讨众说纷纭，其中宋人章望之（表民）就有《明统论》之作，惜原文亡佚，今仅能从苏东坡等人的文集中略有所见："余今分统为二名，曰正统，曰霸统。以功德而得天下者，其得者，正统也。尧、舜、夏、商、周、汉、唐、我宋其君也。得天下而无功德者，强而已矣，其得者霸统也。秦、晋、隋其君而已。"① 章望之此说将历代分为正统、霸统二种，与契嵩思想大致相同，也是十分强调德政乃正统之根源，所划定的正统朝代也与契嵩相同。在《镡津文集》中，契嵩与章望之常有书信、诗词往来②，可见二者之间关系相当密切。因此，契嵩的正统观受到章望之的影响符合情理。

三 政治实践与宋代佛教政策的契合

应该说，契嵩从佛教理论、儒家学说两个方面阐述了他对佛教发展，及其儒家与佛学融合的理论构建，而这种思想构建的最终实践结果则是获得宋代士大夫以及官方政府的支持与赞赏，从而进一步有益于佛教在当世的流传。因此为了获得这种结果，契嵩始终奔走在宋代士大夫和官方政治之中，从理想构建走向政治实践，并在宋代佛教政策的帮助下，获得成功。

---

① 《东坡文集·正统论》小注中引其说，转引自饶宗颐《中国史学上之正统论》，上海远东出版社1996年版，第103—105页。

② 参见（宋）释契嵩《镡津文集》卷十（《大正新修大藏经》，中国台湾财团法人佛陀教育基金会1990年版，第52册，第698页）、卷一七《送章表民秘书》（《大正新修大藏经》，中国台湾财团法人佛陀教育基金会1990年版，第52册，第738—739页）等。

第三章　宋元佛教史学批评

第一，坚持并亲身力行的推行佛教有益于政治说，将佛教与宋代政治紧密融合起来。契嵩在学习佛法历史和儒家学说之时就清楚认识到这一观点，争取到官方的支持对契嵩本人甚至佛教的发展来说是很好的机会。以往观点对他这一思想的形成有较大的影响，魏晋时期高僧道安早就说过，"不依国主，则法事难立"[1]。表明了佛教与世俗政权之间必须建立良好的合作关系，而随着宋代佛教世俗化与平民化的进一步发展，佛教要想在宋代有更大的作为，获得官方政府的支持是一个很重要的因素，正如契嵩在佛教中道与儒家中正的融合中，强调佛教同王道、儒家中道的一致性，目的就是为了争取当时宋代皇帝的支持和认同。[2] 结果证明他的这一做法也是有效的。因此，契嵩为了得到官方的支持，将皇极与佛教中道相融合，这些都是他在推行佛教有益于政治的实践之一的工作。

第二，广泛交游天下名士、达官贵人，以期获得学术上的认可和政治上的赞同。在他的《镡津文集》中详细记载了他和当时理学名家以及朝中达官贵人之间的书信来往和诗歌唱赋，甚至通过权贵给当时的皇帝频频上书，以表达他的政治观点。如他给当时的权贵赵内翰的上书中说："故圣君贤臣，乃吾道万世所倚赖之者也，后世之徒如尤其法，救其衰而欲有所云为者，不可舍乎朝廷之圣贤者也。"[3] 明确指出了世俗君王大臣是佛教挽救衰弱，兴盛发展的重要保证。又如他在《谢李太尉启》中称赞道："伏惟太尉，才识器韵，乃时豪门，门阀高华，为帝家至戚"，以讨好这位权贵，以期获得帮助。在《镡津文集》卷九还有不少类似这样的书、启、状等篇章，记载他与当朝权贵的密切往来情况。再如，他给宋仁宗的两次上书中，不乏吹捧献媚仁宗之词，"陛下明圣，又悉究其道妙，

---

[1] （梁）释慧皎：《高僧传》卷五，中华书局1992年校注本，第178页。
[2] 杨曾文：《宋云门宗契嵩的著作及其两次上仁宗皇帝书》，《觉群学术论文集》，商务印书馆2001年版，第4—18页。
[3] （宋）释契嵩：《镡津文集》卷九，《大正新修大藏经》，中国台湾财团法人佛陀教育基金会1990年版，第52册，第695页。

天下方向风慕德"。① 从上不难看出，契嵩是一个非常热心于政治、倾情于皇帝权臣的僧人。而这些频繁的交游和献媚也正是他为了实践自己正统理想的工作之一。

　　第三，契嵩的政治实践活动契合了宋代佛教政策。与同时代其他高僧相比较，契嵩无疑是一个与政治最近的人，他多年经营的学说通过不停奔走与呼吁，在达官贵人与政权枢要之间获得了回报。一方面他在政治上得到了官方认可；另一方面，他通过官方支持，也终于使自己学说遍布天下，诸多著作通过官方进入《大藏经》成为天下最流通之作。这一切的成功则是宋代官方对佛教政策所决定，契嵩则在某种程度上成为官方代言人。

　　大致来说，从宋代建国初期到仁宗时的佛教政策是崇奉与限制并行，崇奉更多于限制。宋太祖、太宗、真宗、仁宗等信奉佛教，实施大规模建造佛寺、剃度僧人、施舍钱财给寺院等支持佛教发展的政策，如太祖建国不久就在扬州"造寺赐额建隆，赐田四顷，命僧道晖主之"②，不断派人西行求法，雕造刊印中国佛教史上第一部官刻汉文《大藏经》。太宗亦十分崇奉佛教，《宋大诏令集》卷二二三《道释上》说太宗"素尚释教"，"游心释部，观妙真宗，演畅一音"。真宗皇帝对佛教是"密契菩提之心，深研善逝之旨"③，非常信奉佛教。但另一方面，一旦佛教势力发展过大，威胁到国家统治，宋代皇帝会采取限制政策。如太祖建隆元年六月辛卯下诏："诸路州府寺院，经显德二年停废者勿复置。"④ 表明朝廷对佛教政策是崇奉与限制并存的一个局面。

---

　　① （宋）释契嵩：《镡津文集》卷八，《大正新修大藏经》，中国台湾财团法人佛陀教育基金会1990年版，第52册，第690页。
　　② （元）释念常：《佛祖历代通载》卷一八，《大正新修大藏经》，中国台湾财团法人佛陀教育基金会1990年版，第49册，第656页。
　　③ （元）释念常：《佛祖历代通载》卷一八，《大正新修大藏经》，中国台湾财团法人佛陀教育基金会1990年版，第49册，第663页。
　　④ （宋）李焘：《续资治通鉴长编》卷一，中华书局2004年标点本，第17页。

第三章　宋元佛教史学批评

总的来说，契嵩十分强调明"道"观，明佛教禅宗的正统之道，明儒家学说的教化之道是他一直坚持的理想，为了实现这个正统理想，他坚持并推行佛教有益于世俗政治说，并始终亲力亲为推行这一理想。他的教化之道深受宋代官方和学术界的影响。这一切正好与当时官方要求契合，统治者十分看重佛教有益于政治教化的作用，契嵩又大力提倡"佛教有益于世俗政治"之说，两者一拍即合，相互融合，方能有契嵩作为朝廷选择的佛教代言人进入到官方权力中，这也是宋代官方对待佛教政策所使然。两者合作，既有益于官方稳定佛教，控制佛教发展，利用佛教有益于世俗教化之处，也有利于契嵩奠定自己的学术和宗教地位，使自己的思想遍布天下，可以说，双方合作是一次成功的学术和政治融合。

第五节　元代佛教史学批评

元代佛教上承两宋，下启明代，是中国佛教史重要的一个阶段。由于民族特性，元代帝室特别热衷佛教。如太祖、太宗、宪宗、世祖都建立寺院，赏赐田地、崇信佛法。[1] 世祖忽必烈以"宽仁爱人，深信因果"，"普度僧尼"，被人称赞。[2] 仁宗对佛教更是格外崇信。如延祐元年"冬十月戊辰朔，有事于太庙。己巳，敕绘武宗御容，奉安大崇恩福元寺，月四上祭。辛未，赐大普庆寺金千两，银五千两，钞万锭，西锦、彩段、纱、罗、布帛万端，田八万亩，邸舍四百间"[3]。延祐二年秋七月，"赐普庆寺益都田百七十顷"[4]。崇信程度远超过其他皇帝。

---

[1] （元）释祥迈：《辨伪录》卷四，《大正新修大藏经》，中国台湾财团法人佛陀教育基金会1990年版，第52册，第771—776页。
[2] （元）释念常：《佛祖历代通载》卷二一，《大正新修大藏经》，中国台湾财团法人佛陀教育基金会1990年版，第49册，第705页。
[3] 《元史》卷二四《仁宗一》，中华书局1976年标点本，第547页。
[4] 《元史》卷二五《仁宗二》，中华书局1976年标点本，第574页。

元代佛教特点正如虞集所言："我国朝秘密之兴，义学之广，亦前代之所未有。"①"秘密之兴"指藏传佛教是元代佛教体系中的主导地位。元代皇帝频繁在宫里举办藏传法事，修建藏传佛像，多数皇帝都有藏传帝师，如："世祖皇帝尝受教于帝师发思巴，诏师译语，辞致明辨，允惬圣衷，诏赐大辩广智法师，河西之人尊其道而不敢名，止称其氏。至呼其子弟皆曰：'此积宁法师家。'"② 可以说，元代皇帝以及权贵大臣心中，"喇嘛教地位至高无上，是法定的，不容争辩。它获得皇室信仰，得到社会各阶层的尊崇，成了占统治地位的宗教"③。"义学之广"是指在元代官方支持下，汉传佛教界出现了禅学浸微，教乘益盛，性相二宗的新格局。④ 南北禅宗或销声匿迹，或消极抵抗，禅宗与官方之间保持一定的距离，形成禅消教盛、诸宗融合的风格。

元代佛教史家继承了宋代佛教史学的传统，撰述了《佛祖历代通载》《释氏稽古略》《历朝释氏资鉴》《新修科分六学僧传》等佛教史籍，无论在体裁体例，还是在佛教史学批评上，都有新的增长点和时代特色。

一 元人对灯录、编年体佛教史籍的评述和续作

宋代灯录繁盛，元代灯录或有续作，或为重刊，如万松老人《祖灯录》、瑞禅师《心灯录》，思忠重刊《联灯会要》等，多为守成，已无兴盛之象。但元人对宋代灯录的褒赞之词仍历历可见，这也是元人多重刊宋代灯录的原因之一。

正如至元间思忠称赞《联灯会要》曰："《联灯录》乃晦翁和尚

---

① （元）释念常：《佛祖历代通载》卷一，《大正新修大藏经》，中国台湾财团法人佛陀教育基金会1990年版，第49册，第477页。
② （元）释念常：《佛祖历代通载》卷二二，《大正新修大藏经》，中国台湾财团法人佛陀教育基金会1990年版，第49册，第729页。
③ 魏道儒：《中华佛教史·宋元明清佛教史卷》，山西教育出版社2013年版，第199页。
④ 魏道儒：《中华佛教史·宋元明清佛教史卷》，山西教育出版社2013年版，第205页。

居江心潜光室时，全提机要，开凿人天，编集联类而成此书。"①体例上，他认为该书删取"简而不繁"。为了振兴禅宗，他"多举录中机缘激励"后人。于是搜寻宋刊本，重刊此书，以寄希望于"灯联焰续，晦而复明，庶有补于宗教云耳"②。可见，他对《联灯会要》重视之深。

湖州路道场山护圣万岁禅寺僧希渭对《景德传灯录》厚爱有加。"伏睹从上佛祖，《景德传灯录》三十卷，七佛至法眼之嗣，凡五十二世。景德至延祐丙辰，凡三百一十七年。"③但此书在元代已经"旧板销朽无存，后学慕之罔及"。希渭对此甚为遗憾，发大愿重刊此书，"于丙辰年正月初十日，将衣钵估唱，得统金一万二千余缗。是日命工刊行于世，流通祖道"。目的"以便湖海办道禅衲参究，集兹善利，用报四恩，并资三有者"。④

元代文献学家马端临撰述《文献通考》，亦著录《景德传灯录》《玉英集》《天圣广灯录》《分灯集》《建中靖国续灯录》《嘉泰普灯录》等宋代灯录，可惜的是其中题解多原文引自晁公武《郡斋读书志》、陈振孙《直斋书录解题》，并没有自己的见解。但马端临基本著录了宋代著名灯录，可见其对宋代灯录的重视。

编年体佛教史籍是元代佛教史学不可多得的一个亮点，熙仲《历朝释氏资鉴》、念常《佛祖历代通载》、觉岸《释氏稽古略》被称之为"编年体佛教史的集大成"⑤。"宋、元、明、清四朝，跨越七百年之久，佛教史家共撰述七部编年体佛教通史"⑥，元代就有三部，可见编年体佛教史籍得到元代史家更多垂青。

为什么元人特别偏爱编年体佛教史籍？缘由有二。

---

① （宋）释悟明：《联灯会要》卷首，海南出版社2010年标点本，第1页。
② （宋）释悟明：《联灯会要》卷首，海南出版社2010年标点本，第1页。
③ （宋）释道原：《景德传灯录》卷首，成都古籍书店2000年标点本，第1页。
④ （宋）释道原：《景德传灯录》卷首，成都古籍书店2000年标点本，第1页。
⑤ ［日］野上俊静等：《中国佛教通史》，郑钦仁译，牧童出版社1978年版，第114页。
⑥ 郭琳：《论中国古代编年体佛教通史的撰述》，《史学史研究》2018年第1期。

首先，元代官方重视、推广司马光《资治通鉴》使通鉴学进一步发展，对史家影响较大。无论元世祖征招官府、民间子弟译写《通鉴节要》颁布天下，还是泰定帝命令大臣殿前讲读《资治通鉴》，都可见元代官方对《资治通鉴》的提倡。其对史学撰述影响更明显，元代仿效《资治通鉴》改作、续作有郝经《通鉴书法》、金履祥《通鉴前编》、何中《通鉴纲目测海》等十六种之多。① 正如金履祥曰："二帝三王之盛，其微言懿行，宜后王所当法，战国申、商之术，其苛法乱政，亦后王所当戒，则是编不可以不著也。"② 可见，法先王之"微言懿行"，以前贤申、商"苛法乱政"为戒是其撰述《通鉴前编》目的。《资治通鉴》之法先王、鉴往事、资治道等思想多被元代史家采用。而《资治通鉴》多以记载世俗政治事件为主，佛教之事记载较少，所以对佛教史家来说，用元代官方重视的《资治通鉴》体裁编撰佛教史更易于流传和受到官方的注意。

其次，元代佛教史家撰述佛教通史，编年体是不二之选。佛教通史性史籍有三类：一为纪事本末体，如亡佚的南齐竟陵王《三宝纪传》、北周净蔼《三宝集》等；③ 一为纪传体，如志磐《佛祖统纪》、宗鉴《释门正统》等；一为编年体，先有隋费长房《历代三宝记》帝年采用编年体，神清《释氏年志》，后有南宋祖琇"规仰司马文正公《通鉴》"④仿效《资治通鉴》撰述编年体佛教通史《隆兴佛教编年通论》，本觉编集《历代编年释氏通鉴》。而现实是纪事本末体佛教通史未流传下来，元人对纪传体佛教通史又批评有加："近世有为《佛祖统纪》者，拟诸史记，书事无法，识者病焉！"⑤ 编年体

---

① 瞿林东：《元代〈通鉴〉学和〈通鉴〉胡注》，《史学月刊》1994年第3期。
② 《元史》卷一八九《儒学一》，中华书局1976年标点本，第4317页。
③ 汤用彤：《汉魏两晋南北朝佛教史》，上海人民出版社2015年版，第405页。
④ （宋）释祖琇：《隆兴佛教编年通论》卷二八，《卍续藏经》，中国台湾新文丰出版社1994年影印本，第130册，第708页。
⑤ （元）释念常：《佛祖历代通载》卷一，《大正新修大藏经》，中国台湾财团法人佛陀教育基金会1990年版，第49册，第477页。

第三章 宋元佛教史学批评

以时间为序，既能融合儒释道，又能分夷夏、定宗统，见盛衰、鉴往事、资治道等，确是元代佛教史家撰述佛教通史的较好选择。

至元间，熙仲撰述以佛教为主，儒道为辅，"明佛祖之垂慈，彰王臣之皈仰"①，表现三教融合的佛教通史。亦如他开篇即言："三教圣人先后出兴，曰佛，曰老子，曰夫子，见于史传，则昭然耳。……老子方书，说养性以保长生。周孔图书，则训人而修礼乐。释迦之教，能施慈悲，摄于有情，作众生之福田，为爱河之舟楫。故万物之内，惟人最灵。三界之中，惟佛至尊。"② 如何将"自开辟以来，迄于皇元一统，历代国朝，佛法关系，隆替利害，宿德与王臣，机语契合，对辩唱酬"③，将佛教盛衰与世俗兴替融汇为一书？编年体是其首选，并将其归结为天人感通的结果。"梦感，异人阅其录，屡以资鉴称之，寤而目曰《历朝释氏资鉴》。"熙仲这种做法仿效自唐僧道宣，亦如他所曰："予托迹空宗，周游暇日，阅竺典，味宣律师《三宝感通传》云，数感天人有若曾面，告余曰：'所著文翰、《续高僧传》《广弘明集》，裨助圣化，幽灵随喜，无不赞悦。'"④ 受其感通启发，他撰述《历朝释氏资鉴》，可见道宣撰述对其影响之深。

时人曾对熙仲采用编年体撰述佛教通史发出疑问。"或曰：'《佛运统记》《五灯会要》昭揭于世，犹刻舟记钏、市攫还珠，视此有愧耶？无愧耶？'"⑤ 认为当世已有南宋祖琇的编年体佛史《佛运统记》和普济的禅宗灯录《五灯会元》，为何还要再编撰佛教通史？实乃多此一举，对他发出严厉质问。

---

① （元）释熙仲：《历朝释氏资鉴》卷一，《卍续藏经》，中国台湾新文丰出版社1994年影印本，第132册，第1页。
② （元）释熙仲：《历朝释氏资鉴》卷一，《卍续藏经》，中国台湾新文丰出版社1994年影印本，第132册，第1页。
③ （元）释熙仲：《历朝释氏资鉴》卷一二，《卍续藏经》，中国台湾新文丰出版社1994年影印本，第132册，第241页。
④ （元）释熙仲：《历朝释氏资鉴》卷一二，《卍续藏经》，中国台湾新文丰出版社1994年影印本，第132册，第241页。
⑤ （元）释熙仲：《历朝释氏资鉴》卷一二，《卍续藏经》，中国台湾新文丰出版社1994年影印本，第132册，第241页。

熙仲回应曰:"审如是,则此话行矣。"① 意思如果有人提出这样的疑问,说明《历朝释氏资鉴》撰述就更为正确。因为,三本佛教通史的角度完全不同,《佛运统记》是寓褒贬法,兼述篡弑反叛灾异之事。《五灯会元》为记载禅宗僧人言行的灯录。《历朝释氏资鉴》则以史实为本,概述三皇五帝到元代,以佛为主,儒道为辅,三教融合发展千年之事,目的则是对"以资观览,如鉴目前"。正如时人薛天祐评价道:"戾峰和尚心栖禅那,神游史籍,摘其实,疏其迹,以资观览,如鉴目前,兴叹慕之志者,有所激励焉。"② 他撰述重点在于三教融合"长时段历史"对元代三教关系的借鉴,以期"明佛祖之垂慈,彰王臣之皈仰"。

元代是儒释道三教融合的重要阶段。在官方支持下,儒释道并行发展,关系复杂。尤其宪宗时,在西域僧那摩等帮助下,佛道在元上都展开激烈辩论,道教败北,毁碑焚经,此后三次辩论斗争亦多激烈。但元代官方一方面"徇西僧之请,立碑焚经,一方对全真之褒奖,亦未尝少减也"③。但三教于斗争、论辩中融合的趋势慢慢加深。如全真道李道纯以道教南北二宗心性论为核心,融汇理学和禅宗的心性论,提倡以"中和"为本的内丹心性学。④《历世真仙体道通鉴》《梓潼帝君化书》等元代道教史籍反映三教融合的史料比比皆是。又如,刘谧《三教平心论》从佛教立场,阐述佛道儒三教之间关系,认为三教要从"平其心念,究其极功"的立场出发审视三教关系。⑤ 可以说,儒释道三教在元代得到进一步发展,并最终

---

① (元)释熙仲:《历朝释氏资鉴》卷一二,《卍续藏经》,中国台湾新文丰出版社1994年影印本,第132册,第241页。

② (元)释熙仲:《历朝释氏资鉴》卷一,《卍续藏经》,中国台湾新文丰出版社1994年影印本,第132册,第1页。

③ 陈垣:《南宋初河北新道教考》,黄夏年主编《陈垣集》,中国社会科学出版社1995年版,第200页。

④ 李玉用:《论元代南方地区全真道的新发展——以儒释道三教融合为视角》,《求索》2014年第3期。

⑤ (元)刘谧《三教平心论》卷上,《大正新修大藏经》,中国台湾财团法人佛陀教育基金会1990年版,第52册,第781页。

形成以儒家为主、佛道为辅、三教融合的中国传统文化基本格局，为明代三教合一奠定深厚基础和理论支撑。① 可以说，熙仲撰述出发点就是从佛教角度，为如何审视元代三教关系而作。故他言"此话行矣"，实际上是对《历朝释氏资鉴》撰述的自我肯定，以回应时人的批评。

如果说，熙仲《历朝释氏资鉴》从三教融合角度重新梳理佛教史，为元代儒释道三教关系"资鉴"的话，念常《佛祖历代通载》则更像是一部借撰述之名，抄集众书而成的应时之作。

为什么要撰述《佛祖历代通载》？念常生于至元壬午年（1282年）华亭一个普通黄姓家中，十二岁出家于平江圆明院体志门下，"剃发受具，弱冠游江浙大丛林"。后追随佛智晦机大和尚至江西百丈，后迁杭州净慈寺、太原、浙江径山等地。仁宗延祐三年（1315年）"朝廷差官理治教门，承遴选瑞，"念常得以主持嘉兴祥符寺。② 英宗至治三年（1323年）念常受朝廷征召赴京，这是他第一次进京，也是他改变人生认知的转折点。"五乘驿赴京，缮写黄金佛经。暇日得以观光三都，游览胜概，礼五台曼殊室利，披燕金遗墟之迹，由以动司马撰书之志。"③ 可以说，进京前的念常未有过撰述之想，但当他"观光三都，游览胜概，礼五台曼殊室利，披燕金遗墟之迹"④ 之后，京城的繁华美景、权力富贵，给他留下较深的冲击和憧憬。要想完成他"出入翰相之门，讨论坟典，升诸名师堂奥，讲解经章"⑤，与帝师共坐一席的梦想，编撰一部既能概括佛教盛衰发展，又能歌颂元代皇帝、权贵将相、

---

① 邓凌：《和合视域下元代理学家三教思想浅析》，《青海师范大学学报》（哲学社会科学版）2019年第1期。
② （元）释念常：《佛祖历代通载》卷一，《大正新修大藏经》，中国台湾财团法人佛陀教育基金会1990年版，第49册，第477页。
③ （元）释念常：《佛祖历代通载》卷一，《大正新修大藏经》，中国台湾财团法人佛陀教育基金会1990年版，第49册，第477页。
④ （元）释念常：《佛祖历代通载》卷一，《大正新修大藏经》，中国台湾财团法人佛陀教育基金会1990年版，第49册，第477页。
⑤ （元）释念常：《佛祖历代通载》卷一，《大正新修大藏经》，中国台湾财团法人佛陀教育基金会1990年版，第49册，第477页。

国师，反映元代佛教概况的佛教通史实为一种最佳方式。

故念常《佛祖历代通载》对元代皇帝大为赞颂。他赞颂元世祖比上古传说的贤君圣主还有过之，并将其列与全书之首，以示尊崇。"世祖皇帝玉音一百段，出《弘教集》，实帝师大臣钦承对旨，谨置于编。"接着，他赞颂元代藏传佛教国师："帝师所说《彰所知论》冠于篇者，尊之也"。而对于佛祖七佛轮回之事，"太古始一往古帝王，即位改元崩殂及僭国之主，宰臣护教尊法者，略见始末，余不书"①。可以说，对于元代以前汉传佛教通史只记其大概。

虞集为其写序曰："时则有若嘉兴祥符禅寺住持华亭念常，得临济之旨于晦机之室，禅悦之外，博及群书。乃取佛祖住世之本末，说法之因缘，译经弘教之师，衣法嫡传之裔，正流旁出，散圣异僧，时君、世主之所尊尚，王臣、将相之所护持，论驳异同，参考讹正。二十余年，始克成编，谓之《佛祖历代通载》。"阐述其成书过程及内容。并褒奖此书"去其繁杂谬妄，存其证信不诬。而佛道、世道污隆盛衰，可并见于此矣"②。元僧觉岸亦夸赞此书："其文博，其理明，叙事且实，出入经典，考正宗传，殊有补于名教。""著述祖祢，彰显正教，致公卿大人笃敬也耶。"③

实际上，二人对念常《佛祖历代通载》的褒奖都言过其实。正如陈垣考据所言，该书"前数卷，二十八祖悉钞《景德传灯录》，自汉明帝至五代十余卷悉钞《隆兴通论》。其所自纂者，仅宋元二代耳。其钞《通论》，不独史料钞之，即叙论亦钞之。……至其自纂一部分，体例亦多可议"④。可以说，陈垣通过考据，认为该书就是一部抄袭之

---

① （元）释念常：《佛祖历代通载》卷一，《大正新修大藏经》，中国台湾财团法人佛陀教育基金会1990年版，第49册，第478页。
② （元）释念常：《佛祖历代通载》卷一，《大正新修大藏经》，中国台湾财团法人佛陀教育基金会1990年版，第49册，第477页。
③ （元）释念常：《佛祖历代通载》卷一，《大正新修大藏经》，中国台湾财团法人佛陀教育基金会1990年版，第49册，第478页。
④ 陈垣：《中国佛教史籍概论》，上海书店出版社2005年版，第116—117页。

作，其自撰内容亦问题颇多，基本毫无可取之处。虞集、觉岸之所以对此书褒奖有加，一者念常游于京师权贵之中，与虞集多有交集，邀其写序。觉岸曾"获奉教于禅师"，与念常有弟子之仪。① 二者，南宋僧祖琇《隆兴佛教编年通论》在元代"不甚见称于世，遂为《佛祖通载》所掩袭"②，二人估计没见过此书，不知念常《佛祖历代通载》为抄袭之作亦情有可原。

觉岸虽然褒奖《佛祖历代通载》，但十余年后，觉岸还是重新撰述一部新的编年体佛教通史——《释氏稽古略》。该书按照时间顺序记载佛教在中土发展源流，起于上古太昊庖牺氏，终于南宋瀛国公德祐二年，"以历代统系为纲，而以有佛以来释家世次行业为纬"③，有纲有目，颇有纲目体之风。

纲目体创自南宋朱熹之手。朱熹仿效《春秋左传》以"纲为提要，目为叙事"，编撰《资治通鉴纲目》。他编纂《通鉴纲目》动因概述有二：一是简化《通鉴》内容，使其易读；二是加强政治正统、儒家纲常名教思想，完善褒贬之法。这亦是其编排内容的一个准则。故该书受到历代帝王推崇，对元明清史学撰述影响颇深。④

南宋祖琇《隆兴佛教编年通论》用29卷记载东汉明帝到后周显德四年的佛教史事；本觉《释氏通鉴》用12卷记载西周昭王甲寅至后周恭帝庚申，约1930年佛教史事。熙仲《历朝释氏资鉴》用12卷叙述自周昭王二十三年释迦牟尼降生至元世祖至元初年，共二千余年佛教史事。念常《佛祖历代通载》用22卷概述从汉明帝到元代佛教史事。这些编年体佛教通史多则29卷，少则12卷，

---

① （元）释念常：《佛祖历代通载》卷一，《大正新修大藏经》，中国台湾财团法人佛陀教育基金会1990年版，第49册，第477页。
② 陈垣：《中国佛教史籍概论》，上海书店出版社2005年版，第116页。
③ （清）永瑢、纪昀主编：《四库全书总目》卷一四五，中华书局1965年版，第1239页。
④ 参见叶建华《〈资治通鉴纲目〉简论》，《朱子学刊》1990年第1期；汤勤福《朱熹与〈通鉴纲目〉》，《史学史研究》1998年第2期；仓修良《朱熹和〈资治通鉴纲目〉》，《安徽史学》2007年第1期；等等。

即使如释念常概述佛教史亦用 22 卷。

觉岸《释鉴稽古略》只用 4 卷"备述佛祖西来之意，浩浩瀚瀚端有源委"①。凡高僧大德之行业出处、寺院庙宇之兴衰，僧众之多寡，无不记载，还"侈历代之际遇而寓劝戒于其间"，可见其深得纲目体简要、劝戒之精髓。

觉岸《释氏稽古略》深受《春秋》《尚书》影响。他认为佛教撰述应该具有《春秋》那样的功效。曰："大成至圣，《春秋》作而贼乱惧。大觉世尊，经律集而贤哲兴。"② "稽古"一词出自先秦《尚书》③，他取名"稽古"，意即希望能通过考察古代佛教史事，明辨佛教与世俗、儒释道之间、佛教盛衰变迁的道理是非、总结经验，有益于今。但本书亦如陈垣所言，此书多以南宋《释氏通鉴》为本，一知半解、似是而非之说颇多。④

二 元代佛教史家对僧传的评述与实践

宋初赞宁撰述《宋高僧传》后，传统僧传似乎与时代有了很大的隔阂，其后一段时间僧传多以禅林为主，惠洪《禅林僧宝传》开创的风格影响了两宋僧传撰述。庆老《补禅林僧宝传》、祖琇《僧宝正续传》为其仿续之作，元敬、元复《武林西湖高僧事略》亦有其传赞之风。传统僧传不复当年繁盛。但元代佛教义学兴盛，禅宗衰弱，佛教史家对僧传的评述不同于宋代，更有昙噩撰述新体裁之僧传。

元人对禅僧撰述的灯录、僧传评价较低。虞集，字伯生，号道

---

① （元）释觉岸：《释氏稽古略》卷一，《大正新修大藏经》，中国台湾财团法人佛陀教育基金会 1990 年版，第 49 册，第 737 页。
② （元）释念常：《佛祖历代通载》，《大正新修大藏经》，中国台湾财团法人佛陀教育基金会 1990 年版，第 49 册，第 477 页。
③ 《尚书·尧典》："曰若稽古帝尧，曰放勋钦明文思安安，允恭克让，光被四表，格于上下。"（清）阮元刻：《十三经注疏·尚书正义》卷二，中华书局 2009 年版，第 249 页。
④ 陈垣：《中国佛教史籍概论》，上海书店出版社 2005 年版，第 121 页。

园,人称邵庵先生。元仁宗时任集贤修撰、翰林待制,累除奎章阁侍书学士。领修《经世大典》,著《道园学古录》《道园遗稿》等。他评述曰:"记载之书,昔有《宝林》等传,世久失传。而《传灯》之录、《僧宝》之史,仅及禅宗。"①认为灯录、《禅林僧宝传》只记载禅宗之事,不记载其他宗派僧人居士、帝王将相之事,有失偏颇,于是感慨:"若夫经论之师,各传于其教,宰臣外护,因事而见录,岂无遗阙!"②

又如,耶律楚材,字晋卿,号湛然居士。他评述惠洪及其史著的缺陷曰:"辩而且文,间有偏党之语,后之成人之美者,未尝不叹息于斯焉。"③认为惠洪用心较差,其评价僧人、事件多有"偏党之语",有失公允,他通过贬低惠洪来赞美其师万松老人:"我万松老师之意,扶教利人也深。是以推举他宗,谈不容口,此与觉范之用心,相去万万者也。读是书者,当知是心矣。"④

元代义学僧更是反对禅宗僧传,赞扬传统僧传。元雪水讲学僧灵操曰:"余固览慧皎、澄照、通慧《高僧传》三本,总八十卷。披其文,睹其事,今古之异,圣贤之迹,非周公之才、董狐之笔,无以能为也。"⑤澄照为唐懿宗咸通十年封赐道宣的谥号,通慧是宋太宗对赞宁的赐号。灵操认为这三人都是"周公之才、董狐之笔",对其褒奖之至。但他又认为这些僧传"义旨纵横,卷轴繁广,览之者无强记而有忘"。不利于后进学习前贤圣人,故他从三部《高僧传》中"集其事类,讨其异常,以偶对为文,声律为韵",撰述《释氏蒙求》,以利"后进童孺诵而明其文、究其理,思继古贤之踪,为

---

① (元)释念常:《佛祖历代通载》卷一,《大正新修大藏经》,中国台湾财团法人佛陀教育基金会1990年版,第49册,第477页。
② (元)释念常:《佛祖历代通载》卷一,《大正新修大藏经》,中国台湾财团法人佛陀教育基金会1990年版,第49册,第477页。
③ (元)耶律楚材:《湛然居士文集》卷一三,中华书局1986年校注本,第277页。
④ (元)耶律楚材:《湛然居士文集》卷一三,中华书局1986年校注本,第277页。
⑤ (元)释灵操:《释氏蒙求》卷上,《卍续藏经》,中国台湾新文丰出版社1994年影印本,第148册,第549页。

五教之端者也"。① 他赞美传统僧传的同时，又认为其卷数繁多，内容纵横，不利于后进学习，故采取偶对为文，声律为韵的方法，重新撰述儿童版僧传，目的则是"思继古贤之踪，为五教之端者"，发扬佛教义学，这种撰述亦算是元代佛教史家对传统僧传修订的一个小实践。

昙噩《新修科分六学僧传》是元代佛教史家对传统僧传一次真正的修订。昙噩，字无梦，自号酉庵，浙江慈溪王氏子。六岁丧父，精通诗文，"学文于胡长孺，藻思浚发，纵横逆顺，随意之所欲言，声名顿出诸老生上"②。二十三岁拜在雪庭传公门下，剃发为僧，"具戒后，游心于教，复弃教而即禅，及雪庭迁灵隐，师往侍焉"。晚年主持天台山国清寺，昙噩"著作甚富，悉不存稿，晚年重修历代高僧传，笔力遒劲"。翰林学士张翥赞许其曰："噩师仪观伟而重，戒行严而洁，文章简而古，禅海尊宿，今一人耳。"③

昙噩戒行谨严，早年游心于教，复弃教入禅，晚年主持台宗国清寺，"由是而张六学，以正佛法之要"④，撰述《新修科分六学僧传》以彰其意。

昙噩虽为禅僧，但亦主张文字对彰显佛教义理的重要性。"史之缺文，孔子且犹叹美之，而况见圣谛第一义之所在哉？"⑤ 他赞赏传统僧传，尤其对慧皎《高僧传》撰述缘由、体裁体例、史料考证褒奖不已。"法师慧皎者，生会稽，出家隶业嘉祥寺，性姿纯粹，素获乡里重誉，博学为时所歆艳。慨往圣之迹难追，悼来哲之名易没，微我后

---

① （元）释灵操：《释氏蒙求》卷上，《卍续藏经》，中国台湾新文丰出版社1994年影印本，第148册，第549页。
② （明）释明河：《补续高僧传》卷一四，《卍续藏经》，中国台湾新文丰出版社1994年影印本，第134册，第250页。
③ （明）释明河：《补续高僧传》卷一四，《卍续藏经》，中国台湾新文丰出版社1994年影印本，第134册，第251页。
④ （元）释昙噩：《新修科分六学僧传》卷一，《卍续藏经》，中国台湾新文丰出版社1994年影印本，第133册，第420页。
⑤ （元）释昙噩：《新修科分六学僧传》卷一，《卍续藏经》，中国台湾新文丰出版社1994年影印本，第133册，第419页。

人孰任其责，乃援史例作传。始于汉明，终于梁武。凡其僧之秉大福缘，乘宿愿力，随机应化，天子所师尊，诸侯所宾礼，怀香华而西迈，获贝叶以东归，隐约枯槁以全节守，跌宕傲睨以极激扬，莫不访来其出处之详，考索其言行之实，则其志之勤如此。"①

相对来说，他认为道宣，赞宁续作只是慧皎的一种延续，"继而澄照道宣师，则沿梁而唐，通惠赞宁师，则沿唐而宋，立十科，成书行世"。甚至他批评《续高僧传》《宋高僧传》文风毫无先秦、西汉之遗韵。"然辞章之出，大率六朝五季之余也。体制衰弱，略无先秦西汉风。"②

宋僧惠洪撰述《禅林僧宝传》欲一改僧传撰述之风。昙噩对惠洪《禅林僧宝传》赞赏与批评共存。"觉范德洪师顾独润色《梁传》，以承子长、孟坚之业。卒无所事于唐宋二传。噫！隘矣。"③他认为惠洪润色梁《高僧传》值得称赞，有司马迁、班固之风，但批评惠洪的心胸狭隘，没有修订唐宋僧传。昙噩这种说法稍有不妥，如上所言，惠洪《禅林僧宝传》以宋僧达观《五家宗派》为主，以《高僧传》《续高僧传》《宋高僧传》中习禅篇为辅，将六朝至北宋著名五家禅僧多纳入其中，并非独取材、润色《高僧传》。

继而昙噩提出"六学十二科"的僧传新体例。他所言六学即是三国吴康僧会翻译《六度集经》中的六度。"六学诚济川之舟筏欤，既济者舍之，未济者用之。在佛曰'度'，则既济之谓也；在僧曰'学'，则未济之谓也。"④在佛为度，在僧为学，故六学即六度。

具体来说，六度又称六波罗蜜，指从生死苦恼此岸得度到涅槃安

---

① （元）释昙噩：《新修科分六学僧传》卷一，《卍续藏经》，中国台湾新文丰出版社1994年影印本，第133册，第419页。
② （元）释昙噩：《新修科分六学僧传》卷一，《卍续藏经》，中国台湾新文丰出版社1994年影印本，第133册，第419页。
③ （元）释昙噩：《新修科分六学僧传》卷一，《卍续藏经》，中国台湾新文丰出版社1994年影印本，第133册，第419页。
④ （元）释昙噩：《新修科分六学僧传》卷一，《卍续藏经》，中国台湾新文丰出版社1994年影印本，第133册，第420页。

乐彼岸的六种法门。①《六度集经》②曰："一时佛在王舍国鹞山中,时与五百应仪,菩萨千人共坐。中有菩萨名阿泥察,佛说经道,常靖心恻听,寂然无念,意定在经,众祐知之,为说菩萨六度无极,难逮高行,疾得为佛。何谓为六,一曰布施,二曰持戒,三曰忍辱,四曰精进,五曰禅定,六曰明度无极高行。"③可见,六度为菩萨修行之科。

六度中,前五种为福行,后一种为智行。以福行助成智行,依智行而断惑证理,渡生死海也。智为其首,其余五种为辅。在佛法中具有重要的提纲挈领之用。如魏晋高僧僧肇曰:"统万行则以权智为主,树德本则以六度为根,济蒙惑则以慈悲为首,语宗极则以不二为言。凡此众说,皆不思议之本也。"④肯定六度为德本之根。荆州隐士刘虬为《无量义经》作序时认为"六度可以至佛"⑤。如禅宗提取戒、定、慧为三种法要。"法要有三:曰戒定慧。唐宣宗问弘辨禅师曰:'云何名戒?'对曰:'防非止恶谓之戒。'帝曰:'云何为定?'对曰:'六根涉境,心不随缘名定。'帝曰:'云何为慧?'对曰:'心境俱空,照览无惑名慧。'"⑥可以说,六度是魏晋至两宋大乘佛教各宗派修行道的六项主要内容,亦为修持佛法的主要基准。

在昙噩僧传体系中,他将六度与《高僧传》十科分类融汇在一起,创建六学十二科的僧传新体例。具体来说是慧学(译经科、传宗科)、施学(遗身科、利物科)、戒学(弘法科、护教科)、忍辱学(摄念科、

---

① 陈兵编著:《新编佛教辞典》,中国世界语出版社1994年版,第141页。
② 《六度集经》是三国吴康僧会翻译的一部佛教故事集,又称《六度无极经》《度无极集》《杂无极经》。主要讲述佛陀前生修行之事。体例上编撰者按照"布施""持戒""忍辱""精进""禅定"和"般若"菩萨行六度,分类编排佛经故事、组织篇章结构。陈兵编著:《新编佛教辞典》,中国世界语出版社1994年版,第356页。
③ (三国吴)康僧会译:《六度集经》卷一,《大正新修大藏经》,中国台湾财团法人佛陀教育基金会1990年版,第3册,第1页。
④ (梁)释僧祐:《出三藏记集》卷八,中华书局1995年校注本,第309页。
⑤ (梁)释僧祐:《出三藏记集》卷九,中华书局1995年校注本,第354页。
⑥ (宋)释普济:《五灯会元》卷四,中华书局1984年校注本,第225页。

持志科）、精进学（义解科、感通科）、定学（证悟科、神化科）。

慧为六学之首，亦是六度中的明度无极、智度无极，摩诃般若的意译，大智慧的意思。《六度集经》卷八曰："佛告诸比丘：'时王者，是我身也。菩萨普智度无极行明施如是。'""诸比丘闻经欢喜，为佛作礼而去，菩萨普智度无极行明施如是。"① 如上所言，六度中，前五种为福行，后一种为智行。以福行助成智行，依智行而断惑证理，渡生死海也。《六度集经》本是将智度放在六度最后，昙噩将其改为慧学，位六学之首，统领全篇，更加突出其核心之意。他认为："未能以译经、传宗者，不足与语慧也。"② 达不到此标准者不能称为慧学之僧。他的依据是："佛法者，义理之奥也。然义理之于天下，无所异，其所异者，独五方之音声耳。语言文字，音声之所在，而佛法义理之所寄也。苟通乎音声，则语言文字与佛法之奥举通，而性相诸宗之辩，乃可得而传矣。译之功其不亦谓之大欤。佛以一音演说法，众生随类各得解，经之明文，悬记今日，故以译经、传宗二科，系之慧学之下，以著见吾教之统绪焉。"③ 他从佛教义理传播角度认为，翻译之功首为重要，而中土著述流传，传宗派别于佛教发扬亦功莫大焉，译经、传宗乃大智慧，为佛法之本，是以列二科为慧学，统辖六学。

译经科自梁至宋《高僧传》皆为十科之首。慧皎首列《译经》曰："传译之功尚矣，固无得而称焉。"④ 充分肯定译经的重要作用。隋唐译经臻于成熟与繁荣，出现玄奘、义净、不空、菩提流志等，翻译法相宗、密宗、大乘空宗、因明学、小乘佛教等佛教典

---

① （三国吴）康僧会译：《六度集经》卷八，《大正新修大藏经》，中国台湾财团法人佛陀教育基金会1990年版，第3册，第52页。
② （元）释昙噩：《新修科分六学僧传》卷一，《卍续藏经》，中国台湾新文丰出版社1994年影印本，第133册，第420页。
③ （元）释昙噩：《新修科分六学僧传》卷一，《卍续藏经》，中国台湾新文丰出版社1994年影印本，第133册，第436页。
④ （梁）释慧皎：《高僧传》卷三，中华书局1992年校注本，第141页。

籍。从隋初（581年）到唐贞元五年（789年），208年就翻译佛经492部，2713卷。①唐末五代战乱肆起，译经不振。北宋初在帝王提倡下，译经再次出现中兴之相。自太平兴国七年至景祐四年，共翻译佛经260部，681卷。②故《续高僧传》《宋高僧传》依旧首列译经，亦属允当。昙噩肯定译经对佛法传播的功效，将其归入慧学，既是对传统僧传体例的继承，亦呈现他结合六度，重视佛法义学，反映当下佛教的一种理念。

传宗科则是昙噩根据"佛以一音演说法，众生随类各得解"，衍生各宗派传播佛法而创建。过往无论是律僧、禅僧，还是台宗僧人撰述的僧传、灯录等史著，宗派正统之争一直是一个大问题。如魏晋南北朝、隋唐时《续法记》《宝林传》阐述禅宗为教外别传，如来正统。唐僧神清批评禅宗正统传承实为杜撰。两宋禅宗繁盛，再加上儒家正统论思潮影响，宗派正统之争愈演愈烈，禅宗仍以佛祖正统自居，撰述《景德传灯录》《天圣广灯录》等佛教史籍，巩固正统地位。天台宗史家亦编撰《佛祖统纪》《释门正统》强调其正统地位，昙噩所处的元代佛教禅学浸微，教乘益盛，"诸宗融合的倾向很显著"③，兼修兼学的风气很浓重，再未出现宋代禅宗一枝独秀。因此，为了突出中土佛教开宗传派对佛法传播作用，避免僧传撰述中的宗派正统之争，不偏不倚，昙噩按照朝代顺序，不明显区分宗派，既有禅宗达摩、慧可、弘忍、神会、慧能等，亦有台宗慧思、智顗、灌顶等，净土宗慧光、慧命、晤恩等，华严宗澄观、宗密等，基本上囊括了从魏晋南北朝到两宋的佛教各宗派达到"传宗"标准的慧学之僧。

施学为六学之二。但在《六度集经》中布施为六度之首，分为财施、无畏施、法施。"布施度无极者，厥则云何？慈育人物，悲悯群

---

① 任继愈：《从佛教经典的翻译看上层建筑与基础的关系》，《汉唐佛教思想论集》，人民出版社1998年版，第329页。

② 曹刚华：《宋代佛教史籍研究》，华东师范大学出版社2006年版，第10页。

③ ［日］野上俊静等：《中国佛教史概说》，释圣严译，中国台湾商务印书馆2013年版，第171页。

邪。喜贤成度，护济众生。跨天踰地，润弘河海。布施众生，饥者食之，渴者饮之，寒衣热凉，疾济以药，车马舟舆，众宝名珍，妻子国土，索即惠之。犹太子须大拏，布施贫乏。若亲育子，父王屏逐，悯而不怨。"① 大至普济众生，喜贤度人，小至衣食住行，金银珠宝等皆可布施。

昙噩所言施学，是他总结佛陀布施之意得出的一种理解。他认为贪、吝为三界之大患，修行之道要去贪、去吝。而贪、吝之本则是爱，身又为爱之本，所以要忘爱而遗身，推爱则利物。所谓："无而必以求诸人为贪，有而以予诸人为吝，惟贪若吝，三界众生之大患也。故先佛，教之内施以去贪，则头目手足，齿发肤爪，是已；教之外施以去吝，则国城妻子，服食器玩是已。"②

施学下有遗身科、利物科。"释迦世尊之为菩萨时，于三千大千世界，无芥子许地，不舍身命，以求菩提。噫！爱而至于遗身、利物，以成菩提，其爱与非也，故系二科于施学之下。"③ 他认为布施之最高境界就是施爱，施爱的具体表现则是遗身、利物，有此方证得菩提，所谓："未能以遗身、利物者，不足与语施也。"④ 遗身科位于梁《高僧传》十科之六，唐宋《高僧传》亦有之，排名分列十科之七、八。慧皎创建遗身科缘由是"夫有形之所贵者身也，情识之所珍者命也"⑤。身、命为有形物之最珍贵的东西。但遗身科记载的正是类似"僧群心为一鸭，而绝水以亡身。僧富止救一童，而划腹以全命。法进割肉以啖人。昙称自喂于灾虎"。可以为救万物而舍弃生命、身体

---

① （三国吴）康僧会译：《六度集经》卷一，《大正新修大藏经》，中国台湾财团法人佛陀教育基金会1990年版，第3册，第1页。
② （元）释昙噩：《新修科分六学僧传》卷九，《卍续藏经》，中国台湾新文丰出版社1994年影印本，第133册，第585页。
③ （元）释昙噩：《新修科分六学僧传》卷九，《卍续藏经》，中国台湾新文丰出版社1994年影印本，第133册，第585页。
④ （元）释昙噩：《新修科分六学僧传》卷一，《卍续藏经》，中国台湾新文丰出版社1994年影印本，第133册，第420页。
⑤ （梁）释慧皎：《高僧传》卷一二，中华书局1992年校注本，第456页。

的僧众，所谓："摩顶至足，曾不介心。国城妻子，舍若草芥。今之所论，盖其人也。"① 实际上，在慧皎看来，遗身科记载的内容是既有遗身、亦有利物，二者兼济合为遗身。在他看来，救人身亡、割肉啖人、自喂于虎等既是遗身，又是"兼济之道，忘我利物者也"②。只不过，昙噩却将慧皎遗身本意区分更为明显。

戒学为昙噩六学之三。持戒为《六度集经》中六度之二。"戒度无极者，厥则云何？狂愚凶虐，好残生命。贪饕盗窃，淫妖秽浊。两舌恶骂，妄言绮语。嫉恚痴心，危亲戮圣。谤佛乱贤。取宗庙物。怀凶逆，毁三尊，如斯尤恶。宁就脯割，菹醢市朝。终而不为信佛三宝，四恩普济矣。"③ 所以佛弟子要持戒明律，以防非惩恶。亦如慧皎曰："礼者出乎忠信之薄，律亦起自防非。"④ 佛祖涅槃时告诫弟子要"以戒为师"，则正法久住。《高僧传》十科之五为明律，二者名为不同，意则一致，指佛教一切的戒规、戒法。慧皎认为持戒为一切学习佛法之根本，"当知入道即以戒律为本"⑤。大致来说，有五戒、八戒、比丘戒、比丘尼戒、具足戒等，多为佛陀根据僧团出现的问题制定。魏晋流行中土有昙柯迦罗译《摩诃僧祇部戒本》、卑摩罗叉律师宣讲《十诵律》、佛陀耶舍翻译《四分律》等。唐道宣撰述《四分律删繁补阙行事钞》《四分律比丘含注戒本》《四分律删补随机羯磨》等，创建南山宗。

昙噩阐述的戒学与传统意义上的戒律似乎并不相同。他先列举佛经所言："经曰：'波罗提木叉，是汝等大师，知此则知所以弘法矣。'又曰：'毗尼坏则佛法坏，知此则知所以护教矣。'"但随后话锋为之一转："法有污隆，教有通塞，然诚能以神通愿力，摄待魔

---

① （梁）释慧皎：《高僧传》卷一二，中华书局1992年校注本，第456页。
② （梁）释慧皎：《高僧传》卷一二，中华书局1992年校注本，第457页。
③ （三国吴）康僧会译：《六度集经》卷四，《大正新修大藏经》，中国台湾财团法人佛陀教育基金会1990年版，第3册，第16页。
④ （梁）释慧皎：《高僧传》卷一一，中华书局1992年校注本，第441页。
⑤ （梁）释慧皎：《高僧传》卷一一，中华书局1992年校注本，第443页。

外，模范人天，则污者以隆，塞者以通，被之三界而无际，垂之亿劫而无穷。夫如是而称佛弟子，续佛慧命，岂独波罗提木叉之足师，毗尼之不坏哉？"① 他认为佛法通塞，有兴盛，有衰弱，真正的高僧是那些有大愿力，兴盛佛法的人，是佛法的根本之道，而非专门守戒如一，不懂变通之人。故将"弘法、护教二科，系于戒学之下，其奚欤"②。他认为这种做法并无不妥，所谓："未能以弘法、护教者，不足与语戒也。"③

魏晋佛教史家常言弘法，《高僧传》却未创立弘法科。护法虽亦未见于十科，但僧祐编辑护法文献《弘明集》，其本意为弘法集。僧祐曰："余所撰《弘明》，并集护法之论。"④ 弘法、护法在僧祐看来并无大差别。隋唐末法眼中，佛衰弱，护法则尤显重要。道宣《续高僧传》创建护法科，为十科之五。"惟夫经论道业，务在清心，弘护法网，实敦遐志。志远则不思患辱，心清则罔惧严诛。达三相之若驰，识九有之非宅。未曾为法，徒丧余龄，岂唯往生，乃穷来阴。于是挟福智而面诸佛，睹形骸若委遗尘，腾神略而直前，鼓通博之横辩，但令法住。"⑤ 他认为精通佛教经律论的诀窍在于清心，但弘法在于志向之远大和坚持，只有弘法之志方能不惧一切，具有无畏精神，令正法久住。昙噩的弘法、护教二科本意与道宣的护法之意合，只不过将其一分为二。但将其置于戒学之下值得商榷。

忍辱学为昙噩六学之四。忍辱又叫忍、安忍，分为安受苦忍（忍受饥寒之苦）、耐怨害忍（忍受众生打骂、毁辱毒害而不起嗔恨）、谛

---

① （元）释昙噩：《新修科分六学僧传》卷一一，《卍续藏经》，中国台湾新文丰出版社1994年影印本，第133册，第611页。
② （元）释昙噩：《新修科分六学僧传》卷一一，《卍续藏经》，中国台湾新文丰出版社1994年影印本，第133册，第611页。
③ （元）释昙噩：《新修科分六学僧传》卷一，《卍续藏经》，中国台湾新文丰出版社1994年影印本，第133册，第420页。
④ （梁）释僧祐：《弘明集》卷一二，上海古籍出版社2013年校注本，第636页。
⑤ （唐）释道宣：《续高僧传》卷二五，中华书局2014年校注本，第971页。

察法忍（不生疑惑、动摇、执着、贪爱，又称法忍）。① 《六度集经》曰："夫忍不可忍者，万福之原矣。"② 昙噩新创摄念、持志二科归于忍辱学之下。他理解的摄念、持志代表佛法修行的内与外。外为摄念。"佛之法，诚未易以进修也。然而欲以进修者，则必摄其念，于事物之可好可恶，可喜可惧，可憎可慕，可怜可怒，而不动，则外之为辱者遣矣。"内外持志。"持其志，于情欲之能骄能逸，能蔽能惑，能慢能昵，能矜能愎，而不生，则内之为忍者得矣。"③ 二者关系："辱以念摄，忍以志持，内无所出，以挠其身，外无所入，以撄其心，佛法之进修易矣。"④ 只有达到这样标准，佛法修行才能精进。故言："未能以摄念、持志者，不足与语忍辱也。"⑤ 摄念意收敛心神。晋张湛为《列子·说符》做注曾曰："况心乘于理，检情摄念，泊然凝定者，岂万物动之所能乱者乎？"持志意为专心致志，持之以恒，较早见于《孟子·公孙丑上·养气章》，南宋大儒朱熹提出"格物致知""居敬持志"之思想。⑥ 传统僧传十科中无摄念、持志二科。此实为昙噩在《六度集经·忍辱度无极章》基础上，摄取儒道文化，结合元代佛教变化，对忍辱学的一种新理解，并以此作为僧传体例之一。

精进学为昙噩六学之五。精进意为精勤不懈地修行，分为甲精进（不畏各种难行、苦行）、摄善精进（勤修善法不知疲倦）、利乐精进（利乐度化众生而不倦）。⑦ 昙噩认为："未能以义解、感通者，不足

---

① 陈兵编著：《新编佛教辞典》，中国世界语出版社1994年版，第141页。
② （三国吴）康僧会译：《六度集经》卷五，《大正新修大藏经》，中国台湾财团法人佛陀教育基金会1990年版，第3册，第24页。
③ （元）释昙噩：《新修科分六学僧传》卷一七，《卍续藏经》，中国台湾新文丰出版社1994年影印本，第133册，第717页。
④ （元）释昙噩：《新修科分六学僧传》卷一七，《卍续藏经》，中国台湾新文丰出版社1994年影印本，第133册，第717页。
⑤ （元）释昙噩：《新修科分六学僧传》卷一，《卍续藏经》，中国台湾新文丰出版社1994年影印本，第133册，第420页。
⑥ （宋）朱熹：《朱子读书法》卷二，中国致公出版社2018年译注本，第152页。
⑦ 陈兵编著：《新编佛教辞典》，中国世界语出版社1994年版，第141页。

与语精进也。"① 故精进学下分义解、感通二科。

义解者，解佛法之深义，依义而不依语。慧皎曰："须穷达幽旨，妙得言外，四辩庄严，为人广说，示教利喜。其在法师乎！"其义解内容主要是佛经。"始自鹿苑，以四谛为言初；终至鹄林，以三点为圆极。其间散说流文，数过八亿。"② 故《高僧传》十科之二为义解，著录竺潜、支遁、法开等，表彰其"传化之美，功亦亚焉"③。《续高僧传》十科之二解义，《宋高僧传》十科之二为义解，大体相同。

感通者，本义出自《易·系辞上》："《易》无思也，无为也，寂然不动，感而遂通天下之故。"意此有所感而通于彼。《高僧传》无感通，十科之三为神异。赞宁批评其缺陷："唯该摄究极位之圣贤也。或资次征祥，阶降奇特，当收不尽，固有缺然。"④ 道宣借用《易经》思想，改神异为感通，居十科之六。"盖取诸感而遂通，通则智性，修则感欤，果乃通也。"⑤《宋高僧传》沿袭之，认为："若夫能感所通，则修行力至，必有天神给侍是也。能通所感，则我施神变，现示于他是也。能所俱感通，则二乘极果无不感通也。"⑥ 具体感通内容到底是什么？曾有人发出"感通之说近怪乎"的疑问。赞宁解释曰："动经生劫，依正法而修致，自然显无漏果位中之运用也。知此怪正怪也。在人情则谓之怪，在诸圣则谓之通，感而遂通。"⑦ 可见颇似世间之怪，却是佛法之感通。

昙噩则将义解与感通联系在一起，认为："夫义者，固天以之覆，地以之载，人以之生也。"⑧ 义解有深浅之分，"能知天之所以覆而载

---

① （元）释昙噩：《新修科分六学僧传》卷一，《卍续藏经》，中国台湾新文丰出版社1994年影印本，第133册，第420页。
② （梁）释慧皎：《高僧传》卷八，中华书局1992年校注本，第343页。
③ （梁）释慧皎：《高僧传》卷八，中华书局1992年校注本，第343页。
④ （宋）释赞宁：《宋高僧传》卷二二，中华书局1987年校注本，第576页。
⑤ （宋）释赞宁：《宋高僧传》卷二二，中华书局1987年校注本，第576页。
⑥ （宋）释赞宁：《宋高僧传》卷二二，中华书局1987年校注本，第576页。
⑦ （宋）释赞宁：《宋高僧传》卷二二，中华书局1987年校注本，第578页。
⑧ （元）释昙噩：《新修科分六学僧传》卷二一，《卍续藏经》，中国台湾新文丰出版社1994年影印本，第133册，第797页。

其上，知地之所以载而履其下，知人之所以生而处其中，此解之浅者"。并且，他认为义解至深的最高境界就是感通，"若其深者，则一念之覆物之感其义者通乎天，一念之载物之感其义者通乎地，一念之生物之感其义者通乎人"。① 可以说，昙噩打破传统僧传对义解、感通的定义，给予其新的解释。怎样才能达到感通？"此无他，精进力也。"② 从而将六度中精进与二科联系起来，他的新阐释又回到佛经原点。

定学为昙噩六学之末。《六度集经》中六度之五为禅定。意译"静虑""斯惟修"，寂静而又审虑、专一之义。唐僧神清曰："故大士以此心学，目之曰禅。禅者，静虑也。……外境不足以迁情，目之曰定。……定者，专一也。"③《高僧传》十科第四为习禅。慧皎曰："以禅定力，服智慧药。得其力已，还化众生。是以四等六通，由禅而起；八除十入，藉定方成。故知禅定为用大矣哉。"④《续高僧传》《宋高僧传》十科之三为习禅篇。《五灯会元》卷四曰："法要有三：曰戒定慧。"何为定？"六根涉境，心不随缘名定。"⑤ 可见传统僧史历来重视禅定对修行佛法之功。

昙噩定学有证悟、神化二科。所谓："证悟以自行，神化以利他，是皆出于定也。"证悟在其内，神化于其外，一内一外，由内而外，由外如内，内心证悟与外在神化性实践构成了昙噩对禅定的理解。"夫定其观之照，而止之寂欤，故由寂以发悟，则证入深，由照以起化，则神变广。"⑥ 故言："未能以证悟、神化者，不足与语定也。"⑦

---

① （元）释昙噩：《新修科分六学僧传》卷二一，《卍续藏经》，中国台湾新文丰出版社 1994 年影印本，第 133 册，第 797 页。
② （元）释昙噩：《新修科分六学僧传》卷二一，《卍续藏经》，中国台湾新文丰出版社 1994 年影印本，第 133 册，第 797 页。
③ （唐）释神清：《北山录》卷二，中华书局 2014 年校注本，第 141 页。
④ （梁）释慧皎：《高僧传》卷一一，中华书局 1992 年校注本，第 426 页。
⑤ （宋）释普济：《五灯会元》卷四，中华书局 1984 年校注本，第 225 页。
⑥ （元）释昙噩：《新修科分六学僧传》卷二七，《卍续藏经》，中国台湾新文丰出版社 1994 年影印本，第 133 册，第 907 页。
⑦ （元）释昙噩：《新修科分六学僧传》卷一，《卍续藏经》，中国台湾新文丰出版社 1994 年影印本，第 133 册，第 420 页。

第三章 宋元佛教史学批评

总的来说，元代佛教史籍多为守成之作，无论是《佛祖历代通载》《释氏稽古略》，还是《历朝释氏资鉴》《祖灯录》《心灯录》等都有宋代佛教史籍深刻的烙印，甚至《佛祖历代通载》大段抄袭《隆兴佛教编年通论》《景德传灯录》而不为时人所知。故元代佛教史家对宋代佛教史籍褒奖多于批评，重刊、重刻宋代佛教史籍较多。昙噩《新修科分六学僧传》是继惠洪《禅林僧宝传》之后对传统僧传的又一次新的修订与实践。他撰述本意要回到佛教教义的原始点，以《六度集经》中菩萨修行六种基本修行为准则，结合传统僧传的十科分类，以僧业兴则佛法明，僧业兴则必须借助于六学，六学即六度，坚持"度则学之至，学则度之渐耳"之思想。故昙噩要"举学以观佛，则知佛之究乎十二而度乎六，举科以观僧，则知僧之循乎十二而学乎六"[①]。坚持用六学十二科分类重新组织、编排僧传，并以此褒贬传统僧史。这种义学为先，融合各宗的撰述思想较符合元末佛教发展态势。正如他自评曰："张六学，以正佛法之要。列十二科，以别僧业之繁。学有序，所以序佛法之本然也。"[②] 可谓是元代佛教史学不多的一个亮点，其对传统僧传的改革和评述亦颇有特色。

[①] （元）释昙噩：《新修科分六学僧传》卷一，《卍续藏经》，中国台湾新文丰出版社 1994 年影印本，第 133 册，第 420 页。

[②] （元）释昙噩：《新修科分六学僧传》卷一，《卍续藏经》，中国台湾新文丰出版社 1994 年影印本，第 133 册，第 420 页。

第四章　明代佛教史学批评

明代佛教整体上在衰微中发展，具体表现为佛教理论缺乏创新，华严、慈恩、律宗、天台宗等多皆消亡。[①] 独撑明代佛教门面的只有禅宗，所谓："明代大势上，仍然还是禅宗盛隆，他宗无能与禅宗比肩者。"[②]

明初禅宗继承元代遗绪，徒众较多，影响较明显，临济宗、曹洞宗是流行于南北的两大宗派，又以临济宗为中坚。"著名禅师多出自江南临济宗，北方曹洞宗人数很少。而其中又以元叟行端与笑隐大䜣两人系统影响较大，尤其前者，与明朝廷关系特别密切。"[③]"出元叟之门者，三居一焉。"[④]但随着朱元璋"制定的佛教政策，着重打击的是禅宗"[⑤]，此后禅宗较为低落，宗派衰微，亦如陈垣所言："计明自宣德以后，隆庆以前，百余年间，教律净禅，皆声闻阒寂。"[⑥]

万历以后，随着真可、德清、智旭等高僧出现，天台宗复兴，净土宗流行，再加上佛教寺院在士大夫支持下重修、佛教关注融入主流

[①] 汤用彤：《隋唐佛教史稿》，中华书局1982年版；方立天：《中国佛教与传统文化》，上海人民出版社1988年版；南炳文：《佛道秘密宗教与明代社会》，天津古籍出版社2002年版；魏道儒：《中华佛教史·宋元明清佛教史卷》，山西教育出版社2013年版；等等。论著甚多，不赘言。

[②] ［日］宇井伯寿：《中国佛教史》，李世杰译，雅文出版社1989年版，第204页。

[③] 杜继文、魏道儒：《中国禅宗通史》，江苏古籍出版社1993年版，第522页。

[④] （清）释自融：《南宋元明禅林僧宝传》卷十，《卍续藏经》，中国台湾新文丰出版社1994年影印本，第137册，第715页。

[⑤] 杜继文、魏道儒：《中国禅宗通史》，江苏古籍出版社1993年版，第522页。

[⑥] 陈垣：《明季滇黔佛教考》，河北教育出版社2000年版，第246页。

文化等，显示出佛教的复兴。"自万历后，高僧辈出，云栖、紫柏、密云、湛然，各阐宗风，呈佛教复兴之象"，① 出现"海内开堂说法者至百有余人，付拂传衣者千有余人"② 的繁荣景象。可以说，整个明代佛教衰微之环境下，唯有禅宗历经波折仍得以发展。这种发展亦造成明代佛教僧众思维视野的新改变。

首先，教宗融合的深入化。在禅宗影响下，佛教内部相互圆融。如禅与净合，禅与教合，禅与律合，逐渐形成教宗合一的新气象。禅净合流是明代教宗融合的一种主要形式，内容是："把禅宗参究工夫与净土持名念佛法门相结合，圆顿整和的参究念佛禅，并表现出从参究念佛论到摄禅归净的思想转化"，"并借此实现禅、教、净的真正融合"。③ 此外，其他宗派也多与禅宗、净土宗再融合，形成"天台禅""华严禅"等。如智旭不仅精通天台学，著述《教观纲宗》，阐发天台理论，同时也撰述《阿弥陀经要解》《金刚经观心释》，阐发华严、法相、禅宗学说。再如，真可亦是融合各宗于一身，"不以宗压教，不以性废相，不以贤首废天台，盖其见地融朗，圆摄万法"④。这种融合也是明代佛教僧众视野和思维变化上的一种表现。

其次，三教融合的完成和对居士佛教的重视。元代佛教的三教融合为明代奠定了一个新的起点。"明代时，三教仍在儒学为主导、佛道相辅助的基本格局下继续融合，并在融合中持续发展。"⑤

明代佛教广为流传，上至帝王皇室、王公大臣，下至平民百姓，尤其士大夫"多崇释氏教"⑥，参禅信佛者汇成风气，如宋濂、李贽、陈白沙、王阳明、袁宏道等喜好佛教，精通佛学。他们或以心学解释

---

① 陈垣：《明季滇黔佛教考》，河北教育出版社2000年版，第246—247页。
② （明）释元贤：《永觉元贤禅师广录》卷一八，《卍续藏经》，中国台湾新文丰出版社1994年影印本，第125册，第615页。
③ 陈永革：《禅教归净与晚明佛教的普世性》，《宗教学研究》1999年第2期。
④ （明）顾大韶：《跋紫柏尊者全集》，《卍续藏经》，中国台湾新文丰出版社1994年影印本，第127册，第152页。
⑤ 洪修平：《明代四大高僧与三教合一》，《佛学研究》1998年第7期。
⑥ 《明史》卷二一六《冯琦传》，中华书局1980年标点本，第5705页。

佛教理论，提出"体用一源，显微无间"，或针对禅学界混乱，提出一种思想革新的愿望，或融合佛道学说，提出新的生死观。① 对佛教僧众来说，一方面以袾宏、真可、德清、智旭明末四大高僧为代表的精英阶层"继承宋以来教禅并重、三教合一的主张"，重视儒释道三教的融合运动；另一方面，普通僧徒与文人士绅的交往获得整个社会认可，参禅问道，肆意山水，风雅诗画成为士僧交往的常态，正如陈垣曰："禅悦，明季士夫风气也。""万历而后，禅风寖盛，士夫无不谈禅，僧亦无不欲与士夫结纳。"② 类似者如安徽仰山程天昺、程天恒、吴继茂、吴怀保、吴继俊等儒家士人与地方僧众结交为善的例子比比皆是。③ 亦如幻轮曰："为僧而不兼外学，懒而愚，非博也，难乎其高。为儒而不究内典，庸而僻，非通也，乌乎其大。"④ 可见，明代三教的深度融合已成时人共识。

有鉴于此，重视居士佛教就成为明代佛教僧众思维视野上又一种变化。无论精英阶层的宋濂、李贽、陈白沙、王阳明、袁宏道等，还是参禅问道，肆意山水，风雅诗画的普通儒家士人，他们支持儒佛融汇说。反过来，他们这种行为亦受到佛教界的尊重。正如宗泐曰："护法之人既如金城汤池之固，使外侮不得而入。弘法之人又当力行而振起，以副护法之心。如是则教法乌有不兴者哉？"⑤ 认为居士为了护法奋不顾身，作为弘法的佛教徒更应该有责任和义务去维护护法人，这样才能让佛教兴盛。宗泐是明初佛教界的领袖，他的声音代表明代僧徒对居士佛教改变的开始。

---

① 参见潘桂明《中国居士佛教史》，中国社会科学出版社2000年版；陈宝良《明代士大夫的精神世界》，北京师范大学出版社2017年版，第374页。

② 陈垣：《明季滇黔佛教考》，河北教育出版社2000年版，第333—334页。

③ 曹刚华：《佛教与晚明士绅社会形成之再观察——以休宁仰山为例》，《史林》2019年第2期。

④ （明）释幻轮：《续集稽古录略叙》，《释氏稽古略续集》，《大正新修大藏经》第49册，中国台湾财团法人佛陀教育基金会1990年版，第903页。

⑤ （明）释心泰：《佛法金汤编》卷一，《卍续藏经》，中国台湾新文丰出版社1994年影印本，第148册，第836页。

第四章 明代佛教史学批评

再次，大环境和思维视野上的变化又促使明代僧众在佛教理论建设上的兴趣转移。

佛教自传入中土后，中土佛教界的兴趣点与注意力就随着佛教理论建设的变化而转移。如果说，翻译佛教经典，注释、消化所翻译的经典成为魏晋隋唐佛教界的最大兴趣点。那么，两宋僧众对中国佛学的理论建设与总结，使禅宗、天台宗、华严宗等在理论上有独特创新之处就成为佛教的最大亮点。在修行方式上，"担水劈柴，无非妙道""棒打大喝"流行于禅师僧人之间；理论上产生了慧南的"黄龙三关"、宗杲的"看话禅"、正觉的"默照禅"、悟恩的"真心观"等新观念，这些都吸引大批僧众投身于佛教的理论建设。

但随着明代佛教衰微中延续与社会环境的变化，利于修行的棒打大喝、机锋缘语已经成为佛教修行的幌子，以追求心性解脱为宗旨演变为不学经教、轻视戒律的狂禅，或信口乱发，"以打人为事"的伪禅。禅宗走到了一种死胡同，出现"高明之衲，云散四方""禅风弗竞，日就陵夷"的局势。[①] 因此，不少僧人由纯理论关注向从文字、名相学的途径求解佛法义理风格转化。他们注释、集释、解说佛教经文，走上以注释经文、考求经义的佛教义学道路，逐渐成为佛教界的一种趋势。[②] 陈垣曰："明季心学盛而考证兴，宗门昌而义学起。人皆知空言面壁，不立语文，不足以相慑也，故儒释之学，同时丕变，问学与德性并重，相反而实相成焉。"[③]

可以说，正是明代佛教衰微中发展给了明代佛教史学的动力，尽管没有重现两宋佛教史学的兴盛，他们仍然撰述了《明高僧传》《补续高僧传》《佛祖纲目》《五灯严统》《山庵杂录》等佛教史籍。尤其

---

① （明）释元贤：《泉州开元寺志》卷一，杜洁祥主编《中国佛寺史志汇刊》第2辑第8册，中国台湾丹青图书公司1985年版，第4页。

② 明代有较多佛教义学著述，如真鉴《楞严正脉疏》、德清《楞严经通议》、真可《心经注解》、一如《法华经科注》、如恩《法华经知音》等。杜继文、魏道儒认为："注重讲经、注经是明代佛徒的一种风气。"杜继文、魏道儒：《中国禅宗通史》，江苏古籍出版社1993年版，第572页。

③ 陈垣：《明季滇黔佛教考》，河北教育出版社2000年版，第303页。

在佛教方志方面，史家著述数量多，体例严谨，自觉吸收《大明一统志》优秀经验，改造佛教方志，在结构布局、撰述意识等方面提出不少有关史学撰述的真知灼见，为后代佛教方志史家所仿效，实为中国佛教方志的黄金时期。这些都体现了明代佛教史学的规模和水准。明代佛教史学批评亦是衡量明代佛教史学的另一个重要指标，佛教史家褒贬僧史，尤其是晚明佛教复兴后，僧众对僧史、灯录的撰述有新的评述和想法，这些都值得进行深入探讨和总结。

第一节　明中前期的佛教史学批评

明中前期官方对佛教政策是崇信、利用与限制、整顿并重。既有明太祖"颇好释氏教，诏征东南戒德僧，数建法会于蒋山。应对称旨者辄赐金襕袈裟衣，召入禁中，赐坐与讲论"[1]。明成祖编撰《诸佛世尊如来菩萨尊者神僧名经》《神僧传》等，并为之作序。亦有仁宗、宣宗、英宗等崇信佛教，或赐予寺院匾额，或大规模建修寺庙，僧徒繁盛，佛寺广播的繁盛景象。[2] 但另一方面，也有太祖打击佛教，成祖"禁僧尼私建庵院"[3]，英宗"遵洪武旧例，出榜禁约，违者罪之"[4] 等整顿佛教的严格政策。因此，明中前期佛教"无论义学还是禅学，都处于有史以来最缺乏生机的阶段，既没有形成有影响全国能力的传教基地，也没有出现众望所归的禅师，更没有什么新的禅思潮兴起"[5]。当时僧众"能够背诵一部经典的

---

[1] 《明史》卷一三九《李仕鲁传》，中华书局1980年标点本，第3988页。

[2] 文献中记载明代皇帝崇信佛教史事较多，如《明英宗实录》卷一六三"正统十三年二月"条记载重修庆寿寺；周应宾《重修普陀山志》卷一《宸翰》记载明代皇帝对普陀山多次的修建和赐额等。

[3] 《明太宗实录》卷一八九"永乐十五年闰五月"条，中国台湾"中央研究院"历史语言研究所1966年校印本，第8册，第2008页。

[4] （明）申时行修，赵用贤纂：《大明会典》卷一〇四《礼部六十二僧道》，明万历十五年刻本，第5页。

[5] 魏道儒：《中华佛教史·宋元明清佛教史卷》，山西教育出版社2013年版，第258页。

就可以高视阔步了,能够依据古注疏讲解经文的就是著名宗师了"①。再加上,明初对史书撰述管控较严,私史"废失",佛教史籍撰述只有《神僧传》《佛法金汤编》《续传灯录》《增集续传灯录》《山庵杂录》等数部,数量不多,或为改编,或为续作。但从史学评论而言,无论文人居士,还是僧众多通过书目、作序等形式对佛教史著、史家有所分类和品评。

一 《文渊阁书目》对佛教史籍的著录和分类

《文渊阁书目》是明正统六年大学士杨士奇根据"自永乐十九年南京取来,一向于左顺门北廊收贮,未有完整书目。近奉旨移贮文渊阁东阁"收藏的文献编撰而成。②该书没按经史子集分类,以《千字文》编号,自天字至往字,共20号,50柜,著录7256部,没有三级分类,没有题解,只简单登记书名、部册。③四库馆臣批评言:"士奇等承诏编录,不能考订撰次,勒为成书,而徒草率以塞责,较刘向之编《七略》,荀勖之叙《中经》诚为有愧。"④ 对《文渊阁书目》撰次的混乱现象提出严厉批评。

但就佛教典籍著录而言,它是明初官方对魏晋、隋唐、宋元佛教典籍著录的一次登记式的大总结。寒字号二柜著录各种佛书约四百部,数量上超过了《宋国艺文志史》《宋史艺文志》《秘书监志》《郡斋读书志》《直斋书录解题》《文献通考·经籍考》等宋元官私书目著录的释书。体例上,尽管没有明确三级分类,但从佛书撰述次序上,仍能看到三级分类的意图。

大致来说,寒字号第一橱书目著录的佛书撰次可分为经疏、语录、论疏、文集、传记、科仪。⑤ 经疏主要著录佛教各宗经典、注疏,

---

① 魏道儒:《中华佛教史·宋元明清佛教史卷》,山西教育出版社2013年版,第259页。
② (清)永瑢、纪昀主编:《四库全书总目》卷八五,中华书局1965年版,第731页。
③ 倪士毅:《中国古代目录学史》,杭州大学出版社1998年版,第195页。
④ (清)永瑢、纪昀主编:《四库全书总目》卷八五,中华书局1965年版,第731页。
⑤ 此分类是作者根据《文渊阁书目》著录的佛书次序和内容进行的大致分类。

如《华严经》《大涅槃经》《佛本行集经》《妙法莲华经》《楞严经广注》《金刚经注解》《金刚经集解》。① 其中有重复录入，如《金刚经》两次登记，不知是撰述者不同，还是版本不同的原因造成重复登记。此类中没有著录佛教史籍，可见撰述者对佛教经典、注疏与史传的区别认识较清晰。

语录中，撰述者著录了大量唐宋元明的语录，时间线索不清，排列较乱。如《寂窗语录》《天目语录》《禅庵语录》《盘山语录》《真际语录》《宗门语录》《马祖四家录》《中峰广录》《景德传灯录》《山庵杂录》《普灯录》等。② 其中《盘山语录》是元初全真派道士王志谨（盘山真人）的答弟子问集录，亦被撰述者当成禅宗语录著录于册，一谬。撰述者将《大悲神咒》《大藏撮集经咒》等经咒混入语录中，二谬。语录类中，撰述者还著录笔记体《林间录》《罗湖野录》、僧传《神僧传》、经录体《开元释教录》、灯录体《普灯录》《景德传灯录》等佛教史籍，可见撰述者对佛教史籍认知不清，当作语录文献，三谬。

论疏主要登记佛教论疏。如论有《护法论》《大乘起信论》《大乘起信论》《甄正论》《辨正论》《宝藏论》《百法论》《原人论》等。③ 其中亦著录《心经略疏》《圆明颂》《多心经义镜》等相关文献。但论疏还著录《古涧清师塔铭》《大藏一览》《道场提纲仪文》《释氏通鉴》则稍显突兀。其中《释氏通鉴》是编年体佛教通史，却被撰述者著录于论疏，可见，撰述者不清楚《释氏通鉴》的史传性质。

文集类著录了魏晋唐宋元明佛教护法、诗文作品，如《宏明集》《台宗精微集》《永明物外集》《禅宗永嘉集》《北涧禅师诗集》《延光集》《涧源集》《筠溪牧潜集》《天竺别集》等。但亦混入了本属于

---

① （明）杨士奇：《文渊阁书目》，王云五编《国学基本丛书》，商务印书馆1937年版，第211—212页。

② （明）杨士奇：《文渊阁书目》，王云五编《国学基本丛书》，商务印书馆1937年版，第213—214页。

③ （明）杨士奇：《文渊阁书目》，王云五编《国学基本丛书》，商务印书馆1937年版，第216页。

第四章 明代佛教史学批评

经疏类的《楞伽经详解》《心经略疏》以及属于佛教史籍的《释伽氏谱》《释氏通鉴》等。

传记类主要著录魏晋唐宋元的僧传。《高僧传》《续高僧传》《六学僧传》《比丘尼传》《梁智者国师传》《僧宝正续传》《僧宝传》《诸天传》《古清凉传》《补陀传》。① 其中著录僧传较混乱，《比丘尼传》重复著录，《古清凉传》《补陀传》本是佛教地理志书，却被当作传记。

科仪类著录《龙华道场仪文》《救苦报恩道场》《观音大斋仪》《水陆大斋坛仪》《三昧水忏》《白莲宝忏》《慈悲水忏法》等佛教科仪类文献，但也混入了《禅林僧宝传》《佛祖统纪》《古清凉传》《广清凉传》等佛教史籍。②

由上可知，《宋三朝国史·艺文志》著录释书58部，516卷。《三朝志》释家类著录的佛书除了常见经律论，还有僧传、语录、仪律、论议。这种著录亦为《两朝志》《四朝志》以及《崇文总目》《中兴国史艺文志》著录佛书所继承。故《文渊阁书目》寒字号第一橱书目的佛书分类虽然没有明确三级分类，但亦隐约能看到宋元官方著录佛书常用分类的痕迹。

如果说，寒字号第一橱书目著录佛书还能隐约看出些许分类的话，寒字号第二橱书目著录佛书就是杂乱无序，毫无章法。著录的佛教史籍有《辅教编》《佛祖统纪》《马鸣王菩萨传》《释伽谱》《联灯会要》《宗门统要》《禅林僧宝传》《释氏要览》《佛家金汤编》《五灯会元》《大慧年谱》《稽古略》《法藏碎金》等。其中《释迦谱》《禅林僧宝传》《宗门统要》等史著更重复著录多次。③

---

① （明）杨士奇：《文渊阁书目》，王云五编《国学基本丛书》，商务印书馆1937年版，第218—219页。
② （明）杨士奇：《文渊阁书目》，王云五编《国学基本丛书》，商务印书馆1937年版，第219页。
③ （明）杨士奇：《文渊阁书目》，王云五编《国学基本丛书》，商务印书馆1937年版，第220—221页。

271

总的来说,《文渊阁书目》寒字号二柜著录佛书是明初官方对魏晋、隋唐、宋元佛教典籍著录的一次登记式的大总结,尤其撰者还著录了《佛家金汤编》《大藏一览》《山庵杂录》等明代佛教史籍,反映撰述者对明人佛教史籍的关注。体例上,尽管没有题解,但从分类上仍可反映出撰述者对魏晋隋唐宋元佛教史籍的重视,但其中的分类稍有混乱,不少佛教史籍被撰述者认为是经疏、科仪之作,反映撰述者对这些佛教史籍的认知还不是很清晰。

二 无愠的"去义求实"及其撰述实践

无愠是临济宗竺元妙道一系的著名禅师,在明初佛教界颇有影响。他出生于台州陈氏。初期"受业于元叟端,以己躬为急务,遍走丛林"。后"机契于竺元道禅师",拜在竺元妙道门下参禅得悟,"居灵岩三载,迁居瑞岩"[①]。他保持宋代禅僧的风格,重视以固定的对答开悟他人,重视参究话头。[②] 他针对明中前期"讲经、注经受到国家重视,义学相对发达"的现状,撰述《山庵杂录》。此书主要记载无愠一生游历丛林的所见所闻,既有师友谈论、机缘公案,亦有善恶报应的故事、禅师言行的开悟,并对其作出评述。所谓:"以平生师友所讲授,湖海所见闻,或机缘之扣击,或善恶之报应,与夫一言一行、一出一处,不择其时之先后、人贵贱,凡可以警劝乎后来者,信意信笔,据实而书之,名曰《山庵杂录》。"[③] 该书最大的特点是"信意信笔,据实而书之"。即虽然是不择时间先后,人之贵贱,随见撰述,却据实而书,表现出他追求的史著撰述非阔阔而谈,而要"去义求实",回归史著本身的考据和求真。故时人褒奖曰:"山庵录者,录山庵所闻之事也。其间所纪,或善不善。直书无隐。殆缁

[①] (清)释自融:《南宋元明禅林僧宝传》卷一二,《卍续藏经》,中国台湾新文丰出版社1994年影印本,第137册,第734页。

[②] 魏道儒:《中华佛教史·宋元明清佛教史卷》,山西教育出版社2013年版,第264页。

[③] (明)释无愠:《山庵杂录》卷首,《卍续藏经》,中国台湾新文丰出版社1994年影印本,第148册,第324页。

门之良史也。"① 认为秉持直书精神的《山庵杂录》实为佛教良史。

无愠是明初著名的高僧大德,年近七十撰述《山庵杂录》,但现实的佛教是"教法陵夷,前辈沦没殆尽"。他的法侄庄敬中多次请他立言著述,引导禅林,"唐宋诸大士立言著书者,恒间作不绝,及元以来寝希,故近古名德提唱,及嘉言懿行,可为丛林龟鉴者,大率泯没无闻。翁当丛林全盛之际,遍参诸大老。闻见博洽,每侍语次,间闻口举一二,皆所未闻,而警发尤深。愿翁以游戏三昧自成一书,上发先德之幽光,下脱后学之沉疴,则法门盛事也"②。认为虽然唐宋高僧大德多有著书立说,但元代以来渐渐稀少,即使有"名德提唱,及嘉言懿行",亦泯没无闻,不为人知。受其多次之请,无愠才撰述此书,意在阐发前贤,启迪后人。

无愠颇受宋代禅僧风格影响,故对宋代禅僧颇多关注,其间多有评述宋代佛教史家、史籍。无愠评述惠洪较多,一方面因为惠洪既是宋代著名文字禅僧人,也是宋代著名佛教史家,撰述颇丰,如《禅林僧宝传》《石门文字禅》《林间录》等;另一方面惠洪一直是个焦点性人物,僧俗两界对其争议较多,褒贬不一。③ 明洪武六年,九灵山人戴良重刊《禅林僧宝传》作序还将之比拟为司马迁,可谓评价甚高。"古者左史记言,右史记事,而言为《尚书》,事为《春秋》。迁盖因之以作《史记》,而言与事具焉。觉范是书,既编五宗之训言,复著诸老之行事,而于世系入道之由,临终明验之际,无不谨书而备录。盖听言以事观,既书其所言,固当兼录其行事,觉范可谓得迁之矩度矣。"④ 可见,即使明初时,惠洪依然具有较大的影响力,无愠关注惠洪亦属正常。

---

① (明)释无愠:《山庵杂录》卷下,《卍续藏经》,中国台湾新文丰出版社1994年影印本,第148册,第365页。
② (明)释无愠:《山庵杂录》卷首,《卍续藏经》,中国台湾新文丰出版社1994年影印本,第148册,第324页。
③ 陈垣:《中国佛教史籍概论》,上海书店出版社2005年版,第109页。
④ (宋)释惠洪:《禅林僧宝传》卷一,中州古籍出版社2014年标点本,第7页。

无愠对惠洪的僧传多持赞赏态度。如有人曾议论"《僧宝传》止于八十一人，欲准九九之数"。他认为这个质疑纯粹就是"燕人举烛之说"，不着边际。接着他解释《僧宝传》只记载八十一人的原因在于："觉范《僧宝传》始名《百禅师传》。大惠初见读之，为剔出一十九人而焚之。厥后，觉范致书与黄檗知和尚云：'宗杲窃见吾《百禅师传》，辄焚去者一十九人，不知何意？'觉范虽一时不悦，彼十九人终不以预卷。"① 有学者认为无愠的解释毫无根据，实不可信。② 但起码无愠肯定惠洪《僧宝传》之心还是有所体会。

如果说此处还不明显，那么无愠反驳南宋者庵批评惠洪的话语则更为明显。"余读者庵所述《丛林公论》，足知者庵识见高明，研究精密，他人未易及也。然其间所论亦有过当者，或非其所当论而论之。如论寂音《智证传》，指摘数节，以为蟊生禾中，害禾者，蟊也，斯言甚当。其于《僧宝传》，谓传多浮夸，赞多臆说。审如是，彼八十一人俱无实德可称，诚托寂音以虚文藻饰之矣，斯其论之过当也。"③《丛林公论》是南宋者庵惠彬撰述，系评论古今禅林文事及有关释儒的随笔，体例颇似《林间录》，但其中对《禅林僧宝传》批评甚多，认为："传多浮夸，赞多臆说。审如是，彼八十一人俱无实德可称，诚托寂音以虚文藻饰之矣。"无愠认为者庵评语言过其实，不足为据。

无愠对《丛林公论》还有其他批评。如："又论陶渊明《归去来词》，闲谈优逸，词理高诣，独销忧二字为未善。韩退之《送李愿归盘谷序》，意多讥讪怊怅，文过饰非。王元之《小竹楼记》，如公退之暇，披鹤氅衣，戴华阳巾，手执《周易》一卷，焚香默坐，幸自可怜

---

① （明）释无愠：《山庵杂录》卷上，《卍续藏经》，中国台湾新文丰出版社1994年影印本，第148册，第334页。
② 陈垣：《中国佛教史籍概论》，上海书店出版社2005年版，第109页；陈自力：《释惠洪研究》，中华书局2005年版，第132页。
③ （明）释无愠：《山庵杂录》卷下，《卍续藏经》，中国台湾新文丰出版社1994年影印本，第148册，第365页。

第四章 明代佛教史学批评

生。而继之云，消遣世虑，犹玉之珉耳。余以为先儒文辞之得失，于吾门固无所涉，而置之《丛林公论》之间，殊乖。所谓非其所当论而论之者，此其是也。古人有言，尺有所短，寸有所长。岂不然哉。"①认为《丛林公论》只是一部佛门品评之书，却非要批评儒家文词，且错误百出，不知其可。

此外，无愠还对宋代另一位佛教史家提出批评。"昔宋有名宿修所谓《罗湖野录》《云卧纪谭》，其间所载，大抵激扬第一义谛者为多。若此类，余少壮时所记，今已十忘七八。"②此两书皆为南宋禅僧晓莹仿效《林间录》撰述的见闻笔记，"虽绮丽不及《林间录》，而征实过之，南宋以来，修僧史者，鲜不利用其书也"③。但无愠批评此两书多阐发义学，忽视直书考据，"大抵激扬第一义谛者为多"，皆其年轻之时所记，现在则不值一提，对两书颇轻视。

无愠对《山庵杂录》颇为得意，甚至将自己比拟为禅门司马迁、班固，"执吾门迁、固之笔者，庶或有可采焉"④。这种自我欣赏正是来自他对《山庵杂录》直书记载的自信。无愠这种"去义求实"的观点实际上与元末明初佛教和史学的大背景相契合。如上文所言，明代中前期官方重视义学，讲经、注经风靡一时，连禅宗僧人亦不能幸免，义学僵化间接导致禅宗大衰退，要想振兴禅宗，势必要驱除义学对禅宗的影响，无愠《山庵杂录》亦是想通过直书前贤名僧的史事、机锋、公案、报应等来启迪后人，"去义"对无愠来说是第一要义，这亦是其批评《罗湖野录》《云卧纪谭》的缘由所在。

从史学角度来说，明初史学由于受到政治、理学因素的影响，抄

---

① （明）释无愠：《山庵杂录》卷下，《卍续藏经》，中国台湾新文丰出版社1994年影印本，第148册，第365页。
② （明）释无愠：《山庵杂录》卷首，《卍续藏经》，中国台湾新文丰出版社1994年影印本，第148册，第324页。
③ 陈垣：《中国佛教史籍概论》，上海书店出版社2005年版，第114页。
④ （明）释无愠：《山庵杂录》卷首，《卍续藏经》，中国台湾新文丰出版社1994年影印本，第148册，第324页。

编、摘录性成书、劝惩性史书成泛滥之势，"史学成为政治的附庸，陷入一种僵化、凝滞的状态"①。"不鼓励对历史记载的确实性与可靠性提出问题"，"历史作者通常不去对各种历史文献和来源可疑的记事甚至流言加以甄别"②成为明中前期史学撰述的一种常态，传统直书、实录反而成为史家撰述史书首要考虑的一个重要指标。不畏艰险、身处逆境、勇于直书的司马迁被树立为一个更高大的史学形象，成为有明一代史学推崇人物。如明初宋濂评价文懿禅师曰："师平生著作甚富，悉不存稿，晚年重修历代高僧传，笔力遒劲，识者谓有得于太史迁。"③又如，明初史学界的佼佼者王祎亦十分推崇司马迁、班固的直笔善隐。"迁、固之书，其与善也隐而彰，其惩恶也直而宽，其贱彝也简而明，其防僭也微而严，是皆合乎圣人之旨意，而非庸史之敢干。"④甚至于嘉靖、万历时的史家亦多推崇司马迁。如傅梅对司马迁倍加推崇。"论著自显代不乏人，要以体大而赡，志犷而肆，……则不能不服司马子长，子长世为太史，以其宏博姿，恣其驰骋，述先人之意为《史记》。"⑤陆柬则曰："余家去嵩岳五百里，尝慕太史公游江淮，上会稽，探禹穴，窥九嶷，浮沅湘，比涉汶泗，迨游梁楚以归，甚胜游，资其博雅。"⑥将司马迁作为人生的榜样。可以说，司马迁是有明一代史家集体推崇的史学对象，故无愠去义求实，甚至将自己比拟为释门司马迁，既是一种自满亦是明初史学大环境的一种折射。

---

① 杨艳秋：《明代史学探研》人民出版社2005年版，第38页。
② [美]牟复礼、[英]崔瑞德主编：《剑桥中国明代史》上册，张书生等译，中国社会科学出版社1992年版，第780—781页。
③ （明）宋濂：《宋学士文集·翰苑别集》卷三《佛真文懿禅师无梦和上碑铭》，《宋濂全集》第四册，浙江古籍出版社2014年版，第1169页。
④ （明）王祎：《王祎集》卷一九《文训》，浙江古籍出版社2016年标点本，第563页。
⑤ （明）傅梅：《嵩书》卷首，中州古籍出版社2003年标点本，第2页。
⑥ （明）陆柬：《嵩岳志》卷上《叙例第六》，中州古籍出版社2003年标点本，第52页。

三 居顶、文琇对灯录、僧史的评述及实践

居顶，别号圆庵生。台州黄岩陈氏子，十五岁能诗文，后入净安寺为沙弥，拜在迪元瑀公门下。"会空室主瑞岩，遂从得度，继为侍者，尽得心要。空室退寓慈溪永乐，师随侍之。因得从庸庵宋先生妙尽作文之法。已而金华宋潜溪、天台朱云巢见师著作，皆共称赏。"[1] 蜀王朱椿曾称赞他是为"僧中班马"，可见其文史功底深厚，颇得撰述三昧。洪武二十八年（1395年），"太祖高皇帝召至京师。明年正月，敕补僧录司左讲经，继住灵谷，宠锡便蕃，又升左阐教"，[2] 永乐二年示寂。

洪武五年，明太祖敕令京师金陵蒋山寺根据宋《碛砂本藏经》点校、覆刻《大藏经》，刊刻完毕之际，官方下敕僧录司要将各宗派主要、精要之书全部编辑入藏。这次编入是官方在《碛砂本藏经》基础上进行的一次增选入藏，居顶于是撰述《续传灯录》，上书恳请入藏。

居顶请求《续传灯录》入藏的理由有三，也是他对前代灯录的一次褒贬总结。

其一，是褒奖《景德传灯录》，贬低其他灯录的作用与地位。"吴僧道原于宋景德间，修《传灯录》三十卷。真宗特命翰林学士杨亿等，裁正而序之，目曰《景德传灯录》。自是禅宗寝盛，相传得法者益繁衍。"其后，虽然"仁宗天圣中则有驸马都尉李遵勖著《广灯录》，建中靖国初则有佛国白禅师为《续灯录》，淳熙十年净慈明禅师纂《联灯会要》，嘉泰中雷庵受禅师述《普灯录》，宋季灵隐大川济公以前五灯为书颇繁，乃会粹成《五灯会元》"。[3] 但他认为这些续

---

[1] （明）释文琇：《增集续传灯录》卷六，《卍续藏经》，中国台湾新文丰出版社1994年影印本，第142册，第904页。

[2] （明）释文琇：《增集续传灯录》卷六，《卍续藏经》，中国台湾新文丰出版社1994年影印本，第142册，第904页。

[3] （明）释居顶：《续传灯录》卷一，《卍续藏经》，中国台湾新文丰出版社1994年影印本，第142册，第213页。

作、改作都不及《景德传灯录》尤其他对历来备受推崇的《五灯会元》批评更甚。"《会元》为书，其用心固善，然不能尊《景德传灯》为不刊之典，复取而编入之，是为重复矣。"①认为《五灯会元》虽然简化禅史，用心良好，却基本照抄《景德传灯录》，如果将其入《洪武南藏》的话，则与《景德传灯录》重复。

其二，《续传灯录》秉持"通""融""直书"的体例，更契合明初佛教与史学的大环境。"通"是指《续传灯录》正好上接《景德传灯录》，降及元明。"其承传之序，断自《景德传灯》以后，肇于大鉴下若干世汾阳昭禅师，编联至若干世某禅师而讫。凡若干世，得人若干，内出机缘语句者若干人，名之曰《续传灯录》，总三十六卷。"②是为一脉所通。"融"是指《续传灯录》没有采用宋代灯录割裂宗派做法，而是"专揭大鉴于上，而不敢以五家宗派分裂之。盖五家宗派互相激扬，同出大鉴，故此续录统而合之，以一其归也"③。将五家宗派融合为一。"直书"是针对《五灯会元》融合四家灯录为一时，肆意删减语句，记载"失真"，考据不实的问题。居顶在史料来源上，取材"《五灯会元》《佛祖慧命》《僧宝传》《分灯录》，与夫禅门宗派图、诸祖语录等"。且在编撰文字时做到"集其文则仍其旧，略加取舍，而不敢苟为芟润，以失其真"。尽量用原书语句汇辑在一起，再加以考辨，做到记载真实，史料详细有据。

为什么居顶要褒《景德传灯录》，而贬其他灯录？缘由在于入藏意味着受到官方的认可和保护，是一种流芳百世的荣誉。《景德传灯录》被刊刻在宋《碛砂本藏经》中，《洪武南藏》依据《碛砂本藏经》刊刻。因此《景德传灯录》又得以入《洪武南藏》，受到官方认

---

① （明）释居顶：《续传灯录》卷一，《卍续藏经》，中国台湾新文丰出版社1994年影印本，第142册，第213页。

② （明）释居顶：《续传灯录》卷一，《卍续藏经》，中国台湾新文丰出版社1994年影印本，第142册，第213页。

③ （明）释居顶：《续传灯录》卷一，《卍续藏经》，中国台湾新文丰出版社1994年影印本，第142册，第213页。

可。故他要贬其他灯录,认为《续传灯录》比其他灯录入藏更有意义。从居顶人生经历来看,他与明朝廷关系密切,深得官方认可,如果《续传灯录》能入藏,则在人生履历上又填上浓重一笔。

其三,他认为《续传灯录》比宋代灯录更益于当下。居顶是无愠的弟子,无愠重视用固定的对答开悟他人,重视参究话头、重视文字禅,居顶也继承这一传承。"达磨东来,直指心原,不立文字,悟心成佛,则于语言奚以哉?然心法遍一切处,大地山河,草木瓦砾,莫非自心所现,皆是发机悟门,况语言文字乎?盖无上妙道,虽不可以语言传,而可以语言见。语言者,指心之准的也。"是故对答之间的机缘语句、印证偈颂:"苟取之以垂后世,皆足为启悟之资,其可废而不传乎?是则从上诸师汲汲于传灯一书者,岂非有补于宗教哉?"[①] 认为《续传灯录》更有补于当下的佛教,撰述之意与其师无愠《山庵杂录》颇为相似。

无愠褒奖惠洪,居顶则对惠洪颇有微词。"丞相张无尽称觉范盖天下之英物,圣宋之异人。然古之高僧以才学名世,殆与觉范并驱者多矣,必以清标懿范相资而后美也。"[②] 他认为张商英夸赞惠洪为"天下之英物,圣宋之异人"是言过其实,古代高僧与之并驾齐驱多矣,才德兼备,为后人榜样者才是真正的高僧。故他总结惠洪的一生史事,虽然他"少归释氏,长而博极群书,观其发挥,经论光辅,丛林孜孜焉。手不停辍而言满天下,及陷于难,着逢掖,出九死而仅生,垂二十年,重削发无一辞叛佛,而改图此其为贤者也"。但"工呵古人,而拙于用己,不能全身远害,峻戒节以自高,数陷无辜之罪,抑其恃才暴耀太过,而自取之邪,当自谓识不知微,道不胜习者,不独为洪实录,亦以见其不自欺焉。惜哉"[③]。批评他肆意批评古

---

① (明)释居顶:《续传灯录》卷一,《卍续藏经》,中国台湾新文丰出版社1994年影印本,第142册,第213页。
② (明)释居顶:《续传灯录》卷二二,《卍续藏经》,中国台湾新文丰出版社1994年影印本,第142册,第620页。
③ (明)释居顶:《续传灯录》卷二二,《卍续藏经》,中国台湾新文丰出版社1994年影印本,第142册,第620页。

人，恃才傲物，最后陷入绝境之地，实不可取。

居顶之所以对惠洪的人生史事、为人处世多有批评，原因在于二者人生价值观的差异，居顶一直处在权力中心，深受明朝廷的重视，惠洪则是颠沛流离，九死一生，如从居顶的视角审视惠洪的话，多会认为惠洪是无自知之明，识不知微的人，并希望后人能以此为戒。

居顶《续传灯录》成功地挤掉《五灯会元》等宋代灯录被收录于《洪武南藏》，其后又收录于《永乐北藏》。但在永乐十五年，临济宗僧、径山禅寺前住持文琇又在《续传灯录》基础上撰述《增集续传灯录》。

如果说《续传灯录》是因为居顶想入藏，根据《五灯会元》《禅林僧宝传》以及禅家语录等史料，保持原样基础上临时撰述灯录的话，那么《增集续传灯录》则是撰者积蓄多年，精心准备的一部续作。

文琇，号南石。江苏昆山李氏子，幼小随昆山双江绍隆院智兴出家，初拜在兰江滥公门下。"洪武四年，熙怡翁说法虎丘。师谓闻其名既久，必一见乃已，才觌面，果契合。遂俾居侍司，升记室，自是声誉蔼然。"后"迁灵严，升住万寿，法席大振。永乐四年奉召纂修《永乐大典》，留京三年，及书完，僧录司公举师住杭之径山"。[1]

文琇年轻时受到宋僧昙秀《人天宝鉴》的影响，即有撰述灯录之志。"余于少壮时，尝阅秀紫芝《人天宝鉴》，其序有云'先德有善，不能昭昭于世者，后学之过也'。"后来他又阅读《五灯会元》，发现其中遗憾颇多，"若妙峰、北涧、松源、破庵诸老宿，皆未登此书，乃有撰述之志"。于是他"凡见禅宗典籍及塔铭、行状，自宋季及元以来，诸硕德言行超卓者，遂笔之，迄今越三十余年矣"。[2] 为了弥补

---

[1] （明）释文琇：《增集续传灯录》卷五，《卍续藏经》，中国台湾新文丰出版社1994年影印本，第142册，第871页。

[2] （明）释文琇：《增集续传灯录》卷一，《卍续藏经》，中国台湾新文丰出版社1994年影印本，第142册，第725页。

不能"遍历江湖访而求之"的遗憾，他还邀请灵谷幻居和尚、天童即庵和尚、郡人吴道玄等辗转收集史料，博寻遗籍，其准备史料时间长达三十余年，方才撰述。

但洪武三十一年，居顶撰述《续灯录》且入藏，受到官方认可。文琇退而求其次，以增补居顶《续灯录》为主要目标，并在书后辅以《五灯会元补遗》。在序和凡例中，文琇阐述了他对宋代灯录、《续灯录》的态度以及撰述《增集续传灯录》的缘由。

他褒奖《景德传灯录》而贬低其他灯录。"宋景德中，沙门道原所集《景德传灯录》者，其立名甚当，况有所据。后来诸师所集，或名《续灯》，或名《联灯》《普灯》《广灯》，虽各有意趣，然终欠纯一。"①

他对居顶的《续灯录》褒贬不一。他认为《续灯录》的取名和立意甚好，以继承延续前代灯录为己任，"立名亦甚定当"。体例上，他亦赞同居顶做法。"采集规矩并依《传灯录》例，以宗旨为要。若行业超卓，堪为世范，及传宗宗师，略载出处，以为后人矜式，他不具录。"在五家合并还是分列问题上，他也是采用合并体例，自同居顶一样，自大鉴开始，而不言青原。"传受世代但据大鉴，不言南岳青原者，其有意也。盖吾宗本一祖所出，何须分作五派，徒涉支离，曾无意谓，之所收故不分也。"② 这些都是对《续灯录》的肯定。

但他也批评《续灯录》有很多缺陷，最主要就是成书过于仓促，所收过于简略。这种简略表现在两方面：一是僧人收录不全，"若大鉴第十八世至二十世曾收三世，奈收之未尽"③。二是收录的僧人，记

---

① （明）释文琇:《增集续传灯录》卷一，《卍续藏经》，中国台湾新文丰出版社1994年影印本，第142册，第725页。

② （明）释文琇:《增集续传灯录》卷一，《卍续藏经》，中国台湾新文丰出版社1994年影印本，第142册，第726页。

③ （明）释文琇:《增集续传灯录》卷一，《卍续藏经》，中国台湾新文丰出版社1994年影印本，第142册，第725页。

载言行过于简略，且讹误较多。"自大鉴第十八世至二十世三世，止收得四十一人有机缘语句，其他皆空名而已。况四十一人中差误又多。"① 也正是这些缘由，他才在《续灯录》基础上，撰述《增集续传灯录》。

除了采用《续灯录》的体例和方法，文琇认为《增集续传灯录》的最大特点还是在于"直书显道"，这亦隐约反衬出他对擅用固定对答开悟他人，重视参究话头、文字禅的无愠、居顶一派的批评。"凡著述者言必尚文，余愧乏于文，然吾宗直指单传之道，所贵直书以显其旨趣耳，亦何假乎文哉！"② 他认为只有直书才能显现禅宗直指人心的单传之道，将传统史学概念与禅宗旨趣结合在一起，颇有新意，但与上述居顶强调无上妙道通过可以语言文字呈现的观点正好相反。

大致来说，明中前期佛教史学低迷，撰述较少，多为续貂之作。从佛教史学批评角度来说，无论是无愠、居顶，还是文琇他们评述宋代灯录、僧史、笔记的出发点多受到明代佛教与史学双重大背景的影响，既有延续禅宗发展的"通"的意识，亦有不分五家，合为一体的"融"的体例，亦有"直书显道"的思想旨趣，这些也是低迷的明中前期佛教史学中不多的亮点。

第二节 晚明文人居士的佛教史学批评及实践

晚明是一个动荡中急剧变化的时代，无论在经济结构、政治结构，还是在文化变迁，较之明中前期都有一个巨大的变化。这种变化展现在晚明社会各个层次之中，诸如社会流动的加速、思想文化新活

---

① （明）释文琇：《增集续传灯录》卷一，《卍续藏经》，中国台湾新文丰出版社1994年影印本，第142册，第726页。

② （明）释文琇：《增集续传灯录》卷一，《卍续藏经》，中国台湾新文丰出版社1994年影印本，第142册，第725页。

力和多样性的出现、儒家传统价值观受到的新挑战、三教合流的完成等皆是变化影响的结果。① 晚明的佛教、传统史学亦在其中。

就佛教而言,晚明"佛教界出现声势浩大、发展迅猛、席卷全国的复兴浪潮"②。就传统史学而言,由于阳明心学和实学思潮的影响,"反理学史学思潮开始出现,传统的经史关系受到冲击"③,经世致用、考据求真的史学思想得到提倡,史料范围扩大,私修野史兴盛。出现了朱国祯《皇明史概》、卜世昌《明通纪述遗》、徐学聚《国朝典汇》、傅藻《春秋本末》、姚允明《史书》等大批优秀史著。此外还有大量笔记、类书、金石、目录、地方志等。正如喻应益曰:"野史之繁,亦未有多于今日者。"④ 可见晚明史学之盛。在双重因素影响下,晚明佛教史籍撰述亦达到新的高度,撰述颇丰。文人居士亦积极参与其中,著录、评述、考辨、撰述佛教史籍,与佛教僧众交相辉映,为晚明佛教史学批评之新特色。

一 王世贞的佛教史籍考辨及评述

王世贞,字元美,号凤洲,又号弇州山人,南直隶苏州府太仓州人,嘉靖二十六年进士,先后任职大理寺左寺、刑部员外郎和郎中、山东按察副使青州兵备使、浙江左参政、山西按察使、湖广按察使、广西右布政使,郧阳巡抚,后因恶张居正被罢归故里,卒赠太子少保。他是晚明杰出的文学家、史学家,"后七子"领袖之一,博古通今,崇尚实录,重视考辨,撰述丰富,如《史乘考误》《嘉靖以来内阁首辅传》《艺苑卮言》《三卫天志》等。王世贞与佛教较多因缘,研读佛经、沉迷佛学。他对禅宗、台宗、净土宗颇有心得,撰述《坛

---

① 陈宝良:《明代士大夫的精神世界》,北京师范大学出版社2017年版,第6—28页。
② 魏道儒:《中华佛教史·宋元明清卷》,山西教育出版社2013年版,第270页。
③ 杨艳秋:《明代史学探研》,人民出版社2005年版,第55页。
④ (明)喻应益:《国榷序》,(明)谈迁《国榷》卷首,中华书局1958年标点本,第4页。

经序》《天台四教仪序》《净土群书类选大成叙》等。

王世贞阅读佛典较多，在其居住的小祇园建有藏经阁贮藏释典。《弇州续稿》卷一五六文部亦设有《佛经书后》，其中不乏他对佛教史籍考辨和评述的真知灼见。

他对魏晋隋唐佛教史籍关注有两个点：一是《弘明集》《广弘明集》《破邪论》等护法史著；二是唐僧道宣《续高僧传》。

他对《弘明集》《广弘明集》评价较低。"《弘明集》者，梁释彦悰述。《广弘明集》者，唐释道宣述也。大要与黄冠诤角，以掊击拒闢为功。姑取其卫教而已，而不计其辞之愤与夸也。"① 他认为这两本书都是以维护佛教，抨击儒道为主，故在言辞文字上多带有感情色彩和夸张之语。《弘明集》是梁僧祐撰述，王世贞却认为是彦悰所撰，实误。在文字上，他认为《弘明集》"多东晋、宋齐人语，既不能畅其笔札，而于所览西竺文言亦浅鲜，口若吐而吃，指若舒而掣者，盖理为辞窒，辞为理困，攻固非输，守亦匪墨，如是而已"。道宣《广弘明集》"则缁衣诸贤承梁武弘法，之后其书尽出，而修辞亦渐畅，第姗訾诞慢，不特彼教之所不堪承，而我古先生亦为之哕呕矣"②。他认为两书或是理屈词穷，或是姗訾诞慢，皆为哕呕之作，王世贞之语谓刻薄之至。

他对法琳《破邪论》赞赏有加，但更多是推崇虞世南《破邪论》的精妙书法。"虞永兴世南书迹本自希，而楷法尤不易得，小者惟《破邪论序》，稍大者《孔子庙堂碑》而已。《破邪》精能之极，几夺天巧，所以不入二王室，犹似不能忘情于蹊径耳。当时永兴与傅公同朝，自当以博雅亮直相契许，而此序诽亢不假借，岂非二义互雠，各精护法故耶。"③

---

① （明）王世贞：《弇州续稿》卷一五六《〈弘明二集〉后》，《文渊阁四库全书》第1284册，上海古籍出版社2003年影印本，第263页。
② （明）王世贞：《弇州续稿》卷一五六《〈弘明二集〉后》，《文渊阁四库全书》第1284册，上海古籍出版社2003年影印本，第263页。
③ （明）王世贞：《弇州续稿》卷一五六《书〈破邪论〉序》，《文渊阁四库全书》第1284册，上海古籍出版社2003年影印本，第252页。

实际上，王世贞赞赏的唐代佛教史家只有道宣。他赞赏其"笃信好学，不可谓之知道也。其志于释门立功名，其事则史，其文则藻"。他认为道宣可以与魏晋的"郑康成、范宁之伦"相比美，但比不上宋代"濂、洛、关、闽"四人。可见，在王世贞看来，道宣的地位颇高。故他阅读《续高僧传》较为精细，利用野史等史料对其详加考辨，指出《续高僧传》诸多不妥之处。

如他认为《续高僧传》记载傅奕史事有偏颇不实之言。"《宣律师记传》云：'奕，范阳人，少入周通道观。隋开皇十二年，事中山李播为道士。武德初入京谒道王岜，为上宾，遂通其女妇，寻拜太史令。武德四年，上《减省寺塔僧尼十二事》，高祖览之，废诸州寺塔。贞观十四年暴卒。"① 道宣认为傅奕曾拜在道士门下以及他私通妇女一事有真有假，有可能为道宣护教的伪造。他首先列举正史《唐史》中没有相关记载。"考之《唐史》止言奕邺人，为太史令，以武德七年上书诋浮屠法。又上《十二论》，言益痛切，帝善之。未及行，贞观十三年卒，年八十五。"接着他又采用野史笔记唐临《冥报记》及冯长命绝梦的事件说明"俱谓以谤佛作泥人。泥人者，泥犁狱也"。然后认为："傅公在武德初年已望七，何得有奸私事？临终书'青山白云'语，必不堕泥犁，毋乃宣卫道仇异之恒。"接着，他又以傅奕《十二论》为旁证，认为内容虽然有反映道教学说，但也不一定表明他拜在道士门下，亦很有可能是唐初道教兴盛，傅奕借用道教的名头。"公果少入通道观，事李播为道士耶？将无武德之际，天子崇老氏为鼻祖，不免借重求胜耶？"② 最后，他认为《续高僧传》不实书写的原因就是道宣出于护教之下的一种诬陷。

---

① （明）王世贞：《弇州续稿》卷一五六《书〈破邪论〉序》，《文渊阁四库全书》第1284册，上海古籍出版社2003年影印本，第252页。

② （明）王世贞：《弇州续稿》卷一五六《书〈破邪论〉序》，《文渊阁四库全书》第1284册，上海古籍出版社2003年影印本，第253页。

又如，他利用野史笔记《朝野佥载》《纪闻》与《续高僧传·僧佣禅师》比较，认为《续高僧传·僧佣禅师》"不载其食筋咒木事""文帝大力长者事"，而《朝野佥载》《纪闻》多有这些记载。他认为道宣不记载这些事情是有其缘由，"得非谓佣师业证四果，位居五地，岂得乞灵乌乌，现身国主，习小乘业，作有漏因耶"？同时，他也考证《朝野佥载》《纪闻》的记载有误。"然考之文帝以魏大统七年生，生二十年而始为乾明元年，今乃称佣师后身，则尤可笑，因附记于后，以补传之阙，且证别记之谬。"① 他对道宣舍取史料的做法颇为赞赏。

王世贞对宋代佛教史籍评述则集中在志磐《佛祖统纪》，对其又褒又贬。褒的是志磐能在禅宗五家兴起下，别立教宗，以法华为经，天台为统，确立台宗正统，与禅宗抗争。"自《景德传灯录》出而续之者，至合为《五灯》。其统则释迦世尊而下，为迦叶、阿难陀，中有马鸣、龙树，以至菩提、达磨，为西天二十八祖。达磨来本土为初祖，以至慧能为六祖，而衣钵绝矣。六祖之后最显者二宗，曰南岳让、青原思，让之下为马祖道一，而道一之后，其著复五宗。而此《统纪》则宋僧法盘别立教宗，以《法华》为经，天台为统，止观为门。"② 不仅如此，志磐还"推南岳让以继龙树，推天台智者以继南岳，而自提婆达多以至般若多罗，西天之所奕叶，而径略之，乃至斥禅那于别传，引辽人焚《坛经》《宝林传》以为快，谓虽异途，而不敢不赞者"③。故王世贞认为志磐手段虽为异途小乘，这种精神却不得不赞。

但同时，他也贬低志磐的诤斗精神，他认为："天台非，非统也。

---

① （明）王世贞：《弇州续稿》卷一五六《〈僧佣禅师传〉后》，《文渊阁四库全书》第1284册，上海古籍出版社2003年影印本，第254页。
② （明）王世贞：《弇州续稿》卷一五六《书〈佛祖统纪〉后》，《文渊阁四库全书》第1284册，上海古籍出版社2003年影印本，第255页。
③ （明）王世贞：《弇州续稿》卷一五六《书〈佛祖统纪〉后》，《文渊阁四库全书》第1284册，上海古籍出版社2003年影印本，第255页。

第四章　明代佛教史学批评

止观非，非门也。醍醐酥酪，皆乳也。钗钏杯盂，皆金也。物尚无诤，而我何诤为？且夫之燕者惧南，其首耳。吾北首而或水，或陆，陆而或骑，或步，即岁月之小异，何患其不至哉？"他以"醍醐酥酪，皆乳也。钗钏杯盂，皆金也"为例，比喻物体表象不同，但本质一致。又好比人到一个地方，有陆、水、骑等各种形式，但最后都能到达，只是有长短区别。他用上述例子来比喻佛教各宗是一家，都是佛祖正统，只是方式不同而已。在这种情况下，志磐撰述《佛祖统纪》确立台宗正统，贬斥禅宗等其他各宗，实际是"以其有诤心也"，也为后人诤斗开了先例。"近有一妄庸僧，口尚乳臭，目不识三昧，而辄作披荆钺，以攻贤首，皆法盘辈为之俑也。"[1]

王世贞对元代《佛祖通载》颇为关注。他欣赏该书仿效司马光《资治通鉴》编年的做法。"元僧华亭智常作《佛祖统载》，其名与《统纪》同而立例却异。自七佛以至二十七祖、中国六祖，一花五叶为主，而教典正传、净行神足，亡所不该，又效涑水《通鉴》编年之法为之，其用心亦勤矣。"[2]

不满意的，此书记载佛教史事与世俗历史，或体例有误，或错误太多，王世贞每卷都有考辨，亦为可观。如在体例上，他认为："释迦既为始祖，且系教主，即当详其罔明，兜率之缘与生时化导之迹，不宜大略。""我佛未生之前，编年何用？至于三皇诸纪，皆路史稗官之谈，怪诞不经，又与佛典非，合而备载之，三误也。""佛生之后，震旦世次沿革，志其一二以为年纲，足矣。而备载不切之政，滥纪无涉之人，四误也。""夏商诸代既在七佛之后，又非释迦同时，至于三皇以前，语出稗官，事多荒诞，略之可也。"类似这种体例不妥，王世贞列举有数十处。

---

[1]（明）王世贞：《弇州续稿》卷一五六《书〈佛祖统纪〉后》，《文渊阁四库全书》第1284册，上海古籍出版社2003年影印本，第256页。

[2]（明）王世贞：《弇州续稿》卷一五六《书〈佛祖统载〉后》，《文渊阁四库全书》第1284册，上海古籍出版社2003年影印本，第256页。

他认为史实错误更多。如"中郎将蔡愔、博士王遵等西访佛道，至大月氏国，遇迦叶摩腾、竺法兰二师而迎之归，恐非实录"①。又如，关于老子史事的记载，他提出："谁见之？复谁纪之？盖道家者流妄称其有八十二种好相，拟于世尊，故释氏之徒从而加毁也。"② 认为是佛教徒故意丑化老子形象的一种书写。又如："始皇癸未，沙门室利防十八人来自西域，帝恶其异俗，以付狱，俄有金刚神碎狱门而出之。"王世贞认为"此事殊诞妄，不足信"。又如，"第十六卷大颠折韩昌黎书"他认为"系僧雏伪撰"。③ 类似这种史实考辨还有许多，不一一列举。

为什么王世贞会热衷于护法、宗统史籍的评述？为什么他要考辨《佛祖通载》《续高僧传》中的谬误？这与王世贞的佛学思想和史学修养有密切关系。

首先，王世贞三教融合、儒佛互补、宗门互存佛学思想影响他对佛教史籍的评述。王世贞热衷于佛教，他不仅阅读了大量的佛教典籍，而且对台宗、禅宗、净土宗都有较深的研究，有学者总结他的佛学思想主要表现在"儒佛互补、无住顺任、清净少欲、宗门共存这四个方面"④。但实际上，"以儒治世、以佛解心、以道养生"的三教融合、儒佛道互补、宗门互存是其思想文化中的真正精髓。

王世贞很多佛学观点和评述中都渗透有三教融合、儒佛互补的影响。一方面他时常将儒家人物、史学与佛教经典、高僧相比拟，阐明儒佛贯通之意。如他用孔子与曾子的对话来比拟《坛经》蕴含之意。

---

① （明）王世贞：《弇州续稿》卷一五六《书〈佛祖统载〉后》，《文渊阁四库全书》第1284册，上海古籍出版社2003年影印本，第258页。
② （明）王世贞：《弇州续稿》卷一五六《书〈佛祖统载〉后》，《文渊阁四库全书》第1284册，上海古籍出版社2003年影印本，第257页。
③ （明）王世贞：《弇州续稿》卷一五六《书〈佛祖统载〉后》，《文渊阁四库全书》第1284册，上海古籍出版社2003年影印本，第259页。
④ 崔颖：《王世贞佛学思想研究》，《宗教学研究》2018年第1期。

第四章 明代佛教史学批评

"《坛经》其圣人之言乎哉，然而非圣人教也。其教行天下，遂无祖矣，非无祖也。夫人而能为祖也，黄梅之徒盖千余焉，引而不发跃如也，达摩之示旨微矣。子曰：'参乎吾道一以贯之。'曾子曰：'唯子出门人。'问曰：'何谓也？'曾子曰：'夫子之道，忠恕而已矣。'夫悟，解悟也。解悟，非悟也。酥乳醍醐品列，而人尝之而味得也。日携醍醐而食，人知味者寡矣。"① 他用比较方法阐明儒家圣人之言与佛教达摩之意本质相通，亦好比是"酥乳醍醐品列"人们只有品尝后才能知晓本意。又如，他将佛祖传授阿难《楞严》、五祖黄梅教化六祖慧能的教育方式与孔子教育思想相比拟，认为两者的道理相通。"阿难亲从世尊且数十年，受《楞严》时，几隳法身而不支，数现圣光，屈金色臂，指示要理而不悟。六祖一谒黄梅，而即觉其入，可知也。然至迁化，现虚空，变分骸，二国抑何其通达灵妙耶。夫子曰：'或生而知之，或学而知之，及其知之一也。'"② 更有意思的是，他将《法华经》比拟为佛教的左右史："《法华经》兼明二宗，又似释门左右史。"③ 好比儒家的"左史记言，右史记事"。

另一方面，他的融合思想在佛教内部则表现为各宗融合，互为共存。王世贞对台宗、禅宗都有研究。他曾撰述《天台四教仪序》，阐述台宗思想。"四教仪者，天台智者大师举佛宗法，普摄一切善知识而作也。曷为四：曰顿，曰渐，曰秘密，曰不定。"④ 接着，他认为台宗的"五时、五味、八教"皆出于这四者。"要之不过顿、渐二者而已，融是二者一而已。"王世贞认为台宗的顿、渐与禅宗思想颇似。"吾始读达摩、慧大师书，其超诣简造，似有出于世尊之表而一时。"

---

① （明）王世贞：《弇州续稿》卷一一二《读〈坛经〉》，《文渊阁四库全书》第1280册，上海古籍出版社2003年影印本，第765页。
② （明）王世贞：《弇州续稿》卷一一二《又读〈坛经〉》，《文渊阁四库全书》第1280册，上海古籍出版社2003年影印本，第765页。
③ （明）王世贞：《弇州续稿》卷一三一《赵吴兴小楷〈法华经〉》，《文渊阁四库全书》第1281册，上海古籍出版社2003年影印本，第183页。
④ （明）王世贞：《弇州续稿》卷七〇《天台四教仪序》，《文渊阁四库全书》第1280册，上海古籍出版社2003年影印本，第208页。

289

"知悟之为悟,则非悟矣。故夫学人者以渐而修,得之于顿,以顿而得,顿不废修。斯其可以进于道,而吾智者大师之意庶在是。"① 将禅宗的悟、渐、顿与智者大师思想融为一体。因此,在王世贞看来,"大乘佛教于禅宗、净土宗而言,是母体,是基石,禅宗、净土宗二者同根而生。"三者各自发展,不用诤斗,更不应讥讽排斥。② 在这种融合思想影响下,他批评《弘明集》《广弘明集》《佛祖统纪》的原因就清楚了。

其次,王世贞的史学修养决定了他热衷于考辨佛教史籍。王世贞是晚明著名史学家,其最有理论价值的史学思想之一就是"直接从史学的本身去探讨史学的学术和社会价值,进而提出'天地间无非史而已'的理论命题,确立了史学自身的独立价值"③。王世贞认为:"天地间无非史而已,三皇之世,若泯若没。五帝之世,若存若亡。噫!史其可以已耶?"④ 这个论题一方面是基于儒家经史关系展开对史学扩大的讨论,进而肯定天地间皆为史,而非经,在很大程度上肯定"六经皆史""经亦为史"。另一方面则是从史料角度阐明史料文献记载的重要与范围,是故六经、编年、本纪、训、诰、墓志、上书、赞、颂等皆为史,"将史的范围扩大到无所不包的地步"⑤。再者,王世贞在史料上具有强烈的求真与考辨、批评的精神。他对于史学道听途说、肆意篡改的现象十分贬斥。《史乘考误》是其撰述明代第一部以考证为主的史著,《四库全书总目》称其"皆能辨析精核,有裨考证"⑥。可见,他非常重视史料真实、考证,他甚至还提出"无所考而不得书"⑦。故在这种认知下,他将佛教文献当作

---

① (明)王世贞:《弇州续稿》卷七〇《天台四教仪序》,《文渊阁四库全书》第1280册,上海古籍出版社2003年影印本,第209页。
② 崔颖:《王世贞佛学思想研究》,《宗教学研究》2018年第1期。
③ 向燕南:《中国史学思想通史·明代卷》,黄山书社2002年版,第262页。
④ (明)王世贞:《弇州四部稿》卷一四四《艺苑卮言一》,《文渊阁四库全书》第1281册,上海古籍出版社2003年影印本,第350页。
⑤ 向燕南:《中国史学思想通史·明代卷》,黄山书社2002年版,第267页。
⑥ (清)永瑢、纪昀主编:《四库全书总目》卷五一,中华书局1965年版,第466页。
⑦ (明)王世贞:《弇山堂别集》,中华书局1985年标点本,第416页。

"史",对其考辨史料的真伪、讹误亦不足为奇。他考辨佛教史籍的方法亦与考辨传统史书一样。或用《朝野佥载》《纪闻》等野史笔记与佛教史籍互校,取其可信者。或是用自己的亲身感受和实践逻辑对佛教史事提出质疑。这些都表现王世贞佛教史学批评、考辨中传统史学的影响,在晚明文人居士评述佛教史、佛教史籍中独树一帜。

二 夏树芳"理佛交融"的史学批评与实践

相较王世贞用深厚的史学理解和考辨功底来评述佛教史籍的得失,夏树芳、朱时恩两人则将理学与佛教史籍撰述结合在一起,从思想上来评述或表达其佛教史学理念。

夏树芳,字茂卿,江阴人,万历十三年(1585年)乙酉举人,后隐居数十年,撰述《名公法喜志》。该书是一部记载自汉东方朔至元代杨维桢,共208位佛教居士史事的传记。此书之前,记载居士护法文献有《弘明集》《广弘明集》,记载居士史事的有《佛祖统纪》《佛祖通载》《五灯会元》等,但这些多为兼记,并非专门记载。明初心泰撰述,记载居士护法之言行,"始于周昭,迄于元顺,凡若干人。取其言之足以护教者,系于其人之下,表而出之,仍题其编曰《佛法金汤》"[1]。是为真正意义上第一部佛教僧徒撰述的居士传记,其出发点多为"像世释徒之干城,千载法门之保障"[2]。嘉靖初,又有玉几山人编撰《物外英豪录》,"昉古参禅学道之士,汇而成编"。其缺点是"顾繁者庞杂,简者寂寥,谲者琐诞,佚者挂漏"[3]。体例不一,有僧有道,并非纯粹佛教居士传记。有鉴于此,夏树芳"横襟眈古,于诸名公,次第采撷,一一校雠,人各具一小传。盖自晋魏齐

---

[1] (明)释心泰:《佛法金汤编》卷一,《卍续藏经》,中国台湾新文丰出版社1994年影印本,第148册,第834页。

[2] (明)释心泰:《佛法金汤编》卷一,《卍续藏经》,中国台湾新文丰出版社1994年影印本,第148册,第834页。

[3] (明)夏树芳:《名公法喜志》卷一,《卍续藏经》,中国台湾新文丰出版社1994年影印本,第150册,第61页。

梁,迄于唐宋。按以历朝本史,或诸名公文集,或散见本传,或错综于大藏、传灯、语录诸书,衷多益寡,纂要钩玄,题曰《法喜志》,厘为四卷。"从某种程度上来说,这是文人居士撰述的第一部居士传记。夏树芳的出发点是将儒家理学与佛教戒律清规交融在一起,收录书中之人"大都超绝殊胜于世外,别标一色,而又准乎人情,不违大道。砥名节则依忠孝,律进退则首清严。出则奋迹麒麟,垂光竹帛。处则希踪麋鹿,照耀松萝。或以理学开基,或以文章命世。总之遗荣履素,归于自然。固非谬悠荒唐,恣意枯槁,作一老头陀行径比也"[1]。可见,夏树芳收录的居士既能做到儒家的仁义忠孝,又要遵守佛教清规戒律,或是在理学上有深刻影响,或是以文章命世,他认为真正的佛教居士要"理佛交融",既能出世,又能入世,一切归于自然天理,而非为佛而佛,为法而法,"谬悠荒唐,恣意枯槁"。可以说,夏树芳的观点是"内理外佛",讲究自然,更像是为晚明文人居士提出一种标准与榜样,即"做一个什么样的居士"。从这个层次来说,亦对《佛法金汤录》纯粹从佛教护法角度出发,《物外英豪录》禅道杂糅,体例混乱的一种回应与反驳。

但夏树芳观点似乎并没有被时人理解。吴亮将其作为历代禅宗居士作传。"远溯东方而下,近沿南宋以前。凡宰官居士之阐扬,小史稗家之载记,莫不征引所出,捃摭而来。即代不数人,人不数语,而机缘交激,若掣剑光,智藏开明,旁资鞭影,振金声于觉苑,远宝路于词坛。倪非标表禅宗,缕详史籍,何以契传灯之喻,施合辙之功乎?"[2] 尽管吴亮褒奖该书史料采择严谨,但更多认为其为一部居士传灯。观衡则将其当为一部佛教居士护法传记。"今之才士,有未见佛书者,视之为异物,非前哲开导,起信无由。是知此帙,为来哲之明

---

[1] (明)夏树芳:《名公法喜志》卷一,《卍续藏经》,中国台湾新文丰出版社1994年影印本,第150册,第62页。

[2] (明)夏树芳:《名公法喜志》卷一,《卍续藏经》,中国台湾新文丰出版社1994年影印本,第150册,第62页。

证实矣。盖自汉晋至于宋元，耽此法味者甚众。今但拣光明胜大，昭千古耳目者列之。"① 可见，晚明士僧对居士的理解仍多停留在明初心泰的《佛法金汤录》理解层次上。

三 晚明文人居士对编年体佛教史籍的评述

晚明史学特点之一是通鉴学的繁盛和影响，尤其是嘉靖时陈建仿效《资治通鉴》撰述《通纪》后，"流传宇内，人各操觚，遂成一时风气"。相关续、订补、评述《通鉴》之作层出不穷。② 编年体佛教史籍亦再次出现于晚明文人居士视野中。

南宋僧人本觉《释氏通鉴》记载西周昭王甲寅至后周恭帝庚申，约一千九百三十年佛教史事，但成书之后流传不广，元明时已为人少见。随着晚明编年史书的热度高涨，此书亦获得时人重视，有蓝翰卿"曩获宋本于荆楚，以为异书，甚是秘奇"③。

毕懋康、毕熙志对此书的评价较高。毕熙志曰："一庵觉上人作《释氏通鉴》，仿儒书编年之例，起周昭王甲寅，止后周恭帝庚申，上下凡一千九百三十年，诸祖诸师，备载罔佚。其搜罗甚富，其采集甚勤，此三雍四库所未收，大酉琅嬛所未见也。"④ 他从体例、内容完备、史料搜罗、采集等夸赞此书。但他的出发点在于阐述佛教本迹与垂迹，正统与羽翼的关联。如来为一人，为本，为实，为宗主；其余皆为如来之嗣孙，为垂，为权，为羽翼。"盖道有宗主，有羽翼，宗主则如来，以一人任之而有余。若夫羽翼，则今古圣贤，以千百人为之，而犹恐不足。故夫应迹西天，示形东土，自三十三祖而外，种种

---

① （明）夏树芳：《名公法喜志》卷一，《卍续藏经》，中国台湾新文丰出版社1994年影印本，第150册，第59页。
② 杨艳秋：《明代史学探研》，人民出版社2005年版，第198页。
③ （宋）释本觉：《释氏通鉴》卷一，《卍续藏经》，中国台湾新文丰出版社1994年影印本，第131册，第741页。
④ （宋）释本觉：《释氏通鉴》卷一，《卍续藏经》，中国台湾新文丰出版社1994年影印本，第131册，第741页。

化现，或实或权，不思不议，不可得而条悉缕纪者。皆如来之嗣孙，正教之轨躅也。"① 他认为《释氏通鉴》用编年手法，分清佛教正闰，权实，本垂，"为三雍四库所未收，大酉琅嬛所未见"，评价颇高。

毕懋康对此书亦评价较高，但他的出发点则更多是从史学而言。他肯定《释氏通鉴》仿效《资治通鉴》编年做法，认为史学主流就是纪传与编年，而《资治通鉴》更是史书的佼佼者。"史家者流，不出编年、列传二体。左丘公谷因经为传，编年成书。龙门以下历代之史，皆从列传。司马文正公著《通鉴》一编，取法左氏，上下数千载，前后数十朝。禅代废兴存亡，贤否得失，一开卷得其大都，读史者善之。"② 但他认为史不能专为儒家独有。"然史不独可为儒家之用也，大藏五千余函，其书三乘，浮于惠子五车，腾法东来，名流结集，又复日滋。惟是出世之旨，劫初之音，未易窥藩。而金蕅浩博，瑶函稠迭，几为海若之观。"③ 认为佛教亦有史，佛史亦为史，这就扩大了史学的范围。进而他夸赞《释氏通鉴》曰："有宋括山觉禅师，裒集释典，演以儒文，用司马法，著《释氏通鉴》。自西周迄于五季，圣谛神踪，网罗无佚，非经非疏，别为一体。古德机锋相触，所谓要妙言无义语，错见其间。盖理魔事障，既已双遣，而渊旨灵文，两臻其奥。洵释门之良史才，而竺坟之大宝筏也。"④ 他从该书体例、立意、文采、内容等各方面都给予较高评价，认为可称得上是佛教良史。

董其昌对编年体佛史亦情有独钟。他与王世贞观点相似，认为天地间皆史，史有天，有地，有神，有仙，佛亦有史。"知古今事，无更难于史者。无论正史难，即偏记小录亦难。无论稗史难，即琐语杂

---

① （宋）释本觉：《释氏通鉴》卷一，《卍续藏经》，中国台湾新文丰出版社1994年影印本，第131册，第741页。
② （宋）释本觉：《释氏通鉴》卷一，《卍续藏经》，中国台湾新文丰出版社1994年影印本，第131册，第742页。
③ （宋）释本觉：《释氏通鉴》卷一，《卍续藏经》，中国台湾新文丰出版社1994年影印本，第131册，第742页。
④ （宋）释本觉：《释氏通鉴》卷一，《卍续藏经》，中国台湾新文丰出版社1994年影印本，第131册，第742页。

簿亦难，若更进而史天、史地，又进而史仙、史佛。"①但与王世贞观点不同的是，他认为古今之间最难者为史，佛史亦难。为了证明这一观点，他简述过往佛史撰述之艰难。"宋元徽中，王俭为《七志》，仅以佛书附图谱之末。梁初，命任昉等于文德殿列藏众书，于华林园另集释典。其后阮孝绪，博采经籍，独尊佛录于七录之外。然亦不过资博览、示瑰异而已。唐宋以来，宗学炽盛，枝叶各分。自《景德传灯录》出，续之者至，合为五灯。于是曹溪之后，思让再分，马祖以来，五宗各显。至宋僧法盘，别立教宗，以《法华》为经，天台为统，止观为门，此《佛祖统记》所由作也。迨元僧智常，复作《统载》，名依《统记》，而立例则殊。始用史家编年之法，其意以宗为主，以教为辅。凡净行神足，性相义观，无所不备。而识者摘其漏误，至不可置辨，盖史之难如此。"②他认为佛史撰述之难有三：一是早期传统士人对其偏见，或以佛书附图谱之末，或以佛书附录于七录之外，这种著录目的在于"资博览，示瑰异"而非重视。二是佛史诤斗之难，先有灯录以禅宗为正统，后有志磐以台宗为正统，又有念常融合教宗，以宗为主，以教为辅。三是史事记载错误，以致"识者摘其漏误，至不可置辨"。所谓识者是指王世贞等，他们用传统史学考辨佛教史籍中的错误。

佛史撰述之难，诤斗、错误之多，他认为能解决这个难题的还是编年体佛教史籍，他尤其对朱时恩《佛祖纲目》赞叹有加，认为他"以三十年精力，汇为《佛祖纲目》一书。于是梵网有总持，法门有纪载，宗教有源流，废兴有考核。而合之则曰：此七佛以来，一部大史也"③。他认为以往僧史诤斗、分化南北，多为"病史"之作。此

---

① （明）朱时恩：《佛祖纲目》卷一，《卍续藏经》，中国台湾新文丰出版社1994年影印本，第146册，第365页。
② （明）朱时恩：《佛祖纲目》卷一，《卍续藏经》，中国台湾新文丰出版社1994年影印本，第146册，第365页。
③ （明）朱时恩：《佛祖纲目》卷一，《卍续藏经》，中国台湾新文丰出版社1994年影印本，第146册，第365页。

书摒弃"小师诤士,横分正闰,妄划南北,始以病史而究,为宗教戈矛"的缺陷,做到"合宗乘而归净土",使其"融和水乳,吹亮薪传,俾见性成佛之旨。人人开卷,直下领会,将居士显化,报恩之愿"融为一体。体例上,他对纲目结构亦较为赞赏,称其是"定祖正宗,大义凛凛。巨纲细目,标识精详"①。实为佛史上乘之作。

应该说,朱时恩《佛祖纲目》是晚明颇有特色的一部编年体佛教史籍。说是编年体,实则为纲目体。此体由南宋朱熹创立,以"纲为提要,目为叙事"。"纲"仿《春秋》,"目"效《左传》,撰述《资治通鉴纲目》,广为流传。朱时恩《佛祖纲目》仿效《资治通鉴纲目》体例,谙合《春秋》的体例,既有褒贬之意,又有合儒佛为一家之思。"原夫世尊说十二部经,而人天瞻仰,孔子作《春秋》,而乱臣贼子惧。苟可开世间眼目,岂复爱一己发肤。今恩窃不自揣,思报佛恩,照依历代年号,编辑《佛祖纲目》,意仿乎孔子,名同乎紫阳。须以十年,或可卒业。顾附刻原疏孔子圣人也,《春秋》犹世谛也。"②

为什么晚明文人居士会多褒奖编年体佛教史籍,甚至还出现《佛祖纲目》这样颇有特色的著述?这与编年体、纪传体撰述佛教通史的优劣,前者能更好体现佛教史籍的明儒佛大道、撤宗统之隔,达到三教融合的功效有很大关系。

首先、晚明文人居士认为佛教史籍要有"道",此"道"既有儒家的"理""道",亦有佛教之道,这是中国文人史家的一种内在传统。

传统史学著述素来讲求读史、撰史当归宿于天地之道。如两宋史学家多将"明道"作为史学根本性质和任务,他们普遍认为,无论读史,还是著史,要以明道为目标,而非简单记载事实,要追求大伦

---

① (明)朱时恩:《佛祖纲目》卷一,《卍续藏经》,中国台湾新文丰出版社1994年影印本,第146册,第365页。

② (明)朱时恩:《佛祖纲目》卷一,《卍续藏经》,中国台湾新文丰出版社1994年影印本,第146册,第367页。

第四章 明代佛教史学批评

理、大道德。如程颐曰:"凡读史,不徒要记事迹,须要识治乱安危、兴废存亡之理。"① 佛教史学家亦较早提出佛教史学撰述当以明是非、正伦理为己任。如契嵩评论司马迁、班固曰:"太史公言虽博,而道有归,班氏则未至也,宜乎世所谓固不如迁之良史也。贾傅抗王制而正汉法,美夫,宜无有加者焉。三表五饵之术,班固论其疏矣,诚疏也。董胶西之对策,美哉,得正而合极。所谓王者之佐,非为过也。《繁露》之言,则有可取也,有可舍也。"② 他比较司马迁、班固撰史的优劣,认为《史记》虽然语言广博,却言而有"道",而《汉书》之作则未明道,故他认为"固不如迁之良史也",可见,契嵩认为史书能明道才是优秀的著作。当然他强调的"道"亦是其一贯主张的"皇极之道"。"夫王道者,皇极也。皇极者,中道之谓也。"③ 晚明文人居士认为佛史也要有道,无论是毕懋康、毕熙志,还是董其昌、朱时恩他们都强调这一点,他们之道既是儒家之道,亦有佛教世尊之意,儒佛一家是晚明士绅追求佛史的最大之道。而要想更好表达佛史中明大道、正伦理的思想,非编年体莫属。因为自古以来,能将史书记述与明大道、正伦理,劝善惩恶的精神完美结合的史书就是编年体《春秋》。是故朱时恩有"孔子作《春秋》,而乱臣贼子惧。苟可开世间眼目,岂复爱一己发肤"之言。

其次,撤宗统隔阂、显各宗融合,归一净土是晚明文人居士褒奖编年体又一缘由。宗统之争是佛史一个十分重要的内容。魏晋南北朝就有《续法记》《宝林传》述禅宗传承延续,以佛祖正统自居。宋代宗统之争愈演愈烈,既有《景德传灯录》《天圣广灯录》《传法正宗记》等禅宗宗统之书,也有台宗的《佛祖统纪》《释门正统》宗统史。撰述体裁或是灯录,或是纪传体,原因在于两种体裁能更好体现

---

① (宋)程颢、程颐:《二程集》,中华书局2004年标点本,第232页。
② (宋)释契嵩:《镡津文集》卷七,《大正新修大藏经》,中国台湾财团法人佛陀教育基金会1990年版,第52册,第679页。
③ (宋)释契嵩:《镡津文集》卷八,《大正新修大藏经》,中国台湾财团法人佛陀教育基金会1990年版,第52册,第687页。

正、闰之别。如传灯录编排的特点就是按传法世系来排列禅师名次，以辨别传承之正闰。纪传体亦是一种很好体现宗统之争的史书体裁。志磐提出"断自释迦大王，终于法智，一佛二十九祖，并共称本纪，所以明化事而系道统"①。巧妙利用纪传体撰述《佛祖统纪》阐述其宗统思想。

晚明文人居士对这种佛教僧众"宗统"大事反而并不在意，他们重视的是世俗政治的正统、儒家伦理与自身的宗教体验和归趣。编年体以时间为中心的记叙方法，加上采用倒叙、补叙等手法，使历史人物形象完整、史事有序。晚明文人居士运用编年体撰述佛教通史的最大优势是表现朝代的正闰更替，而非佛教的宗统。同时，时间的顺序亦可以将佛教各宗有序地记载在历史坐标中，而无宗统之别。这一特点亦成为晚明文人居士褒奖、撰述编年体佛教史籍的又一个主要原因。朱时恩《佛祖纲目》则是加强版的编年体史书"释迦传迦叶，二十八传至达磨，是谓西天二十八祖。达磨传慧可，六传至惠能，是谓东土六祖。嗣后五宗继兴，法法相传，无忝祖位，教门则有瑜伽宗、南山宗、天台宗、慈恩宗、贤首宗"。此中教宗皆有，合为一书。最后，又将宗派归一净土。"佛开净土一门，实救世之良方，亦参禅之快捷方式。达磨未来，远公始创莲社，教人一心念佛。要其归极与直指单传，毫发无异。近世云栖宏师，古佛再来，俨然德山临济而不用棒喝，单提念佛话头。可谓善学柳下惠，不师其迹。读纲目者，直须识得此意。"②又谓"纲者大纲，目者细目。儒书纲目为世间法，善恶俱陈，以备法戒，故有褒有贬。佛祖纲目为出世间法，专为托彼已成之佛祖，显我自性之佛祖，故无褒无贬"③。此则是融合出世、入世

---

① （宋）释志磐：《佛祖统纪序》，《大正新修大藏经》，中国台湾财团法人佛陀教育基金会1990年版，第49册，第129页。

② （明）朱时恩：《佛祖纲目》卷一，《卍续藏经》，中国台湾新文丰出版社1994年影印本，第146册，第369页。

③ （明）朱时恩：《佛祖纲目》卷一，《卍续藏经》，中国台湾新文丰出版社1994年影印本，第146册，第368页。

为一体，有褒有贬，无褒无贬，供世人选择，有纲有目，其中意义更为明显。

大致来说，尽管晚明文人居士喜欢禅悦，喜欢与佛教僧徒结社、交游，诗文唱和，甚至撰述佛教著作，如李贽《华严经合论简要》、曾凤仪《楞严经宗通》、袁宏道《西方合论》、林兆恩《金刚经统论》等，但文人居士真正撰述佛教史籍者并不多，只有瞿汝稷《指月录》、朱时恩《佛祖纲目》《分灯居士录》、夏树芳《名公法喜志》四部史书。[①]但大多数人或从传统史学考辨出发，考察佛教史籍撰述的严谨，史料的真伪，或强调理佛融合，讲究自然，重视儒家纲常礼教，或是追求三教融合，宗派融合，归一净土角度评述佛教史籍。其原因在于晚明文人居士有自己的宗教体验和精神旨趣[②]，他们不会像佛教僧众那样更多纠结于佛教兴衰、宗统之争等佛教大事，评述、撰述佛教史籍更像是一种生活乐趣和现实祈福，而不是一种责任。

第三节　晚明佛教僧家的佛教史学批评与实践

与文人居士撰述相比，僧众史家的责任感更强烈，他们关注于佛教末法、丛林弊端、宗统之争等佛教大事，挽救佛教于衰落是晚明整个僧团群体的共同责任，亦是众多僧家撰述佛教史籍的真正动力。

明代佛教总体上处于衰弱下降态势，加上政治社会处境时好时坏，佛教界一直流行末法思想，教宗俱寂，丛林凋敝。如明洪武年间，僧录右司宗泐认为现实佛教社会"末法之流率多放逸，恬不知

[①] 圣严法师：《明末佛教研究》，宗教文化出版社2006年版，第226页。
[②] 晚明文人居士的精神世界和旨趣，请参见陈宝良《明代士大夫的精神世界》导论，北京师范大学出版社2017年版。

愧，由是教法渐至衰微"①。又如，万峰禅师佛法精深，风靡一时。他认为"扳缘高贵，轻蔑下流，逐妄追名，迷真惑道"者甚多，佛教处在"末法将沈""丛林凋敝"之境。②又如，万历年间僧定明谈及佛教状况时说"时当末运，正法凋零，去圣真之愈远，炽魔外之邪途"，认为当时佛教正处于末法阶段。③德清总结万历之前佛教亦言："顷百年来，法幢倾圮，殿宇坠颓，而僧徒寂寥。"④"盖千载一时，自此而降，渐渐寂寥，而嘉、隆之际极矣。"⑤认为嘉靖、隆庆时佛教衰落至极。万历时曹洞宗的圆澄更具体记载当时末法、丛林弊端，总结师徒不洽、僧众龙蛇混杂、为自立门户不择手段、互相倾轧、行为有失检点、忽视戒律等种种丑相⑥，以致发出"去古日远，丛林之规扫地尽矣。佛日将沉，僧宝殆灭。吾惧三武之祸，且起于今日也"⑦的感慨。

面对佛教末法，丛林凋零，大德高僧采取的措施亦各不相同，如唐代高僧道绰、善导强调以忏悔、念佛等实践方式来消除佛教弱势。道宣借助撰述佛教史籍来挽救佛法。宋代僧人多以撰述佛教文献来挽救佛教颓势。⑧明代僧人面对佛教末法，也有自己的对策。万峰禅师强调要"接引一个半个，阐扬吾道，报佛恩德"来消除佛教弱势。⑨有的僧家则仿效道宣、赞宁等，著述佛教史籍，树立榜样，向古代高

---

① 许明编著：《中国佛教经论序跋记集》，上海辞书出版社2002年版，第1267页。
② （明）释幻轮：《释氏稽古略续集》卷二，《大正新修大藏经》第49册，财团法人佛陀教育基金会1990年版，第935页。
③ （明）释定明：《雪峰义存禅师语录跋》，《卍续藏经》，中国台湾新文丰出版社1994年影印本，第119册，第992页。
④ （明）释德清：《憨山老人梦游集》卷二〇，《卍续藏经》，中国台湾新文丰出版社1994年影印本，第127册，第503页。
⑤ （明）释德清：《憨山老人梦游集》卷三一，《卍续藏经》，中国台湾新文丰出版社1994年影印本，第127册，第659页。
⑥ 江灿腾：《晚明佛教改革史》，广西师范大学出版社2006年版，第15页。
⑦ （明）释圆澄：《慨古录》卷一，《卍续藏经》，中国台湾新文丰出版社1994年影印本，第114册，第726页。
⑧ 曹刚华：《明代佛教方志研究》，中国人民大学出版社2010年版，第33页。
⑨ （明）释幻轮：《释氏稽古略续集》卷二，《大正新修大藏经》，中国台湾财团法人佛陀教育基金会1990年版，第49册，第935页。

第四章　明代佛教史学批评

僧大德学习，激发后人向佛之心，来挽救佛教颓势，亦不失为一良策。故晚明僧家有慨于此，撰述佛教史籍愈多，有幻轮《释氏稽古略续集》、如惺《大明高僧传》、明河《补续高僧传》、居顶《续传灯录》、文琇《增集续传灯录》、净柱《五灯会元续略》等十余部佛教史籍。尽管这些史著多是拾遗补漏，有不如意之处，①但晚明佛教僧家撰述之盛亦非前代所及。

一　晚明僧家对僧传的评述及撰述

僧传始于魏晋，慧皎撰述《高僧传》创置十科体例，道宣《续高僧传》、赞宁《宋高僧传》相沿。惠洪不满这种体例撰述《禅林僧宝传》，开创宋代僧传的新风格，继有《补禅林僧宝传》《僧宝正续传》等仿续之作。元代昙噩将佛教六学与十科体例融合，撰述《新修科分六学僧传》。此后，僧传撰述无人。明僧圆澄总结丛林弊端，认为"佛日将沉，僧宝殆灭"的缘由之一在于"去古日远，丛林之规扫地尽矣"，要想重振古风，树立榜样，编撰僧传势在必行。故如惺、明河编撰《大明高僧传》《补续高僧传》，以彰前言，亦引发僧家、文人对僧传的再关注。

万历时，如惺认为僧传是摆脱丛林衰弱，激励后人的良策之一，重申僧传撰述的重要性。"夫孔子作《春秋》而乱臣贼子惧，太史公作史传天下不肖者耻。今吾释氏而有是书，则使天下沙门非惟不作师子身中虫，而甚有见贤思齐，默契乎言表，得免亡罟者，讵可量哉！"②他将僧传与孔子《春秋》，司马迁《史记》相比拟，其意不在于体例而在于史意，希望僧传具有使"乱臣贼子惧""天下不肖者耻"功效，让僧人不作"师子身中虫"，不蝇营狗苟地活在当下，而是要"见贤思齐，默契乎言表"从言行举止各方面向前辈高僧大德学

---

①　魏承思：《中国佛教文化论稿》，上海人民出版社1991年版，第159页。
②　（明）释如惺：《大明高僧传》卷一，《大正新修大藏经》，中国台湾财团法人佛陀教育基金会1990年版，第50册，第901页。

习，这样佛教才有希望。

体例上，他将《宋高僧传》的十科分类法改为三科分类，并沿用赞宁的"系曰"体例，并未采用惠洪《禅林僧宝传》的体例。一是《大明高僧传》记载的是自南宋至明代的"国朝护法者"与散落于史书文集的"诸名僧"①，而非只有禅僧一家。尽管如惺对惠洪颇为赞赏，"其谁乎善于讲者，又当以觉公为良范"②。但在体例上，他还是选择更为经典的《宋高僧传》体例。二是当下丛林凋敝，缘于"去古日远"，此"古"更多是指魏晋隋唐及北宋初，而非稍近的南宋。亦如传灯褒奖僧传记所言："汉明以来，佛教东渐，三宝事迹，班班可纪，故太史有左右之官，僧录亦设左右之职。矧山林硕德，著述犹多，若梁慧皎法师、唐道宣律师、宋僧统赞宁之《高僧传》。"并称赞为："人齐七众，门备十科，矫矫人龙，翼翼义虎。"③《宋高僧传》体例已成为诸多晚明僧人的一种共识。

但如惺并未一味固守旧例，而是根据宋元明佛教实际情况，将十科改为译经、义解、习禅三科，其余七科皆删除，这是其改造旧例的一种新变化。但他还仍将译经列为之首，著录正传一人，附见二人。"入我国朝洪武建元以来，以三藏颇足摩腾不至，故止是例。今于《元史》仅得此人，庶不虚此首科亦几希矣。"④ 实给人有一种"去古未远"之感。

崇祯时高僧明河对如惺这种打着僧传十科的旗号，却将其改为三科的做法不置可否。他坚持传统十科分类，将撰述僧传称为《补续高僧传》，上接魏晋、唐宋《高僧传》之传承，下启明代僧传撰述。

---

① （明）释如惺：《大明高僧传》卷一，《大正新修大藏经》第50册，中国台湾财团法人佛陀教育基金会1990年版，第901页。

② （明）释如惺：《大明高僧传》卷六，《大正新修大藏经》第50册，中国台湾财团法人佛陀教育基金会1990年版，第922页。

③ （明）释传灯：《天台山方外志》卷首，杜洁祥主编《中国佛寺史志汇刊》第三辑第10册，中国台湾丹青图书公司1985年版，第45页。

④ （明）释如惺：《大明高僧传》卷一，《大正新修大藏经》第50册，中国台湾财团法人佛陀教育基金会1990年版，第901页。

"自宋文宣王记室王简栖所集百卷，又会稽嘉祥皎法师所集《梁高僧传》十三卷，唐南山律师所集《续高僧传》□卷，又赞宁国师所集有《宋高僧传》□卷。降斯已还，宋明相望，以六百余祀之辽夐，邈然罕闻。"① 认为从宋到明并无真正意义上的僧传，直接忽略如惺的《大明高僧传》。所以他撰述《补续高僧传》，"传列宋元，以逮明世诸高禅，西乃冠以大明。若止为一朝僧史，则不从所纪载之人立号，而从编纂之家受名，亦循赞宁师之义例，不称续而称宋之意也"②。仿效赞宁接续道宣之意，称为补续，意在继承《宋高僧传》，从某种程度上说，也是一种僧传"正统"意识上的作用。体例上，《补续高僧传》分为译经、义解、习禅、明律、护法、感通、遗身、赞诵、兴福、杂科十类，完全与《宋高僧传》一致。稍有不同的是，明河没有采取赞宁每类之后有"论曰""系曰"，而是将"系曰"作为按语，发于个别僧传之后，颇有类似惠洪《禅林僧宝传》的处理。故时人范景文评其曰："自赵宋至昭代四百余载，不分宗派，凡真正佛子，略已该括。取例寂音之传《僧宝》，系以论赞，洵法苑之胜事，亦龙宫之秘录也。"③

读彻亦褒奖明河具有良史之才，他认为自古以来高僧传缺失原因在于"人"，他将十科比拟儒家四哲，儒家传记是绵绵相续，代代有人撰述，佛教却无良才，无法立传。"吾氏高僧之列十科，犹孔门弟子之推四哲。四哲载记后，既更有弟子，十科立传后，岂竟无高僧。非无高僧，是无传高僧之人也。亦弟子中非得马迁之笔，而不能传。"④ 他对"传"的理解是："贵传其神如见故人，一披图不待问，

---

① （明）释明河：《补续高僧传》卷二六，《卍续藏经》，中国台湾新文丰出版社1994年影印本，第134册，第391页。
② （明）释明河：《补续高僧传》卷一，《卍续藏经》，中国台湾新文丰出版社1994年影印本，第134册，第37页。
③ （明）释明河：《补续高僧传》卷一，《卍续藏经》，中国台湾新文丰出版社1994年影印本，第134册，第35页。
④ （明）释明河：《补续高僧传》卷一，《卍续藏经》，中国台湾新文丰出版社1994年影印本，第134册，第36页。

即知为某某。此无他，盖以神遇，不以言得也。"认为明河之才为"司马董狐，良史之才。"①评价可谓之高。

尽管《宋高僧传》十科体例受到晚明大部分僧众史家追捧，但也有部分高僧另辟蹊径，对僧传体例有新见解。

晚明四大高僧之一的德清对僧传的理解与前人、如惺皆不同。明人郭千秋的师父，一生清修苦行、念持净土，圆寂后请德清撰述塔铭，德清推辞不过，"承以令师塔铭见委，愧昏耄疏陋，不足以当盛意。但在法门所系甚重，诚不敢不申赞叹，又不可以荒唐谬悠之言取罪"②。德清对塔铭撰述十分重视，他认为"塔铭即世之僧史，取信千载之下"。不敢推脱，但又不愿意赞誉得言过其实，最后，他根据佛教现实，认为僧传可以分为禅师、法师、神僧、高僧四科，而非十科、三科。"古之僧史列传，则有禅师，以六祖之下，五宗血脉为主。有法师，以贤首、清凉、天台教观为主。有神僧，以佛图澄诸梵师异行为主。有高僧，以远公、支公、生公、肇公高操为主。四科之外，其余建立有为功行者，不与也。"③禅师是以六祖以下，五家正统传承血脉为主，注重禅宗的正统，而非"野狐禅""冬瓜印子"。法师则注重贤首、清凉、天台教观法门。神僧则注重"异行"。高僧则注重节操风骨。可以说，血脉、教观、异行、节操既是德清对古代僧人的一种评判，亦是他对当下僧人的一种标准。晚明僧人多注重"身后名"，希望自己的塔铭、墓志被当以名僧、高僧之称，以便后人写进僧史、僧传中。按照四个标准，他对郭千秋师父的评价是高僧。缘由是他"清修苦行，山野仰慕久矣，览持来行，似非所闻，不敢以虚饰有累实德。故单取本色住山苦行清节，生平以念佛为法门。当与远公并驾，宜在高僧之列。乃敢略载其正行，以

---

① （明）释明河：《补续高僧传》卷一，《卍续藏经》，中国台湾新文丰出版社1994年影印本，第134册，第36页。
② （明）释德清：《憨山老人梦游集》卷一八，《卍续藏经》，中国台湾新文丰出版社1994年影印本，第127册，第476页。
③ （明）释德清：《憨山老人梦游集》卷一八，《卍续藏经》，中国台湾新文丰出版社1994年影印本，第127册，第477页。

第四章 明代佛教史学批评

取信为主"①。德清的这种评价是从苦行、清修、净土三方面总结而得，亦可看出他对晚明"高僧"评判的一种尺度。

元来是晚明曹洞宗著名高僧，他对唐宋僧传、史家亦有一番褒贬。"昔者道宣作僧史于唐，弗长于文，且不知有别传之事。齐达磨一宗于枯寂之辈，识何暗也。赞宁作僧史于宋，学富而才疏，且列黄蘖于感通，列岩头于遗身，列永明于兴福。至于云门，僧中王也，反舍之而弗列，则其谬为尤甚。觉范继赞而有述，高华秀朗登作者之坛，然止传禅宗诸彦，可以称全史乎？"② 他认为释道宣《续高僧传》的缺陷是不长于文，又没有特别记载禅宗史事，"达磨一宗于枯寂之辈"，学识不明。宋僧赞宁虽然学富五车，才高八斗，但"列黄蘖于感通，列岩头于遗身，列永明于兴福"，再加上没有记载云门宗，则其谬误更甚。而惠洪《禅林僧宝传》虽然"继赞而有述，高华秀朗登作者之坛"，但只专注记载禅僧，不能反映整个佛教僧众全貌。所以他认为古来僧传多有缺陷，撰述当下僧传要有新的变化。

元来对同为曹洞宗的元贤《建州弘释录》采用的体例颇为赞同。该书是元贤撰述关于建州地方佛教的一部僧传，亦有地方灯录之意。其撰述源于"去古日远"，丛林凋敝，激发后人向佛之意。"俾晚学之士得见古人如是之辛苦，如是之严慎，如是之博大，如是之远到。倘能翻然易辙，而趋望标而进，则唐宋之盛庶几再见于今日，亦未可知也。"③ 其意与上述如惺、德清等皆同。元贤并未采用唐宋僧传的十科、如惺的三科、德清的四科分类，而是"凡分之为四科：首曰达本，重明宗也；次曰显化，彰祷应也；三曰崇德，录众行也；四曰辅教，备金汤也"。用达本、显化、崇德、辅教来作为评述僧人的标准，

---

① （明）释德清：《憨山老人梦游集》卷一八，《卍续藏经》，中国台湾新文丰出版社1994年影印本，第127册，第477页。
② （明）释元贤：《建州弘释录》卷一，《卍续藏经》，中国台湾新文丰出版社1994年影印本，第147册，第813页。
③ （明）释元贤：《建州弘释录》卷一，《卍续藏经》，中国台湾新文丰出版社1994年影印本，第147册，第814页。

既打破了传统僧传的译经、义解、习禅,又打破了高僧、名僧、神僧之别,亦颇有新意。故元来称赞道:"其识正,其论确,其采访博,其分界严,非良史也耶?"[1]

毫无疑问,三位僧家十分重视僧史、僧传的重要性,也认同撰述僧传是拯救晚明丛林凋敝的良策之一。德清认为僧史作用是探本溯源:"苟无所考究,则何以溯法界之真源乎?"[2] 僧传的作用则是"扶树宗教,开人天之眼目,作长夜之智灯",启迪后人。[3] 元贤也认为僧传起到"唐宋之盛庶几再见于今日"的功效。但德清、元贤都弃用十科体例而重新创置新标准,前者用血脉、教观、异行、风骨来定义禅僧、教僧、神僧、高僧;后者用达本、显化、崇德、辅教来评述僧人,某种程度来说,都是对传统僧传体例的一种革新。缘由在于德清是晚明佛教的改革者,他对晚明丛林改革的构想与实践是多角度、多层次的,从对人物评价角度而言,他更想找到一种"超越传统禅徒的批评观点"的评判模式。[4] 对于曹洞宗僧人元贤、元来而言,他们是颇具民族意识和风骨气节之人。[5] 从元来与元贤的对话来看,二人都是变通者,而非拘泥之人。"余乃问曰:'寿昌塔扫也未?'师曰:'扫即不废,只是不许人知。'余曰:'汝偷扫祛也。'"[6] 故元来认为元贤之作比道宣、赞宁、惠洪有过之而无不及。"宣宁让其雅当,觉范推其完备。迥然独出,前无作者。"[7] 虽有溢美之词,但亦是对其僧

---

[1] (明)释元贤:《建州弘释录》卷一,《卍续藏经》,中国台湾新文丰出版社1994年影印本,第147册,第813页。

[2] (明)释德清:《径山志》序,杜洁祥主编《中国佛寺史志汇刊》,中国台湾丹青图书公司1985年版,第一辑第31册,第397页。

[3] (明)释德清:《憨山老人梦游集》卷三一,《卍续藏经》,中国台湾新文丰出版社1994年影印本,第127册,第659页。

[4] 江灿腾:《晚明佛教改革史》,广西师范大学出版社2006年版,第169页。

[5] 纪华传:《永觉元贤〈鼓山志〉及其文献价值》,《世界宗教研究》2008年第2期。

[6] (明)释元贤:《建州弘释录》卷一,《卍续藏经》,中国台湾新文丰出版社1994年影印本,第147册,第813页。

[7] (明)释元贤:《建州弘释录》卷一,《卍续藏经》,中国台湾新文丰出版社1994年影印本,第147册,第813页。

传体例变革的一种肯定和褒奖。这种改变亦符合曹洞宗较为积极，"比较能着重实际情况的效用适应"的一贯风格。①

另外，从撰述话语权转移来看，晚明僧传的总结和撰述者，或是出身于台宗的如惺、传灯，或是出身于华严的明河②，或是出身于曹洞的元贤、元来，或是超然于宗派之上的德清，僧传撰述既是晚明僧家拯救丛林衰落的一种措施，亦像是晚明非主流僧家争夺佛史话语权的一种表现。

二 晚明僧家对灯录的评述与实践

相对僧传而言，对灯录的评述和撰述更像是晚明佛教史学的一个中心，正统之争成为撰述灯录的原动力，撰述繁盛一直延续到清初。

正统之争始于魏晋南北朝，有讲述禅宗早期传法诸祖的《续法记》，隋唐时有《宝林传》等多以佛祖"教外别传"为正统自居。宋代禅宗繁盛，加上儒家正统论思潮的影响，正统争斗愈演愈烈。禅宗以正统自居，撰述《景德传灯录》《传法正宗记》《天圣广灯录》等记载禅宗传承的佛教史籍，巩固正统地位。另一方面，台宗复兴，与禅宗对抗，编撰《佛祖统纪》《释门正统》等佛教史籍，明天台正统之志。晚明佛教复兴，但内部争斗越来越重。"上为学说宗旨之争，中为门户派系之争，下为意气势力之争，最下为墓地田租之争。"③尤以正统之争为烈。亦如通醉所言："灯以传道，统以继脉。设道之不明，统之不正，先圣所忧也。"④编撰灯录目的就是阐明佛教正统。

晚明清初佛教之争集中在禅宗内部，陈垣曾将其分为三种方式：

---

① 释圣严：《明末佛教研究》，宗教文化出版社2006年版，第9页。
② 金建锋：《明僧释明河〈补续高僧传〉成书考》，《南昌师范学院学报》（社会科学）2016年第2期。
③ 陈垣：《明季滇黔佛教考》，河北教育出版社2000年版，第275页。
④ （清）释通醉：《锦江禅灯》凡例，《卍续藏经》，中国台湾新文丰出版社1994年影印本，第145册，第526页。

307

即"济洞之诤""天童派之诤""新旧势力之诤"。① 晚明佛教争斗为起势阶段,更多表现为前两者。

济洞之诤指曹洞宗与临济宗的正统之争。曹洞宗起于北宋,衰于南宋,复兴于元明,晚明在东南沿海一带有较大影响,出现了无异元来、永觉元贤、远门净柱、位中净符等高僧大德。这种发展局面使洞宗高僧对临济宗撰述的灯录产生不满,双方发生激烈争斗,从明末延续至清初。临济宗通容《五灯严统》、曹洞宗净柱《五灯会元续略》、净符《法门锄宄》《祖灯大统》等皆源于此。

净柱,福建龙溪人,俗姓陈。号远门,晚明曹洞宗僧人。初开堂于杭州龙唐,后继席宝寿山。顺治十一年十二月示寂,世寿五十四,法腊二十二。崇祯十七年,净柱撰述《五灯会元续略》。他肯定宋代灯录在禅宗发展中的重要作用,认为:"正法眼藏之布在方策也,自《景德传灯》始。踵其后者李遵勖之《广灯》,佛国之《续灯》,晦翁之《联灯》,雷庵之《普灯》,层见迭出,卷帙浩繁,学者不无望洋而叹。"其中最为杰出者则是"绍定间大川济公承浙翁之传,主握宗印,集诸学侣撮为《会元》,可谓始终条理,一以贯之"②。对《五灯会元》评价甚高。虽然宋元时"有宗匠说法如云,指不胜屈。入我明,圣祖神宗,道化翔流,普天皈命,而应斯嘉运,崭崭出头角,又何似柱生也晚。适丁末造,目击先觉遗言仅存洞济二宗散行宇内,未经收聚神庙间"。语录、传记散落于尘世中甚多。他害怕"世愈久而名愈湮,名愈湮而脉愈紊,授受不明,旁正不分,闲之不可不取诸豫也"③。为了正本清源,撰述《五灯会元续略》。

顾名思义,此书以《五灯会元》榜样,接续宋明之间的禅宗传承标为正统。"故缵大川老人之绪略续四册,梓以问世。"体例上,

---

① 陈垣:《清初僧诤记》,河北教育出版社2000年版,第493、512、536页。
② (明)释净柱:《五灯会元续略》卷一,《卍续藏经》,中国台湾新文丰出版社1994年影印本,第138册,第833页。
③ (明)释净柱:《五灯会元续略》卷一,《卍续藏经》,中国台湾新文丰出版社1994年影印本,第138册,第834页。

第四章 明代佛教史学批评

他将"自宋大川普济禅师《五灯会元》始到明末数百年来,大鉴慧能下先南岳,后青原,已成约定俗成之事"①,改为先曹洞,后临济,凸显曹洞的中心地位。"《会元》所载曹洞终于十四卷,临济终于二十卷。先尽者宜先续,后竟者宜后书,故以洞宗置第一卷,不敢紊绝续之次也。"在处理临济宗法脉上,他遵循《五灯会元》体例基础上,亦有改动。"《会元》载环悟法嗣,首大慧,次虎丘。是书亦以大慧法裔居先,虎丘法裔居次。俱循旧典,匪有异闻。至若黄龙忠、育王裕、护国元等一二传灯,则附于大慧法裔之列。"② 将黄龙忠、育王裕、护国元等附属于大慧法裔之列。还有改动的是,他将临济宗语录、史事简化处理,"芟繁选要",将不重要的内容或删减,或简录,美名其曰便于观览。"临济宗自宋季稍盛于江南,阅元而明人宗大匠所在都有,而韬光敛瑞民莫得传。惟是天童、磬山、车溪三派鼎峙,……学者依为出世梯航。第诸家语录不翅充栋,是用芟繁选要,使一滴水味全具江河。至于联珠、颂古诸师,未详其住持何刹,谨录颂古一则跗入法嗣,使稽灯者易于览观。"③ 其推崇曹洞,降低临济之心显而易见。

同为曹洞宗的元贤也十分重视灯录的撰述。"禅家历世相传,喻之为灯。取其能破暗以显物,亦取其能继照于无尽也。"他较推崇宋代灯录,认为:"自宋景德间道原大师始为传灯,嗣是则有《广灯》《续灯》《联灯》《普灯》之作,所述互有详略,学者难以尽考。由是大川济公合之为《会元》,始终一贯,后学便之,功至渥也。"④ 尤其认可《五灯会元》合五灯为一的做法。但他对《五灯会元》先南岳,

---

① 释定明:《费隐通容〈五灯严统〉与曹洞、临济的批判、辩说》,《佛学研究》2013年总第22期。
② (明)释净柱:《五灯会元续略》卷一,《卍续藏经》,中国台湾新文丰出版社1994年影印本,第138册,第834页。
③ (明)释净柱:《五灯会元续略》卷一,《卍续藏经》,中国台湾新文丰出版社1994年影印本,第138册,第834页。
④ (明)释元贤:《继灯录》卷首,《卍续藏经》,中国台湾新文丰出版社1994年影印本,第147册,第701页。

后青原的体例颇多微词。"五宗次序，《景德传灯》及《正宗记》俱先青原，后南岳。大川乃私党己宗，以南岳先，青原后。又恐人诤论，故复以法眼先临济，紊乱极矣。"① 这些观点与净柱颇为一致。但净柱阐述改变《五灯会元》排位的原因较为温和，"先尽者宜先续，后竟者宜后书，故以洞宗置第一卷，不敢紊绝续之次也"。元贤则认为这种改变是对《五灯会元》"私党己宗"的拨乱反正。

故元贤对净柱《五灯会元续略》较为赞赏，搜集史料，撰述《续灯录》，补该书之未备者，"至庚寅夏，复得远门柱公所辑《五灯续略》，益补其所未备"②。他在凡例中又赞道："《五灯续略》一书采录为详，余所未及见者多得之此书，其功伟矣。"③ 元贤对自己撰述的《续灯录》颇为得意。针对有人认为禅宗重在"不立文字，直指人心"，且前代已经有诸多灯录，为什么还要撰述《续灯录》？所谓："禅家贵在心悟，语言文字其糟粕也，何必连篇累牍，牵枝引蔓如五灯耶，况又益之为继灯耶。"④ 他则将《续灯录》比拟为"政如六经之后复有孟氏之七篇，道性善称尧舜倡仁义，息邪说，亦以明先王之道耳，岂曰益之而为赘哉"。认为该书类似儒家的孟子七篇，有明先王之道的功效，发人深省。他对那些体例混杂，史料讹误的灯录严厉批评。"若夫所录混滥，弗当于西来之旨，则如王通之五经，虽自谓可继孔氏，而不自知实尘饭涂羹之戏也，其罪戾不亦重乎。"实际上，亦是对《五灯会元》以及临济灯录先南岳后青原的一种强烈不满。如他对《五灯会元》诸多遗漏提出严厉批评。"其裁削之下，点额者多，不无遗珠之叹。况采录亦自未备，如淮河以北，金有大定一灯，大川

---

① （明）释元贤：《继灯录》卷首，《卍续藏经》，中国台湾新文丰出版社1994年影印本，第147册，第701页。
② （明）释元贤：《继灯录》卷首，《卍续藏经》，中国台湾新文丰出版社1994年影印本，第147册，第701页。
③ （明）释元贤：《继灯录》卷首，《卍续藏经》，中国台湾新文丰出版社1994年影印本，第147册，第702页。
④ （明）释元贤：《继灯录》卷首，《卍续藏经》，中国台湾新文丰出版社1994年影印本，第147册，第701页。

亦未及见，则其遗漏，不既多乎。"①

实际上，明初有居顶《续传灯录》、文琇《增集续传灯录》，净柱对此两灯录毫无提及，直接上承《五灯会元》。元贤则提及居顶《续传灯录》，但评价不高。"复有《续灯》者，不知何人所作，其所收为最广，其滥竽者，亦为最繁。"② 其缘由在于两人皆为临济僧人，前者是大鉴下第二十四世瑞岩恕中愠禅师法嗣③，后者是大鉴下第二十二世万寿行中仁禅师法嗣。④ 又二书记载的多是曹洞宗寿昌系僧人，其他系曹洞宗僧人记载较少，整体上还是重临济，轻曹洞。再加上，"《续灯》则秘之大藏，虽名德俊衲，有终身而弗一见者"⑤。少为流传，无人得见。这些都是净柱对此二书视而不见，而是直接上承《五灯会元》的原因。但居顶推崇《景德传灯录》，贬低《五灯会元》的重复和简略；文琇批评《五灯会元》缺失较多，"若妙峰、北涧、松源、破庵诸老宿，皆未登此书"⑥。这些评述倒与元贤上述观点不谋而合。

对净柱《五灯会元续略》、元贤《继灯录》重曹洞、轻临济、争正统的做法，临济宗费隐通容采取针锋相对的反击回应，顺治十七年，他撰述、刊行《五灯严统》，其后又撰述《五灯严统解惑篇》阐释书中涉及于洞济之争以及禅家内部之争的诸多看法，其间亦多涉及他对古今灯录、僧传、佛史的诸多褒贬，而这种评述与正统之争又有紧密联系。

---

① （明）释元贤：《永觉元贤禅师广录》卷一四，《卍续藏经》，中国台湾新文丰出版社1994年影印本，第125册，第558页。
② （明）释元贤：《永觉元贤禅师广录》卷一四，《卍续藏经》，中国台湾新文丰出版社1994年影印本，第125册，第558页。
③ （明）释文琇：《增集续传灯录》卷六，《卍续藏经》，中国台湾新文丰出版社1994年影印本，第142册，第904页。
④ （明）释文琇：《增集续传灯录》卷五，《卍续藏经》，中国台湾新文丰出版社1994年影印本，第142册，第871页。
⑤ （明）释元贤：《永觉元贤禅师广录》卷一四，《卍续藏经》，中国台湾新文丰出版社1994年影印本，第125册，第558页。
⑥ （明）释文琇：《增集续传灯录》卷一，《卍续藏经》，中国台湾新文丰出版社1994年影印本，第142册，第725页。

五宗次序，净柱、元贤皆为先青原，后南岳，前者以"先尽者宜先续，后竟者宜后书"为由，后者以《景德传灯录》《传法正宗记》排序为准，《五灯会元》先南岳，后青原实为篡改先人。针对净柱观点，通容反驳道"远门又谓《会元》所载，洞宗终十四卷，济宗终二十卷。先书者先续，后竟者后书。据此议论《续略》当与《会元》串合同行，共编卷帙，则此语可通。今劈空以曹洞居卷首，岂所谓先书先续也。分明与《传灯世谱》《祖印图》等著同一线索，更暗埋青原居东，南岳居西等话，颠倒翻案，究竟无益，徒增忉怛耳"①。通容认为净柱这种做法不妥，有颠倒黑白，翻案之嫌。"兹因远门《续略》书出，多颠倒从上圣贤，以累及我宗，故不得已，亟为清楚"，不得不辩。②

根据净柱、元贤的史料依据，通容对《五灯会元》《景德传灯录》《传法正宗记》做一总结和剖析，并抨击二人使用史料、观点之谬。

首先，通容从详略角度，贬低《景德传灯录》《传法正宗记》之简，大力赞扬《五灯会元》之详。"盖《传灯》与《正宗记》虽入在藏中，约二种书，总四十卷。考其人名，如《传灯》所载，六祖下一千四百三十四人。如《正宗记》所载，六祖下一千四百九十六人。于几千人，而《传灯》只以简易之文，作世次与传。《正宗》则仅以节略之笔，叙其嗣法及世系而已。并不曾将二千余人，昭明举出，表其宗旨，分其支派，纲领节目，浩繁无绪，故不能使家喻户晓。虽有其书，而实未盛行于世也。"③ 他认为《景德传灯录》《传法正宗记》记载世系传承过于简略，再加上，此两书流传不广，不便于全面反映禅宗两千年之发展。

反观《五灯会元》："五宗既定，支派攸分，纵千子万孙，于百亿

---

① （清）释通容：《五灯严统解惑篇》，《卍续藏经》，中国台湾新文丰出版社1994年影印本，第139册，第1057页。
② （清）释通容：《五灯严统解惑篇》，《卍续藏经》，中国台湾新文丰出版社1994年影印本，第139册，第1055页。
③ （清）释通容：《五灯严统解惑编》，《卍续藏经》，中国台湾新文丰出版社1994年影印本，第139册，第1045页。

世,皆见其有宗有派,有原有委,修集众典,成一大部书,以作禅宗定史,功不在禹下,所以流通五百余年以来,无不赞为盛典。"① 相较《景德传灯录》《传法正宗记》:"只叙其人名世次之如彼,而《五灯会元》之分支表宗又如此。如彼之简易殊略,如此之详明显著,不止天壤之异。"认为二者详略之优劣犹如天壤之别。

其次,从传承源流来说,他认为《五灯会元》采用先南岳,后青原的体例,是"因见西天祖师谶定南岳马祖,故录西天四七,东土二三下,便将南岳列之于前,而青原编之于后,此盖依西天般若多罗所谶故也。"② 认为是有西天祖师为依据,并非大川禅师肆意党己的篡改。

他接着认为即使《景德传灯录》《传法正宗记》也没有明确表明南岳、青原的主次排序。"况《传灯》所录,亦不曾核定青原为昆,南岳为季。殊不知青原之前更有十一人之名目在,虽则列青原在南岳之前,而青原之前,更有十一人,亦为青原之昆乎。足知《传灯录》《正宗记》二书,只明人数与世次而已,实不曾分支派,表宗旨。何为昆?何为季?"③ 认为《景德传灯录》《传法正宗记》根本没有正统主次之分,更谈不上昆季之别。所以,他认为元贤对《五灯会元》的指责实为莫须有。

再次,他认为《景德传灯录》《传法正宗记》讹误太多,不能与《五灯会元》并论。"道原所修《传灯录》亦多差错,如魏府大觉属临济之子,却修为黄檗法嗣,与临济作昆季,则其余差谬可知。如明教云,其所出佛祖年世事迹之差谬者,若《传灯录》之类。"④ 之所以有如此多的讹误,在于道原撰述态度有问题。"如道原修《传灯》

---

① (清)释通容:《五灯严统解惑编》,《卍续藏经》,中国台湾新文丰出版社1994年影印本,第139册,第1045页。
② (清)释通容:《五灯严统解惑编》,《卍续藏经》,中国台湾新文丰出版社1994年影印本,第139册,第1045页。
③ (清)释通容:《五灯严统解惑编》,《卍续藏经》,中国台湾新文丰出版社1994年影印本,第139册,第1045页。
④ (清)释通容:《五灯严统解惑篇》,《卍续藏经》,中国台湾新文丰出版社1994年影印本,第139册,第1044页。

时，不能亲身讨究，第托人捃拾篇章，未免鱼鲁参差在前，自有多般乌焉继之于后。所谓一人传虚，万人传实，亦何用予之赘言。"而《五灯会元》则是："有经有法，有条有理，宗旨之于支派，不假考而明，昭而显。令后之人，见千百世前，佛祖授受，师资相承于禅统法系。严如风霜，不致紊乱，此即予今日，为法门滥觞，中流一柱之大志也。"① 对《五灯会元》倍加推崇。

是故通容《五灯严统》"以舆论所尊之藏典及《五灯会元》合成《严统》者"。他所"尊之藏典"有二。一是惠洪的撰述，他对其评价颇高，将之比喻为史家董狐。"寂音尊者一生任董狐之笔，既辨两家宗派，刊之方册，载在藏中。""如洪觉范禅师之辨宗派说，刊布方册已久，载在藏中，昭如日星。"② 在《五灯严统》中，他"将云门、法眼两宗定为南岳怀让一系"，就是受到惠洪的影响。③

二是元僧念常的《佛祖通载》。他对此书赞不绝口，明确阐明其观点就是源自《佛祖通载》中的记载。"殊不知予所宗者，有唐两巨儒丘玄素及符载公为二大禅师所作之文，以记其出处颠末，可谓金石之书，不刊之典，编于《佛祖通载》中。"接着，他又阐明关于天王、天皇之争的观点亦是以此书为准。"且《通载》一书，久入神京皇藏我字函中，普天之下，靡不流通，所以古今皆崇尚其说，用以考据辨文，藉为定论。始明天王与天皇，各属一宗，而泾渭从此得清也。"④ 其后的正统之争"实亦依龙藏中《佛祖通载》原本根据，庶令统清系白，似有功于两派，然且不居，夺统之谕，胡为乎来哉"⑤。认为

---

① （清）释通容：《五灯严统解惑篇》，《卍续藏经》，中国台湾新文丰出版社 1994 年影印本，第 139 册，第 1056 页。
② （清）释通容：《五灯严统解惑篇》，《卍续藏经》，中国台湾新文丰出版社 1994 年影印本，第 139 册，第 1050 页。
③ 魏道儒：《中华佛教史·宋元明清佛教卷》，山西教育出版社 2013 年版，第 346 页。
④ （清）释通容：《五灯严统解惑编》，《卍续藏经》，中国台湾新文丰出版社 1994 年影印本，第 139 册，第 1044 页。
⑤ （清）释通容：《五灯严统解惑篇》，《卍续藏经》，中国台湾新文丰出版社 1994 年影印本，第 139 册，第 1047 页。

《佛祖通载》中记载可以为后世之定论，根本不用再争论，净柱、元贤等的正统之争纯属胡说八道。

实际上，通容对《景德传灯录》《传法正宗记》《五灯会元》的优劣解读颇有一定的道理，因为从详略、宗派传承记载来说，确实是《五灯会元》合五灯为一，"删掇精英，去其冗杂，叙录较为简要。其考论宗系，分篇胪列，于释氏之源流本末，亦指掌了然"。"非诸方语录掉弄口舌者比也。"① 较之《景德传灯录》《广灯》《续灯》《联灯》《普灯》等高出一筹。但通容以元代念常《佛祖通载》为观点支撑则确为不妥。晚明王世贞《弇州山人四部续稿》卷一五六对其批评甚多，认为记载佛教史事与世俗历史讹误太多，每卷都为其考辨，计有数十条之多。陈垣考据此书史料，认为就是一部抄袭之作，自撰内容问题颇多，毫无可取之处。② 可见，若从史料而言，通容以元代念常《佛祖通载》为准，尚不及元贤以《景德传灯录》《传法正宗记》为妥，惜元贤未见王世贞批评之言，通容因反驳曹洞心切，均未注意。

"天童派之诤"指晚明到清初的《天童塔铭》之争、密云圆悟与汉月法藏之争，尤以后者为甚，历时之长，涉面之广，较为少有。密云圆悟与汉月法藏本为师徒，都为明末清初禅宗高僧，二人争执起于汉月法藏对晚明禅林风气的批评以及遥继宋高僧惠洪觉范衣钵，并撰写《五宗原》。密云圆悟对此强烈不满，展开激烈批评，继而波及诸多门下弟子。③ 如灵岩弘储、剖石弘璧、具德礼、潭吉忍等纷纷著书立说，参与争斗。

---

① （清）永瑢、纪昀主编：《四库全书总目》卷一四五，中华书局1965年影印本，第1239页。
② 陈垣：《中国佛教史籍概论》，上海书店出版社2005年版，第116页。
③ 关于密云圆悟与汉月法藏的争斗，学界多有研究。陈垣：《清初僧诤记》，河北教育出版社2000年版；连瑞枝：《汉月法藏（1573—1635）与晚明三峰宗派的建立》，《中华佛学报》1996年第9期；释见一：《汉月法藏之禅法研究》，中国台湾法鼓文化事业股份有限公司2000年版；等等。不赘言。

汉月法藏《五宗原》主要目的反对临济"建立其宗以防伪，抹杀五家，而欲单传者"①的做法，因此，他想重新恢复五家宗旨，故对惠洪及其撰述十分赞赏，因为惠洪是五家宗旨的提倡者，所谓："曹溪之道，至南岳石头、江西马祖，而分为两宗。云门、曹洞、法眼皆宗于石头，临济、沩仰皆宗于马祖，天下丛林号为五家宗派。"他还以达观昙颖禅师《五家传》为基础撰述《禅林僧宝传》。但自宋元明以来，五家变成临济、曹洞二家，晚明时已至临济单传独大。要想再开宗立派，重振五家宗旨，惠洪确是其不二的榜样人选。故"（法藏）欣然奉高峰为印心，觉范为印法，且伤觉公无后，意欲遥嗣之。"②惠洪撰述、语录在法藏语录中在在可见。如："觉范禅师《智证传》凡四十余日至第三卷曹山三堕章中，叙五家宗旨，各因其悟入，从首至尾，以印定纲宗，盖各家流传，密印务在得人，须透尽其法，然后记为真子。"③又如，他又夸赞"即如《智证传》《宗镜录》亦然有大心者"④。他在《复金粟老和尚》亦引用惠洪语"此如衣冠称孔门弟子而毁《易》系辞，三尺童子皆笑之。其言痛切，可为寒心"来回复密云老和尚。⑤

法藏除了欣赏宋僧惠洪，他还对黎眉《教外别传》亦多夸赞。"海昌黎眉居士既从河洛一派，接续子舆氏，传性命之宗，于长者折枝处顿证拈花一脉。乃集释迦而下金色庆喜，已至大鉴，振起五宗，迢迢千古，格外之英，汇其语而付之梨。各各现千百亿身，处处说法，俾人人证而了之。方见黎眉通身手眼，根根毛孔放光说法，为先

---

① （明）释法藏：《五宗原》序，《卍续藏经》，中国台湾新文丰出版社1994年影印本，第114册，第201页。
② （明）周永年：《邓尉圣恩寺志》卷四，杜洁祥主编《中国佛寺史志汇刊》，中国台湾丹青图书公司1985年版，第一辑第42册，第119页。
③ （明）释弘储：《三峰藏和尚语录》卷六，中国台湾新文丰出版社1987年影印明《嘉兴藏》本，第34册，第156页。
④ （明）释弘储：《三峰藏和尚语录》卷七，中国台湾新文丰出版社1987年影印明《嘉兴藏》本，第34册，第160页。
⑤ （明）释弘储：《三峰藏和尚语录》卷一四，中国台湾新文丰出版社1987年影印明《嘉兴藏》本，第34册，第190页。

觉宗乘诸大老中杰出之英。"① 但他之所以对《教外别传》情有独钟，颇多褒奖，其原因还是在于"复赘五宗之象语"，借为《教外别传》写序之际，重申他的五家宗旨之意。

弟子弘储为了维护师门，重申法藏观点，他撰述《南岳单传记》。他在序言中曰："自汉明帝朝，佛法入中国，教之流行久矣。达磨氏荷法西来者，盖以人心流转，历劫不停，门门生死，刹那立现，理障犹碍正知见，所贵一句当天。单刀直入，若复一意依通言词之尚，则何有于教外别传哉？后来确确悟明者，波澜浩阔，虽方便说通截流不负，日浸岁润，忘心外驰。炫六代之繁华，昧唐虞之黼黻，久假不归，乌知非有。弘储痛念从上恩德，碎身罔报，作《南岳单传记》，表而出之。法子住尧封南潜，克体师心，共图返古，悬救方来。"② 充分表达弘储撰述《南岳单传记》的原因，以编撰佛教史籍方式继承法藏未竟的愿望。

同时，他对久无人问津的明初两部史著亦给予关注，亦代表他对当下灯录的另一种看法。"余己丑，住吴之灵岩山，永乐间为南石和尚道场，读和尚《语录》，想见其人。庚子，虞山钱宗伯惠我二书：一曰《增集续传灯录》，出南石和尚；一曰《山庵杂录》，出恕中和尚。读二书，又想见许古人。恕中前住瑞岩，南石前住灵岩。余在吴、在越，实主二岩于二老，俱为前后住持，以余想见二老想见许古人，则知后人则想见今人，感慨略同也。书止四世，虽文献未备，典则可征。后学宗之，足起支离泛滥之习。今世禅壳子其有瘳哉！"③ 弘储欣赏此二书，一是因为恕中、南石都担任过灵岩山住持，百年之后，弘储亦住持灵岩山，古人今人相交于此，是为缘分。二是《山庵杂录》对惠洪十分欣赏。弘储的师父法藏对惠洪亦欣赏有加，弘储继

---

① （明）释弘储：《三峰藏和尚语录》卷一六，中国台湾新文丰出版社1987年影印明《嘉兴藏》本，第34册，第200页。
② （明）释弘储：《南岳单传记序》，《卍续藏经》，中国台湾新文丰出版社1994年影印本，第146册，第893页。
③ （明）释文琇：《增集续传灯录》卷一，《卍续藏经》，中国台湾新文丰出版社1994年影印本，第142册，第725页。

承师风，对《山庵杂录》颇有爱屋及乌之心。此外，弘储对《增集续传灯录》颇为褒奖，他认为《增集续传灯录》虽然文献不够充分，但引经据典尚有可观，足备后人征引，后人学习之，以资鉴当下禅的弊端。这个"禅壳子"更多是指临济单传，因为《增集续传灯录》还是赞成五家合成并传，而非单传之意。从某种程度而言，弘储重新刊刻此书，亦属难得，颇有深意。

综上所见，灯录是晚明禅家争夺撰述话语权的主阵地，临济、曹洞双方评述、继承前代灯录优劣，撰述当下灯录，皆多借此在争夺正统中取得先机，禅家评判古今灯录的立场亦与其宗派性息息相关。

第四节 明代佛教史家对佛教方志的认知与评述

佛教方志是一种特殊的佛教史籍，是由佛教僧人或居士撰写，有一定体裁体例的关于佛教地理环境、人文环境、名胜古迹的文献，如佛教寺志、山志、庵志、精舍志、塔院志等。它具有宗教性、史学性、文献性与地域性。宗教性指它是中国佛教发展的产物之一和中国佛教有着紧密联系。史学性指佛教方志记载的佛教发展史或佛教人物事迹等，具有重要的史料价值。文献性指它是以某种材料为载体，靠编撰、复制而传播的一种文献。地域性则是指具有一定的区域空间范围，大可至全国范围，小可至一个寺院。①

佛教方志起源于北魏杨衒之《洛阳伽蓝记》，所谓："释寺之有志，仿于《洛阳之记伽蓝》。"② 隋唐、宋元时有所发展，出现《释迦方志》《古清凉志》《广清凉山志》《补陀洛迦山传》《静安八咏集》等。

明代是佛教方志的定型时期，不仅数量繁多，体例合理，理论水

---

① 曹刚华：《明代佛教方志研究》，中国人民大学出版社2010年版，第2页。
② （清）毛奇龄：《西河集》卷五四，《文渊阁四库全书》，上海古籍出版社2003年影印本，第1320册，第474页。

平高，而且还表现在对于佛教方志认知思想的提升，如佛教方志的性质归属，怎样才是一部好的佛教志书？如何正确处理史料？等等问题，都是史家在前人基础上，结合修志实践总结出的宝贵经验。他们或运用晚明"天地皆为史"的思想，扩大史学、史书范畴，将佛教方志归入为史学范畴，或引用前人"良史"评价佛教方志的优劣，这些在明代佛教史学批评中都颇具一色。

一　明代佛教史家对佛教方志的性质的探讨

对佛教方志的争议，主要集中在佛教方志性质的问题上。佛教方志到底是属于佛教文献，还是属于史书？传统史家为佛教方志定位时亦各不相同。

有史家认为佛教方志是反映一山一地的史书，应将其归属在史部地理类。《隋书·经籍志》《郡斋读书志》等多持这种观点，撰者著录佛教方志时，将《洛阳伽蓝记》《佛国记》《京师寺塔记》等放在史部地理类。认为佛教寺志与传统方志的功能一样，是一种史书，记载山川景色，故物的兴亡本末是志书内在的一种优良传统。

也有史家观点与此相反，认为佛教方志与佛教经文、语录一样，首先是传播佛教教义理论的佛书，其次才是记载一山一地的文献，佛教性应该是佛教方志的最终定位。《新唐书·艺文志》《宋史·艺文志》《崇文总目》等多持这种观点，他们著录佛教方志时，将《古清凉传》《释迦方志》等放在子部释书类，认为佛教方志正是通过宣扬一山一地的风土人情、名胜古迹、山川河流，实际上是借山之名，宣佛之灵的最好方法，功能与佛教经典语录一样。《开元释教录》《贞元释教录》《至元法宝勘同总录》等经录按照佛教文献学分类体系，将《古清凉传》《释迦方志》《广清凉传》等放在中土撰述的史传部。明代佛教史家对这些争论问题亦有回应，他们亦多认为佛教方志首先是史书，其次才是佛教文献。

张元忭作《云门志略序》时首先强调:"辨疆域,核□故,发幽潜,吾史氏职也。"① 认为撰述志书就是史家的责任。周应宾认为:"志者,所以彰往示来也。惟是山川式灵,又重之以王命,其再造也,将必有废兴之迹焉,虽载辑之可也。"② 而彰往示来,明兴废之事亦是史书具有的功能。郑以伟则借用《周礼》观点,认为佛教志书亦是史书,符合《周礼》之义。"《周礼》山川掌于职方氏,原师、山师多士大夫之任。后世名麓,半为丛林,于是十一著僧史,如远公之志庐山,道安之志西域,近日镇澄和上之志清凉,不一而足。虽与《周礼》稍异,而山之名亦赖之以传。"③ 邵宝修改僧圆显《慧山记》时亦认为:"邑之有志,犹古列国之有史,山之故必舆载焉。而水经、山志又古野史之流,有不可得而废者显也,将有见于是欤今。"④ 可见,他也将僧圆显《慧山记》归入史书类。徐时泰观点更明确,他作序《高丽华严教寺志》时,首先阐明:"志者,史之流也。夫史者,述往诏来,比辞该事,所以鉴兴戒亡者也,是以古之人多托史以寓志。"佛教寺志无论在体例创建,还是史书功能上都同史书之理,所谓:"提纲表巨,分注收细,拾遗定乱,使律宗以则钵衣,以例是故。""抚山川之故,览兴亡之本,详创继颠趾之因,要义有综。"⑤ 正是他对《高丽华严教寺志》作为史书的最好注解。

无独有偶,不仅文人居士会将佛教方志当作史书,明代僧家亦有如此观点。僧传灯首先将史的概念扩大为天下皆史。既有一国之史、一县之史、一家之史,也有仙史、高士之史,僧史、名山之史、名寺

---

① (明)张元忭:《云门志略》卷首,白化文主编《中国佛寺志丛刊》,广陵书社2011年影印本,第79册,第5页。
② (明)周应宾:《重修普陀山志》卷首,杜洁祥主编《中国佛寺史志汇刊》,中国台湾丹青图书公司1985年版,第一辑第9册,第3页。
③ (明)王祚昌、费元禄《鹅湖峰顶志》卷首,白化文主编《中国佛寺志丛刊》,广陵书社2011年影印本,第20册,第17页。
④ (明)邵宝:《慧山记序》,《四库全书存目丛书》,齐鲁书社1997年影印本,史部,第229册,第220页。
⑤ (明)徐时泰:《高丽华严教寺志序》,杜洁祥主编《中国佛寺史志汇刊》,中国台湾丹青图书公司1985年影印本,第一辑第20册,第17页。

第四章 明代佛教史学批评

之史亦列其中，故"史虽不同，所以记言记事一也"。自古而来，僧史虽多，仍有缺憾，由于传统史家存在偏见，"旧为是志者谓释老非志所急，故存而不书，或书而不详"，对于一山一地的佛教事迹记载甚少。故传灯大声呼吁"夫志犹史也，亦传也"①。佛教方志亦史，亦传。因为佛教方志首先记载一山一地的山川沿革、风土人情、高僧大德的史事，从这个意义说，佛教方志与传统方志相同，皆是反映一山一地的史书。传灯的这种观点得到时人的赞同，如顾起元为《天台山方外志》作序时说："史莫良于志，志莫良于山纪，载之难有数端。（然此志）自山名至文章有涉此山者，罔不采其故实，掇彼菁华，至台数之真文，高人之遗韵，尤加详焉。……杨衒常记伽蓝，慧远曾经庐阜，厥称著矣。岂如斯志名寄区中，理存方外。"②他认为《天台山方外志》先为一山之史，其次才强调史中有佛，佛借山史，正合"名寄区中，理存方外"之意。

可以说，将佛教方志当作是传统志书是明代佛教文人居士、僧家较普遍的认知，其原因有二，一是"山—佛"之间关系的转换。对于明代史家来说，反映一山一地之书即为志书，随着佛教的发展壮大，"后世名麓半为丛林"，很多佛教寺院依山而建，这些反映一地佛教之书，名虽为佛书，但客观上亦宣扬了一地一山，认定佛教方志是传统志书的一种是有一定道理。对于佛教僧众来说，宣扬佛教教义、维护一山一地佛教寺院利益是其编撰佛教方志最大目的，如何才能最大限度宣传？通过宣扬一山一地的风土人情、名胜古迹、山川河流，借山之名，宣佛之灵显然是一种最好的方法。正如明末孙时伟所言："夫借山以宣大士之教，即借志以著兹山之奇，因是而可大可久。"③佛教

---

① （明）释传灯：《天台山方外志序》，白化文主编《中国佛寺志丛刊》，广陵书社2011年影印本，第81册，第29页。
② （明）顾起元：《天台山方外志序》，白化文主编《中国佛寺志丛刊》，广陵书社2011年影印本，第81册，第26—27页。
③ （清）孙时伟：《重修杭州上天竺山志序》，杜洁祥主编《中国佛寺史志汇刊》，中国台湾丹青图书公司1985年影印本，第一辑第26册，第11页。

史家清楚认识到佛教方志的外在形式是史书，内在核心是佛书这一道理。因此方内、方外史家都能接受佛教方志首先作为志书的存在。二是在于晚明经世史学思潮的兴起，影响了志书的编撰，"众多地方志在经世致用思想的指导下被编纂完成"①。晚明掀起了一股编撰志书风气，这种风气甚至影响、扩大到了对佛教志书的关注。所以晚明佛教史家将佛教方志更多纳入史书、志中，亦不足为奇。

二 "良史""良志"：明代佛教史家对佛教方志优劣的评判

良史是传统史家长期探讨的重要问题之一，从孔子的书法不隐为良史，到汉唐期间的注重直书实录，两宋吴缜的信史之论、朱熹的读史当观大伦理、大机会、大治乱得失之论皆为传统史家对良史的认知。佛教史家亦有对佛教"良史"的评述。善恶必书、考信求真是判断佛教史籍优秀的重要标准之一。所谓："有一代君臣，必有一代之史，所以记诸言动，法不法也。尧舜之德必书，跖蹻之行必书，天时人事，善恶臧否，莫不毕录。有可法，有可诫，谓之信史，若是其可也。"②强调史书明道也是判断佛教史籍优秀的一条重要标准。僧契嵩："太史公言虽博，而道有归，班氏则未至也，宜乎世所谓固不如迁之良史也。贾傅抗王制而正汉法，美夫，宜无有加者焉。三表五饵之术，班固论其疏矣，诚疏也。董胶西之对策，美哉得正而合极。所谓王者之佐，非为过也。《繁露》之言，则有可取也，有可舍也。"③契嵩认为《史记》虽然语言广博，却言而有"道"，《汉书》则未明道，故他认为"固不如迁之良史也"，明道是其评价史书好坏的重要标准。当然对佛教史家来说，此道既是传统社会的伦理之道、儒家的王道、皇极之道，兴废存亡之道，又是佛祖的无上证道，阐释佛教的

---

① 向燕南：《中国史学思想通史·明代卷》，黄山书社2002年版，第185页。

② （宋）释志磐：《佛祖统纪》卷三八，《大正新修大藏经》，中国台湾财团法人佛陀教育基金会1990年版，第49册，第356页。

③ （宋）释契嵩：《镡津文集》卷七，《大正新修大藏经》，中国台湾财团法人佛陀教育基金会1990年版，第52册，第679页。

第四章 明代佛教史学批评

真如之道、如来之道、顿悟之道、护法之道。再次，强调佛教史籍的流畅，繁简适当也是判断佛教史籍优秀的一个标准。这些判断佛教"良史"的标准多受到传统史学的影响。

既然佛教方志是志书，是史书，评价良史的标准自然亦被明代史家套用到评价佛教志书中。不过名称则由良史改为良志。

佛教良志的标准是什么？陈大科认为最重要的是要明道义，申志情，所谓："述往事，思来者，以有所取义，作者之志也。"而"曹溪为审地其事则能大师，其文则历代制书，暨诸哲匠名卿之有事于兹土者，其取义则欲后之人绍明。"① 万历年间编撰的《曹溪旧志》恰好做到了这一点，无论在体例编排上，还是在史料选择上，都突出了曹溪开山祖师慧能大师的光辉大德及曹溪禅宗在中国佛教史上的崇高地位，"其事核、其旨远，宗门良史哉，非独以文而已也"。可见，在陈大科看来明道申志才是优秀佛教方志的最重要的因素，语言文字上的流畅文雅，则为佛教方志的末流枝节，不足为道。很显然，陈大科的良史标准与契嵩有异曲同工之妙，更多是从阐发佛教教义伦理出发。

《杭州上天竺讲寺志》与《天台山方外志》的编撰者则认为秉承"述而不作""曲直必书"等传统史学原则撰述的佛教方志方为良志。

《杭州上天竺讲寺志》凡例强调"余所谓述故事，整齐其世传，非敢云作也"，此为仿效孔子做《春秋》"述而不作"之遗法。②

传灯亦强调"述而不作"是编撰佛教史籍的无上妙法。《天台山方外志》正是在"述而不作，以成一家之言"思想下编撰而成。此外，传灯认为"曲直必书"亦是优秀佛教方志的一个重要标准，因此，他"有一言之悟，人必书之，有一行之合一道，必书之，其启迪后昆，弘范时俗，功德可胜言哉"。尽可能记载历代高僧大德的语录

---

① （明）陈大科：《曹溪旧志序》，杜洁祥主编《中国佛寺史志汇刊》，中国台湾丹青图书公司1985年影印本，第二辑第4册，第4页。
② （明）释广宾：《杭州上天竺讲寺志》凡例，杜洁祥主编《中国佛寺史志汇刊》，中国台湾丹青图书公司1985年影印本，第一辑第26册，第15页。

妙言。正如时人评价曰："是志也，绍先贤则光接慧炬，开后学则智灿群昏，酬山灵则勒石悬崖，传文苑则永垂竹素，是志之善物也。"①高度评价《天台山方外志》实为佛教方志之楷模。

傅梅亦以"述而不作"的撰史之意来激励自己，认为这才是优秀史书的最高标准。"论著自显，代不乏人，要以体大而赡，志犷而肆，……则不能不服司马子长，子长世为太史，以其宏博姿恣其驰骋，述先人之意为《史记》"，为历代史书之典范，并将此作为自己编撰《嵩书》的标准。②

编修《慧山记》的邵宝则认为佛教方志同传统史书的性质相同，故应以传统史书的标准来评判佛教方志的优秀与否。他认为优秀佛教方志要具备三个要素：一是"其事之覆"，意即记载史事要反复考辨，做到翔实可靠；二是"词之直"，即佛教方志的语言要流畅贯通，通俗易懂；三是"论之公"，即品评高僧大德、是非曲直要有公正之心。只有达到这三个标准，方能称之为佛教良志，永传后世。③

元贤是明代佛教史家探讨何为优秀佛教方志的集大成者。他在前人基础上，结合编撰寺志的实践，总结他心中的"良志"标准。开元寺是泉州一大丛林，高僧辈出，佛法兴盛，有元人梦观氏作《开士传》记载开元寺繁盛兴衰之发展，名为传记，实则寺志。时过境迁，三百年间，开元寺"禅风弗竞，日就陵夷"，元贤欲振禅风，继承前志，重撰寺志。

怎样才算是一部优秀的佛教寺志呢？元贤认为要具备以下几个要素。一是佛教方志的立意要高，编撰者要站在佛教历史发展的高度，审时度势地看待佛教寺院在地方的重要作用，是为"命意奇拔"。二是佛教方志编撰者要具备广博翔实的知识储备，高瞻远瞩的史识远

---

① （明）屠隆：《天台山方外志序》，杜洁祥主编《中国佛寺史志汇刊》，中国台湾丹青图书公司1985年影印本，第三辑第8册，第37页。

② （明）傅梅：《嵩书》卷首，中州古籍出版社2003年标点本，第2页。

③ （明）邵宝：《慧山记序》，《四库全书存目丛书》，齐鲁书社1997年影印本，史部，第229册，第220页。

见，是为"其学博，其识端"。三是佛教方志的语言要流畅典雅，可读性较强，是为"其铸词典雅，允登作者之坛"。四是佛教方志使用的史料要做到详于考辨，尽力求真，具备此四点者，方能称为佛教方志中的"善史"之作。①

此外，注重史料来源的广泛性、真实性、可靠性也是明代佛教史家对编修佛教方志又一深刻认识。充足而真实的史料是撰述高水平佛教方志的前提，明代佛教史家也十分清楚地认识这一点。因此编撰明代佛教的山志、寺志时，史家对材料真实性、可靠性的要求十分严格。

在史料范围上，明代佛教方志的史料来源十分广泛，可以分为四类。一是来自佛教的文本文献，佛教各宗派的经律论，僧人的传记、语录、著述等，是凡牵涉撰述寺院方志的佛教文献都是编撰者需要收集的史料范围。二是世俗社会的史料，包括正史、野史、笔记小说、文集、历代朝廷的敕谕、诏书等，关于寺院的内容也都是佛教方志编撰者搜集史料的对象。三是民间传说和口头史料，佛教植根于民间，许多高僧仙真、寺院丛林的灵异故事即是在民间传说中被不断放大的，明代佛教方志对民间口头相传史料的采纳也较为普遍。如僧元贤的《泉州开元寺志》，"耳目所睹闻者"也是其编撰寺志的重要史料。② 四是碑刻资料，凡是牵涉佛教寺院丛林的碑刻，如赏赐碑、纪念碑、高僧墓碑、放生碑等也都在编撰者视野之内。明代佛教史家清楚地认识到，收集广泛的珍贵的史料是撰述高质量佛教方志的第一步，但是如何在众多的史料中挑选出真实、可靠的史料则更为重要。因此考辨真伪、"考订精覈""足以征信"多成为明代佛教史家对编修佛教方志的重要认识。③

---

① （明）释元贤：《泉州开元寺志》卷一，杜洁祥主编《中国佛寺史志丛刊》，中国台湾丹青图书公司1985年版，第二辑第8册，第4页。
② （明）释元贤：《泉州开元寺志》卷一，杜洁祥主编《中国佛寺史志丛刊》，中国台湾丹青图书公司1985年版，第二辑第8册，第7页。
③ 曹刚华：《明代佛教方志研究》，中国人民大学出版社2010年版，第131页。

从上可见，明代佛教文人居士、僧家对佛教方志评判标准的界定多以史料的严谨与考辨、词直史实、述而不作、博学高识等传统史学的概念为主，少数有强调以佛意为先，但毫无置疑，整体上来看佛教方志编撰和评价深受晚明史学影响。这种影响之所以形成，亦源于晚明僧家与文人居士之间的一种和谐关系。

第五章 清代佛教史学批评

清代是中国佛教发展的衰微阶段，却是中国佛教史学发展的又一个复兴时期。[①] 清初具有史学批评意识的佛教史籍较多，如戒显《现果随录》、自融《南宋元明禅林僧宝传》、纪荫《宗统编年》、彭希涑《净土圣贤录》等。清中期则有胡珽《净土圣贤录续编》、彭绍升《居士传》等数部。晚清佛教史籍专门设置体例，阐发史学批评少之又少。此外，清代官私书目繁多，以《四库全书总目》《铁琴铜剑楼藏书目录》《郑堂读书记》为代表的官私目录对佛教史籍的著录、考辨与评价亦颇具特色，亦代表了清代官方、儒家正统以及民间士人对佛教史籍的认知。

第一节　清代官方对佛教史籍的认知与评述
——以官修目录为中心

官修目录是由朝廷机构或地方官员主持，对国家或地方藏书进行整理后编修体现官方意志的一种目录。[②] 清代官方目录大致有三种类

[①] 曹刚华：《清代佛教史籍的体裁评述》，中国历史文献研究会编《历史文献研究》，华东师范大学出版社2014年版，第138页。
[②] 来新夏认为官修目录是由政府主持对国家藏书进行整理后所编制的一种目录（来新夏：《古典目录学》（修订本），中华书局2013年版，第23页）。谢俊贵认为官修目录是官部召集文人学者为官府藏书所撰的目录（谢俊贵：《清代目录类型简述》，《广东图书馆学刊》1982年第3期）。本章官修目录概念在上述前辈学者定义上修改而成。

型：一是官修地方志中的艺文，如《江南通志》《浙江通志》等；二是官修史志目录，如《明史·艺文志》《钦定续文献通考》等；三是皇家藏书目录，如《秘殿珠林》《四库全书总目》等。

一 地方志中艺文著录的佛教史籍

地方志有艺文，唐刘知几认为始自宋孝王《关东风俗传》中的《坟籍志》："其所录皆邺下文儒之士，校雠之司，所列书名，唯取当时撰者。"① 与后世志书"艺文志"类似。目前现存方志较早有"艺文"为北宋乐史《太平寰宇记》。《四库全书总目》言北宋之前地志多用《周礼·职方氏》《山海经》古例，《太平寰宇记》则"增以人物，又偶及艺文，于是为州县志书之滥觞"②，肯定其开创方志中艺文体例之功。但宋代方志中艺文记载内容多有不同，没有形成一定的规范，既有《乾道临安志》《云间志》记载的诗赋、墓志、记、序、说、铭等文，也有高似孙《剡录》著述王羲之、谢灵运等人的书目；后者却开方志有书目之先河。③ 这两种风格亦影响明清地方志的艺文体例。

清代方志编修为历代之盛，无论编撰数量与质量，还是旧志整理、理论水平，都达到了较高水准。清入关之初，各地即有编撰方志。"现存顺治地方志有一百九十五种，其中有通志一种，府志十八种，州志二十一种，县志一百五十五种。"④ 顺治十四年，河南巡抚贾汉复纂修的《河南通志》是清代第一部通志。康熙元年，他任陕西巡抚期间又编撰《陕西通志》，两种通志得到朝廷认可，"即以此二志颁诸天下以为样式"⑤。清代方志多有艺文。姚名达言："三百年来，自

---

① （唐）刘知几：《史通》卷三，辽宁教育出版社1997年标点本，第17页。
② （清）永瑢、纪昀主编：《四库全书总目》卷六八，中华书局1965年影印本，第594页。
③ 姚名达：《中国目录学史》，商务印书馆2014年版，第337—338页。
④ 董馥荣：《清代顺治康熙时期地方志编纂研究》，上海远东出版社2018年版，第4页。
⑤ 王德恒：《中国方志学》，大象出版社1997年版，第116页。

第五章　清代佛教史学批评

通志府志，以至县志，皆多有艺文一栏，亦有钞诗文入艺文，列目录为经籍者。"①阐明清代方志艺文的内容，或为诗词文赋，或为著述目录，多延续宋明风格，但地方志数量与范围比宋明庞大，著录艺文更多。

贾汉复纂修《河南通志》《陕西通志》为清代通志之先，并得到朝廷认可，颁行天下。《河南通志》卷三十五至五十为艺文，却是"抄诗文入艺文"，著录御制、诗赋、表、颂、墓志、记、序、说、铭等文。《陕西通志》艺文大致相同。康熙十一年，大学士卫周祚奏令天下郡县分辑志书，诏允其请，各地开始大规模编修地方志；但"明清志家，多钞诗文而少于目录"②。若以顺康雍三朝通志为例，确为如此。如顺治、康熙时《河南通志》《陕西通志》《畿辅通志》《云南通志》《江西通志》艺文皆钞诗文，著录文体。少数亦有在艺文下设置经籍、典籍细目著录书目，如《福建通志》《江南通志》《浙江通志》等。

康熙时编修、雍正时续修的《浙江通志》《江南通志》为通志中较早著录佛教典籍的清代官修目录。③

康熙二十二年，浙江总督赵士麟、巡抚王国安在朝廷编撰一统志政策影响下，在明嘉靖年间纂修《浙江通志》七十二卷基础上增修，二十三年成书，"斟酌损益，义例粗备"④。该书卷四十四至四十九为艺文，又细分为目录、制词、历代御制、诗、疏等类。目录大致按照经、史、集三部著录书名。经类分为易类经文、书类经文、诗类经文、春秋类经文、礼类经文、孝经类经文、四书类经文。史部分为正

---

① 姚名达：《中国目录学史》，商务印书馆2014年版，第338页。
② 姚名达：《中国目录学史》，商务印书馆2014年版，第338页。
③ 清代方志编修是历代之最，数量繁多，现存"编修的省志80多种，府志350种，州志和县志3659种"（朱士嘉：《清代地方志的史料价值（上）》，《文史知识》1983年第3期）。由于数量繁多，故本书只选取康雍时《江南通志》《浙江通志》等通志艺文著录佛教典籍稍做分析，乾隆之后方志中艺文著录受《四库全书总目》影响较多，以后再探。
④ （清）永瑢、纪昀主编：《四库全书总目》卷六八，中华书局1965年影印本，第607页。

史类、别史类、史钞类、图志类。文集类单独一部。该书没有著录子部，经、史两部著录亦有删减，如史部中编年、纪事本末体、传记等体皆无，但文集著录最多。这也在很大程度上表现撰述者对艺文的认知。"文章者，经国之大业，不朽之盛事。"而两浙又是"人文渊薮，篇籍之富，雄视宇内"①，故除了将本朝诰敕冠于其首外，著录的诗文篇籍必须是"有裨于人心风俗，及与山川相映发者"②。这也是康熙《浙江通志》艺文注重文集、诗词歌赋的一个主要缘由。

该书未有子部，亦无佛教文献，但史部图志类著录王一槐《九华山志》、传灯《天台山志》、孙治《灵隐寺志》三部佛教志书，这也看出撰述者实际上把这三部书当史部地理书而非佛教文献。③

雍正九年，总督李卫开局，由沈翼机、傅王露、陆奎勋负责重新编纂《浙江通志》，"总为五十四门，视旧志增目一十有七。所引诸书，皆具列原文，标列出典。其近事未有记载者，亦具列其案牍，视他志体例特善。其有见闻异辞者，则附加考证于下方。虽过求赅备，或不无繁复丛冗，然信而有征之目，差为不愧矣"④。可见，雍正九年的重修，无论史料，还是体例上都胜过康熙志，甚至见闻异辞的内容都被著录其中，亦如四库馆臣评述，虽然繁复冗杂，但又信而有征。

雍正《浙江通志》将康熙志中艺文下的目录改为经籍，与艺文并列，从卷二四一到二五四，共十四卷，最早由杭世骏负责。"雍正辛亥春，制府礼聘名硕，修浙省全志。予以谫劣，谬从诸老先生后，磨铅濡卓，得与于编削之役。《经籍》一志，所创稿也。"⑤ 他认为浙江

---

① 康熙《浙江通志》卷四五《艺文》，《中国地方志集成》（省志辑·浙江），凤凰出版社 2010 年影印本，第 667 页。

② 康熙《浙江通志》卷四五《艺文》，《中国地方志集成》（省志辑·浙江），凤凰出版社 2010 年影印本，第 667 页。

③ 康熙《浙江通志》卷四四《艺文》，《中国地方志集成》（省志辑·浙江），凤凰出版社 2010 年影印本，第 663 页。

④ （清）永瑢、纪昀主编：《四库全书总目》卷六八，中华书局 1965 年影印本，第 607 页。

⑤ （清）杭世骏：《两浙经籍志序》，《道古堂文集》卷六，《清代诗文集汇编》，上海古籍出版社 2010 年版，第 282 册，第 65 页。

历来文献甲天下，要想撰述一部经籍志，网括古今，阐明发凡体例，溯源追本，难度颇高。所以在开局之初，他就将素来欣赏的黄虞稷《千顷堂书目》作为撰述《浙江通志》经籍最主要的参考文献。① 但在编撰过程中，与其他局官不合，遭到排挤，书稿被修改，于是退出史局，"因次旧稿，别本单行"②，撰述《两浙经籍志》。惜此书亡佚，无法比对它与《浙江通志》经籍志异同。有学者认为："今本雍正《浙江通志·经籍》仍然保存着杭氏稿的原貌，未见明显调整，更不存在由于'妄生弹射'后重新设置类例的情况。"③ 亦可以说，今本雍正《浙江通志·经籍》基本就是杭世骏以黄虞稷《千顷堂书目》为准撰述的经籍志。今以雍正《浙江通志·经籍》著录佛教典籍为例，阐释其中的关联及杭世骏对著录佛教典籍的看法。

今本雍正《浙江通志》经籍著录有大量佛教典籍，大致分布在三处。

一在史部传记。传记又细分为耆贤、孝友、忠烈、名臣、儒林、文士、人物、杂传、列传、列女、仙释、名号、灵异十三小类。仙释除了著录《神仙传》《元品录》《陆先生传》等几部道教典籍，还著录十一部佛教僧传，计有虞孝敬《高僧传》六卷、梁僧慧皎《高僧传》十四卷、僧义净《大唐西域求法高僧传》二卷、宋僧庆祥《高僧传》三十卷、宋僧赞宁《宋高僧传》三十卷、元僧昙噩《唐宋高僧传》、袾宏《皇明名僧辑略》一卷、来斯行著《居士传》；宋僧赞宁、苏易简、道士韩德纯撰《三教圣贤事迹》一百卷；董斯、张舆、闵元衢辑《白法志》；慈溪焕师撰《诸天传》一卷。④

---

① 王宣标：《杭世骏与雍正〈浙江通志·经籍〉的纂修》，《中国地方志》2019年第4期。
② （清）杭世骏：《两浙经籍志序》，《道古堂文集》卷六，《清代诗文集汇编》，上海古籍出版社2010年版，第282册，第66页。
③ 王宣标：《杭世骏与雍正〈浙江通志·经籍〉的纂修》，《中国地方志》2019年第4期。
④ 雍正《浙江通志》（六）卷二四四《经籍四》，《中国地方志集成》（省志辑·浙江），凤凰出版社2010年影印本，第4165页。

从著录僧传来看，今本雍正《浙江通志》与黄虞稷《黄氏书目》（《千顷堂书目》）有相同，亦有不同。

首先，在僧传归属上，今本雍正《浙江通志》认为僧传是传记，而非佛教文献，故将其归为史部传记类。而黄虞稷《千顷堂书目》将包括僧传、僧史、寺院志、灯录在内的所有佛教典籍都著录在子部释家类，认为僧传、寺院志、僧史都是佛教文献，而非史书。今本雍正《浙江通志》归类僧传与《隋书·经籍志》《郡斋读书志》观点相同；黄虞稷《千顷堂书目》归类僧传则与《新唐书·艺文志》《宋史·艺文志》《崇文总目》认知类似。此为二者最大的不同。

其次，从著录僧传来看，黄虞稷《千顷堂书目》著录明代僧传有七部：成祖《神僧传》、刘凤《吴释传》、明河《续高僧传》、袾宏《皇明名僧辑略》、曹学佺《蜀中高僧记》、林应起《全闽祖师录》、虞淳熙《云栖大师传》。补宋元僧传两部，《甬东三佛传》、元僧昙噩梦堂《唐宋高僧传》。[①] 今本雍正《浙江通志》著录的十一部僧传中只有袾宏《皇明名僧辑略》、元僧昙噩梦堂《唐宋高僧传》取自黄虞稷《千顷堂书目》，其余皆取自唐宋明之书。这种变化亦与杭世骏"更思恢张，以所未备，并取前世之书而附益之"暗合。此二者著录佛教典籍又一不同处。

相同地方是今本雍正《浙江通志》著录佛教典籍为撰者作传与杭世骏、黄虞稷思想相同。黄虞稷《千顷堂书目》著录经籍，常附上撰者简单小传。杭世骏亦欣赏这种方式。"经籍之设，所以补列传阙漏。班固不为冯商立传，而《续史记》则志于艺文；刘昫不为刘蜕皮立传，而《文泉子》则志于经籍；诸余史体偻指不胜，反复申明，盖将以救也。"[②] 他肯定经籍为列传补缺的做法，认为这是史家对列传缺失

---

① （清）黄虞稷：《千顷堂书目》卷一六《释家类》，上海古籍出版社2001年标点本，第425—432页。

② （清）杭世骏：《两浙经籍志序》，《道古堂文集》卷六，《清代诗文集汇编》，上海古籍出版社2010年版，第282册，第66页。

第五章 清代佛教史学批评

的一种弥补，也是经籍除了著录文献外另一种重要的作用，将经籍地位在某种程度上提高到列传位置。如："《高僧传》十四卷，《法宝标目》梁僧慧皎撰。《续高僧传》，会稽上虞人。按《隋书·经籍志》有皎法师《尼传》二卷，《宋史·艺文志》有《僧史》二卷。"①《宋史·艺文志》有《僧史》二卷确为事实。②但《隋书·经籍志》有《尼传》二卷则为释宝唱撰述而非慧皎③，杭世骏稍有失误。又如："《宋高僧传》三十卷，《宏治湖州府志》僧赞宁著，德清人。按《宋史·艺文志》有《僧史略》三卷。焦氏《经籍志》有《鹫岭圣贤录》一百卷。"④

为考证撰者、标明出处，杭世骏引用《隋书·经籍志》《唐书·艺文志》《宋史·艺文志》《黄氏书目》《成化杭州府志》《弘治湖州府志》《焦氏经籍志》《嘉靖慈溪县志》《萧山县志》《崇祯乌程县志》《续高僧传》《法宝标目》《天台山方外志》十三部文献。其中佛教文献三部，正史艺文志三部、明代目录二部、方志五部。考证唐以前僧传，多用《隋书·经籍志》《唐书·艺文志》《宋史·艺文志》。考证宋元明僧传，多用《成化杭州府志》《弘治湖州府志》《焦氏经籍志》《黄氏书目》等明代方志、书目。可见撰者考证僧传及其撰者，借助于传统艺文志、方志、目录较多，而非佛教文献。

二在史部地理类著录有六部佛教方志。与康熙志只著录释传灯《天台山志》、孙治《灵隐寺志》、王一槐《九华山志》相比，雍正志著录有章安尊者《南岳记》、蔡立身《九华山志》、陈沂《献花岩志》、尹梦璧《峨眉记》、俞汝言《嵩山志》、葛寅亮

---

① 雍正《浙江通志》卷二四四《经籍四》，《中国地方志集成》（省志辑·浙江），凤凰出版社2010年影印本，第4165页。
② 《宋史》卷二〇五《艺文四》，中华书局1985年标点本，第5187页。
③ 《隋书》卷三三《经籍二》，中华书局1973年标点本，第979页。
④ 雍正《浙江通志》卷二四四《经籍四》，《中国地方志集成》（省志辑·浙江），凤凰出版社2010年影印本，第4165页。

《金陵梵刹志》。① 撰者考证作者，还是以《天台山方外志》《平阳县志》《焦氏经籍志》《归安县志》《秀水县志》《黄氏书目》等方志、书目为主。此处，杭世骏遵循了康熙志原有将寺院志归为史部地理类的体例，只是删除原书，重新著录六部，其中只有葛寅亮《金陵梵刹志》被黄氏著录于子部释家类。② 可见，杭世骏并没有以《黄氏书目》为准著录佛教寺院山林志，他亦将佛教山林寺院志当为史书，而非佛教文献。正如他在《理安寺志序》曰："请余秉笔小友周进士辰告、汤孝廉铧斋为余先撰长编，芟薙繁冗，别为八门，厘然完备。"③ 先做长编，再做考证删减，最后成书，完全将《理安寺志》当作史书而非佛书。但令人不解的是，明清浙江佛教寺院山志非常多，康熙志著录三部，《浙江通志》亦只著录六部，甚至连康熙志著录，雍正志引用较多的《天台山方外志》都不著录。亦可见，杭世骏对佛教山林寺院志的不重视。这种不重视来自杭世骏对寺院豪华奢侈的批评，"寺之兴，出自天家缔造，内府之金钱，尚方之巧匠，锡赉便番，古无伦比"，但普通民众只能安居饱食，所以寺院更应要"努力以竟成前人之绪"，如果寺院忘了兴盛之本自何来，即"违净明忠孝之旨"。④ 实际上，这亦是杭世骏变相对浙江寺院兴盛奢侈提出一种批评，亦是他不多著录佛教寺院山林志的一个原因。

三在子部释藏。其下又细分为义疏、律、论、止观、义记、仪轨、语录、偈颂、铨述、宗传十类。佛教史籍分布在铨述、宗传中。如铨述有清僧净挺《学佛考训》《阅藏偶录》、戒显《现果录》、心泰《佛法金汤编》、大同《宝林编》、宋僧契嵩《辅教编》

---

① 雍正《浙江通志》卷二四四《经籍四》，《中国地方志集成》（省志辑·浙江），凤凰出版社2010年影印本，第4170页。

② （清）黄虞稷：《千顷堂书目》卷一六《释家类》，上海古籍出版社2001年标点本，第431页。

③ （清）杭世骏：《理安寺志序》，《道古堂文集》卷六，《清代诗文集汇编》，上海古籍出版社2010年版，第282册，第64页。

④ （清）杭世骏：《理安寺志序》，《道古堂文集》卷六，《清代诗文集汇编》，上海古籍出版社2010年版，第282册，第64页。

第五章　清代佛教史学批评

六部。① 宗传著录《释迦如来成道记》《传法正宗记》《禅宗定祖图》《释氏稽古略》《释氏通鉴》《五灯集要》《联灯会要》《金华分灯录》《问灯录》《东瓯宗说通》《普陀灵隐录》《五灯严统》《祖庭钳锤录》《居士禅灯录》《祖灯大统》《参智证传》《洞山价祖广录》《教外别传》十八部史籍。② 其中著录清僧通容三部、僧净挺四部，宋僧契嵩三部，其余唐宋元明清僧各一部。

较之康熙志无子部，不著录佛教典籍，雍正志著录唐宋、明清的佛教典籍有百部之多，还细分为十小类，每条著录考证都注明出处，体例确为完备，不愧馆臣称善。

从著录、考证释藏引用书目来看，首先引用最多的是传灯撰述的《天台山方外志》，如《金刚般若经疏》《金刚集解》《金刚疏》《文殊般若经疏》《阿弥陀佛经疏》等，甚至止观类所有典籍皆引自该书。③ 可见，撰者十分看重《天台山方外志》，缘由或在于该书"述梵迹者为多"④，甚至在卷七《台教考》还有《教观目录》和《石室藏书目录》⑤；再加上，天台山素为浙江名山道场，佛教历史悠久，故撰者以《天台山方外志》为基础，建构雍正《浙江通志》释藏亦为允当。

其次引用较多的就是黄虞稷《千顷堂书目》，该书本为杭世骏构建《浙江通志》经籍的主要参考书，类似《楞严会解疏》《楞严述旨》《楞严外解》《佛说遗教经论疏节要补注》《般若融心论》《净土生无生论》等多引自《千顷堂书目》。⑥

---

① 雍正《浙江通志》卷二四六《经籍六》，《中国地方志集成》（省志辑·浙江），凤凰出版社2010年影印本，第4193—4194页。
② 雍正《浙江通志》卷二四六《经籍六》，《中国地方志集成》（省志辑·浙江），凤凰出版社2010年影印本，第4194页。
③ 雍正《浙江通志》卷二四六《经籍六》，《中国地方志集成》（省志辑·浙江），凤凰出版社2010年影印本，第4185页。
④ （清）永瑢、纪昀主编：《四库全书总目》卷七六，中华书局1965年影印本，第661页。
⑤ （明）释传灯：《天台山方外志》卷七，杜洁祥主编《中国佛寺史志汇刊》，中国台湾丹青图书有限公司1985年影印本，第三辑第8—10册，第268页。
⑥ 雍正《浙江通志》卷二四六《经籍六》，《中国地方志集成》（省志辑·浙江），凤凰出版社2010年影印本，第4187—4189页。

其他引用书目可以分为四类。一是《续高僧传》《宋高僧传》《佛祖统纪》《南藏目录》《楞严丛抄》《上天竺山志》《灵隐寺志》等佛教史籍。二是《延祐四明志》《明一统志》《天启平湖县志》《山阴县志》《嘉靖宁波府志》《秀水县志》等宋明方志。三是正史艺文志，如《隋书·经籍志》《唐书·艺文志》《宋史·艺文志》。四是宋明书目，如《直斋书录解题》《澹生堂书目》《文献通考》等。

杭世骏编撰《浙江通志》经籍引用较多佛教典籍作考证之用亦为自然。他虽然批评佛教寺院的豪华奢侈，但相反，他与佛教僧众关系较为密切，撰述较多僧人诗集序跋，如《荚虚上人诗序》《云巢上人诗序》《重修净居禅院碑记》《鼓山志跋》《袈裟集跋》；亦为僧人撰述过塔铭，如《诗僧亦公塔铭》《赐紫住持南屏净慈禅寺荚虚大师塔铭》《住持秀溪龙翔寺岭云大师塔铭》等。① 此外，杭世骏引用的这些文献，亦有是他曾经研究，或为之写过序的文献。如他曾经作过序的《乌程县志》《昌化县序》《平阳县志》等亦都在引用书目之列。②

从上可见，如果单从著录佛教典籍来看，虽然杭世骏赞赏黄虞稷《千顷堂书目》，将其作为《浙江通志》经籍的主要参考。"江宁黄俞邰氏，蒐辑有明一代作者，详述其爵里，门分类聚，比于唐宋《艺文志》之例。予披览粗竟，窃叹俞邰用力之勤，而悲其志之不得试也。……观俞邰所排比，自南宋以迄元末，皆以灿然大备。盖其志直以《中经新簿》之责为己任，为有明二百七十载王阮，惜乎其不得与于馆阁之职也。辛亥春，不佞修浙志经籍，需此书甚亟。"③ 但他对黄虞稷《千顷堂书目》并未一味抄袭。"今之为此志者，既不屑蹈袭其旧，又不克详考四代史志之源流，又不能悉知篇目存佚之数，更思恢

---

① （清）杭世骏：《道古堂文集》卷一四、卷一八、卷二七、卷四八，《清代诗文集汇编》，上海古籍出版社2010年版，第282册，第151—152、195、281、288、476—480页。

② （清）杭世骏：《道古堂文集》卷六，《清代诗文集汇编》，上海古籍出版社2010年版，第282册，第60—61页。

③ （清）杭世骏：《黄氏书录序》，《道古堂文集》卷六，《清代诗文集汇编》，上海古籍出版社2010年版，第282册，第67页。

张，以所未备，并取前世之书而附益之。"① 他更多想在黄氏基础上有变化，更思恢张，并补充黄氏未著录之书。

在僧传、寺院志归类上，他对《隋书·经籍志》颇赞赏，认为它的体例"自唐迄宋，莫之能改"，为后代艺文之宗。② 针对局员对《经籍》的批评，他亦引用四代史志及晁公武《郡斋读书志》加以回应。③ 可见，他没有墨守黄氏著录佛教典籍的体例，而是沿袭《隋书·经籍志》《郡斋读书志》与康熙《浙江通志》的做法，将僧传、寺院志归为史书，而非佛书。在著录佛教典籍上，杭世骏更多是将《天台山方外志》《宋高僧传》《佛祖统纪》《上天竺山志》《灵隐寺志》等佛教史籍，与《延祐四明志》《明一统志》《天启平湖县志》《山阴县志》等宋明方志、《隋书·经籍志》《唐书·艺文志》《宋史·艺文志》等正史艺文志、《直斋书录解题》《澹生堂书目》《文献通考》等宋明书目相结合，并没有一味采用黄氏《千顷堂书目》。这些变化亦与杭世骏"更思恢张，以所未备，并取前世之书而附益之"思想暗合。

《江南通志》是康熙二十二年，总督于成龙与江苏巡抚余国柱、安徽巡抚徐国相等"奉部檄创修《通志》，凡七十六卷。雍正七年，署两江总督尹继善等奉诏重修。乃于九年之冬，开局江宁，属原任中允黄之隽等司其事。因旧志讨论润色，刊除舛驳，补苴罅漏。凡阅五载，至乾隆元年书成"④。

康熙《江南通志》艺文仿效了顺治《河南通志》、康熙元年《陕西通志》的艺文，依旧是著录御制、诗赋、表、颂、墓志、记、序、

---

① （清）杭世骏：《黄氏书录序》，《道古堂文集》卷六，《清代诗文集汇编》，上海古籍出版社2010年版，第282册，第67页。
② （清）杭世骏：《史论》，《道古堂文集》卷二，《清代诗文集汇编》，上海古籍出版社2010年版，第282册，第23页。
③ （清）杭世骏：《两浙经籍志序》，《道古堂文集》卷六，《清代诗文集汇编》，上海古籍出版社2010年版，第282册，第65—66页。
④ （清）永瑢、纪昀主编：《四库全书总目》卷六八，中华书局1965年影印本，第606页。

说、碑铭等文，并没有像康熙、雍正《浙江通志》那样专门设置目录或经籍著录文献。雍正七年，两江总督尹继善等奉诏重修，设有艺文志（卷190至194），按照经史子集四部，分朝代著录书籍，与雍正《浙江通志》相比，内容一样，皆为书目，不同的是一个叫经籍，一个称艺文。

《江南通志》没有像《浙江通志》在史部传记、地理类著录僧传、佛教山志、寺院志等，撰述者只在史部杂史类著录《九居士传》、地志著录《九华山志》各一部①，其余佛教典籍置于子部释家类，可见，被雍正《浙江通志》认为是史书的僧传、寺志，在《江南通志》则变成了佛教典籍。

这两种处理佛教僧传、寺志的做法实际上都是延续传统目录对佛教典籍的分类与认知。如《隋书·经籍志》《郡斋读书志》等认为《名僧传》《高僧传》《江东名德传》《洛阳伽蓝记》《佛国记》《京师寺塔记》等僧传、寺院山林志皆是史书，将其归入杂传、地理类。故《浙江通志》在史部著录僧传、山林寺院志外，又设置子部释藏类专门著录佛教文献。另一部分史家的观点与此相反，他们认为佛教方志首先是佛书，是传播佛教教义理论的文献。如《新唐书·艺文志》《宋史·艺文志》《崇文总目》等将《名僧传》《高僧传》《古清凉传》《释迦方志》《摄山栖霞寺记》等与其他佛教经疏一起全放在子部释书类。因此，雍正《江南通志》《浙江通志》做法都有据可依，只是撰述者对佛教僧传、山林寺院志性质认知不同而已。

《江南通志》子部分为儒家、杂说、政术、刑法、阴阳、道家、释家等十二类，按照朝代顺序依次著录书籍。释家为最后，著录南北朝佛典29部，涉及疏、论、赞、记、传等文体，实际上真正属于南北朝只有七部，计梁僧祐著作五部、萧子良《净住子》一部、陆杲

---

① 乾隆《江南通志》卷一九一《艺文志》，《中国地方志集成》（省志辑·江南），凤凰出版社2010年影印本，第649、655页。

第五章　清代佛教史学批评

《沙门传》一部，其余为唐僧道宣著作20部，宋僧智觉《宗镜录》一部、释祖可《东溪集》一部。① 在29部著作中，史传有11部，比例较高，计陆杲《沙门传》，僧祐《三藏记》《法苑记》《释迦集》《弘明集》，道宣《古今佛道论衡》《续高僧传》《后续高僧传》《广弘明集》《东夏三宝感通录》《释迦方志》。

唐代著录李遵勖《天圣广灯录》、僧清澈《金陵塔寺记》、黄檗《宛陵语录》《地藏本愿经》《金刚经颂》五部，其中佛教史籍有《天圣广灯录》《金陵塔寺记》二部，且李遵勖《天圣广灯录》为宋代灯录。宋代著录《内典略录》《金刚碑》《楞严经补注》《还丹复命篇》《宗镜录节要》《正法眼藏》《大慧语录》《梦真语录》《池阳百问》《中峰语录》10部。元代著录《九皋录》《石室语录》《佛祖通载》《雪村语录》4部，其中《佛祖通载》为史籍。明代著录较多，计有39部，其中佛教史籍有《指月录》《续传灯录》《中峰祖灯录》《居士传灯录》《儒氏逃禅考》《释教编》《长松茹退》7部。清朝著录有《五灯语录》《楞严经解》《金刚疏义》《了公宗旨》《南台偶录》《道盛语录》6部。②

较《浙江通志》著录佛教典籍以《天台山方外志》《续高僧传》《宋高僧传》为主，辅以宋明方志、正史艺文志、书目的做法，《江南通志》则主要以《隋书·经籍志》《唐书·艺文志》《宋史·艺文志》等艺文志为主，宋明地方志为辅。所谓："汉、隋、唐、宋诸史所载《艺文》之目，撰著出于江南者，虽书或佚，犹载之，耳目睹闻所及郡邑乘所录，参择而取焉。"③ 佛教典籍、私家书目等并不在撰述者采择之中。故《江南通志》著录佛教典籍讹误较多，如撰者将22部唐

---

① 乾隆《江南通志》卷一九二《艺文志》，《中国地方志集成》（省志辑·江南），凤凰出版社2010年影印本，第679—680页。
② 乾隆《江南通志》卷一九二《艺文志》，《中国地方志集成》（省志辑·江南），凤凰出版社2010年影印本，第679—680页。
③ 乾隆《江南通志》卷一九二《艺文志》，《中国地方志集成》（省志辑·江南），凤凰出版社2010年影印本，第629页。

宋著作列入南北朝中，将李遵勖《天圣广灯录》列入唐代等，其中不乏广为熟知的佛教名著，或与采择书目有关，亦表明撰者对佛教文献的不熟悉。

综上，《江南通志》共著录佛教典籍93部，按体裁来说，佛教史籍21部，约总数四分之一，为一大类。按朝代来说，明代最多，39部；其次唐代，24部；清代最少，只有6部。这个与《江南通志》艺文志编撰目的有关。"文献足则能征，江南人物之为献，详矣，文其可略乎。"① 还是注重文献翔实以备征引考据之用的功能，亦是《江南通志》著录佛教史籍较多的一个原因。

其余康熙时通志，或以贾汉复《河南通志》《陕西通志》艺文为准，著录御制、诗赋、表、颂、墓志、记、序、说、碑铭等文，不著录文献，如《云南通志》《江西通志》等。或如《福建通志》《山东通志》虽有艺文志，却未著录佛教典籍。

《福建通志》艺文志下设文翰、著述二细目，著述以《汉书·艺文志》为准，著述地方文献。所谓："至于文士著述固不一家，然考《汉书》班固艺文志，其始颛引六经，及《论语》《孝经》小学诸书而为综其篇目，迄所自出，其后遂援引诸子百家，终于神仙、方技之流，目亦少肆焉。"② 福建是东南佛国，佛教著述甚多，撰述者却限于《汉书·艺文志》无释家体例影响不予著录，甚至道家神仙、方技著作都有著录，却未著录佛教典籍，太过拘泥于体例。《山东通志》亦有艺文，下设御制、典籍、诗、表、序、碑、记等文体，典籍类按照经、史、子、集四部分类著述山东一省文献，但亦未著录佛教典籍。③

---

① 乾隆《江南通志》卷一九二《艺文志》，《中国地方志集成》（省志辑·江南），凤凰出版社2010年影印本，第629页。
② 康熙《福建通志》卷五九《艺文志》，《中国地方志集成》（省志辑·福建），凤凰出版社2011年影印本，第620页。
③ 康熙《山东通志》卷五一至六二《艺文志》，《中国地方志集成》（省志辑·山东），凤凰出版社2010年影印本，第666—830页。

第五章　清代佛教史学批评

　　从上可见，顺治，康熙时期通志多不著录佛教典籍，即使有《浙江通志》著录三部佛教山林寺院志，亦都将其当为史书而非佛书。但在雍正时出现相反的转变，《浙江通志》《江南通志》都著录较多佛教典籍。其缘由实际上还是跟晚明清初官方、儒家士人以及康熙、雍正对佛教认知态度有关。

　　虽然晚明嘉靖、万历时佛教再次复兴，僧众繁多，大建庙宇，文人士绅亦多与佛门有来往，诗文唱和，禅悦成为晚明清初一时之风。但在官方和儒家文化兴盛的地方，佛教仍然是"洪水猛兽"，正式场合不敢与佛教有染。如安徽徽州儒家盛行，即使信佛亦是在儒家思想指导下奉行"祖宗之法"的遗风，不敢在正式场合与佛教有关联。正如万历二十四年监生程子蕃言："程子蕃等幸托儒素，深蒙教令，儒恩沐泽，先圣是师，不敢崇党二氏。爰顾先少师遗迹不忍堕废，先志聚落愚氓，神明教化亦其一端。呈乞颁赐明示，二山预杜祸萌，庶令柔弱得免，重足亥席，先贤香火不绝如线等。"① 他给官方文中明言不敢信奉佛道二教，但私下他与佛教徒关系较近，只能托以祖宗家庙与佛教产生密切关系。又如明末大儒刘宗周认为佛教"忍情割爱，逃亲弃君"，无情无义，丧心之极。② 又如，清初黄宗羲对佛教亦批评有加，他始终对佛教没有喜好，尽管他也写过佛教寺院的序文、碑刻。③ 再加上，晚明空谈误国、心学误国的思想高涨，黄宗羲、孙奇逢、顾炎武等大批清初儒家文人学者强烈批判这种空谈心性、无裨实用的阳明学，而阳明心学又深受佛教禅学影响。"这样的逻辑推导，最终使得佛教被指为空谈误国风气的一个重要原由。"④ 佛教误国，从儒学道统反对佛教成为清初大部分儒家文人的

---

① （明）程文举：《仰山乘》卷五，《中国佛寺史志汇刊》，中国台湾明文书局1980年影印本，第二辑第21册，第401页。
② （明）刘宗周：《刘宗周全集》卷三，浙江古籍出版社2012年版，第3册，第384页。
③ 周齐：《清代佛教与政治文化》，人民出版社2015年版，第246页。
④ 周齐：《清代佛教与政治文化》，人民出版社2015年版，第232页。

341

一种共识，尤其在儒家文化深厚之地，山东、福建等更为明显。正如："尼圣钟灵，以开万世文明之祖，群贤侍从，代产哲人。诗书礼乐之宗传，道德文章之磨砺。数十世以来，所谓英杰济济，礼教流风，思皇俊彦，不知凡几。"① 山东为儒家起源之地，历代尊崇儒家，官方编撰通志排斥佛教实为允当。

另一方面，清初官方对佛教态度亦为消极，尽管有顺治帝崇信佛教，但多在内廷，未延及各地。"章皇帝冲龄践祚，博览书史，无不贯通，其于禅语，尤为阐悟。尝召玉琳、木陈二和尚入京，命驻万善殿，机务之暇，时相过访，与二师谈论禅机，皆彻通大乘。惟王文靖、麻文僖、孙学士诸文臣扈从。"② 程朱理学还是清初倡导的统治思想。尤其是康熙帝崇尚理学："夙好程、朱，深谈性理，所著《几暇余编》，其穷理尽性处，虽夙儒耆学，莫能窥测。所任李光地、汤斌等皆理学耆儒，尝出《理学真伪论》以试词林，又刊定《性理大全》、《朱子全书》等书，特命朱子配祠十哲之列。故当时宋学昌明，世多醇儒耆学，风俗醇厚，非后所能及也。"③ 展现康熙时社会风俗多尚理学，既然"世多醇儒耆学，风俗醇厚"，地方官在编撰本省通志时很难将佛教内容编入其中亦为正常。

但这种现象到了雍正时有了很大的变化，雍正时地方通志著录佛教典籍较多，尤其佛教史籍更占大部分。缘由有三。

其一，是清初反心谈、反禅学思潮的慢慢消失。可以说，随着时间的推移，雍正时，晚明遗老遗少已消失殆尽，清朝统治相当巩固，加上雍正严厉打击禅宗的同时，扶持净土宗，禅宗愈加衰弱，正如有学者认为雍正主张儒、佛、道三教一致以及佛教中诸宗一致，禅家中五家一致，并以云栖袾宏为楷模，为整顿禅门弊病而鼓吹净土教。雍

---

① 康熙《山东通志》卷首，《中国地方志集成》（省志辑·山东），凤凰出版社2010年影印本，第1页。
② （清）昭梿：《啸亭杂录》卷一，中华书局1980年点校本，第4页。
③ （清）昭梿：《啸亭杂录》卷一，中华书局1980年点校本，第6页。

正皇帝提倡念佛，给近代佛教以很大的影响，使中国佛教不问其宗派如何，都以念佛为基本。① 这种官方策略带来的直接结果，就是导致整个佛教发展中心的变化，空谈心性的禅宗越来越远离时代，净土念佛成为官方提倡的新主流。

其二，在于康熙、雍正对佛教热衷的态度，导致地方官员修志对佛教典籍著录态度亦有不同。尽管康熙帝也兴建寺院，赏赐经文诗赋，书写寺额。如康熙二十八年（1689年）康熙帝至杭州昭庆寺，"赐龙烛、名香，供设佛前"②。康熙三十八年（1699年），康熙至杭州虎跑定慧寺，赏赐《金刚经》、御制《虎跑泉》诗。③ 但这更像是清代帝王对佛教的一种常规态度，即不热衷于佛教，有更多的理性。正如有学者评价康熙帝与佛教，认为他"盛奖儒学，佛教则除保护喇嘛教外，曾未尝有所尽力"④。亦有学者认为"康熙帝对佛教的态度比较理性，他对僧人的尊崇远远不如其父顺治帝"⑤。理性才是康熙帝对佛教的真正态度。相反，雍正帝自号圆明居士，曾皈依禅宗，参究佛典，他甚至专门研究佛教文献，"即位后，尝于内廷，提示宗乘"，撰述《御选语录》《拣魔辨异录》等书，对佛教热衷之至，崇信有加。⑥ 作为雍正心腹，李卫编撰《浙江通志》，著录众多佛教典籍稍有献媚之嫌。

其三，即使雍正地方通志著录较多佛教典籍，但包括释藏在内，所有经史子集的著录都是为了"资以考信"这个目标。所谓："文章者，道德之轮辕，政治之黼黻。故载籍极博，学者资以考信焉。"⑦ 点

---

① 魏道儒：《简述清代净土信仰及特点》，释根通主编《中国净土宗研究》，宗教文化出版社2008年版，第142—146页。
② （清）吴树虚：《大昭庆律寺志》卷一，杭州出版社2007年版，第6页。
③ （清）释圣光等辑：《虎跑定慧寺志》卷首，杭州出版社2007年版，第8页。
④ 汤用彤：《隋唐佛教史稿》，中华书局1982年版，第306页。
⑤ 杨健：《清王朝佛教事务管理》，社会科学文献出版社2008年版，第181页。
⑥ 黄忏华：《中国佛教简史》，福建莆田广化寺2007年印本，第79页。
⑦ 雍正《浙江通志》（六）卷二四一《经籍一》，《中国地方志集成》（省志辑·浙江），凤凰出版社2010年影印本，第4107页。

出了著录经籍目的就是以资考信，服务于学者文章，更好体现当下政治与道德之用，这亦是雍正《浙江通志》《江南通志》等地方通志著录佛教史籍的主要原因，以资考信，这种思想实际上亦一直贯彻到乾隆时《四库全书》编撰中，如四库馆臣从补遗轶事、考古谈艺角度对《武林梵志》大加赞赏，认为其"备纪名流胜迹、高僧支派，各编小传，序录井然，颇有条理。……其遗闻轶事，亦足为考古谈艺之资，正不徒为伽蓝增故实矣"①。可以说，"以资考信"是四库馆臣评价佛教典籍的一个最主要态度，而这种态度实际上是雍正时期地方通志对佛教典籍的评述，亦成为后世官方目录著录佛教典籍的一个主要标准。

总的来说，尽管顺治帝重视佛教，但各地官方和晚明遗老遗少、儒家士人对佛教多采取一种批评态度，认为是它导致晚明空谈的一个原因。康熙时理学繁盛，成为主导思想，康熙帝对佛教亦是不多支持，故康熙时地方通志亦多不重视佛教。但雍正即位后，他本人即是佛教居士，热衷佛教，且又压禅宗，兴净土，使清代佛教发展风向为之一变，儒家士人不再纠结禅学心性而归心于净土，佛教在雍正时又成为官方和儒家士人新宠儿，各地通志著录佛教典籍亦属官方社会对待佛教态度变化的一个风向标。且这种著录方式亦被后世官修目录著录佛教典籍采用，影响深远。

二　官修史志目录著录的佛教史籍

史志目录是指"正史中的《艺文志》《经籍志》和有些朝代的《国史经籍志》一类目录书以及某些政书中的目录书而言。它大多依靠官修目录和私家目录而撰成"②。清代官修史志目录有《明史·艺文志》《钦定续文献通考》等。

---

① （清）永瑢、纪昀主编：《四库全书总目》卷七〇，中华书局1965年影印本，第621页。

② 来新夏：《古典目录学浅说》，中华书局1981年版，第18页。

第五章　清代佛教史学批评

1.《千顷堂书目》《明史·艺文志稿》、万本《明史·艺文志》、《明史稿·艺文志》《明史·艺文志》中的佛教史籍。

《明史·艺文志》研究成果颇丰。[1] 先有明焦竑编撰《国史经籍志》，后有黄虞稷撰述，专录明人之书。傅维麟仿《文渊阁书目》撰述《明书经籍志》著录以前代较多，明人较少。尤侗撰述《明史艺文志稿》专著明人著述，附录前人遗漏，但二书皆"冗杂无绪"[2]。康熙十七年，官方开博学鸿儒科，选拔人才，为重新撰述《明史》做准备。康熙十八年命内学士徐元文为监修，特允其举荐明末学者黄虞稷、万斯同等入馆修史，尤其万斯同虽无名分，却行总纂之实。康熙三十三年，改任熊赐履、张玉书为史馆监修，陈廷敬、王鸿绪为总裁。雍正元年，王鸿绪在万斯同初稿基础上，有所删增，总校诸稿，成《横云山人明史稿》。乾隆四年，张廷玉进呈编修的《明史》，以王本为准。但就艺文志来说，康熙二十三年到四十一年，万本艺文志在黄虞稷《明史艺文志稿》等基础上，删定修改，撰述初稿。康熙五十四年，王鸿绪取初稿"旧志《河渠》《食货》《艺文》《地理》删改之，其他俱仍其旧"[3]。可以说，王本《明史稿·艺文志》依据万本修订而成，亦为今本《明史·艺文志》的底稿，"改动的地方仅有十六处"[4]。其后，张廷玉《明史·艺文志》又与王本同。可见，王本依据万本删改，而万本又依据黄虞稷《明史艺

---

[1] 姚名达：《中国目录学史》史志篇，商务印书馆2016年版；倪士毅：《中国古代目录学史》，杭州大学出版社1998年版，第227页；王重民：《〈明史艺文志〉与补史艺文志的兴起》，《图书馆学通讯》1981年第3期；黄爱平：《王鸿绪与〈明史〉纂修——王鸿绪"窜改""攘窃"说质疑》，《史学史研究》1984年第1期；黄爱平：《〈明史〉纂修与清初史学——兼论万斯同、王鸿绪在〈明史〉纂修中的作用》，《史学史研究》1994年第2期；[日]井上进：《〈千顷堂书目〉和〈明史·艺文志〉稿》，《东洋史研究》1998年第57卷；张云：《黄虞稷〈千顷堂书目〉与〈明史·艺文志稿〉关系考实》，《文史》2015年第2辑；刘净净：《〈千顷堂书目〉与〈明史艺文志稿〉关系新证》，《文献》2018年第3期；等等。

[2] （清）永瑢、纪昀主编：《四库全书总目》卷八五，中华书局1965年影印本，第732页。

[3] （清）杨椿：《孟邻堂文钞》卷二《再上〈明鉴纲目〉馆总裁书》，《续修四库全书》第1423册，上海古籍出版社1995年版，第26页。

[4] 王重民：《〈明史艺文志〉与补史艺文志的兴起》，《图书馆学通讯》1981年第3期。

文志稿》改定，黄虞稷《明史艺文志稿》又依据其入馆之前编撰的《千顷堂书目》改定。①

今以佛教史籍为例，来看乾隆时官修《明史·艺文志》如何完成删定工作，并从中探析官修《明史·艺文志》对包括佛教史籍在内佛教文献的认知。

《千顷堂书目》是黄虞稷入馆之前私人编撰的一部藏书目录。卷十六有子部释家类，著录佛教典籍280部，首列"太祖《集注金刚经》一卷（成祖御制序）、成祖《御制诸佛世尊如来菩萨尊者名称歌曲》一卷又《普法界之曲》四卷又《神僧传》九卷（永乐十五年御制序）、仁孝皇后《梦感佛说第一希有大功德经》一卷又《佛说五十三佛大因缘经》三卷又《诸佛世尊如来菩萨尊者神僧名经》四卷"②，以示尊崇。其下没有具体分类名称。但从著录书籍顺序来看，大致按照经疏、论、仪礼、忏法、语录、偈颂、文集、灯录、警训规约、护法、杂记、僧传、塔铭年谱、寺志十四类排列。

这种隐性的分类颇似南宋晁公武《郡斋读书志》，但著录的佛教典籍数量更多，分类更细。如经疏类大致按照时间依次著录《心经》《金刚经》《华严经》《法华经》《楞严经》《弥陀经》《圆觉经》等，撰者在前，书名、卷数在后，部分有撰者籍贯、字号、任职的简单记载。如"宋濂《心经文句》一卷（至正辛巳序）、宗泐《全室禅师注心经》一卷又《金刚经注》一卷、溥洽《金刚经注解附录》二卷、如玘《金刚经注解》一卷又《圆觉心经合注》一卷、真可《心经要

---

① 《明史·艺文志》编撰过程及底本依据复杂，学术界多有争论，观点不一。今依据姚名达《中国目录学史》，商务印书馆2016年版，第184页；王重民《〈明史艺文志〉与补史艺文志的兴起》，《图书馆学通讯》1981年第3期；黄爱平《〈明史〉纂修与清初史学——兼论万斯同、王鸿绪在〈明史〉纂修中的作用》，《史学史研究》1994年第2期；薛新力《〈明史艺文志〉编撰考》，《北京大学学报》（国内访问学者、进修教师论文专刊）2002年；刘净净《〈千顷堂书目〉与〈明史艺文志稿〉关系新证》，《文献》2018年3期等文总结而成。

② （清）黄虞稷：《千顷堂书目》卷一六《释家类》，上海古籍出版社2001年版，第425页。

论》一卷又《心经直谈》一卷又《心经浅说》一卷又《心经出指》一卷（字达观，吴江人，世称紫柏大师）……何湛之《金刚经偈论疏注》二卷（字冲伯，南京留守左卫人，万历己丑进士，浙江左参议）、俞王言《金刚标指》一卷又《心经标指》一卷、张二果《金刚经注释》（东莞人，天启丁卯举人，隐庐山）……李通《华严疏钞》四十卷（云南人，李元阳祖）、曹胤儒《华严指南》四卷、明河《华严十门限》又《法华节要》（字汰如，南直隶通州人）……方允文《楞严经解》十二卷（字希文，淳安人）、宏道《注解楞伽经》（字存翁，吴江人，洪武中与梵琦同被召）"①。其余各小类著录大致与此略同。

《千顷堂书目·释家类》著录佛教典籍280部，其中佛教史籍47部②，计灯录6部：伯莹《续集传灯录》（字文琇，号南石，昆山僧，与修《永乐大典》）、王堃《五灯集要》、周绍节《中峰祖灯录》（字希元，松江人）、章有成《金华分灯录》一卷、瞿汝稷《水月斋指月录》三十二卷（字元立，瞿景淳子，以父任官长芦运使，加太仆寺少卿）、施沛《续传灯录》（字沛然，松江人，官南康府同知）。

目录4部：陈寔《大藏一览》十卷（明初宁德县人）、一如《三藏法数》十八卷（一作五十卷，会稽人，洪武末居浙上天竺，任僧录司阐教，修《永乐大典》，命如掌其事）、景隆《大藏要略》五卷、《大明三藏圣教目录》四卷。

护法类11部：有刘凤《释教编》六卷、陈士元《象教皮编》六卷、《释氏源流》二卷、龚弘《方外别志》（字元之，嘉定人，成化戊戌进士，工部尚书）、《皇明护法录》、丘东昌《法喜随笔》五卷、夏树芳《法喜志》四卷又《续法喜志》四卷又《冰莲集》四卷、方士雄《增定佛法金汤》十卷、元贤《宏释录》三卷。

杂记7部：德清《长松茹退》二卷、《释迦观音志》一卷、屠隆

---

① （清）黄虞稷：《千顷堂书目》卷一六《释家类》，上海古籍出版社2001年版，第425—426页。
② 根据《千顷堂书目》卷一六《释家类》著录佛教典籍统计而得。

《弥陀灵应录》一卷、袾宏《竹窗随笔》一卷、《竹窗二笔》一卷、《竹窗三笔》一卷、《山居杂录》一卷。

僧传（包括塔铭年谱）13部，有成祖编辑《神僧传》九卷永乐十五年御制序、刘凤《吴释传》一卷、释明河《续高僧传》、袾宏《皇明名僧辑略》一卷、曹学佺《蜀中高僧记》十卷、林应起《全闽祖师录》三卷、虞淳熙《云栖大师传》一卷、《云栖大师塔铭》一卷、《达观大师塔铭》一卷、《憨山大师年谱》二卷、王应遴《瞻礼阿育舍利记》、林兆恩《教外别传》一卷、袾宏《往生集》三卷。

寺志6部，有传灯《天台山方外志》三十卷、葛寅亮《金陵梵刹志》五十二卷、吴之鲸《武林梵刹志》十二卷、俞汝为《长水塔院记》六卷、德清《曹溪志》四卷、程嘉燧《破山寺志》四卷。[1]

从以上著录可见，黄虞稷对僧传、灯录、僧史、笔记、目录、寺志等佛教史籍著录都集中在释家类，可见无论僧传，还是寺志，他都认为佛教文献，而非史书，这和《隋书·经籍志》《郡斋读书志》观点不同，却与《新唐书·艺文志》《宋史·艺文志》《崇文总目》认知暗合。在数量上，佛教史籍约占总数百分之十六，不多不少，表明黄虞稷著录佛教典籍并不完全以考信为主。再者，黄虞稷著录佛教典籍虽然按照一定类别顺序，但有些史书置放亦有可商榷之处，如他将传灯《天台山方外志》置于僧传，实则此书为山志，应归寺院山林志。又如，他将《大明三藏圣教目录》四卷置于《憨山大师年谱》与《教苑清规》之间，将施沛《续传灯录》脱离灯录，置于《教苑清规》与王应遴《瞻礼阿育舍利记》之间。此类做法皆为不妥。[2] 但整体上来说，《千顷堂书目·释家类》是黄虞稷从

---

[1]（清）黄虞稷：《千顷堂书目》卷一六《释家类》，上海古籍出版社2001年版，第431页。

[2]（清）黄虞稷：《千顷堂书目》卷一六《释家类》，上海古籍出版社2001年版，第431页。

第五章 清代佛教史学批评

私人角度对明代佛教典籍的一次总结性著录，其中既著录明代士人常见的佛教经疏，如《心经》《金刚经》等，亦有时人少见的佛教文献，如《续集传灯录》《五灯集要》等。这些都值得肯定，亦是康熙、雍正时《浙江通志》《江南通志》地方通志艺文著录佛教典籍采择其书的一个原因。①

康熙二十年（1681年），黄虞稷被徐元文推荐至翰林院，任《明史》纂修官，负责《列传》和《艺文志》。他以《千顷堂书目》为基础，加以考订删减，纂成《明史·艺文志稿》，由私人书目转向官方书目，有所增删修订是必然的。若单以佛教典籍来看，这种变化有多少呢？

有学者对日本京都大学图书馆藏《明史艺文志抄本》进行了考证，日藏本即为早已失传的黄虞稷《明史艺文志稿》。② 今以日藏本与《千顷堂书目》著录佛教典籍做一比较，看其有无变化？

首先，日藏本《明史艺文志抄本》中，释家类在道家类之下。《千顷堂书目》中释家类在类书之下，万本亦是释家类在道家类之下，与日藏本同。

其次，从经疏类来看，日藏本在书籍排列顺序稍有调整。如《千顷堂书目》记载李通《华严疏钞》四十卷，在德清《华严法界境》与曹胤儒《华严指南》之间。③ 但日藏本，该书则在张有誉《金刚经义趣广演》与方泽《华严要略》之间。④ 又如，《千顷堂书目》记载"袾宏《诸经日诵集要》二卷、袁黄《袁生忏法》一卷"⑤。日藏本则

---

① 康熙、雍正时《浙江通志》《江南通志》艺文著录佛教典籍引用的《黄氏书目》即为黄虞稷《千顷堂书目》。
② 张云：《黄虞稷〈千顷堂书目〉与〈明史·艺文志稿〉关系考实》，《文史》2015年第2辑。
③ （清）黄虞稷：《千顷堂书目》卷一六《释家类》，上海古籍出版社2001年版，第425—426页。
④ 《明史艺文志抄本》释家类，日本京都大学图书馆藏刊本，第41页。
⑤ （清）黄虞稷：《千顷堂书目》卷一六《释家类》，上海古籍出版社2001年版，第427页。

349

改为"袁黄《袁生忏法》一卷、袾宏《诸经日诵集要》二卷",调换了前后顺序。

又次,修改撰述者名称。如《千顷堂书目》记载"曹胤儒《华严指南》四卷"。日藏本改"胤"为"嗣"。又如《千顷堂书目》记载"宏道《注解楞伽经》四卷"日藏本改"宏"为"弘"。《千顷堂书目》记载"裘斯行《拈古颂》"日藏本改"裘"为"来"。① 《千顷堂书目》记载"净善《禅林宝训》四卷",日藏本改"善"为"喜"。②

再次,日藏本有删除书籍和撰述者资料现象。如《千顷堂书目》著录"明潮《楞严语旨》十卷(五台僧,住太原文殊寺)",但日藏本删除了此条记载。又如,《千顷堂书目》记载:"方允文《楞严经解》十二卷(字希文,淳安人)"日藏本删除"字希文"只保留"淳安人"。

最后,从著录佛教史籍来看,日藏本增加了夏树芳《栖真志》四卷。③ 此书为《千顷堂书目》所未著录。此外,日藏本将原排斥在灯录之外的施沛《续传灯录》,调换到瞿汝稷《水月斋指月录》之后,回归灯录类。④ 又将《千顷堂书目》中明河《续高僧传》列于刘凤《吴释传》后的顺序,调到《憨山大师年谱》与葛寅亮《金陵梵刹志》之间,稍有不妥。还有,日藏本调换王应遴《瞻礼阿育舍利记》《大明三藏圣教目录》《教苑清规》的顺序,将其放在僧传后,较《千顷堂书目》分类更为明显。还有《千顷堂书目》记载"元贤《宏释录》三卷"⑤,日藏本改"宏"为"弘"。

---

① (清)黄虞稷:《千顷堂书目》卷一六《释家类》,上海古籍出版社2001年版,第428页。
② (清)黄虞稷:《千顷堂书目》卷一六《释家类》,上海古籍出版社2001年版,第429页。
③ 《明史艺文志抄本》释家类,日本京都大学图书馆藏刊本,第47页。
④ 《明史艺文志抄本》释家类,日本京都大学图书馆藏刊本,第45页。
⑤ (清)黄虞稷:《千顷堂书目》卷一六《释家类》,上海古籍出版社2001年版,第430页。

第五章 清代佛教史学批评

表 5-1 《千顷堂书目》、日藏本《明史艺文志稿》、万本《明史艺文志稿》释家类经疏、史传内容改动

《千顷堂书目》卷十六	日藏本	万本
张有誉《金刚经义趣广演》三卷、方泽《华严要略》二卷（字云望，嘉善人，与唐顺之、方豪为友）、德清《华严法界境》一卷、《法华通义》七卷、李通《华严疏钞》四十卷（云南人，李元阳祖）、曹胤儒《华严指南》四卷①	张有誉《金刚经义趣广演》三卷、李通《华严疏钞》四十卷（云南人，李元阳祖）、方泽《华严要略》二卷（字云望，嘉善人，与唐顺之、方豪为友）、德清《华严法界境》一卷、《法华通义》七卷、曹嗣儒《华严指南》四卷②	同日藏本
交光法师《楞严正脉》十卷、明潮《楞严语旨》十卷（五台僧，住太原文殊寺）、陆长庚《楞严述旨》十卷、沈宗霈《楞严约旨》一卷又《征心百问》一卷、俞王言《楞严标旨》十二卷、《圆觉经标旨》一卷、通润《楞严合辙》十卷、《楞伽合辙》四卷	交光法师《楞严正脉》十卷、陆长庚《楞严述旨》十卷、沈宗霈《楞严约旨》二卷、《征心百问》一卷、俞王言《楞严标旨》十二卷、《圆觉经标旨》一卷、通润《楞严合辙》十卷、《楞伽合辙》四卷	同日藏本
方允文《楞严经解》十二卷（字希文，淳安人）、宏道《注解楞伽经》（字存翁，吴江人，洪武中与梵琦同被召）③	方允文《楞严经解》十二卷（淳安人）、弘道《注解楞伽经》（字存翁，吴江人，洪武中与梵琦同被召）	同日藏本
通润《圆觉正释》又《圆觉正疏》④	通润《圆觉近释》又《圆觉正疏》	同日藏本

---

① （清）黄虞稷：《千顷堂书目》卷一六《释家类》，上海古籍出版社2001年版，第425页。
② 《明史艺文志抄本（六）》释家类，日本京都大学图书馆藏刊本，第41页。
③ （清）黄虞稷：《千顷堂书目》卷一六《释家类》，上海古籍出版社2001年版，第426页。
④ （清）黄虞稷：《千顷堂书目》卷一六《释家类》，上海古籍出版社2001年版，第426页。

351

续表

《千顷堂书目》卷十六	日藏本	万本
明河《圆觉蚊饮甘露门》、曾文饶《大乘百法明门论注》一卷、德清《肇论略注》三卷①	明河《圆觉蚊饮甘露门》、德清《肇论略注》三卷、曾文饶《大乘百法明门论注》一卷	明河《圆觉蚊饮甘露门》、德清《肇论略注》三卷、曾文饶《大乘百法明门论注》一卷②
元贤《宏释录》三卷	元贤《弘释录》一卷	
刘凤《吴释传》、明河《续高僧传》③	《憨山大师年谱》、明河《续高僧传》、葛寅亮《金陵梵刹志》	
《大明三藏圣教目录》、《教苑清规》、施沛《续传灯录》又《草堂禅集》（字沛然，松江人，官南康府同知）、王应遴《瞻礼阿育舍利记》一卷④	王应遴《瞻礼阿育舍利记》、《大明三藏圣教目录》、《教苑清规》	
林应起《全闽祖师录》、虞淳熙《云栖大师传》一卷⑤	林应起《全闽祖师录》、夏树芳《栖真志》四卷、虞淳熙《云栖大师传》一卷⑥	
章有成《金华分灯录》一卷、瞿汝稷《水月斋指月录》三十二卷、祖心《冥枢会要》四卷⑦	章有成《金华分灯录》一卷、瞿汝稷《水月斋指月录》三十二卷、施沛《续传灯录》卷又《草堂禅集》、祖心《冥枢会要》四卷	章有成《金华分灯录》一卷、瞿汝稷《水月斋指月录》三十二卷、施沛《续传灯录》又《草堂禅集》、祖心《冥枢会要》四卷⑧

---

① （清）黄虞稷：《千顷堂书目》卷一六《释家类》，上海古籍出版社2001年版，第427页。

② （清）万斯同撰，张云、王盼整理：《明史艺文志》，王承略、刘心明主编《二十五史艺文经籍志考补萃编》第二四卷，清华大学出版社2014年版，第341页。

③ （清）黄虞稷：《千顷堂书目》卷一六《释家类》，上海古籍出版社2001年版，第430页。

④ （清）黄虞稷：《千顷堂书目》卷一六《释家类》，上海古籍出版社2001年版，第431页。

⑤ （清）黄虞稷：《千顷堂书目》卷一六《释家类》，上海古籍出版社2001年版，第431页。

⑥ 《明史艺文志抄本（六）》释家类，日本京都大学图书馆藏刊本，第47页。

⑦ （清）黄虞稷：《千顷堂书目》卷一六《释家类》，上海古籍出版社2001年版，第429页。

⑧ （清）万斯同撰，张云、王盼整理：《明史艺文志》，王承略、刘心明主编《二十五史艺文经籍志考补萃编》第二十四卷，清华大学出版社2014年版，第344页。

第五章　清代佛教史学批评

从上述三者著录释家类经疏、史传部分内容来看，《千顷堂书目》应为《明史艺文志抄本》的底本，黄虞稷这次修改多集中在释家类的排序、增减书籍、调整顺序、修改撰述者情况。大的方面，他将《千顷堂书目》中释家类在类书之下的排位，改为释家类在道家类之下，回到了《唐书·艺文志》《宋史·艺文志》等传统艺文志对释家的排序的传统方式上，符合《明史艺文志稿》官修目录的身份。其他的修改相对来说并不太大，有些文献调整较妥当，如施沛《续传灯录》重归于灯录中。但有的调整亦有待商榷，如将王应遴《瞻礼阿育舍利记》《大明三藏圣教目录》《教苑清规》三书置于释家最后，将明河《续高僧传》置于《憨山大师年谱》与葛寅亮《金陵梵刹志》之间。万斯同《明史艺文志稿》与日藏本基本一样，只有一处改动，即《千顷堂书目》记载"明河《圆觉蚊饮甘露门》"日藏本亦同，但万本则将"蚊"字改"蛟"。从上述改动来看，有学者认为"万本《明史艺文志稿》即为《明史艺文志稿》中的明人著述部分，而日藏本即为早已失传的黄虞稷《明史艺文志稿》"[1]，是有一定道理的。但无论如何，入馆前后的黄虞稷对佛教史籍的认知都大致一致，即无论是佛教僧传、灯录，还是寺院山林志，都是佛书，而非史书，万斯同亦认同这一点。

雍正元年，王鸿绪"爰取士大夫家藏目录稍为厘次，凡卷数莫考，疑信未定者，宁阙而不详云"[2]。他在万斯同、黄虞稷稿基础上，有所删增，总校诸稿，成《横云山人明史稿》。他的修订大致为删除宋辽金元四朝艺文，只著录有明一代文献；明人著述中卷数莫考，没有著者的都删去；同时依据《经义考》对经部的易、诗、书做了补充和改订。[3] 具体到佛教典籍来说，他的修订如下。

首先，他调整《明史艺文志稿》中佛教寺院志书的归类分属。

---

[1]　张云：《黄虞稷〈千顷堂书目〉与〈明史·艺文志〉关系考实》，《文史》2015年第2辑。

[2]　（清）王鸿绪：《明史稿》志七四《艺文志一》，中国台湾文海出版社有限公司影印敬慎堂刊本1962年版，第393页。

[3]　王重民：《〈明史艺文志〉与补史艺文志的兴起》，《图书馆学通讯》1981年第3期。

353

《千顷堂书目》著录有寺院志六部，为传灯《天台山方外志》三十卷、葛寅亮《金陵梵刹志》五十二卷、吴之鲸《武林梵刹志》十二卷、俞汝为《长水塔院记》六卷、僧德清《曹溪志》四卷、程嘉燧《破山寺志》四卷。①日藏本《明史艺文志稿》、万本与《千顷堂书目》皆同。但王鸿绪删除了俞汝为《长水塔院记》、程嘉燧《破山寺志》两书，并将剩下四部寺院志移出子部释家类，归入史部地理类，从性质上否定了万斯同、黄虞稷对佛教寺院志的认知。②又恢复到《隋书·经籍志》《郡斋读书志》对寺院志的处理。

其次，他大量删减佛教典籍著录。《千顷堂书目》著录明代佛教典籍约280部，其中僧传、灯录、寺志等佛教史籍47部。此外还有补宋辽金元的佛教典籍。日藏本、万本著录数量变化大致不大。但王鸿绪《明史稿》艺文却只著录明代115部，这也是张廷玉《明史稿·艺文志》最后确定的部数。他先删除了补宋辽金元的佛教典籍。接着，在280部明代佛教典籍基础上又删减了165部，甚至连明仁孝皇后《诸佛世尊如来菩萨尊者神僧名经》四卷都被删除，③可见其删减力度之大，大半佛教典籍被删减。

就明人佛教史籍来说，王鸿绪删减26部，按照明人著述中卷数莫考，没有著者都删去的原则，删除了没有著者的《云栖大师塔铭》《达观大师塔铭》《憨山大师年谱》，删除了没有卷数的明河《续高僧传》、伯莹《续集传灯录》、王梵《五灯集要》、周绍节《中峰祖灯录》、施沛《续传灯录》等。可以说，明人佛教史籍被删除大半，只保留21部，分在史部地理类和子部释家类，减持比例与佛教典籍删减大致相符。

---

① （清）黄虞稷：《千顷堂书目》卷一六《释家类》，上海古籍出版社2001年版，第429—431页。
② （清）王鸿绪：《明史稿》志七五《艺文志二》，中国台湾文海出版社有限公司影印敬慎堂刊本1962年版，第414页。
③ （清）王鸿绪：《明史稿》志七六《艺文志三》，中国台湾文海出版社有限公司影印敬慎堂刊本1962年版，第424页。

第五章 清代佛教史学批评

再次，打破原有内在的文献分类，大致按照朝代顺序，以人系书。黄虞稷、万斯同尽管著录佛教典籍没有三级分类，但内在仍基本按照经疏、论、仪礼、忏法、语录、偈颂、文集、灯录、警训规约、护法、杂记、僧传、塔铭年谱、寺志十四类排列，虽然个别文献顺序不当，但三级分类框架依然能看出来，但其缺点则是会出现著录时一人如果著作较多，就会多次出现于各类之中。如德清、传灯、通润等著作会不断重复出现，稍显冗乱。王鸿绪将这按类著录改为按人著录，首为御制没有变化，其次为宋濂《心经文句》、姚广孝《佛法不可灭论》《道余录》、克庵禅师《语录》、一如《三藏法数》、陈实《大藏一览》、大祐《净土指归》、元潴《三会语录》、溥洽《雨轩语录》、法聚《玉芝语录》六卷《内语》、宗泐《心经注》一卷《金刚经注》等著录，以人系书，遇到一人多作，共著于人名后，不再分开。① 这样做法优点是不重复出现人名，缺陷是没有三级分类，僧传著录于语录、经疏中，解义混合于论注之间，亦有混乱之感。那么，王鸿绪按照什么顺序进行以人系书，大致按照人物时间顺序但亦有讹误，如上述宋濂、姚广孝为洪武、永乐时人，克庵禅师为洪武时僧，一如、大祐、溥洽、元潴、宗泐为永乐时僧，但陈实、法聚为弘治、正德时人。类似讹误，其后人物顺序中还有不少。

最后，删除著录撰者的简单记载，只保留人名并简化、删改书名。王鸿绪删除了黄虞稷、万斯同对部分撰者的所有记载，只保留人名。如万本原有"克庵禅师《语录》一卷，洪武时僧"②。但王本只有"克庵禅师《语录》一卷"③。又如，万本记载"沈士荣《续原教论》二卷，建安人，以儒士举至京，疏陈时政，帝嘉之，手诏褒谕，

---

① （清）王鸿绪：《明史稿》志七六《艺文志三》，中国台湾文海出版社有限公司影印敬慎堂刊本1962年版，第424页。
② （清）万斯同撰，张云、王盼整理：《明史艺文志》，王承略、刘心明主编《二十五史艺文经籍志考补萃编》第二四卷，清华大学出版社2014年版，第342页。
③ （清）王鸿绪：《明史稿》志七六《艺文志三》，中国台湾文海出版社有限公司影印敬慎堂刊本1962年版，第424页。

355

授翰林待诏"①。但王本只剩下"沈士荣《续原教论》二卷"②。王鸿绪除了删改撰者记载，还删改、简化书名。如万本记载"成祖《御制诸佛世尊如来菩萨尊者名称歌曲》一卷""仁孝皇后《梦感佛说第一希有大功德经》一卷，《佛说五十三佛大因缘经》三卷""宗泐《全室禅师注心经》一卷"。③ 王本简化为"成祖《御制诸佛名称歌曲》一卷""仁孝皇后《梦感佛说大功德经》一卷，《佛说大因缘经》三卷""宗泐《心经注》一卷"。④ 类似这种删减，简化撰者记载、书名的情况，王本比比皆是。

实际上，自王鸿绪《明史稿》出世，既有如杭世骏"横云山人奉敕重编，始依俞邰为准的，特去其幽僻不传与无卷帙氏里可考者，稍诠整，有史法"⑤ 的褒奖，亦有杨椿、昭梿、陶澍、魏源等人的批评，认为其或传目分合不当，或内容删减失宜。⑥ 但就佛教典籍而言，尽管王鸿绪删除了大半，著录了一一五部佛教典籍，但相较于顺治、康熙时官修地方志艺文著录佛教典籍来说，数量仍较多。如《河南通志》《陕西通志》《福建通志》《山东通志》等均未著录佛教典籍，这与康熙时尊崇程朱理学，不热衷于佛教有很大关联。作为康熙时的大工程之一开明史馆，编撰《明史》，康熙末王鸿绪接替万斯同继续编撰《明史》，仍秉持儒家为上，维护清廷统治，稳定风俗，注重考信等理念，艺文志亦以"深醇大雅，卓卓可

---

① （清）万斯同撰，张云、王盼整理：《明史艺文志》，王承略、刘心明主编《二十五史艺文经籍志考补萃编》第二四卷，清华大学出版社2014年版，第341页。

② （清）王鸿绪：《明史稿》志七六《艺文志三》，中国台湾文海出版社有限公司影印敬慎堂刊本1962年版，第424页。

③ （清）万斯同撰，张云、王盼整理：《明史艺文志》，王承略、刘心明主编《二十五史艺文经籍志考补萃编》第二四卷，清华大学出版社2014年版，第338页。

④ （清）王鸿绪：《明史稿》志七六《艺文志三》，中国台湾文海出版社有限公司影印敬慎堂刊本1962年版，第423—424页。

⑤ （清）杭世骏：《黄氏书录序》，《道古堂文集》卷六，《清代诗文集汇编》，上海古籍出版社2010年版，第282册，第67页。

⑥ 黄爱平：《王鸿绪与〈明史〉纂修——王鸿绪"窜改""攘窃"说质疑》，《史学史研究》1984年第1期。

第五章 清代佛教史学批评

传"者为主，即使部分著录为糜怪奇驳之文，但必须"足以考风气之正变，辨古学之源流，识大识小，掌故备焉"，[①] 方得以著录。佛教典籍大概属于王鸿绪所说糜怪奇驳之类，虽无益于政治，但有益于考信，以备掌故之用，故大量删减之后，著录于《明史稿艺文志》亦为妥当。但修订中造成的分类不妥，删改、简化书名造成的混乱亦为存在，为后人诟病。

雍正初，张廷玉担任文渊阁大学士、《明史》总裁官，负责编修。在王鸿绪《明史稿》的基础上修订，乾隆三年完成，四年七月二十五日上表。"我世宗宪皇帝重申公慎之旨，载详讨论之功。臣等于时奉敕充总裁官，率同纂修诸臣开馆排缉。聚官私之纪载，核新旧之见闻。签帙虽多，抵牾互见。惟旧臣王鸿绪之《史稿》，经名人三十载之用心，进在彤闱，颁来秘阁，首尾略具，事实颇详。"[②] 张廷玉《明史》与王鸿绪《明史稿》大致相同，艺文志亦基本没有变化。如果说，相较官修地方通志中艺文著录佛教典籍较少情况，王鸿绪《明史稿艺文志》著录一一五部已属难得，实与康熙时尊崇程朱，不热衷佛教有关。但到了特别热衷于佛教的雍正时，张廷玉没有增补佛教典籍，还是沿用王鸿绪著录，与同时期《浙江通志》《江南通志》等通志著录二百余部佛教典籍相比，稍显不足。而且王本中原有的诸多讹误，张本一律没有修订，亦可谓遗憾。

2.《钦定皇朝文献通考》对佛教史籍的著录。

乾隆十二年奉敕编撰五朝《续文献通考》。"乾隆二十六年，以前朝旧事，例用平书。而述昭代之典章，录列朝之诏谕、尊称、鸿号，于礼当出格跳行。体例迥殊，难于画一。遂命自开国以后，别自为书。"[③]

[①]（清）王鸿绪：《明史稿》志七四《艺文志一》，中国台湾文海出版社有限公司影印敬慎堂刊本1962年版，第393页。

[②]（清）张廷玉：《张廷玉上〈明史〉表》，《明史》卷末，中华书局1974年标点本，第8630页。

[③]（清）永瑢、纪昀主编：《四库全书总目》卷八一，中华书局1965年影印本，第699页。

单独成《钦定皇朝文献通考》(又称《清文献通考》)专门记载开国至此书纂修时的文献,后续《续通典》《续通志》亦都沿袭此体例。《钦定皇朝文献通考》"二十四门,初亦仍马氏之目"后"别立《群庙》一门,增原目为二十五"。其特点是卷帙繁富,"每事皆寻源竟委,赅括无遗"①。有学者认为《皇朝文献通考》《续通志》《皇朝通志》"几于完全抄撮《提要》,所不同者,惟沿袭马、郑之例,《通考》则稍取清初少数学者论考古籍之语"②。亦有以经部为例,认为"《清文献通考·经籍考》实为《四库全书总目》清人四部著述提要部分的缩微版"③。今以佛教史籍为例,来看该书对佛教史籍的认知以及与《四库全书总目》著录佛教史籍之关联。

首先,《皇朝文献通考》在史部地理类山水、古迹著录佛教山林寺院志,体例多遵循《四库全书》。"《四库全书》所纪宫殿而下,首总志,次都会郡县,次河渠,次边防,次山川,次古迹,次杂记,次游记,次外记,部别州居,迥殊马考之丛杂,今从其例辑之。"④

《皇朝文献通考》史部地理类山水著录了《御定清凉山新志》《钦定盘山志》《峨眉山志》(蒋超撰)《峨眉志略》《鼓山志》《峨眉山志》(曹熙衡撰)《龙唐山志》《宝华山志》《庐山通志》《说嵩》《嵩岳庙史》《鸡足山志》《普陀山志》《湘山志》《雁山图志》十五部。地理类古迹著录《灵隐寺志》《青原志略》《崇恩志略》《江心志》《灵谷寺志》《增修云林寺志》六部。皆出自《总目》地理类山川、古迹之属,题解内容亦多出自《总目》,只不过采择内容有多少之分。按其内容多寡,可以分为四类。

---

① (清)永瑢、纪昀主编:《四库全书总目》卷八一,中华书局1965年影印本,第699页。
② 姚名达:《中国目录学史》,商务印书馆2014年版,第187页。
③ 李成晴:《〈清文献通考·经部经籍考〉对〈四库全书总目〉之因革析论》,《山东图书馆学刊》2015年第5期。
④ (清)乾隆十二年敕撰:《皇朝文献通考》卷二二三,《文渊阁四库全书》,上海古籍出版社2003年影印本,第637册,第236页。

第五章 清代佛教史学批评

一类为简单著述书名、卷数、撰者。如"《鼓山志》十二卷、僧元贤撰""《宝华山志》十卷,释德基撰、《庐山通志》十二卷,释定皓撰"。① 多为清僧著述,尽管《总目》对其亦有详细提要,但评价或是"缁徒妄自标置,可谓不知分量者矣",或为"无大发明考证"②,评价甚低。故《皇朝文献通考》对其只简单著述书名、卷数、撰者。

二类为在书名、卷数、撰者后,有撰者简单小传。如"《峨眉山志》十八卷,蒋超撰,超字虎臣,金坛人,顺治丁亥进士,官翰林院编修"③。这条亦是删减自《总目》此条之前半段。"国朝蒋超撰。超字虎臣,金坛人。顺治丁亥进士,官翰林院编修。晚入峨眉山为僧,因辑是志。昔刘勰奏请出家,改名慧地。《梁书》本传,虽著其事,而传首仍题原名,盖不与士大夫之为僧也。故今于超斯志,亦仍题其原名云。"④ 又如:"《峨眉山志》十八卷,曹熙衡撰。熙衡字素徵,锦州人,顺治中官至贵州按察使。""《灵隐寺志》八卷,孙治撰,徐增重编。治字宇台,仁和人。增字子能,吴县人。""《崇恩志略》七卷,僧智藏撰。智藏字竺堂,安福人。""《灵谷寺志》十六卷,吴云撰。云号舫翁,安福人。""《青原志略》十三卷,僧大然撰,施闰章补辑。大然始末未详,闰章字尚白,号愚山,宣城人,顺治己丑进士,官至江西布政司参议,康熙己未召试博学鸿词,授翰林院侍读。"⑤ 皆为截取自《总目》题解之前半段。这种做法完全就是从《总目》中只截取撰者小传,关于著录文献情况则一概不载,就是为传而传。

---

① (清)乾隆十二年敕撰:《皇朝文献通考》卷二二三,《文渊阁四库全书》,上海古籍出版社2003年影印本,第637册,第261—262页。
② (清)永瑢、纪昀主编:《四库全书总目》卷七六,中华书局1965年影印本,第664页。
③ (清)乾隆十二年敕撰:《皇朝文献通考》卷二二三,《文渊阁四库全书》,上海古籍出版社2003年影印本,第637册,第261页。
④ (清)永瑢、纪昀主编:《四库全书总目》卷七六,中华书局1965年影印本,第663页。
⑤ (清)乾隆十二年敕撰:《皇朝文献通考》卷二二三,《文渊阁四库全书》,上海古籍出版社2003年影印本,第637册,第261—262、266—267页。

三类为解释寺院、山名之来由，不著录撰者小传，此多为僧人。如："《江心志》十二卷，释元奇撰，始末未详。臣等谨按：江心寺之建，其来甚久。考谢灵运诗已有'乱流趋正急，孤屿媚中川'之语矣。寺在永嘉江中，古称名迹，特未有纪其胜者，其后郡人王阳谷始创为志，元奇特重加校订，而成是编。"① 此条与《总目》大致相同，不同者有《总目》未言释元奇"始末未详"，且言"宋高宗尝幸其地，称为名胜"②。明释成斌、郡人王阳谷始创为志，但《皇朝文献通考》皆删除这些记载。又如："《龙唐山志》五卷，僧性制撰。臣等谨按：《浙江通志》本作龙塘，而此作龙唐者，盖犹钱塘之可作钱唐也。故书中如唐井等字，亦尽不加土旁，以昭画一。"③ 亦是截取《总目》前半段解释龙唐山与龙塘山之异，未著录四库馆臣"志本为佛刹而作，故多述禅家之语，非地志之正体也"的评价。④

四类对御敕佛教志书的重视。《皇朝文献通考》著录《御定清凉山新志》十卷、《钦定盘山志》二十一卷两部官修佛教志书。《御定清凉山新志》未被《总目》著录，撰述者将《圣祖仁皇帝御制序》全文抄录于题解中，并在最后言："臣等谨按：旧志成于顺治十八年，至康熙三十年奉敕重修，凡分十类，并御制序文弁诸卷首焉。"⑤《钦定盘山志》著录于《总目》中，撰述者将乾隆帝《御制序》全文抄录于题解中，并在最后言："臣等谨按：乾隆十九年二月命溥等纂修新志，因详加裒订，辑成是编。兹山林峦幽邃，秀

---

① （清）乾隆十二年敕撰：《皇朝文献通考》卷二二三，《文渊阁四库全书》，上海古籍出版社 2003 年影印本，第 637 册，第 261—262、266—267 页。
② （清）永瑢、纪昀主编：《四库全书总目》卷七七，中华书局 1965 年影印本，第 670 页。
③ （清）乾隆十二年敕撰：《皇朝文献通考》卷二二三，《文渊阁四库全书》，上海古籍出版社 2003 年影印本，第 637 册，第 262 页。
④ （清）永瑢、纪昀主编：《四库全书总目》卷七六，中华书局 1965 年影印本，第 664 页。
⑤ （清）乾隆十二年敕撰：《皇朝文献通考》卷二二三，《文渊阁四库全书》，上海古籍出版社 2003 年影印本，第 637 册，第 259 页。

甲畿东,在汉为田畴隐居之地。伏遇我圣祖仁皇帝,銮辂巡临,大开神秀,我皇上展谒祖陵,翠华驻跸,特建山庄,以供静憩,由是辉煌金碧,灵境日开,宜其偕岳,镇以效灵,永备宸游于无极矣。"① 内容基本上是《总目》的缩微版。

其次,《皇朝文献通考》子部释氏体例亦同。"至于道家、释氏,神仙别有专藏,惟取其有资掌故者,慎而录之,附见于后,犹《四库全书》例也。"② 但实际上,《总目》将释家列于道家之前,与《皇朝文献通考》将释氏列于道家之后,似乎稍有不同。③

《皇朝文献通考》子部释氏类著录《正宏集》《南宋元明僧宝传》《现果随录》三部清代佛教史籍,述者采用解题、按语形式,对作者、编修起因、版本流传、史料价值等有较详细评述。如:"《南宋元明僧宝传》十五卷,释自融撰,始末未详。臣等谨按:宋僧惠洪撰有《僧宝传》一编,自融乃复采宋建炎丁未至国朝顺治丁亥,凡五百二十一年中得九十七人,各系传赞,续为此编。"④ 详细说明了僧自融撰述《南宋元明僧宝传》的起因及其体例。与《四库全书总目》对该书题解相比,"《南宋元明僧宝传》十五卷(浙江巡抚采进本)。国朝释自融撰,其门人性磊补辑。始自宋建炎丁未至国朝顺治丁亥,凡五百二十一年,采录共九十七人。不载禅门宗系,人自为传,并系之以赞。盖续宋僧惠洪所撰《僧宝传》也。"⑤ 二者内容,大致相同,不同在于《总目》还著录"其门人性磊补辑""不载禅门宗系,人自为传"语句,信息比《皇朝文献通考》著录更为详细,《僧宝传》《南宋元明僧宝传》二者因循关

---

① (清)乾隆十二年敕撰:《皇朝文献通考》卷二二三,《文渊阁四库全书》,上海古籍出版社2003年影印本,第637册,第259—260页。
② (清)乾隆十二年敕撰:《皇朝文献通考》卷二二五,《文渊阁四库全书》,上海古籍出版社2003年影印本,第637册,第283页。
③ (清)永瑢、纪昀主编:《四库全书总目》卷一四五,中华书局1965年影印本,第1236—1241页。
④ (清)乾隆十二年敕撰:《皇朝文献通考》卷二三〇,《文渊阁四库全书》,上海古籍出版社2003年影印本,第637册,第379页。
⑤ (清)永瑢、纪昀主编:《四库全书总目》卷一四五,中华书局1965年影印本,第1240页。

系更明显。《皇朝文献通考》抹杀释性磊补辑之功稍有不妥。

又如，《皇朝文献通考》记载"《正宏集》一卷，释本果撰。本果字旷圜，潮州灵山寺僧。臣等谨按：韩愈与大颠游，见于孟简书中。后人遂为大颠别传，依托简作，并伪为愈与大颠三书，陈振孙《书录解题》尝力辨其妄，是书仍侈谈韩愈皈依大颠事，盖犹沿袭《宗门统要》之说，以复辟佛之雠也。"①《总目》对《正宏集》的题解尤为详细，首先介绍此书主旨，"编皆述唐僧大颠事迹，而大旨主于诬韩愈归依佛法，以伸彼教"。其次介绍内容，"首列寺图，次为元大德辛丑僧了性所作大颠本传，次为韩愈与大颠三书，次为欧阳修别传跋，次为虞集别传赞，次为诸家诗文，而终以本果自跋"②。然后根据朱子《韩文考异》、陈振孙《书录解题》、方崧卿《韩集举正》、陈善《扪虱新话》《宗门统要》等书考证韩愈与大颠事、文之真伪。最后顺便批评了陈善《扪虱新话》引用《宗门统要》之错。"盖缁徒造作言语以复辟佛之仇，不足为怪；至儒者亦采其说，则未免可讶矣。"③考据严谨，内容充分，颇显功力。《皇朝文献通考》言为《总目》考证内容的一段，颇有缩微版之感。

《皇朝文献通考》记载："《现果随录》一卷，僧戒显撰。戒显字悔堂，顺治间居杭州灵隐寺。"④亦来自《总目》题解中之前半段。"《现果随录》一卷，国朝僧戒显撰。戒显字悔堂，顺治间居杭州灵隐寺。是编凡九十一则，每则附以论断。皆陈善恶之报，而大旨归于持戒奉佛，忏除恶业。仍彼教之说而已。"⑤

---

① （清）乾隆十二年敕撰：《皇朝文献通考》卷二三〇，《文渊阁四库全书》，上海古籍出版社 2003 年影印本，第 637 册，第 378—379 页。
② （清）永瑢、纪昀主编：《四库全书总目》卷一四五，中华书局 1965 年影印本，第 1240 页。
③ （清）永瑢、纪昀主编：《四库全书总目》卷一四五，中华书局 1965 年影印本，第 1240 页。
④ （清）乾隆十二年敕撰：《皇朝文献通考》卷二三〇，《文渊阁四库全书》，上海古籍出版社 2003 年影印本，第 637 册，第 379 页。
⑤ （清）永瑢、纪昀主编：《四库全书总目》卷一四五，中华书局 1965 年影印本，第 1240 页。

综上所述，《皇朝文献通考》著录佛教史籍与《四库全书总目》颇有相似处，题解内容亦多是《总目》的压缩版，撰述者根据各自需要，或是简单著录书名、卷数、人名，或是注重记载撰者小传，或是注重记载山林寺院名称由来，对于御制佛教志书则较为重视。其著录包括佛教史籍在内，佛教典籍的目的或出于"与经史相参"，或"足以晰理，致资考镜者"①，与《四库全书总目》著录佛教典籍目的颇为相似。

三 皇家藏书目录对佛教史籍的著录和评述

皇家藏书目录有狭义和广义之分，狭义皇家藏书目录是专指内廷藏书目录，如《秘殿珠林》《天禄琳琅书目》等；广义皇家藏书目录则是指国家藏书目录，它兼具皇家和国家两种名义，如《文渊阁书目》《四库全书总目》等。

《秘殿珠林》二十四卷，乾隆九年张照奉敕编修，卷首有凡例、总目，各卷前有细目，主要著录清内府有关佛教、道教之书画藏品。"首载三朝宸翰，皇上御笔；次为历代名人书画，而附以印本、绣锦、刻丝之属；次为臣工书画；次为石刻木刻经典、语录、科仪及供奉经像。"各类用阮孝绪《七录》之例，先佛后道，再循以往鉴赏之通例，先书后画，依次著录册、卷、轴等。首开以释、道书画别立一书者之先例。②

《秘殿珠林》将僧传、僧史、灯录、寺院志等佛教史籍与《金刚经》《华严经》《观音经》《无量寿经》佛教经疏、注述皆归为万善殿收贮经典佛经类。可见撰者对佛教史籍的认知都是佛经，而非史书，这与外朝官修目录将佛教史籍当作史书观点稍有不同。但遗憾的是，撰者仅著录书名，对于著者、编修情况、版本等并无介绍，稍显遗憾，但较符合其藏书登记之用。

---

① （清）乾隆十二年敕撰：《皇朝文献通考》卷二二五，《文渊阁四库全书》，上海古籍出版社2003年影印本，第637册，第283—284页。

② （清）永瑢、纪昀主编：《四库全书总目》卷一一三，中华书局1965年影印本，第967—968页。

从朝代来分，著录魏晋隋唐佛教史籍有八部，《唐西域记》《释迦氏谱》《释迦方志》《法苑珠林》《古清凉传》《续高僧传》《弘明集》《广弘明集》；宋代佛教史籍有九部，《五灯会元》《佛祖统纪》《宗门统要续集》《传法正宗记》《释氏要览》《景德传灯录》《慈恩传》《宋高僧传》《林间录》；元代佛教史籍一部《佛祖历代通载》；明代佛教史籍九部，《大藏一览》《佛法金汤》《阅藏知津》《指月录》《释教汇门目录》《续传灯录》《续灯存稿》《禅宗正脉》《神圣传》；清代佛教史籍十一部，《五灯严统》《佛祖正宗道宗道影》《宗统编年》《列祖提纲续集》《禅灯世谱》《南宋元明僧宝传》《祖庭指南》《教外别传》《历代经史轮回录》《仙岩寺志》《祖灯大统》。① 从收录体裁来看，灯录十五部，僧传五部，方志四部，僧史四部，护法类三部，目录三部，类书二部，杂记二部。可见，内廷收录佛教史籍时，并没有刻意以清代为主，而是魏晋隋唐到明清佛教史籍皆有。体裁上以灯录最多，一定程度上表明清内廷对灯录的偏爱。

《四库全书总目》自乾隆三十八年（1773 年）开始编修，至乾隆四十六年初稿完成。经过修改、补充，于乾隆五十四年定稿，是我国十八世纪之前学术的一次大总结。如果说，《总目》不著录佛教经疏、注述、偈颂算是一种退步的话②，那它著录较多佛教史籍，且对其有诸多精辟的评述则又是一个亮点。它著录了《高僧传》《续高僧传》《古清凉传》《广清凉传》《佛祖统纪》等一大批魏晋、唐宋的佛教史籍，且每本书的编撰者都从作者、源流、版本、流传、史料价值等角度加以考证论述，这些都是前代官私书目所未能及。③

---

① （清）张照、梁诗正等奉敕撰：《秘殿珠林》卷二三，《文渊阁四库全书》，上海古籍出版社 2003 年影印本，第 823 册，第 729—736 页。

② 曹刚华：《试论中国古代官私书目中的佛教典籍》，《图书馆杂志》2002 年第 6 期。

③ 陈垣认为："《四库》著录及存目之书，因《四库提要》于学术上有高名，而成书仓猝，纰缪百出。"原因在于："撰释家类提要时，非按目求书，而惟因目著目，故疏漏至此。"故撰述《中国佛教史籍概论》对《四库全书总目》释家类著录的佛教史籍一一评述，批驳四库馆臣之误。但陈先生只涉及释家类，并没有关注地理类的佛教寺院、山林志。陈垣：《中国佛教史籍概论》，上海书店出版社 2005 年版，第 1 页。

第五章　清代佛教史学批评

《总目》著录佛教史籍多分布在史部地理类、子部释家类。

1. 史部地理类山川、古迹、外纪之属著录大量佛教山林、寺院志。

由上可见，清代官修书目将佛教山林寺院志归入史部地理类的有康熙《浙江通志》、雍正《浙江通志》、王鸿绪《明史稿艺文志》、张廷玉《明史艺文志》，这种分类更早见于《隋书·经籍志》《郡斋读书志》《通志·艺文略》等。《总目》亦受上述书目分类之影响，将佛教山林、寺院志归为史部地理类山川、古迹属，撰述目的如馆臣所言"备考核也"①。

首先，《总目》地理类列有外纪之属，目的为"广见闻也"②。外纪在以往官私书目中"多目为'蛮夷'，颇显民族歧视与偏见意味，至《总目》以'外纪'相称，立意更加中肯"③。《佛国记》入地理类较早见于《隋书·经籍志》，撰者将其与《山海经》《水经》《黄图》《永初山川古今记》《庐山南陵云精舍记》《洛阳伽蓝记》《外国传》《历国传》《大隋翻经婆罗门法师外国传》等皆归入地理，并无三级分类。④这种分类思想多源于撰者认为"疆理天下，物其土宜，知其利害，达其志而通其欲，齐其政而修其教。故曰广谷大川异制，人居其间异俗"⑤。禹定九州是为真正的天下九州，无中外之分，皆为王土，故中土僧人所达之地亦为九州之地，所封之域，撰述外国志书亦入地理志。

《旧唐书·经籍志》地理延续《隋书》体例，著述书籍性质大致与其相同，保留了《外国传》《历国传》，增加了《中天竺国行记》

---

① （清）永瑢、纪昀主编：《四库全书总目》卷六八，中华书局1965年影印本，第594页。
② （清）永瑢、纪昀主编：《四库全书总目》卷六八，中华书局1965年影印本，第594页。
③ 沈志富：《〈四库全书总目〉的子目源流与归类得失——以史部地理类为例》，《图书馆工作与研究》2015年第4期。
④ 《隋书》卷三三《经籍二》，中华书局1973年标点本，第982—986页。
⑤ 《隋书》卷三三《经籍二》，中华书局1973年标点本，第987页。

十卷，删除了《佛国记》，亦未著录《大唐西域记》。①《新唐书》地理类著录外国传与《旧唐书》大致相同。

《崇文总目》史部地理类亦著录法琳《青溪山记》、玄奘《大唐西域记》，其余佛教典籍皆归入子部释书类。② 其后，《宋史·艺文志》地理类著录《洛阳伽蓝记》《大唐西域图记》等佛教志书，却将新旧《唐书》中著录的《外国传》《历国传》《中天竺国行记》删除，亦未著录《佛国记》。③ 可见，宋元官修书目将《大唐西域记》仍当作与山记、游记一类的地理书，而非佛书，亦非外国传类，而外国传自宋代就退出官修书目地理类。

《总目》地理类外纪属著录《佛国记》一卷（内府藏本）、《大唐西域记》十二卷（浙江鲍士恭家藏本），且明确将此二书归入外纪属，尤其将《佛国记》重新归入地理外纪，亦打破宋人郑樵将其归入蛮夷之举④，是在以往官私书目基础上又一发明。

馆臣对《佛国记》提要主要有三个内容。一是对《佛国记》《法显传》释名。从馆臣引用来看，其著录为《佛国记》而不为《法显传》多来自明人胡震亨刊本。"胡震亨刻入秘册函中，从旧题曰《佛国记》。而震亨附跋则以为当名《法显传》。"⑤ 实际上，此书较早见于僧祐《出三藏记集》是为《佛游天竺记》，自北魏郦道元《水经注》引用此书多称为《法显传》《释法显》《法显》，隋唐佛教经录有称《法显传》，亦有称《历游天竺记传》。⑥

《佛国记》名当源自《隋书·经籍志》，该书地理类既有《佛国

---

① 《旧唐书》卷四六《经籍上》，中华书局1975年标点本，第2016页。
② （宋）王尧臣等编：《崇文总目》卷二，《国学基本丛书》，商务印书馆1939年版，第88—89页。
③ 《宋史》卷二○四《艺文志》，中华书局1985年标点本，第5152页。
④ （宋）郑樵：《通志·二十略》，中华书局1995年标点本，第1641页。
⑤ （清）永瑢、纪昀主编：《四库全书总目》卷七一，中华书局1965年影印本，第630页。
⑥ 陈桥驿：《法显与〈法显传〉》，《山西大学师范学院学报》（哲学社会科学版）1989年第2期。

记》一卷,又有《法显传》《法显行传》,可见,唐初对此书有各种名称,撰述者未加考证,一并著录。故馆臣称"然《隋志·杂传类》中载《法显传》二卷,《法显行传》一卷,不著撰人,《地理类》载《佛国记》一卷,注曰沙门释法显撰。一书两收,三名互见,则亦不必定改《法显传》也"①。明崇祯年间,胡震亨称他获得南唐本《佛国记》,收入《秘册汇函》中。此后《津逮秘书》《说郛》及清王谟的《汉魏丛书》等丛书皆以此名著录《佛国记》。② 可见,明末清初士人多用《佛国记》著录、刊刻此书。馆臣著录此书,亦从士人传统,非用佛教经录之称。

二是馆臣认为此书缺陷在于:"以天竺为中国,以中国为边地。盖释氏自尊其教,其诞谬不足与争。又阗即今和阗,自古以来,崇回回教法,《钦定西域图志》考证甚明。而此书载其有十四僧伽蓝,众僧数万人,则所记亦不必尽实。"③ 这两种讹误,实际都与馆臣对佛教不熟产生误解有关。陈桥驿认为前者谬误在于:"这是古代印度人从地理位置的概念对中天竺的称谓,与'释氏自尊其教'无关,亦绝无贬低我们中国之意。我们中国在梵文中作 T china,一般译为脂那、震旦、真丹等,并不译作中国。《四库提要》的作者,由于不谙梵语,不懂地理,因而造成这样的误会。"④ 殊为有理。后者认为于阗多为回族教徒,书中记载佛教僧众数万人或为不实,亦与馆臣对当时西域佛教繁盛不了解有关。在《佛国记》以及后来《大唐西域记》中,记载西域、印度等地举国崇佛,寺院林立,僧众过千、万者不在其数。如乌仗那国"旧有一千四百伽蓝,多已荒芜。昔僧徒一万八千,今渐

---

① (清)永瑢、纪昀主编:《四库全书总目》卷七一,中华书局1965年影印本,第630页。
② 陈桥驿:《法显与〈法显传〉》,《山西大学师范学院学报》(哲学社会科学版),1989年第2期。
③ (清)永瑢、纪昀主编:《四库全书总目》卷七一,中华书局1965年影印本,第630页。
④ 陈桥驿:《法显与〈法显传〉》,《山西大学师范学院学报》(哲学社会科学版),1989年第2期。

减少"①。《佛国记》记载于阗十四僧伽蓝,僧徒过万,在《大唐西域记》则变为"伽蓝百有余所,僧徒五千余人"②。寺院、僧众数量亦不少。而馆臣所说于阗"自古以来,崇回回教法",其主要依据《钦定西域图志》。但"汉唐时期的于阗以'佛国'而著称。……于阗上自国王,下至平民均为佛教徒,佛教显然已成为国教"③。回教当时在于阗尚未兴盛。故上述两种馆臣认为不实或不尊,皆与其或对回族教史、佛教史不熟悉有关。

三是馆臣阐述了尽管《佛国记》有瑕疵,但还著录《佛国记》的理由。即:"然六朝旧笈,流传颇久,其叙述古雅,亦非后来行记所及。存广异闻,亦无不可也。"④ 还是从备考旧闻的角度著录此书。

《总目》著录《大唐西域记》十二卷(浙江鲍士恭家藏本)。《大唐西域记》在唐中前期多见于佛教经录,《大唐内典录·历代道俗述作注解录第六》著录包含《大唐西域记》在内的佛教文献,目的是使以前少为人知的书籍便于寻览。唐初靖迈《古今译经图纪》亦著录有《大唐西域记》,智昇《开元释教录》多处著录《大唐西域记》,并将之入藏。此外,唐道世、窥基撰述时多次引用该书,或做《大唐西域传》。宋元官修书目《崇文总目》《宋史·艺文志》地理类著录亦著录《大唐西域记》(《大唐西域图记》)。《郡斋读书志》则著录《西域志》十二卷,与《南蛮录》《夏国枢要》《鸡林志》等归入伪史类,颇有外纪性质。⑤《直斋书录解题》《通志》都有著录。故馆臣曰:"晁公武《读书志》载是书,作元奘撰,不及辩机。郑樵《通志·艺

---

① (唐)释玄奘:《大唐西域记》卷三,中华书局 2012 年校注本,第 169 页。
② (唐)释玄奘:《大唐西域记》卷一二,中华书局 2012 年校注本,第 724 页。
③ 王欣:《汉唐时期的西域佛教及其东传路径》,《中国历史地理论丛》2015 年第 3 辑。
④ (清)永瑢、纪昀主编:《四库全书总目》卷七一,中华书局 1965 年影印本,第 630 页。
⑤ (宋)晁公武:《郡斋读书志》卷七,上海古籍出版社 1990 年校注本,第 291—293 页。

文略》则作《大唐西域记》十二卷，元奘撰，《西域记》十二卷，辩机撰，又分为两书。惟陈振孙《书录解题》作大唐三藏法师元奘译，大总持寺僧辩机撰，与今本合。"[1] 认为陈氏著录颇正确。馆臣一方面批评此书记载缺陷，认为"此书侈陈灵异，尤不足稽"；另一方面，又肯定此书史料价值。"昔宋法显作《佛国记》，其文颇略。《唐书·西域列传》较为详核。此书所序诸国，又多《唐书》所不载。则史所录者朝贡之邦，此所记者经行之地也。"[2] 本着此书记载"山川道里，亦有互相证明者。姑录存之，备参考焉"[3]，还是将其著录于外纪正目。

其次，《总目》山川属著录与佛教有关志书33部。正目三部，有宋代陈舜俞《庐山记》附有魏晋惠远《庐山纪略》、清蒋溥等奉敕撰《钦定盘山志》。存目30部，其中明代16部，有朱谏《雁山志》、邵宝《慧山记》、沈津《邓尉山志》、桑乔《庐山纪事》、盛时泰《牛首山志》、郭子章《阿育王山志》、张元忭《云门志略》、周应宾《普陀山志》、傅梅《嵩书》、徐待聘《雁山志胜》、无尽《天台山方外志》《幽溪别志》、徐嘉泰《天目山志》、广宾《上天竺山志》、章之采《东西天目志》、顾元镜《九华山志》。清代十四部，蒋超《峨眉山志》、张能鳞《峨眉志略》、僧元贤《鼓山志》、曹熙衡《峨眉山志》、僧性制《龙唐山志》、德基《宝华山志》、定昺《庐山通志》、景日昣《说嵩》《嵩岳庙史》、范承勋《鸡足山志》、朱谨和陈璿同撰《普陀山志》、徐泌《湘山志》、毛德琦《庐山志》、僧实行《雁山图志》。《总目》地理类山川之属存目共著录九十七部，明清佛教山志就占近三分之一，可见明清佛教山志撰述繁盛。

---

[1] （清）永瑢、纪昀主编：《四库全书总目》卷七一，中华书局1965年影印本，第630页。

[2] （清）永瑢、纪昀主编：《四库全书总目》卷七一，中华书局1965年影印本，第630页。

[3] （清）永瑢、纪昀主编：《四库全书总目》卷七一，中华书局1965年影印本，第630页。

从来源上来看，官方来源的有 14 部，其中浙江巡抚采进本四部，两江总督采进本一部，两淮盐政采进本三部，内府藏本二部，江苏巡抚采进本二部，安徽巡抚采进本一部，直隶总督采进本一部。私家藏书的有 19 部，其中浙江汪启淑家藏本 7 部，两淮马裕家藏本 7 部，浙江范懋柱家天一阁藏本二部，兵部侍郎纪昀家藏本二部，浙江汪汝瑮家藏本一部。可见，明清佛教山志多在江浙藏书家，从地域来看，无论官方采进，还是私人藏书，亦都集中在江浙、两淮一带，佛教山志依然，因为这些地方也是明清佛教文化之重镇。

从评述来看，馆臣褒贬态度可以分为三类。

一是对正目中《庐山记》《钦定盘山志》评价颇高。前者评语是"此书考据精核，尤非后来《庐山纪胜》诸书所及。虽经残阙，犹可宝贵，故特录而存之"①。从学术考据角度对其褒奖。后者评语"尤自古所未有，敬录斯编，亦以庆兹山之遭也"②。基本就是政治上的赞誉。

二是对部分明清佛教山志，并无明显褒贬之意，基本以阐释地名、叙述内容、体例为主。如《慧山记》三卷，"慧山即惠山，在无锡县界，局狭而气秀，地近而景幽，自昔号为佳境。宝居近是山，钓游所及，时有品题。所作如《惠山杂歌》《惠山十二咏》《叙竹茶垆》等篇，具载于《容春堂续集》中。此书仿贺知章会稽洞、郭子美罗浮山之例，搜辑旧事遗文，为之作志"③。其他类似《邓尉山志》《庐山纪事》《东西天目志》等条皆如此。其中《峨眉山志》提要中，虽无明显褒贬，但从馆臣暗喻中则可看出对隐藏士人与僧人为伍的不屑。

---

① （清）永瑢、纪昀主编：《四库全书总目》卷七〇，中华书局 1965 年影印本，第 617 页。

② （清）永瑢、纪昀主编：《四库全书总目》卷七〇，中华书局 1965 年影印本，第 618 页。

③ （清）永瑢、纪昀主编：《四库全书总目》卷七六，中华书局 1965 年影印本，第 659 页。

第五章 清代佛教史学批评

清人蒋超撰有《峨眉山志》，此人是顺治丁亥进士，官翰林院编修。晚年入峨眉山出家为僧，撰述此书。按照常规，此时撰述者应用其法名，而非俗名。但馆臣引用旧例曰："昔刘虬奏请出家，改名慧地。《梁书》本传，虽著其事，而传首仍题原名，盖不与士大夫之为僧也。故今于超斯志，亦仍题其原名云。"①虽无明显褒贬，但骨子里仍有士人不与僧徒为伍之意。

三是馆臣明显给佛教山志差评。这种差评或表现在体例上，如评述《雁山志》："明初僧永昇者，始辑为《雁山集》一卷，编次无法。……万历辛巳，知州南昌胡汝宁复为翻雕，而以续得诗文冠于卷前，殊为猥杂。"②又如，评述《牛首山志》是："颇近游记，不尽沿志书窠臼。其艺文多著出某书，亦明人所难。惟'地亩弓口'一条，全录禀帖批词，首尾不加删削，殊失体例。"③或是对书中尽显释氏表示不满。如评述《龙唐山志》曰："志本为佛刹而作，故多述禅家之语，非地志之正体也。"评述《鼓山志》曰："大旨以佛刹为主，名为山志，实则寺志耳。其凡例有云，兹山知名海内者，实以人重，非以形胜重也。缁徒妄自标置，可谓不知分量者矣。"又如，评述《阿育王山志》："主于阐释氏之显应。故标兹灵迹，以启彼信心，原不以核订地理、考证古今为事也。"④这些评述都表示馆臣对佛教山志以佛教为主的不满，但也承认这种佛教山志原本就不以考核地理、古今为事，亦不必计较。

可以说，馆臣对明清佛教山志多以批评、贬低为主，除了官方修撰《钦定盘山志》，明释广宾撰述的《上天竺山志》亦算是馆臣为数

---

① （清）永瑢、纪昀主编：《四库全书总目》卷七六，中华书局1965年影印本，第663页。
② （清）永瑢、纪昀主编：《四库全书总目》卷七六，中华书局1965年影印本，第659页。
③ （清）永瑢、纪昀主编：《四库全书总目》卷七六，中华书局1965年影印本，第659页。
④ （清）永瑢、纪昀主编：《四库全书总目》卷七六，中华书局1965年影印本，第660—664页。

不多对佛教山志的褒奖。"于寺僧污行,备书不隐,较他志独存直笔。"[1] 其评价的标准还是传统史书的直笔,可见,馆臣一直用传统史法来看待佛教山志。

表5-2　　　　《总目》史部地理类著录佛教山志

书名	朝代撰者	来源	《总目》差评
《庐山记》	宋·陈舜俞	兵部侍郎纪昀家藏本	考据精核,尤非后来《庐山纪胜》诸书所及。虽经残阙,犹可宝贵,故特录而存之
《庐山纪略》	魏晋释·惠远	同上	今亦并录存之,备参考焉
《钦定盘山志》	清·蒋溥	内府本	尤自古所未有。敬录斯编,亦以庆兹山之遭也
《雁山志》	明·朱谏	浙江汪启淑家藏本	编次无法、殊为猥杂
《慧山记》	明·邵宝	浙江范懋柱家天一阁藏本	
《邓尉山志》	明·沈津	浙江范懋柱家天一阁藏本	
《庐山纪事》	明·桑乔	浙江汪汝瑮家藏本	
《牛首山志》	明·盛时泰	两淮马裕家藏本	颇近游记,不尽沿志书窠白。其艺文多著出某书,亦明人所难。首尾不加删削,殊失体例
《阿育王山志》	明·郭子章	两淮马裕家藏本	主于阐释氏之显应。故标兹灵迹,以启彼信心,原不以核订地理、考证古今为事也
《云门志略》	明·张元忭	浙江巡抚采进本	末大于本

---

[1] (清)永瑢、纪昀主编:《四库全书总目》卷七六,中华书局1965年影印本,第662页。

第五章 清代佛教史学批评

续表

书名	朝代撰者	来源	《总目》差评
《普陀山志》	明·周应宾	两淮马裕家藏本	勘验卷帙,并无阙佚,未审何以矛盾也
《嵩书》	明·傅梅	两江总督采进本	全书意在广搜,亦殊多驳杂
《雁山志胜》	明·徐待聘	两淮盐政采进本	深中地志之陋习。然旧作虽已汰除,而又独录己作一卷,其亦尤而效之矣
《天台山方外志》	明·释无尽	浙江汪启淑家藏本	出自释家之手,述梵迹者为多,与专志山川者体例稍殊
《幽溪别志》	明·释无尽	浙江巡抚采进本	名为地志,实同社刻
《天目山志》	明·徐嘉泰	浙江汪启淑家藏本	此书所纪多属西天目事,统称《天目山志》,非也
《上天竺山志》	明·释广宾	两淮马裕家藏本	于寺僧污行,备书不隐,较他志独存直笔
《东西天目志》	明·章之采	两淮马裕家藏本	
《九华山志》	明顾元镜	两淮盐政采进本	意主夸多,标目颇为烦碎
《峨眉山志》	清·蒋超	浙江汪启淑家藏本	盖不与士大夫之为僧也。故今于超斯志,亦仍题其原名云
《峨眉志略》	清·张能鳞	浙江汪启淑家藏本	是书于峨眉形胜古迹,标撮甚略。命意虽善,措词则未能免俗也
《鼓山志》	清·元贤	两淮盐政采进本	缁徒妄自标置,可谓不知分量者矣
《峨眉山志》	清·曹熙衡	浙江汪启淑家藏本	
《龙唐山志》	清·性制	浙江巡抚采进本	志本为佛刹而作,故多述禅家之语,非地志之正体也
《宝华山志》	清·德基	两淮马裕家藏本	与他山志书体例稍异,固亦各因其地耳
《庐山通志》	清·定禺	两淮马裕家藏本	无大发明考证

373

续表

书名	朝代撰者	来源	《总目》差评
《说嵩》	清·景日昣	直隶总督采进本	考核殊不谬，特综汇旧文，踵而成之耳
《嵩岳庙史》	清·景日昣	江苏巡抚采进本	亦为错乱，则亦仍地志之庞杂而已
《鸡足山志》	清·范承勋	浙江汪启淑家藏本	故志山者多述佛门之事
《普陀山志》	清·朱谨、陈璿	内府藏本	是志所述，本末颇具，而叙事冗沓无法
《湘山志》	清·徐泌	浙江巡抚采进本	
《庐山志》	清·毛德琦	安徽巡抚采进本	书之冗滥，二语已自道之矣
《雁山图志》	清·实行	江苏巡抚采进本	

再次，《总目》地理古迹之属著录佛教寺院志18部，正目有两部，北魏杨衒之《洛阳伽蓝记》、明吴之鲸《武林梵志》。存目有16部，其中明代十部，大壑《净慈寺志》、宗净《径山集》、谢肇淛《方广岩志》、葛寅亮《金陵梵刹志》、宋奎光《径山志》、圆复《延寿寺纪略》、戴英《禹门寺志》、周永年《邓尉圣恩寺志》、杨明《天童寺集》、程嘉燧《破山兴福寺志》。清代六部，孙治撰《灵隐寺志》、僧大然《青原志略》、僧智藏《崇恩志略》、吴云《灵谷寺志》、元奇《江心志》、厉鹗《增修云林寺志》。地理类古迹之属存目有三十七部，明清佛教寺院志亦占近一半之多。

从文献采择来源看，浙江巡抚采进本5部，江西巡抚采进本两部，两江总督采进本两部，两淮马裕家藏本5部，浙江汪汝瑮家藏本一部，编修励守谦家藏本一部，编修汪如藻家藏本一部，江苏周厚育家藏本一部，官府采进与私人家藏各占一半，两淮马裕家藏本最多。

从提要来看，馆臣对正目中《洛阳伽蓝记》《武林梵志》都褒奖有加。对前者评价是："以提纲领。体例绝为明晰，其文秾丽秀逸，

第五章 清代佛教史学批评

烦而不厌，可与郦道元《水经注》肩随。其兼叙尔朱荣等变乱之事，委曲详尽，多足与史传参证。其他古迹艺文，及外国土风道里，采摭繁富，亦足以广异闻。"① 可见，《洛阳伽蓝记》无论是体例、文辞，还是史事叙述、古迹艺文都颇受馆臣称赞。对《武林梵志》评述则是："纪名流胜迹、高僧支派。各编小传，序录井然，颇有条理。其遗闻轶事，亦足为考古谈艺之资，正不徒为伽蓝增故实矣。"② 这个褒奖相比《洛阳伽蓝记》程度低了些，但"序录井然，颇有条理"是馆臣对其体例的嘉许，"不徒为伽蓝增故实"是馆臣对其内容不以佛教为中心的褒奖。

馆臣对存目中佛教寺院志赞扬的不多，好一点的话，如评述大壑《净慈寺志》，"其用力亦勤矣"。评述程嘉燧《破山兴福寺志》为"序次雅洁，为山志中差善之本"③。更多的则是贬低、批评。如评述葛寅亮《金陵梵刹志》"略如志乘之体，编次颇伤芜杂"。评述宋奎光《径山志》是"殊多猥琐。盖一山一寺，地本偏隅，宗净志已具梗概。奎光必从而恢张之，其冗沓宜矣"④。不仅冗沓，而且猥琐，可见馆臣对此书鄙视到何种程度。

实际上，无论是佛教山志，还是寺院志，馆臣对其评价都不高，这也是符合馆臣作为官方代表和儒家士人之双重身份，亦所谓"佛氏之说，儒者所不道"⑤。

2. 子部释家类著录佛教僧史、僧传、灯录等史籍。

宋元明官私书目，诸如《崇文总目》《新唐书·艺文志》《宋

---

① （清）永瑢、纪昀主编：《四库全书总目》卷七〇，中华书局1965年影印本，第617页。
② （清）永瑢、纪昀主编：《四库全书总目》卷七〇，中华书局1965年影印本，第621页。
③ （清）永瑢、纪昀主编：《四库全书总目》卷七七，中华书局1965年影印本，第668—669页。
④ （清）永瑢、纪昀主编：《四库全书总目》卷七七，中华书局1965年影印本，第662页。
⑤ （清）永瑢、纪昀主编：《四库全书总目》卷七七，中华书局1965年影印本，第669页。

375

史·艺文志》《郡斋读书志》《直斋书录解题》《通志艺文略》《文渊阁书目》《千顷堂书目》等著录释书时，多是以佛教经疏、论注、偈颂、语录等为主，僧传、僧史、灯录等史籍只占其中一部分。《总目》释家类则一改宋元明风气，仿效《旧唐书·经籍志》的做法，摒弃佛教经疏、论注，以僧史、僧传、灯录、笔记等史籍著录为主。亦如馆臣所言："《旧唐书》以古无释家，遂并佛书于道家，颇乖名实。然惟录诸家之书为二氏作者，而不录二氏之经典，则其义可从。今录二氏于子部末，用阮孝绪例；不录经典，用刘昫例也。"[1]

表5-3　　　　　《总目》史部地理类著录佛教寺院志

书名	朝代撰者	来源	《总目》评语
《洛阳伽蓝记》	北魏·杨衒之	编修励守谦家藏本	以提纲领，体例绝为明晰，其文秾丽秀逸，烦而不厌，可与郦道元《水经注》肩随。其兼叙尔朱荣等变乱之事，委曲详尽，多足与史传参证。其他古迹艺文，及外国土风道里，采摭繁富，亦足以广异闻
《武林梵志》	明·吴之鲸	浙江汪汝瑮家藏本	备纪名流胜迹、高僧支派。各编小传，序录井然，颇有条理。其遗闻轶事，亦足为考古谈艺之资，正不徒为伽蓝增故实矣
《净慈寺志》	明·大壑	浙江巡抚采进本	其用力亦勤矣
《径山集》	明·宗净	浙江巡抚采进本	原刻校雠不精，僧方一序，谓其鲁鱼亥豕叠出，为白璧蝇玷云
《方广岩志》	明·谢肇淛	江西巡抚采进本	然《本纪》之名，史家以载帝王事迹，用之山水，殊乖体例。别纪信志，宁之托生三元、德涵之丽刑地狱，佛氏之说，儒者所不道
《金陵梵刹志》	明·葛寅亮	编修汪如藻家藏本	略如志乘之体，编次颇伤芜杂

---

[1] （清）永瑢、纪昀主编：《四库全书总目》卷一四五，中华书局1965年影印本，第1236页。

第五章　清代佛教史学批评

续表

书名	朝代撰者	来源	《总目》评语
《径山志》	明·宋奎光	浙江巡抚采进本	殊多猥琐。盖一山一寺，地本偏隅，宗净志已具梗概。奎光必从而恢张之，其冗沓宜矣
《延寿寺纪略》	明·圆复	两淮马裕家藏本	他无所载。盖自备古刹之典故而已
《禹门寺志》	明·戴英	两江总督采进本	是编前志山寺僧侣，后纪碑铭序记诗文，多未雅驯
《邓尉圣恩寺志》	明·周永年	江苏周厚育家藏本	凡梵宇、名释、序记、语录，无不备载。大约于寺之建置本末，尤为详悉
《天童寺集》	明·杨明	两淮马裕家藏本	兹编叙述形胜，缀以艺文。前序无姓名，疑即明所自作。中称撰为七卷，今止两卷，似尚非完帙也
《破山兴福寺志》	明·程嘉燧	两淮马裕家藏本	序次雅洁，为山志中差善之本
《灵隐寺志》	清·孙治	两淮马裕家藏本	体例与他志略同。惟以宦游寄寓之人概收之《人物》一门，则事涉创造，于义未安
《青原志略》	清·大然	两淮马裕家藏本	其所采录皆理之近于禅宗者，则缁流援儒入墨，借以自张其教也
《崇恩志略》	清·智藏	江西巡抚采进本	大旨在张皇佛教，以外护为至荣。体例芜杂之甚
《江心志》	清·元奇	浙江巡抚采进本	
《灵谷寺志》	清·吴云	两江总督采进本	其门目皆因明志之旧，仅略为删补耳
《增修云林寺志》	清·厉鹗	浙江巡抚采进本	

《总目》释家类共著录佛教史籍25部，正目13部，存目12部。按照朝代分，魏晋一部，唐代三部，宋代十部，元代二部，明代六部，清代三部。正目著录多为明以前著作，存目著录多为明清文献。从采进来源看，私人藏书九部，官方采择、藏书16部。计浙江巡抚

377

采进本8部，内府藏本5部，兵部侍郎纪昀家藏本二部，两淮盐政采进本二部，大理寺卿陆锡熊家藏本一部，安徽巡抚本一部，浙江鲍士恭家藏本一部，大学士英廉购进本一部，编修汪如藻家藏本一部，浙江孙仰曾家藏本一部，编修周永年家藏本一部，通行本一部。《总目》著录释家类文献还是以官方藏书为主。

从体裁来看，护法文献7部，僧传6部，僧史3部，笔记二部，目录二部，类书一部，地志一部，语录一部，灯录一部，感应传一部。可见，馆臣对护法文献、僧传、僧史较为关注，对宋以后较繁盛的灯录只著录一部《五灯会元》，明清灯录多未收录，语录更几乎一部未收，只著录一部类似语录的《长松茹退》。

从提要来看，馆臣对著录佛教史籍进行了较严谨的考据①，或站在"就释言释"立场②，或从儒家角度，或是从史学撰述角度上阐述自己的评价，尽管这种评述具有一定的偏颇，但亦没有再像评价史部地理类佛教山志、寺院志时发出"猥琐"之语。

能提出站在"就释言释"立场评述佛教典籍，本身对于馆臣来说就是一种史学批评意识上的进步，亦是对佛教史籍褒贬的一个依据。如馆臣评述《弘明集》曰："所辑皆东汉以下至梁代阐明佛法之文。其学主于戒律，其说主于因果，其大旨则主于抑周、孔，排黄、老，而独伸释氏之法。"认为其说由于著者的原因，申佛教之法，亦为自然，"就释言释，犹彼教中雅驯之言也"。再加上，魏晋文献流传到清代多已亡佚，《弘明集》能留存至今亦为难得，"终胜庸俗缁流所撰述"③。

---

① 馆臣对著录的佛教史籍尽管进行了较严谨的考据，但亦有诸多讹误。故陈垣撰述《中国佛教史籍概论》对《总目》释家类著录佛教史籍一一评述，批驳四库馆臣之误。"《四库》著录及存目之书，因《四库提要》于学术上有高名，而成书仓猝，纰缪百出。"（陈垣：《中国佛教史籍概论》，上海书店出版社2005年版，第1页。前人对此中谬误已有精彩考证，此处不再做考述，更多关注于馆臣对佛教史籍的褒贬评述，反映其对佛教的态度。

② （清）永瑢、纪昀主编：《四库全书总目》卷一四五，中华书局1965年影印本，第1236页。

③ （清）永瑢、纪昀主编：《四库全书总目》卷一四五，中华书局1965年影印本，第1236页。

可见，馆臣将其列入正目原因是无论就佛教，还是文献遗存而言，由于六朝文献留存少，此书确实为佛教上乘之作，非一般流俗僧徒所作能比。又如，评价《开元释教录》曰："佛氏旧文，兹为大备，亦兹为最古。所列诸传，尤足为考证之资。……然足见其缁流之中娴于著作者矣。"① 馆臣之言较为中肯，《开元释教录》在佛教经录中体例完备，著录较全，为后代经录所仿效，具有重要的承上启下之功。这种对佛教史籍稍有褒奖的话语，多是馆臣站在"就释言释"立场。

馆臣本身为儒家饱学之士，站在儒家角度评述释氏更为常见。如批评《法苑珠林》曰："其间荒唐悠谬之说，与儒理抵牾。"但如果"较后来侈谈心性，弥近理，大乱真者，固尚有间矣"，有其可取之处。② 又如，馆臣用儒家正统说批评《佛祖统纪》的体例僭越，实为不妥。"一佛二十九祖通为本纪，以系正统，如帝王正宝位而传大业。如谓已超方外，则不宜袭国史之名；如谓仍在寰中，则不宜拟帝王之号。虽自尊其教，然僭已甚矣。"③

但馆臣更多还是用传统史学撰述体例来评价佛教史籍优劣。如评述《广弘明集》在史料上"采撷浩博，卷帙倍于僧祐"，有裨于考证。评述《宋高僧传》："于诔铭记志撷采不遗，实称详博，文格亦颇雅赡。考释门之典故者，固于兹有取焉。"评述《林间录》优点是在于辞藻，"素擅词华，工于润色，所述释门典故，皆斐然可观，亦殊胜粗鄙之语录。在佛氏书中，固犹为有益文章者矣"。评述《五灯会元》的优点则是删减有序，叙述简要。"是书删掇精英，去其冗杂，叙录较为简要。其考论宗系，分篇胪列，于释氏之源流本末，亦指掌了然。"④

---

① （清）永瑢、纪昀主编：《四库全书总目》卷一四五，中华书局1965年影印本，第1237页。

② （清）永瑢、纪昀主编：《四库全书总目》卷一四五，中华书局1965年影印本，第1237页。

③ （清）永瑢、纪昀主编：《四库全书总目》卷一四五，中华书局1965年影印本，第1239—1240页。

④ （清）永瑢、纪昀主编：《四库全书总目》卷一四五，中华书局1965年影印本，第1239—1240页。

这些解释，馆臣从史学撰述角度来审视佛教史籍的长短，优劣之处馆臣亦未隐讳与夸大，颇为中肯。

实际上，馆臣是官方、儒家士人以及史学传统三方面的集中体。他们的评语既有官方意识，又有儒家的态度，亦有史学传统的沿袭与史学家的尊严。《总目》评语有官方意识自不待言，因为《总目》本身就是官修书目，"阐圣学，明王道"是其固有之意，"自然要反映统治阶级的思想和要求，特别是对书籍的进退取舍，分类排列，以及议论评介，突出体现了统治者的阶级意志和价值取向"①。清代官方对于佛教态度亦如上所言，顺治尽管崇信佛教，但未遍及全国。雍正帝崇信佛教，但又打击禅宗，阐扬净土，用官方范式管理佛教，统一佛教思想界。"康熙、乾隆二帝盛奖儒学，佛教则除保护喇嘛教外，曾未尝有所尽力。"可以说，清前期统治者还是以儒家为主，即使如顺治、雍正热衷于佛教者，"对待宗教的政策上，仍可以概括为不以宗教妨害政治的政策原则"②。对待佛教仍然处于一种理性态势。尤其是乾隆帝即位之初即摒弃雍正时行走于内廷的僧人，稍后下旨整理佛教度牒混乱问题。同时，"不许建新寺院，禁民间独子及男子年在六十以下，女子年四十以下者出家，释教益式微"③。可以说，乾隆时的汉传佛教日益衰微，官方对其管理控制益加严格。因此，若从《总目》释家类对佛教典籍评语来看，辟佛和斥责对明代心性之学影响颇深的禅宗就成为官方本有的态度。有资考证的佛教史籍成为著录的对象，宋元明清禅宗的灯录、语录以及诸多空疏之作就成为摒弃的内容。这种官方态度在分类和提要中处处可见。

《总目》评语具有儒家立场亦较明显，圣学、王道本就是《总目》提倡之言。儒家思想作为清代统治思想，本就与官方态度相一致。馆臣既有官方身份，又有儒家士人的态度。"与儒理抵牾"，"此

---

① 吴杰、黄爱平：《论清代目录学》，《清史研究》1992年第3期。
② 周齐：《清代佛教与政治文化》，人民出版社2015年版，第171页。
③ 汤用彤：《隋唐佛教史稿》，中华书局1982年版，第306页。

第五章 清代佛教史学批评

援儒入墨之书,以文饰其谬,可谓附会不经"。这样的评语更像是从儒家立场来阐发,作为士人对释书的不屑。可以说,馆臣"持以鄙弃、贬低的态度,对禅宗特别是狂禅更是予以坚决否定。……思想倾向性一目了然,其批判态度旗帜鲜明,毫不含糊"①。

最后,《总目》评语具有传统史学的沿袭和史学家的尊严。实际上,除了官方和儒家的态度外,馆臣自身还是优秀的史学家。抛去政治意识和儒释排斥,史学撰述就成为馆臣评价释书的重要标准。所以在评语中我们可以更多看到对释书史料、体裁、体例、文辞的讨论,其中或许有得有失。但馆臣的态度就是"不必曲为推崇,亦不必巧为隐讳",不卑不亢,不假为推崇虚饰,亦不严加隐讳。因为"自阮孝绪《七录》以后,释氏之书久已自为一类,历朝史志,著录并同"②。传统史学对著录释书已经产生固有的态度和标准,馆臣只是沿袭传统史志体例而已。

而在释书著录选择上,馆臣亦有作为史学家的标准。从上可知,《总目》著录释书大多来自内府藏本、地方官府采进本和江浙、两淮私家藏书。初次呈进到官库后,由馆臣再次挑选著录。正如永瑢所言:"佛氏之书,浩如烟海,非惟经论语录不可胜数,即叙述释家故实者,亦难以赅载。故今惟即官库所有,择可录者录之,以见梗概。官库所未收者,则自有彼之佛藏在,无庸代为蒐(搜)辑也。"③ 可见,官方认为释氏典籍太多,"经论语录不可胜数",即使是记载佛教故实的史籍类书,都"难以赅载",故采取的办法是只从"官库所有,择可录者录之,以见梗概"。其余官库未收者,在释藏中亦有《总目》不再著录。故陈垣解释为什么《总目》著录《宋高僧传》而不著录

---

① 何宗美:《〈四库全书总目〉明代子部的佛禅批评——思想史、文学史考察的一个侧面》,《武汉大学学报》(哲学社会科学版)2019年第6期。
② (清)永瑢、纪昀主编:《四库全书总目》卷一四五,中华书局1965年影印本,第1238页。
③ (清)永瑢、纪昀主编:《四库全书简明目录》,华东师范大学出版社2012年版,第564页。

《高僧传》《续高僧传》时曰："不知馆臣实未见皎、宣二传也。"① 这种可能性实有存在。从《四库采进书目》（原名《各省进呈书目》）、《四库全书初次进呈现存目》、《浙江采集遗书总录》等书目来看，确实未见二书进呈到官库中。馆臣依官库选择著录，未见二书，故不著录亦为自然。

但对于进呈到官库中的典籍，尤其是释书，馆臣亦有自己的选择和价值判断，也不是每本必录。首先，馆臣依据不著录佛教经论语录文献原则，基本上剔除了相关书籍，如《六祖大师法宝坛经》《大方广圆觉经近释》《金刚经正文小疏》《高峰语录》等浙江省奉旨采集，但馆臣皆未著录。② 其次，即使是有佛教故实的典籍，馆臣亦有删除不录者，如宋僧智昭《人天眼目》、宋僧宗杲《正法眼藏》、清僧明鼎《恬退录》等。③ 究其缘由，亦与馆臣阐释《宋史·艺文志》不著录《宋高僧传》原因相同，"盖史志于外教之书粗存梗概，不必求全，于例当然，亦于理当然也"④。馆臣秉承的还是传统史学对著录释书的不屑，只需"粗存梗概，不必求全"即可，于例于理，皆符合传统史学家标准。

《总目》对当世以及后世官私书目影响颇深，"在此之后的目录著作，除孙星衍的《孙氏祠堂书目》等少数几种外，几乎都是根据《四库全书总目》划定的框架编定的。……特别在分类方面，大都随《四库全书总目》亦步亦趋"⑤。如上述提及的《钦定皇朝文献通考》，基本采用《四库全书》例。又如乾隆三十二年奉敕撰，成书于乾隆五十二年的《皇朝通志》，著录释书亦以《总目》为准。"《正宏集》一卷，释本果撰；《南宋元明僧宝传》十五卷，释自融撰；《现果随录》

---

① 陈垣：《中国佛教史籍概论》，上海书店出版社2005年版，第35页。
② （清）沈初等：《浙江采集遗书总录》，《中国历代书目题跋丛书》，上海古籍出版社2010年标点本，第三辑，第498页。
③ 吴慰祖校订：《四库采进书目》（原名《各省进呈书目》），商务印书馆1960年版，第74、75、275页。
④ （清）永瑢、纪昀主编：《四库全书总目》卷一四五，中华书局1965年影印本，第1237页。
⑤ 吴杰、黄爱平：《论清代目录学》，《清史研究》1992年第3期。

一卷，僧戒显撰。以上见《四库全书》存目释家类，凡三部。"① 完全照抄《总目》的著录，只是提要更为简略而已。可以说，《总目》对释书的著录成为以后官方著录的一种样板。

表5-4　　　　　《总目》子部释家类著录佛教史籍

书名	朝代撰者	来源	《总目》评语
《弘明集》	梁·僧祐	兵部侍郎纪昀家藏本	所辑皆东汉以下至于梁代阐明佛法之文。其学主于戒律，其说主于因果，其大旨则主于抑周、孔，排黄、老，而独伸释氏之法。夫天不言而自尊，圣人之道不言而自信，不待夸、不待辨也。恐人不尊不信而嚣张其外以弥缝之，是亦不足于中之明证矣。然六代遗编，流传最古，梁以前名流著作，今无专集行世者，颇赖以存，终胜庸俗缁流所撰述。就释言释，犹彼教中雅驯之言也
《广弘明集》	唐·道宣	兵部侍郎纪昀家藏本	大旨排斥道教，与僧祐书相同。其书采摭浩博，卷帙倍于僧祐。是亦礼失求野之一端，不可谓无裨考证也
《法苑珠林》	唐·道世	大理寺卿陆锡熊家藏本	大旨以佛经故实分类排纂，推明罪福之由，用生敬信之念。盖佛法初兴，惟明因果，暨达摩东迈，始启禅宗。譬以《六经》之传，则因果如汉儒之训诂。虽专门授受，株守师承，而名物典故，悉求依据，其学核实而难诬。此书作于唐初，去古未远，在彼法之中，犹为引经据典。虽其间荒唐悠谬之说，与儒理抵牾，而要与儒不相乱，存之可考释氏之掌故。较后来侈谈心性，弥近理，大乱真者，固尚有间矣

---

① （清）乾隆三十二年敕撰：《钦定皇朝通志》卷一〇一，《景印文渊阁四库全书》，中国台湾商务印书馆1987年版，第645册，第400页。

续表

书名	朝代撰者	来源	《总目》评语
《开元释教录》	唐·智昇	江西按察使王昶家藏本	佛氏旧文，兹为大备，亦兹为最古。所列诸传，尤足为考证之资。朱彝尊作《经义考》，号为善本，而核其体例，多与此符。或为规仿，或为谙合，均未可定，然足见其为缁流之中娴于著作者矣
《宋高僧传》	宋·赞宁	内府藏本	《宋史·艺文志》不著录，盖史志于外教之书粗存梗概，不必求全，于例当然，亦于理当然也。其于谍铭记志摭采不遗，实称详博，文格亦颇雅赡。考释门之典故者，固于兹有取焉
《法藏碎金录》	宋·晁迥	内府藏本	融会佛理，随笔记载，盖亦宗门语录之类。然自阮孝绪《七录》以后，释氏之书久已自为一类，历朝史志，著录并同，不必曲为推崇，亦不必巧为隐讳
《道院集要》	宋·晁迥	两淮马裕家藏本	乃语录之流，实非文集。改隶释家，庶不失其旨焉
《僧宝传》	宋·惠洪	安徽巡抚采进本	
《林间录》	宋·惠洪	浙江巡抚采进本	盖与所作《冷斋夜话》同一喜作妄语。然所作石门文字禅，释家收入大藏，又普济《五灯会元》亦多采此书，盖惠洪虽僧律多疏，而聪明特绝，故于禅宗微义，能得悟门。又素擅词华，工于润色，所述释门典故，皆斐然可观，亦殊胜粗鄙之语录。在佛氏书中，固犹为有益文章者矣
《五灯会元》	宋·普济	内府藏本	是书删掇精英，去其冗杂，叙录较为简要。其考论宗系，分篇胪列，于释氏之源流本末，亦指掌了然。固可与僧宝诸传同资释门之典故，非诸方语录掉弄口舌者比也

384

第五章 清代佛教史学批评

续表

书名	朝代撰者	来源	《总目》评语
《罗湖野录》	宋·晓莹	浙江鲍士恭家藏本	其中多载禅门公案,及机锋语句。盖亦《林间录》之流。而缁徒故实,纪述颇详,所载士大夫投赠往来篇什尤夥。遗闻逸事,多藉流传,亦颇有资于谈柄
《释氏稽古略》	元·觉岸	编修汪如藻家藏本	其援据既富,亦颇有出自僻书,足资考证者。其于丛林古德记葥流传,亦多考核详明,备征典故,录存其说,未始非缁林道古之一助也
《佛祖通载》	元·念常	两淮盐政采进本	念常颇涉儒书,在缁流之中较为赅洽,于佛教之废兴,禅宗之授受,言之颇悉。于唐以来碑碣、志传之类,采掇尤详,亦足以资考订。其党同伐异,负气嚣争,乃释、道二氏之通例。心知其意,置而不论可也
《迦谈》	宋·晁迥	浙江巡抚采进本	
《佛祖统纪》	宋·志磐	浙江巡抚采进本	一佛二十九祖通为本纪,以系正统,如帝王正宝位而传大业。如谓已超方外,则不宜袭国史之名;如谓仍在寰中,则不宜拟帝王之号。虽自尊其教,然僭已甚矣
《武林西湖高僧事略》	宋·元敬、元复	浙江巡抚采进本	
《神僧传》	明·不著撰人名氏	通行本	大旨自神其教,必有灵怪之迹者乃载,故以神僧为名。而诸方古德、谈禅持律者,则概不录焉
《大藏一览》	明·陈实原	内府藏本	是编以藏经浩繁,难于寻览,因录其大要,括为一书

385

续表

书名	朝代撰者	来源	《总目》评语
《览迷蠡测》	明·管志道	浙江巡抚采进本	是编皆阐发佛理
《法喜志》	明·夏树芳	浙江巡抚采进本	姚江末派,至明季而横流,士大夫无不以心学为宗,故有此援儒入墨之书,以文饰其谬,可谓附会不经
《长松茹退》	明·可真	浙江孙仰曾家藏本	是书乃其别撰语录,间及物理,不尽为释氏之言。惟其以茹退为名,殊不可解
《吴都法乘》	明·周永年	两淮盐政采进本	是书皆辑吴中释氏典故,分十二篇
《正宏集》	清·本果	编修周永年家藏本	是编皆述唐僧大颠事迹。而大旨主于诬韩愈归依佛法,以伸彼教
《南宋元明僧宝传》	清·自融	浙江巡抚采进本	
《现果随录》	清·戒显	大学士英廉购进本	大旨归于持戒奉佛,忏除恶业。仍彼教之说而已

第二节 清代私家目录对佛教史籍的著录

"私家目录是由私人编撰,著录对象基本上是私人藏书。它始于南朝宋王俭的《七志》和梁阮孝绪的《七录》。"其后,隋唐继作,宋明之时大有发展,清代私人藏书风气日盛,"私家编目之风颇盛,私家目录的数量也最多"①。如孙殿起《贩书偶记》著录清以来书目155种,大部分皆为清人私家目录。② 实际上,清代私家目录数量更

---

① 来新夏:《古典目录学浅说》,中华书局1981年版,第22页。
② 周少川:《古籍目录学》,中州古籍出版社1996年版,第88页。

远多于此,它是清代目录数量最多的一个分支。① 大致来说,清代私家目录多由民间藏书家、学术名家等文人士绅撰述,其中有喜佛,亦有不喜佛之人,在一定程度上,私家目录著录释书亦代表了清代文人居士对佛教典籍的认知。

按其职能,清代私家目录大致可分为四类。

第一,导读书目,专门为指导后学而编的书目。如张之洞《书目答问》、孙星衍《孙氏祠堂书目》、龙启瑞《经籍举要》等。

张之洞《书目答问》是晚清书目中较为有名、广泛传播的一部导读书目。此书编撰源于《四库全书总目》著录文献太多,初学者无法进入门径。"诸生好学者来问应读何书?书以何本为善?遍举既嫌挂漏,志趣学业亦各不同,因录此以告初学。"亦正如范希曾曰:"此编为告语生童而设。"② 可见,此书实际上是将《四库全书总目》著录的繁多文献简化为便于初学者入门的书单。撰述者在《四库全书总目》基础上有一定的增删,"此编所录,其原书为修四库书时所未有者十之三四,四库虽有其书,而校本,注本晚出者十之七八"③。在著录原则上,既为导读书目,故其有"凡无用者,空疏者,偏僻者,淆杂者不录,古书为今书所包者不录,注释浅陋者、妄人删改者不录,编刻讹谬者不录"等不著录的标准。要著录的则是"经部举学有家法实事求是者,史部举义例雅饬考证详核者,子部举近古及有实用者,集部举最著者"④。可见,张之洞对子部著录的标准有两个:一是近古,二是实用。

《书目答问》将释道合为一家,为释道家,著录《宏明集》《广宏明集》《佛国记》《大唐西域记》《高僧传》《法苑珠林》《五灯会

---

① 如谢俊贵认为清代私人藏书家有497人,其中大都编撰有私藏目录。谢俊贵:《清代目录类型简述》,《广东图书馆学刊》1982年第3期。
② (清)张之洞:《书目答问补正》略例,上海古籍出版社2001年版,第3页。
③ (清)张之洞:《书目答问补正》略例,上海古籍出版社2001年版,第3页。
④ (清)张之洞:《书目答问补正》略例,上海古籍出版社2001年版,第3页。

元》《开元释教录》《翻译名义》九部释书。① 除了《高僧传》《翻译名义》为新增外，其余皆为《四库全书总目》原有著录。可见，《书目答问》在《总目》基础上，按照"近古"原则，著录了魏晋、隋唐的释书，摈弃了大部分宋元明清的释书；在宋代文献中又按"实用"的标准，著录《五灯会元》《翻译名义》。故张之洞阐释释道家著录原则时曰："举其有关考证事实者。"②

此外，《佛国记》《大唐西域记》原为《总目》史部地理类外纪之属，张之洞认为这两本书"意在纪述释教，不为地理而作"③，故将其重归入子部释书中。再有，版本著录上，《书目答问》列出较为流行，或较善版本，比《总目》著录的采进本更具体或常见，且著录版本多样化，以供学生更多选择，如著录《大唐西域记》有守山阁本、金壶本、《津逮》本、《学津》本。④ 这些变化都较《总目》更利于导读之用。可以说，张之洞撰述《书目答问》的原意本就是摒弃无用、空疏、偏僻、淆杂者，给学子推荐的是那些经世致用，近古实用的文献，张之洞作为晚清大臣和儒家思想的拥护者，他是反对佛教的坚持者；⑤ 但对待佛教史籍的问题上，他亦是从考据、实用、近古等角度出发给予一定的重视和客观的评价，这种态度与清代官方态度是一致的，这个从《书目答问》中就有较明显反映。

又如，孙星衍《孙氏祠堂书目》亦是为教课宗族子弟编撰的书目，所谓："略具各家之学，仅以教课宗族子弟，俾循序诵习。"孙星衍到过京师四库馆，"尝佣书都门，适开四库馆，所见书益宏多"⑥。

---

① （清）张之洞：《书目答问补正》卷三，上海古籍出版社2001年版，第185—187页。
② （清）张之洞：《书目答问补正》卷三，上海古籍出版社2001年版，第185页。
③ （清）张之洞：《书目答问补正》卷三，上海古籍出版社2001年版，第186页。
④ （清）张之洞：《书目答问补正》卷三，上海古籍出版社2001年版，第186页。
⑤ 王进：《张之洞为什么排斥"哲学"？——以晚清学制改革为中心的考察》，《南昌大学学报》（人文社会科学版）2013年第5期。
⑥ （清）孙星衍：《孙氏祠堂书目序》，《孙氏祠堂书目》，《丛书集成初编》，商务印书馆1935年版，第1页。

第五章 清代佛教史学批评

但《孙氏祠堂书目》体例与《总目》不相同，类例设置、书籍安排多从导读实用考虑，各类图书以内容优劣和学习时轻重之别划分内外。凡学有渊源，可资诵法者划归内篇，各参臆见，词有枝叶，不合训诂者归入外篇，"分部十二，以应岁周之数"①。

孙星衍将释家附于道家下，分内、外二篇。内篇著录经典《四十二章经》《佛遗教经》二部，僧传《法显传》《高僧传》《续高僧传》三部，护法文献《笑道论》《破邪论》《辨正论》《甄正论》四部，目录《开元释教录》一部。②从内篇著录释书来看，《四十二章经》《佛遗教经》《笑道论》《破邪论》《辨正论》《甄正论》为《总目》摒弃未著录，因其多属于佛教经典、注疏。《高僧传》《续高僧传》为馆臣没见到而未著录。《法显传》在《总目》中归类史部地理外纪，且名为《佛国记》。只有《开元释教录》为《总目》释家类著录。外编著录僧传《宋高僧传》《神僧传》二种。③此外，孙星衍在《史学第七》还著录《释藏目录》二卷。④

作为导读书目，孙星衍亦重视对版本多样的著录，如他著录《四十二章经》有六和塔宋刊本、明石刻本、明毛晋刊本三种版本，此为孙氏收藏。"予始购书，先求先秦三代古籍，次及汉魏六朝隋唐，次及宋元明之最精要者。"⑤著录《高僧传》《破邪论》《辨正论》《甄正论》为释藏本，《法显传》为道藏本。⑥因为他曾经浏

---

① （清）孙星衍：《孙氏祠堂书目序》，《孙氏祠堂书目》，《丛书集成初编》，商务印书馆1935年版，第1页。
② （清）孙星衍：《孙氏祠堂书目》内编卷二，《丛书集成初编》，商务印书馆1935年版，第47页。
③ （清）孙星衍：《孙氏祠堂书目》外编卷二，《丛书集成初编》，商务印书馆1935年版，第70页。
④ （清）孙星衍：《孙氏祠堂书目》内编卷三，《丛书集成初编》，商务印书馆1935年版，第108页。
⑤ （清）孙星衍：《孙氏祠堂书目序》，《孙氏祠堂书目》，《丛书集成初编》，商务印书馆1935年版，第1页。
⑥ （清）孙星衍：《孙氏祠堂书目》内编卷二，《丛书集成初编》，商务印书馆1935年版，第47页。

览过"释、道两藏"①。著录《笑道论》则是孙星衍校本。可见著录的版本多是孙星衍收藏、翻阅、使用过的版本，常见性、可信性颇高。

从上可见，孙星衍对释书的理解与《总目》既有不同，亦有相同。不同的是孙星衍将释家附于道家下，增加佛教经典、注疏，将《法显传》归入释书中，且在版本著录上更较为丰富多样，这些与《总目》稍有区别。相同的是，孙星衍分内、外篇，颇有《总目》正目、存目之意，且他总计著录释书十三部，具有考据实用性的占一半，可见孙星衍对实用考据性释书的重视，这一点上二者还是相似的。不管如何，《孙氏祠堂书目》毕竟是一部教授宗族子弟用的导读书目，家塾书目，"略述渊源，以教家塾"②，孙星衍个人化色彩渗透其中，亦属正常，其中他对释书的认知和态度可见一斑。

第二，版本目录，以登记、查核所收珍贵名本为主的书目。如《季沧苇藏书目》《艺芸书舍宋元书目》《汲古阁珍藏秘本书目》《铁琴铜剑楼藏书目录》等。这类书目多以释书的版本作为收录标准，如有考据，内容亦多以版本为中心，对释书内容本身的考编辨、评述反而倒不十分重视。

如嘉道时人汪士钟"藏书甚富，取宋本、元本，别编其目，各成一册"③，曰：《艺芸书舍宋元书目》。该书目分为宋版书目、元版书目两类，在这两类下，再按经史子集分。在宋版书目子部释家类共著录《湘山野录》《翻译名义》《五灯会元》《首楞严经元览》《大慧普觉禅师年谱》《宗镜录节要》《景德传灯录》《人天宝鉴》

---

① （清）孙星衍：《孙氏祠堂书目序》，《孙氏祠堂书目》，《丛书集成初编》，商务印书馆1935年版，第1页。

② （清）孙星衍：《孙氏祠堂书目序》，《孙氏祠堂书目》，《丛书集成初编》，商务印书馆1935年版，第3页。

③ （清）顾千里：《艺芸书舍宋元本书目序》，汪士钟编《艺芸书舍宋元本书目》，《丛书集成初编》，商务印书馆1935年版，第1页。

八种释书。① 在元版书目子部释家类收录《释氏通鉴》《释氏稽古略》两种释书。②

该书目本就是以版本珍贵作为著录标准，对于释书亦然，只要是流传的宋元释书珍贵版本者，尽量收购，著录于中。正如顾千里序所言："夫宋元本之贵，前人所论甚详。……凡于有板以来，官私刊刻，支流派别，心开目瞭，遇则能名而又嗜好所至，专意在兹，仰取俯拾，兼收并蓄，挥斥多金。"③ 可见，《艺芸书舍宋元书目》全凭私藏家对书版本喜好而定，其中亦只著录版本信息和卷数，作者都被简略。

《铁琴铜剑楼藏书目录》是同治、咸丰时人瞿镛在瞿氏几代人收藏书籍基础上编撰而成的一部以著录宋元珍本为主的版本目录。该书目按照经史子集，著录"皆宋元旧刻暨旧钞之本，至明而止，……拥书之多，近未有过之者也。既列其目，而每书之后，必载其行款，陈其同异，以见宋元本之至善"④。

《铁琴铜剑楼藏书目录》子部释家类，在道家类之前。著录 23 部宋元明释书，计《景德传灯录》《大慧普觉禅师普说》《大慧普觉禅师年谱》《读教记》宋刊本 4 部；《五灯会元》《龙舒增广净土文》《释氏稽古略》元刊本 3 部；《高僧传》《续高僧传》《法苑珠林》《宋高僧传》《翻译名义》明《嘉兴藏》本 5 部；《古清凉传》《广清凉传》《续清凉传》《成道记》《补陀洛迦山传》《峨眉赞》《新译大方广佛华严经音义》旧钞本 7 部；《法藏碎金》《林录间》《佛祖通载》《神僧传》明刊本 4 部。⑤ 此外，史部地理类中还著录钞本二部《庐

---

① （清）汪士钟编：《艺芸书舍宋元本书目》，《丛书集成初编》，商务印书馆 1935 年版，第 15、16 页。

② （清）汪士钟编：《艺芸书舍宋元本书目》，《丛书集成初编》，商务印书馆 1935 年版，第 35 页。

③ （清）顾千里：《艺芸书舍宋元本书目序》，汪士钟编《艺芸书舍宋元本书目》，《丛书集成初编》，商务印书馆 1935 年版，第 1 页。

④ （清）宋祥凤：《铁琴铜剑楼藏书目录序》，瞿镛《铁琴铜剑楼藏书目录》，上海古籍出版社 2000 年标点本，第 3 页。

⑤ （清）瞿镛：《铁琴铜剑楼藏书目录》卷一八，上海古籍出版社 2000 年标点本，第 460—467 页。

山记》《庐山纪略》，明刊本一部《洛阳伽蓝记》。①

版本的考订与优劣比较是撰述者著录释书的主要内容之一。如《洛阳伽蓝记》条曰："五卷（明刊本）。题：'魏抚军府司马杨衒之撰。'有自序，此如隐堂刻本，较绿君亭本为佳。旧为吴顼儒丈藏书。内第一卷、第二卷并有缺叶，以顾涧蘋校本钞补（卷首有'吴卓信印''顼儒'二朱记）。"②如隐堂刻本为明嘉靖时刻本，较之毛晋绿君亭本为早，故从版本时间来说，撰述者认为"如隐堂刻本，较绿君亭本为佳"的判断较为正确。接着，撰者认为，《洛阳伽蓝记》的如隐堂刻本曾经为吴顼儒收藏过，因为卷首有"吴卓信印""顼儒"二朱记。吴卓信，字顼儒，江苏常熟人，清代藏书家。书中第一卷、第二卷有缺页，以顾涧蘋校本钞补。顾涧蘋即顾广圻，元和人，字千里，以字行，号涧蘋。"喜校书，皆有依据，绝不凿空。其持论，谓凡天下书皆当以不校校之。"③为清代著名校勘学家、藏书家。撰者对《洛阳伽蓝记》版本优劣进行了比较与评述，对其中涉及的佛教内容毫无涉及。又如，《林间录》条曰："二卷后集一卷（明刊本）。宋释惠洪撰，本明上人编。曾刻于大观元年，有谢逸序。此万历甲申岁达观禅师募顾务远刻成。务远，吾邑人，师管登之友瞿昆湖、严养斋诸公，性喜禅悦者也。后有冯梦桢跋（卷首有'吴卓信印顼儒'朱记）。"④此中亦是对《林间录》版本及收藏加以介绍，先初刻于北宋大观元年，有谢逸序，书目著录的是明万历时顾务远刻本，后有冯梦桢跋。此书亦曾被吴卓信收藏过，有"吴卓信印顼儒"朱记。

从上可见，《铁琴铜剑楼藏书目录》著录释书既有《法苑珠林》

---

① （清）瞿镛：《铁琴铜剑楼藏书目录》卷一一，上海古籍出版社2000年标点本，第292—293页。
② （清）瞿镛：《铁琴铜剑楼藏书目录》卷一一，上海古籍出版社2000年标点本，第293页。
③ 徐珂编纂：《清稗类钞》鉴赏类十一《顾涧蘋喜校书》，中华书局2010年版，第九册，第4258页。
④ （清）瞿镛：《铁琴铜剑楼藏书目录》卷一八，上海古籍出版社2000年标点本，第463页。

《五灯会元》《释氏稽古略》《林录间》《洛阳伽蓝记》等《四库全书总目》已经著录的书籍，亦有《大慧普觉禅师普说》《大慧普觉禅师年谱》《读教记》《古清凉传》《广清凉传》等《总目》未著录之书。版本著录上，撰述者皆以宋元珍本为主要，加以旧钞、明刊，版本珍贵较之《总目》自不待言。可以说，撰述者著录释书集中点都在版本刊刻，优劣及收藏方面，对于释书反映的内容、体例提及较少，即使有所提及亦是常识，精彩之处仍在于版本的考订，这亦是清代版本目录的一个特色。

第三，登记书目。这是清代私家书目中较普遍的一种书目，以记载、登记私家藏书为主，如沈复粲《鸣野山房书目》、金星轺《文瑞楼藏书目录》、钱曾《虞山钱遵王藏书目录汇编》等。这类书目繁多，与清代藏书兴盛不无关系，分类体例或作《总目》分类，或按《文渊阁书目》分类。收书范围上，或仅收一代之书，或好蓄异书，或根据《总目》著录释书，或依据《释藏》著录，个人藏书特色影响书目编撰。

《鸣野山房书目》是清乾嘉时，山阴沈复粲根据家藏书籍编撰的一部登记书目，鸣野山房为其藏书之所。该书目按照经史子集四部分类，释家类位于子部之二，在诸子之后，道家、兵家、五行家等之前。[①] 该书著录释书八十八部，为清代私家目录著录释书较多者，体例颇类似《文渊阁书目》著录释书，无三级分类，但佛教经典、注疏、偈颂、僧传、语录、戒规等皆有著录。具体分类来看，涉及《楞严经》的著录较多，有18部，无论宋僧子璇集的《楞严经长水疏》，还是憨山禅师《楞严约注》等都有著录。语录有17部，《瑞白禅师语录》《高峰语录》《石公语录》《天宁语录》等宋、明语录皆在其中。史籍类十部，有《佛法金汤微》《僧灯世谱》《莲宗宝鉴》《五灯会元续略》《释迦氏谱》《三峰和尚传》《护生编》《指月录》《五灯会元》

---

① （清）沈复粲：《鸣野山房书目》卷三，上海古籍出版社2005年标点本，第35页。

《释氏通鉴》。文集有七部，如《冰莲集》《禅燕集》《西陵集》等，其余偈颂、戒规、忏法、净土亦有若干著录。①

除了在子部释家类著录释书外，撰述者在史部图志类还著录了九部山林、寺院志，有广宾《天目山志》、传灯《天台山志》、郭子章《阿育王山志》、徐𤇺《支提山志》、陈时化《福庐灵岩志》、《云门寺志》、德清《曹溪通志》、周应宾《普陀山志》、通布《天童寺志》。②

从上可见，无论释家类的位置排序，还是著录释书数量之多，沈复粲对释氏可谓相当重视，他著录《楞严经》注疏、禅宗语录较多，与晚明清初文人居士颇爱《楞严经》、喜禅的风格相似。他沿袭《总目》史部地理类对于佛教山林、寺院志的著录，将这些书籍当作史书而非释书。再者，沈复粲对于具有考据性的僧传、僧史等并无特殊关注与收藏，《高僧传》《续高僧传》《宋高僧传》等较著名僧传皆未收藏著录，僧史亦只著录《释氏通鉴》。灯录著录《僧灯世谱》《五灯会元续略》《指月录》《五灯会元》四部，与上述著录禅宗语录缘由大致雷同。

又如，金星轺《文瑞楼藏书目录》亦是其家藏书籍的登记书目。金氏"自幼嗜古，好蓄异书，筑文瑞楼以贮之"③。该书目按经史子集四部分类，其下各类稍有变化，史部山水类著录有《邓尉圣恩寺志》一八卷，明嘉鱼熊开元裁定；《普陀山志》五卷，明郡人周应宾辑；《九华山志》《灵隐寺志》八卷，武林孙治辑。④

《文瑞楼藏书目录》子部设有释家类，著录12部释书，《法苑珠

---

① （清）沈复粲：《鸣野山房书目》卷三，上海古籍出版社2005年标点本，第38—44页。
② （清）沈复粲：《鸣野山房书目》卷三，上海古籍出版社2005年标点本，第33页。
③ （清）杨蟠：《文瑞楼藏书目序》，（清）金星轺编《文瑞楼藏书目录》，《丛书集成初编》，商务印书馆1935年版，第1页。
④ （清）金星轺：《文瑞楼藏书目录》卷二，《丛书集成初编》，商务印书馆1935年版，第17—18页。

林》《法藏碎金录》《佛祖统纪》《象教皮编》《观音考》《法界安立图》《释氏稽古略》《稽古略续集》《宋高僧传》《续高僧传》《补续高僧传》《吴都法乘》。① 其中八部为《四库全书总目》已有著录，只有《观音考》《法界安立图》《稽古略续集》《补续高僧传》为撰述者增补。从著录类别看，教义、注疏类只有《法界安立图》一部，其余皆为有考据性、实用性的佛教史籍，可见，金星轺著录释书颇受官方《总目》的影响。

再如，钱曾《虞山钱遵王藏书目录汇编》亦为如此。"吾虞多藏书家，自元迄清，绵绵延延，代不绝人。"其著名有万卷楼、博雅堂、脉望馆、汲古阁、绛云楼等，"其尤著者"为钱曾的述古堂。② 钱曾取其藏书之珍本者，撰述《读书敏求记》，其余藏书秘而不宣。后有瞿凤起曾见过钱氏旧藏本，在《也是园书目》《述古堂书目》《读书敏求记》基础上，搜集各家书目，成《虞山钱遵王藏书目录汇编》，大致能反映钱曾藏书之盛。

《虞山钱遵王藏书目录汇编》大致按照经史子集四部分类法，其下各小类又有变化。在四部之后，又单列三藏、道藏、戏曲小说与四部并列，实际为七分法，颇有魏晋王俭《七志》阮孝绪《七录》之风。

三藏类下分经论（著录203部）、此土著述（著录80部），共计283种释书。这种称呼显然受到释藏的影响，表明钱曾藏书中的释书大多来自释藏，经典、注疏、偈颂、语录、戒规、仪轨等皆在其中。此土著述主要是中土僧众撰述的典籍，其中著录第三、第四部颇具考据性、实用性的书籍，比例为此土著述中三分之一，数量不小，其中大部分为入藏史传著录，如《释迦谱》《高僧传》《续高僧传》《宋高

---

① （清）金星轺：《文瑞楼藏书目录》卷四，《丛书集成初编》，商务印书馆1935年版，第34、35页。
② （清）瞿凤起：《虞山钱遵王藏书目录汇编序》，钱曾撰，瞿凤起编《虞山钱遵王藏书目录汇编》，上海古籍出版社2005年版，第1页。

僧传》等，亦有部分是藏外史籍，如《达观大师塔铭》《云栖大师塔铭》等。①此外，钱曾亦在史部地理类山志、名胜中著录15部佛教山志，14部寺院志，既有《总目》著录的《金陵梵刹志》《曹溪通志》《仙岩志》等，亦有《总目》未著录的《皇明寺观志》《南泉慈化寺志》《峨眉大光明山传》等。②这种方式亦与《总目》相似。

从上可见，钱曾对释氏书的收藏和著录还是颇为重视，他的收藏多来自释藏，不仅著录较多的佛教僧传、僧史等佛教史籍，而且著录了佛教经典、注疏、语录等文献，这些亦表明钱曾在受到《总目》考据性、实用性思想著录释书的同时，亦有个人的喜好。

第四，读书记。读书记是清代新出现的一种著录文献的目录体裁，清初顾炎武《日知录》为其之始，后有何焯《义门读书记》、李慈铭《越缦堂读书记》、周中孚《郑堂读书记》、洪颐煊《读书丛录》等。因其"虽篇幅不大，但学术含量极高，加以有清一代诸多学术名家颇好这类体裁"，故读书记在清代学术中较为盛行。③读书记较其他类型目录，更类似于读后感，撰述者可以从各个角度对阅读的书籍进行考据、解读，清代读书记中对释书的解读亦有不少。

嘉庆时人周中孚撰述的《郑堂读书记》是清代著名读书记之一。撰者仿效《四库全书总目》体例，将其所见古今书籍，写成读书记，详其得失，编成《正编》七十一卷，《补逸》三十卷，被学者称为《四库全书总目》之续篇。④

周氏对释书著录多以《总目》为准，著录《广弘明集》《弘明集》《开元释教录》《法苑珠林》《宋高僧传》《五灯会元》等亦是《总目》收录的文献，甚至《郑堂读书记》评述释书之言，亦或抄撮

---

① （清）钱曾撰，瞿凤起编：《虞山钱遵王藏书目录汇编》卷八，上海古籍出版社2005年版，第246—252页。
② （清）钱曾撰，瞿凤起编：《虞山钱遵王藏书目录汇编》卷三，上海古籍出版社2005年版，第93—102页。
③ 陈晓华：《试论清代目录学的几个特征》，《中国典籍与文化》2016年第1期。
④ 来新夏：《古典目录学浅说》，中华书局1981年版，第146页。

第五章 清代佛教史学批评

或修改《总目》原文而成。

如评述《道院集要》曰："文元晁公博观内书，精炼道行，不徒强学而力行，复勤于撰述，以开导后觉为心。其所著书曰《道院别集》，曰《自择增修古法》，曰《法藏碎金》，曰《随因纪述》，曰《耆智余书》。余尝得遍阅之，以为名理之妙虽白乐天不逮也，辄删去重复，总集粹精，整比义类，使便观览。"① 此段与《总目》的叙述基本相同。"文元晁公博观内书，复勤于著述。其书曰《道院别集》，曰自择《增修百法》，曰《法藏碎金》，曰《随因纪述》，曰《耄智余书》。余尝遍阅之，以为名理之妙，虽白乐天不逮也。辄删去重复，总集精粹以便观览。"② 甚至连周氏认为："盖集五书以成一书，凡百余条，诚为得其菁华而遗其糟粕矣。然亦不过释家语录之流，与文章实风马牛不相涉也，子止系其玄孙，竟列之别集中，殆亦历讳其沈溺于异学耳，而不知欲盖而弥彰也。"③ 都出自《总目》观点，可以说，周氏对《道院集要》的评述就是来自《总目》。稍有不同的是，《总目》表明该书来自两淮马裕家藏本，周氏阅读的"为明嘉靖丙午其裔孙瑛得宋刊重刻，冠以像赞及逸事七则，并为之跋"④。两者版本不同。

又如，评述《弘明集》曰："梁释僧祐撰。僧祐姓俞氏，彭城下邳人。初出家扬都建初寺，武帝时居钟山定林寺。""是书前无自序，而有后序。"⑤ 等语句为《总目》原文。其中又引有《弘明集序》中之言："山栖余暇，撰古今之明篇，总道俗之雅论，其有刻意剪邪，建言卫法，制无大小，莫不毕采。又前代胜士，书记文述，有益三宝，亦皆编录，类聚区分，列为十四卷。夫道以人弘，教以文明，弘

---

① （清）周中孚：《郑堂读书记》卷六八，北京图书馆出版社2007年版，第1335页。
② （清）永瑢、纪昀主编：《四库全书总目》卷一四五，中华书局1965年影印本，第1238页。
③ （清）周中孚：《郑堂读书记》卷六八，北京图书馆出版社2007年版，第1335页。
④ （清）周中孚：《郑堂读书记》卷六八，北京图书馆出版社2007年版，第1335页。
⑤ （清）周中孚：《郑堂读书记》卷六八，北京图书馆出版社2007年版，第1331—1332页。

道明教，故谓之《弘明集》。"① 可见，此书确为周氏阅读过。周中孚认为此书"大旨主于张大其教，故于抑儒斥道之作，尤甄录无遗"。但他又批评僧祐这种做法实不可取，这些观点则是《总目》所未深发。"夫释源于老，固有明证，其排斥老庄，已昧其所自出而忘其祖，乃复并抑吾儒，亦独何心。"但他也阐明著录此书的原因"然祐生当齐梁间，古书多未散佚，故遗文坠简犹有存者，足以备考证之一种"。② 亦是从有资考证角度著录此书。

李慈铭《越缦堂读书记》是晚清四大读书记之一，内容多系作者读书有感而发，其中创见颇多。李慈铭读的释书不多，这亦是佛教衰弱在晚清的一个缩影。晚清佛教是延续中的佛教，"由于统治者的佛教政策、佛教义学研究的废弛、佛教僧才的缺乏以及丛林制度的流弊等历史原因，僧界死气沉沉，毫无生机，佛教的处境已十分困顿"③。

李慈铭阅读的释书有十部。其中音义三部，《华严经音义》《一切经音义》《大藏经音义》；经典二部，《金刚经》《楞严经》；类书一部，《法苑珠林》；寺志二部，《洛阳伽蓝记》《云门显圣寺志》；笔记一部，《湘山野录》；清人奏对一部，《奏对机缘》。其中具有考据性的史籍有七部，其余二部为佛经中常见的《金刚经》《楞严经》，一部为君臣奏对。④

可见，李慈铭阅读考据性的佛教书籍较多，且偏爱于音义；对于晚清较为流行的净土经典⑤，李慈铭似乎并不感兴趣，没有阅读此类书籍，他更爱读的佛教经典为《金刚经》《楞严经》。缘由在于，他认为《金刚经》好比是"吾儒之《易》，为文字之最先，包蕴众义，

---

① （清）周中孚：《郑堂读书记》卷六八，北京图书馆出版社2007年版，第1332页。
② （清）周中孚：《郑堂读书记》卷六八，北京图书馆出版社2007年版，第1332页。
③ 单侠：《略论晚清佛教式微诸因》，《五台山研究》2011年第1期。
④ （清）李慈铭著，由云龙辑：《越缦堂读书记》，中华书局2012年版，第1099—1104页。
⑤ 净土信仰是晚清佛教以及社会信仰不可缺少的一个主流，民间百姓、僧侣居士、文人士大夫对净土信仰热情不减。"咸同之际，兵劫弥漫，提倡者少，稍形寂寥。近来世道人心，愈趋愈下。凡具通方眼，存救世心者，莫不提倡因果报应，信愿念佛之法。具正知见者，无不靡然风从。"故净土文献亦成为晚清文人居士常读一类文献。释印光：《净土圣贤录排印流通序》，（清）彭际清《净土圣贤录》卷首，中国台湾财团法人佛陀教育基金会2007年印赠本，第2页。

无微不入。其后《楞严》《法华》《圆觉》《莲华》四经,则犹《书》《诗》《春秋》《礼记》也。《华严》犹《周礼》,《大品涅槃》犹《仪礼》也。《心经》《维摩诘经》犹《论语》《孟子》也"①。他将佛教经典比拟为儒家九经。其中他对《楞严经》感觉尚好,阅读亦多。"终日阅《楞严经》,释教中《金刚》《圆觉》《楞严》《华严》四经,犹儒家之四子书,而《楞严》尤为禅宗上义,名言隽旨,往往元悟超然。"② 即使如此,他还是认为此书:"顾辞每泛衍,义多重复,亦易令人生厌。彼中理蕴,固浅于吾儒远矣。"③ 儒家思想远胜于佛教经典,释书只不过是消遣之书。

李慈铭阅读佛教音义、佛教史地书籍,多从内容、版本上评述,不乏精辟之言。如他评述《华严经音义》曰:"阅唐释慧苑《华严经音义》,守山阁本。钱氏序言武进臧氏有节刊本,序称初得陕右本四卷,后以北藏本二卷校之,始知西本不及。然近歙徐氏刻泰兴陈氏所校北本于京邸,讹脱甚多,未见远胜西藏。此为嘉兴楞严寺所刊……本,卷目与西藏同,视北本尤完善。因互勘一遇,其北本异同义得两存及征引舛误、而陈氏所未举者,并附案语,以备参考。"④ 此中评述基本就是对几种版本优劣的考订。

又如,他评述《洛阳伽蓝记》曰:"阅《洛阳伽蓝记》讫,为作跋。此书为东魏司马杨(或作羊)衒之撰,述魏太和以来洛都佛寺之盛,分五卷,虽名专梵刹,而意主国是。故一寺之下,系以道里形胜建置制度,旁及人物艺文,遗闻佚事,往往足以补正史传。间杂谈谐神怪,亦可资采撷,而于变乱事故,尤言之详尽。四库书入之史部地理类古迹门。其文章秀雅,叙次简古,足与郦道元《水经注》相颉颃。元氏一代,著作传者寥寥,固可宝贵者矣。钱唐故太常寺卿吴次

---

① (清)李慈铭著,由云龙辑:《越缦堂读书记》,中华书局2012年版,第1102页。
② (清)李慈铭著,由云龙辑:《越缦堂读书记》,中华书局2012年版,第1102页。
③ (清)李慈铭著,由云龙辑:《越缦堂读书记》,中华书局2012年版,第1102页。
④ (清)李慈铭著,由云龙辑:《越缦堂读书记》,中华书局2012年版,第1099页。

平（若准）据《史通》之言，为分别其提纲子注，眉目较清，又参考《法苑珠林》《太平广记》《魏书》《北史》《水经注》《文选注》《古文苑》诸书、毛氏《津逮秘书》本、何氏《汉魏丛书》本及诸刻本，作《集证》一卷，搜采颇备，惜斠刻未精，尚多误字耳。"① 可见，李慈铭对此书阅读较为细致，对内容、作者、版本都有研究，他对此书评价亦高，内容上是"可资采撷，而于变乱事故，尤言之详尽"。文辞上是"文章秀雅，叙次简古，足与郦道元《水经注》相颉颃"。再加上，魏晋文献传到清代者亦少，故他认为此书实为珍贵，并对清人吴若准的刊本加以认可，但亦认为其中尚有误字。

可见，李慈铭对包括佛教史籍在内的释书的认知，仍是用儒家经典、史书来比附。"予尝谓九经之外，若《法苑珠林》《佛祖通载》《五灯会元》三书，则犹儒之三史，皆参宗乘者所必须也。"② 他对于佛教史籍的理解亦是用于以资考据之用，这与清代官方、儒家士人对佛教史籍的理解大致相同。

除上述外，其他私家目录著录佛教史籍者还有很多，如光绪年间丁氏兄弟《八千卷楼书目》著录《宗统编年》《现果随录》《佛尔雅》《善女人传》《净土圣贤录》《峨嵋山志》等三十余部佛教史籍，每部书注明了作者、版本的情况。③ 又如《稽瑞楼书目·邑中著述》也著录《三峰藏禅师纪年录》《檗庵别录》等佛教史籍，对每部书做了简单介绍。④

总的来说，清代官私目录对释书著录在很大程度上代表了清代官方和社会文人、精英阶层对佛教典籍的认知和态度。二者对佛教认知、释书理解在儒家知识系统下大致相似，但亦有差异，在著录释书范围、目的等亦有不同。如在释书著录范围上，私家目录不仅著录官

---

① （清）李慈铭著，由云龙辑：《越缦堂读书记》，中华书局2012年版，第471页。
② （清）李慈铭著，由云龙辑：《越缦堂读书记》，中华书局2012年版，第1102页。
③ （清）丁立中：《八千卷楼书目》卷一四《子部·释家类》、卷八《史部·地理类》，北京图书馆出版社2009年版。
④ （清）陈揆：《稽瑞楼书目》，《丛书集成初编》，商务印书馆1935年版，第3、10页。

第五章 清代佛教史学批评

方目录收录的考据性史传,有的还着眼于佛经、注疏、语录、目录、禅颂、佛典等。又如,在释书著录目的上,二者也不一样。官方目录多出于官方、儒家思想的考虑,正如《隋书·经籍志》所言:"夫经籍也者,机神之妙旨,圣哲之能事,所以经天地、纬阴阳,正纪纲,弘道德。显仁足以利物,藏用足以独善。"[①] 政治意识,儒家教化为先。私家书目著录释书目的则多样化,或从导读实用出发,或从收藏版本出发,或个人藏书兴趣,或读书有感而发等。当然,由于清代私家书目太多,其著录释书的标准、体例、范围亦有异同,清代私家书目呈现多样化、兴趣化、地域化,个人喜好经常会融于对释书评述中。但《四库全书总目》著录释书的体例和思想对私家目录著录释书仍有较深影响。

第三节　清代僧家对佛教史籍的认知和实践

尽管清代官方、私家目录对佛教史籍多有著录和评述,一定程度代表了清代官方、文人、精英阶层对佛教史籍的认知,但这些褒贬和评述多是以儒家思想来审视佛教史籍,用教外的眼光看佛教史籍,而非教内的视角。实际上,清代僧家的佛教史学批评或上承晚明诤斗之余风,在史籍撰述上,有宗派正统之争的意识;或转变为净土之风,注重净土史籍的整理;或注重山林寺史,一家一派的史志撰述,亦别有一番风格。

一　清代僧家对灯录的评述和实践

晚明清初佛教之争一直延续至雍正、乾隆时期。顺治时,释通容、元贤、道忞、净符等诸多高僧撰述灯录参与"济洞之诤""天童派之诤""新旧势力之诤"。这种态势至康熙时趋于激烈,雍正时慢慢

---

① 《隋书》卷三二《经籍一》,中华书局1973年标点本,第903页。

401

消失，乾隆时还有余风，甚至这种争斗还波及华严宗、律宗的史书撰述。

超永《五灯全书》为康熙时临济灯录的代表者。他为顺治时高僧玉林的弟子，师父受到顺治帝的恩宠，弟子与官方也十分融洽，受到康熙帝的敬重，奉敕编撰《五灯全书》。曰："恭惟盛朝开国以来国家之治，超于三代，凡事关教化，咸与阐扬。""虽古之帝王，未有如皇上之启牖生民，欲其回心向道，如此之切也。（永）所以勤勤恳恳，不避冒犯，辄敢以其书上进，幸于万几之暇，得经御览，辨正差谬，恩赐序文，天章云灿，睿藻波腾，外核六经，内该三藏，使千灯互映，托宸撰而弥彰，万类同归，荷纶音而愈彻。"① 处处表达了他对康熙帝以及清王朝的赞扬，并请康熙帝作序，体现了康熙帝对他的重视。

在这种方针指导下，《五灯全书》基本上按照官方意志进行删减，所谓："凡事关教化，咸与阐扬，僧史传灯之录，虽方外要典，亦当以时修明也。（永）因念从上慧命所系，于是顿忘固陋，自康熙癸亥入京，广征博采，谨以古今遗集，探其事实，其理不当而言冗伪者，则删之。其旨不二而机冥合者，则增之。继而考订宗派，申明大端。"② 故此，在《五灯全书》中，轻曹洞，重临济，轻雪峤，重玉林，对洞宗、临济诸多大师都列入不详之列，"以明法统之不可或淆，而承虚之不可觊幸"。他甚至对高僧荐福古进行猛烈抨击。"偶触纸上陈言，遥继云门偃祖，不止百有余祀，认为嗣法，为己甚重，为法甚轻，紊乱道源，开罪千古。"③ 再如，他在定位雪峤信老人时，认为旧说多有错误或不妥，"忽嗣司理黄端伯，若端伯洞宗，或收于无明慧

---

① （清）释超永：《五灯全书目序》，《五灯全书》，《卍续藏经》，中国台湾新文丰出版社1994年影印本，第140册，第1页。
② （清）释超永：《五灯全书目序》，《五灯全书》，《卍续藏经》，中国台湾新文丰出版社1994年影印本，第140册，第1页。
③ （清）释超永：《五灯全书凡例》，《五灯全书》，《卍续藏经》，中国台湾新文丰出版社1994年影印本，第140册，第7页。

经下,或列于无异元来下,殊无定准。细考端伯历叙来由,毕竟嗣寿昌为当"①。这些观点都是由编撰者立场所决定。

故在评述前代灯录态度上,超永与晚明清初的临济宗史家略同,赞扬《五灯会元》而贬《景德传灯录》。"灯史自《传》《联》《普》《续》《广》五籍,为禅门记载之书,其行于世也久矣。嗣后宋大川济禅师,病其卷帙浩繁事实未核。于是删伪定讹,析疑传信,束为《会元》一书。盖有经有法,有条有理,于禅统法系,不假考而明昭而著。其有造于大道,有功于学者甚大,实天壤间一大典。"② 他撰述的《五灯全书》亦是"法尚《春秋》之严式,准《会元》之切,亦颇显幽阐微,发前人未发之旨。庶乎理长义就,必有明哲知音,共扶南董。其伦序之次,南岳青原,俱止三十七世。天王于马祖,天皇于石头,皆前人所定之案"③。以《五灯会元》为准则,沿袭前人定案与观点,与前人不同的是,他提出灯录撰述要"法尚《春秋》之严式",首次明确将禅宗灯录纳入到儒家经典框架中,这与其"外核六经,内该三藏"的外儒内释思想相契合。④

与此相对的则是曹洞宗灯录,曹洞宗古杭白岩二叶智楷编集《卫灯录》十卷,目的在于捍卫洞宗之正统地位,灯继不灭之精神。所谓:"灯者,继日月而通乎昼夜之道者也。"但是自元明以来,禅宗"不幸妖风四起,一足山变而出乎户牖间,灯耿耿不明矣"。智楷"于是求其卫之之术,而灯以不息昼夜之道,以通法道之在人间,犹日月之在天也"⑤。故其编撰《卫灯录》之心实由振兴法道衰退之势,但

---

① (清)释超永:《五灯全书凡例》,《五灯全书》,《卍续藏经》,中国台湾新文丰出版社1994年影印本,第140册,第7页。
② (清)释超永:《五灯全书凡例》,《五灯全书》,《卍续藏经》,中国台湾新文丰出版社1994年影印本,第140册,第6页。
③ (清)释超永:《五灯全书凡例》,《五灯全书》,《卍续藏经》,中国台湾新文丰出版社1994年影印本,第140册,第7页。
④ (清)释超永:《五灯全书凡例》,《五灯全书》,《卍续藏经》,中国台湾新文丰出版社1994年影印本,第140册,第7页。
⑤ (清)释智楷:《卫灯录序》,清刊本,首都图书馆藏。

其心中的禅宗法脉，是曹洞而非临济。他在另一部灯录《洞宗大觉续灯》对此阐述尤为详细，"盖续祖灯"，主要记载"洞宗明字辈下所出净字辈若干人，净字辈下所出智字辈若干人，其得法先后伦序，详载洞宗世谱"①。其维护洞宗正统之心昭然若揭。

这种争斗还波及到乾隆、嘉庆时期的律宗、贤首宗，具有禅宗、律宗、贤首宗融合背景的佛教史学家借助禅宗灯录编撰反映律宗、贤首宗传承的史书，并借此对前代灯录亦有评述。

乾隆时高僧源谅编撰的《律宗灯谱》为律宗灯录代表。律宗传承本无灯录形式记载，早期的记载方式多为传记，随着宋元明时律宗衰微，律宗史书更为少见。清初律宗再次复兴，自古林如馨以下，四开古林系、千华系、圣光系、悯忠系，尤以千华系为重，戒律再现繁盛。故清初有高僧文海福聚编撰《南山宗统》，表彰历代律宗祖师传承，尤其对千华昧祖大加赞赏。书名谓之《南山宗统》，一为唐代高僧道宣创建南山四分律之意，一为标明律宗传承之正统，特别强调宝华一派的正统性、重要性，故谓之"宗统"。

乾隆时，北京潭柘寺源谅认为《南山宗统》过于重视宗统，在撰述中用意、用词都颇为偏颇，于是重新编撰《律宗灯谱》，审定律宗的法脉传承。他批评《南山宗统》曰："本朝百余年来，天下之戒法受自千华者十居八九，故千华主人文海聚公于乾隆初年辑《南山宗统》，……详于昧祖一支，而略于列祖各派。"② 因此，《律宗灯谱》之作实际上是在一定程度上推翻文海福聚的某些做法，树立潭柘一派的律学地位之书。在书名选择上，编撰者直接采用的是《律宗灯谱》，一方面表现对于南山律宗自唐以后传承记载的不满意；另一方面则表现编撰者对于禅宗灯录记载方式的赞同。如源谅曰："自南山以后，辑之未尝不满意，……始终断续相仍，未若禅

---

① （清）释智楷：《洞宗大觉续灯·凡例》，康熙九年刊本，首都图书馆藏。
② （清）释源谅：《律宗灯谱》，蓝吉富主编《大藏经补编》，中国台湾华宇出版社1986年版，第22册，第687—688页。

宗之分承传授也。"① 可见，在《律宗灯谱》编撰上，他有意仿效禅宗灯录来编撰律宗传承，并对《南山宗统》提出批评。

贤首宗灯录的代表者为嘉庆九年贤首高僧心露编撰的《宝通贤首传灯录》。贤首宗素来在佛教中占有重要地位，所谓："佛所说经无虑千余部，而华严为之王教，分三宗而贤首为之冠。"② 传承久远，"昔自释迦如来始成正觉，与十方诸佛、恒沙菩萨演大华严，首传文殊、马鸣、龙树，继之至晋义熙，大经始传震旦，杜顺大势，遥禀龙树，肇开法界观门"③。其后有清凉国师、圭峰密、妙圆奥、开明等诸位贤首大师相继传承。"自杜顺大师生于陈高祖永定元年丁丑，历隋唐五代元明，至我大清嘉庆九年岁次甲子，凡二十二周甲子，历一千三百一十八年，其间若祖若宗，正传旁出，代不乏人，不可悉数。今就管见，惟录宝通下四支而已矣。"④ 可见，编撰者感于贤首宗历经千年沧桑，传承至今，已近消亡，故才编撰《宝通贤首传灯录》，以明宝通四支传承正统，分灯相传之意，而其代代相传之意则取自禅宗灯录之意。

二 清代僧家对僧传的评述与实践

自梁僧慧皎《高僧传》创立十科分类，后续唐宋道宣《续高僧传》，赞宁《宋高僧传》，明如惺《大明高僧传》多皆仿之撰述而成。但清代除了无依道人（徐昌治）《高僧摘要》尚有《高僧传》之痕迹外，其余再无此类撰述。

《高僧摘要》四卷，择历代高僧之重要者，简而汇编。这种体例

---

① （清）释源谅：《律宗灯谱》，蓝吉富主编《大藏经补编》，中国台湾华宇出版社1986年版，第22册，第68页。
② （清）释心露：《宝通贤首传灯录》缘起序，清嘉庆九年刊本，中国人民大学图书馆藏。
③ （清）释心露：《宝通贤首传灯录》缘起序，清嘉庆九年刊本，中国人民大学图书馆藏。
④ （清）释心露：《宝通贤首传灯录》缘起序，清嘉庆九年刊本，中国人民大学图书馆藏。

一方面简化以往《高僧传》记载之烦琐，另一方面推翻了以往评述高僧的标准，是谓对《高僧传》十科体例的又一次修订。正如他批评《大明高僧传》曰："《高僧》一传，譬如虚空，体非群相，而不拒彼众相发挥，奈传有正有续，若梁若明，计共四帙，俱以十款分类。余讶之曰：'有依有傍，怎说绝伦，拘格拘例，那云独步？'"[1] 认为《大明高僧传》内容只有四帙，却仍然按照十科分类，有正有续，太拘泥于体例，实为不妥。故他重新划分高僧标准为道、法、品、化四类。具体为"第一取道之高，堂堂坐断千差路，卓卓分明绝去来。第二取法之高，虽云绵密弗通风，古往今来口间隔。三则取其品之高，转处孤危万事休，随缘得旨复何求，群生造化乘斯力，一段灵光触处周。四则取其化之高，日月照临不到，天地覆载不著，劫火坏时彼常安，万象泯时全体露。"[2]

《高僧摘要》虽然对《大明高僧传》批评严厉，且对十科分类尚有诟病，但他对《高僧传》《续高僧传》引用较多，书中很多史料皆来自两书。如该书卷一"摄摩腾"曰："本中天竺人，善解大小乘经，常游化为任。……逮汉永平中，明皇帝夜梦金人，飞空而至，乃大集群臣，以占所梦，通人传毅。奉答：'臣闻西域有神，其名曰佛，陛下所梦将必是乎。'帝以为然，即遣郎中蔡愔，博士弟子秦景等使往天竺，寻访佛法。愔等于彼，遇见摩腾，乃要还汉地。腾誓志弘通，不惮疲苦，冒涉流沙，至乎雒邑，明帝甚加赏接。于城西门外，立精舍以处之。汉地有沙门之始也。"[3] 这条史料主要是在《高僧传》基础上删减修订而成的。

又如，同卷"释慧恭"条曰："益州成都人，姓周氏。周末废佛

---

[1] （清）无依道人：《高僧摘要》卷一，《卍续藏经》，中国台湾新文丰出版社1994年影印本，第148册，第659页。

[2] （清）无依道人：《高僧摘要》卷一，《卍续藏经》，中国台湾新文丰出版社1994年影印本，第148册，第659页。

[3] （清）无依道人：《高僧摘要》卷一，《卍续藏经》，中国台湾新文丰出版社1994年影印本，第148册，第663页。

法之时，与同寺惠远结契勤学。远直诣长安听采，恭长往荆杨访道。远于京师，听得阿毗昙论迦延拘舍地持成实毗婆沙摄大乘，还益州讲授，道俗钦重，……远不得已，于檐下，据大床坐听。恭始发声唱经题，异香氤氲，遍满房宇，及入文天上作乐，雨四种花。经讫下座，华乐方歇。惠远接足顶礼，泪下交流。谢曰：'惠远臭秽死尸，敢行天日之下。乞暂留，赐见教诲。'恭曰：'非恭所能，诸佛力耳。'即日拂衣长揖，沿流而去，不知所之。"① 这条史料则完全采自《续高僧传》卷二十九《隋益州招提寺释慧恭传三》，编撰者除了最后删除"其寺久已湮灭"② 外，其余都与《续高僧传》相同。其中亦可见，《高僧摘要》对《高僧传》《续高僧传》的重视。

自融、性磊编撰的《南宋元明禅林僧宝传》则是清代记载禅宗僧人传记的代表作。该书成书于康熙年间，为惠洪《禅林僧宝传》之续作。"觉范洪禅师尝述《僧宝传》，以为载之空言，莫如见其始终行事，而深切著明也。自嘉祐至政和，据师座者垂千辈，仅八十一人入其章次。其文核而精，圆而劲，合撒语之，则诸纲目无有弗备，所备者，祖师大统不易之道也。逮洪公之后，建炎以来，惟济、洞二宗法化于世。适明季英灵一时杰出，复有继续统灯之刻出焉。之刻出，其近古之参差疑滞，似又莫能释而定之，何也？其未有得于川之融览，洪之博综乎。"③ 作者见前代有惠洪《禅林僧宝传》，但仅记载禅宗僧人八十一人，且元明代诸多高僧又无记载，或所撰灯史参差疑滞，不能令人信服，故编撰《南宋元明禅林僧宝传》。在编撰体例上，该书采用的是传记的编排方式，按照青原系、南岳系，依据禅师的年代顺序，进行排列，每篇末尾还仿效《禅林僧宝传》的做法，附加赞语，进行评点。

---

① （清）无依道人：《高僧摘要》卷一，《卍续藏经》，中国台湾新文丰出版社1994年影印本，第148册，第665—666页。
② （唐）释道宣：《续高僧传》卷二九，《隋益州招提寺释慧恭传三》，中华书局2014年校注本，第1173—1175页。
③ （清）释自融：《南宋元明禅林僧宝传序》，《南宋元明禅林僧宝传》，《卍续藏经》，中国台湾新文丰出版社1994年影印本，第137册，第627页。

在史料价值上，编撰者一方面补充了大量《禅林僧宝传》中所没见的宋代禅宗僧人传记；另一方面记载了元明以及清初诸多禅宗高僧传记，如天童山密云圆悟、磬山天隐圆修、径山语风庵雪峤圆信等，为研究元明清佛教史的一部重要著作。

自融，号巨灵，俗姓程，新安人，十八岁出家，康熙时浙江仙居紫箨山临济宗僧人。他对灯录认知秉持了临济史家一贯态度。他总结了宋代灯录撰述的优劣。"仲灵嵩禅师不获已，乃撰定《祖图》《传法正宗记》。上之有国者，辄颁信于天下。由此综集传灯之书，矗矗间出，其文不一且繁。譬犹西竺分律部之为五，合而元之本乎一。禅师大川撮诸纲领，灯会其元，会元之出，灯史定矣。"① 他首先肯定契嵩对禅史撰述的功劳，承认宋代灯录繁多，文字不一的事实，褒奖了大川禅师删繁化简，撰述《五灯会元》的做法，认为此书一出，灯史定矣。

为什么自融不仿效前人灯录，撰述清代灯录？缘由在于他认为明代以来灯录撰述较差，未能达到《五灯会元》之高度，实际上变相批评明至清初的灯录撰述。"建炎以来，惟济洞二宗法化于世，适明季英灵一时杰出，复有《续统灯》之刻出焉。之刻出，其近古之参差疑滞，似又莫能释而定之。何也？其未有得于川之融览洪之博综乎，否则犹有所待而后定之乎？"② 自融对灯录甚不满意，曾"以此质之大方，俱以近刻为然"③。又去请教天童弘觉忞老人，但亦无解惑，转而仿效《禅林僧宝传》撰述《南宋元明禅林僧宝传》。

按清初法藏遥遵惠洪为祖，引用其《释智证传》为准，欲重订五家，与天童圆悟产生激烈的矛盾，二者灯录纷撰，频出争斗。自融为临济僧人，却舍弃灯录，仿效惠洪撰述僧传以为续作，亦为当时之另类。

---

① （清）释自融：《南宋元明禅林僧宝传序》，《南宋元明禅林僧宝传》，《卍续藏经》，中国台湾新文丰出版社1994年影印本，第137册，第627页。
② （清）释自融：《南宋元明禅林僧宝传序》，《南宋元明禅林僧宝传》，《卍续藏经》，中国台湾新文丰出版社1994年影印本，第137册，第627页。
③ （清）释自融：《南宋元明禅林僧宝传序》，《南宋元明禅林僧宝传》，《卍续藏经》，中国台湾新文丰出版社1994年影印本，第137册，第628页。

三 清代僧家编年体史籍撰述及其评述

自隋费长房采用编年撰写《历代三宝记》帝年以来，编年体佛教史籍相继迭起，如宋僧祖琇《隆兴佛教编年通论》、本觉《释氏通鉴》，元明时念常《佛祖历代通载》、熙仲《历朝释氏资鉴》、觉岸《释氏稽古略》、幻轮《释氏稽古略续集》等。清代僧家撰述通史性史著不多，缘由在于辨宗统、定体裁之难。正如盘谭曰："夫著述难事也，而况于持论宗门。持论宗门不易也，而况于编定宗统。系之岁年，斯诚难之又难矣。"① 但他对《宗统编年》颇为赞赏。"唯和尚之才之识，足以激扬铿锵，而眼明心公，无丝毫隔碍。故取二千余年佛心祖髓，向笔尖上，流注真常，作未来金镜。虽程婴、杵臼之用心，不是过也。读是编者，循年核实，举法知时，千秋文献足征。一会灵山未散，从此人登般若之航，家达菩提之路矣。"② 认为此书无论是在佛法传播，还是文献考订上都为上乘之作。

《宗统编年》是清代编年体佛教史籍的代表作。撰者采用编年，起于周昭王甲寅二十六年，世尊释迦牟尼佛降生中天竺净饭王宫，终于清康熙己巳二十八年，圣驾南巡，述尽佛法进入中土后千年盛衰的变化。纪荫，婺源游氏子，"字湘雨，号宙亭，又号损园。……荫少通儒术，深得文字三昧，脱白龙溪，遍参释乘，谒退翁储于灵岩，得受记莂"③。驻锡常州祥符寺。

清代著述亦难，佛教通史性著述更难，纪荫为什么还要撰述此书？缘由在于佛教通史是融合宗派，贯通古今，将儒释汇为一体，反映佛教思想的最佳体裁。所谓："自祖衣东被，继佛履西游，粤溯渊

---

① （清）释纪荫：《宗统编年序》，《宗统编年》，《卍续藏经》，中国台湾新文丰出版社1994年影印本，第147册，第4页。
② （清）释纪荫：《宗统编年序》，《宗统编年》，《卍续藏经》，中国台湾新文丰出版社1994年影印本，第147册，第4页。
③ （清）陆鼎翰：《宗统编年后序》，（清）释纪荫《宗统编年》，《卍续藏经》，中国台湾新文丰出版社1994年影印本，第147册，第510页。

源之人，岂无纪载之传。然而各述宗风谱系，或淆近远，并垂语录，流行莫识后先。所以学海波澜，游之者罔臻阃奥，宗门关键，探之者罕辨修途。"① 故他针对这种佛法末世，佛教历史不详，混乱无序的局面，撰述佛教通史，明大道，正伦理。

纪荫心中的大道既是"父子有亲，君臣有义，夫妇有别，长幼有序，朋友有信，各正性命，保合太和，斯天下之达道也"② 的儒家之道，也是"惟法王之出三界也，洞彻一心，了明万有，真心本性，一切圆融"③ 的佛教之道。可见，融合儒、释的大道，才是他真正的大道。《宗统编年》一直强调这种思想，所谓："儒之所谓亲民也，佛之觉行圆满。儒之在止于至善也，佛儒之修证同也。佛之清净法身，即天命之性也。佛之圆满报身，即率性之道也。佛之千百亿化身，即修道之教也。其体用同也，但浅深大小。在造其极，与未尽其量耳。施之治世，治不离世。故吾儒之道，不外庶物之间。而圣人就易就近，以裁成乎过与不及，而适于时中。圣人之所以为圣也，施之出世，出不离世。故我佛之教，不出一心之外，而宗师当前。当处，以指示其本所固有，而归于无得。宗师之所以为宗也，不离世而治世，道无在而无不在也，不离世而出世，道无不在而无在也。"④ 可见，在纪荫心中，明佛之道，即明儒之道，二者相通相融，无所不在。但明佛之道的背后还是要归于正统，亦"大道之统，归于正宗，正宗之传，统乎大道，故曰'宗统'"⑤。

要想更好表达明大道、正伦理、定宗统、寓理于事、寓经于史的

---

① （清）许之渐：《宗统编年序》，（清）释纪荫《宗统编年》，《卍续藏经》，中国台湾新文丰出版社1994年影印本，第147册，第2页。

② （清）释纪荫：《宗统编年总论》，《宗统编年》，《卍续藏经》，中国台湾新文丰出版社1994年影印本，第147册，第12页。

③ （清）释纪荫：《宗统编年总论》，《宗统编年》，《卍续藏经》，中国台湾新文丰出版社1994年影印本，第147册，第12—13页。

④ （清）释纪荫：《宗统编年总论》，《宗统编年》，《卍续藏经》，中国台湾新文丰出版社1994年影印本，第147册，第15页。

⑤ （清）释纪荫：《宗统编年凡例》，《宗统编年》，《卍续藏经》，中国台湾新文丰出版社1994年影印本，第147册，第10页。

第五章　清代佛教史学批评

思想，则非编年体莫属。正如桨谭曰："今编年，扩大同之道域，撤一贯之藩篱。哲人奥旨，久而愈彰。古德真风，闻斯兴起。大书特笔，不遗提挈宣明。条目纲领，具见隐微严谨。"① 可见，"扩大同之道域，撤一贯之藩篱"打破佛教宗派间的藩篱，是纪荫撰述《宗统编年》一大愿望，要实现这种撰述，则非编年体莫属，故清人评价此书甚高，称其为"法门龙象，方外春秋"②。

运用这种大关怀思想撰述《宗统编年》的纪荫，他对其他佛教史籍与史家评价的角度亦有不同。如他对梁僧慧皎《高僧传》习禅篇褒贬皆有。他一方面从魏晋禅宗发展角度认为"普通以前，直指之道，未来东震，最上风规无闻焉。而译经弘法之士，皆大龙香象，神力变化，未有以奋发沉炼之。其习禅者，皆四禅八定，而非祖师立地超脱，顿渐绝迹之旨"③。梁僧慧皎撰述《高僧传》分为译经、义解、神异、习禅、明律、遗身、诵经、兴福、经师、唱导十科。纪荫认为该书所以将译经、义解、神异列在习禅之前，实因译经、义解为魏晋佛教的主流，高僧辈出。而魏晋禅僧与两宋习顿渐之道的禅僧多不同。故"皎之所列十科，以德业言，其中杂糅叠出者亦有之"。确有混杂之嫌。但他亦认为《高僧传》"搜扬之功，不为无补于法苑也"④。肯定其在史料搜集，撰述僧史上的作用。实际上，从禅僧角度批评《高僧传》的习禅篇早已有之，但纪荫的评述亦为公允。相较《高僧传》，他对赞宁《宋高僧传》则微词较多。"宁既未达禅宗，文笔亦复冗杂，诠次阘茸，备览而已。"⑤ 这更像是一个禅僧史家本有的态度。

---

① （清）释桨谭：《佛祖统纪序》，（清）释纪荫《宗统编年》，《卍续藏经》，中国台湾新文丰出版社1994年影印本，第147册，第4页。
② （清）许之渐：《宗统编年序》，（清）释纪荫《宗统编年》，《卍续藏经》，中国台湾新文丰出版社1994年影印本，第147册，第2页。
③ （清）释纪荫：《宗统编年》卷八，《卍续藏经》，中国台湾新文丰出版社1994年影印本，第147册，第131—132页。
④ （清）释纪荫：《宗统编年》卷八，《卍续藏经》，中国台湾新文丰出版社1994年影印本，第147册，第132页。
⑤ （清）释纪荫：《宗统编年》卷一九，《卍续藏经》，中国台湾新文丰出版社1994年影印本，第147册，第280页。

对于晚明清初一直争斗不休的问题，他将问题指向了矛盾的源头——《景德传灯录》与《五灯会元》。他采取了融合、存疑态度，将两家皆著录，两不得罪。"大凡古今疑信之间，有疑而难信者，有信而无可疑者。其疑其信，可以决也。惟可疑，而实可信。既可信，而犹不能无疑。其信其疑，须平其心，公其见，毋执一时一己之私，此古之所以有阙文也。天皇、天王，《景德传灯》及《五灯会元》诸家文献皆非无征，征则皆可信，信则疑不必阙。然佛祖出世，无非为一大事因缘。云兴电拂，宁争剩迹，千释迦万弥勒，彼此何分。况同为大鉴之后，均阐达摩之道，谓其出自石头，固迦文之后裔也。谓其出自马祖，亦迦文之后裔也。必欲定其信史，两家之执一纷然，何妨阙为疑文，千古之大同自在，故两存天皇、天王，而书其系曰'大鉴下第三世'，以俟后之详定焉。"①

但他名为存疑，实则还是褒《五灯会元》，贬《景德传灯录》。这种贬斥更为隐蔽，他直接指向了《景德传灯录》的源头《宝林传》。"宗门师匠，绝迹忘言，向上全提，与人相见，而禁记持言句。所以《传灯》一书，久无人纂，道原因《宝林传》《圣胄集》，纂成《传灯录》。翰林杨亿、员外李淮等，共为校定，真宗撰序，颁入大藏，可谓法门文献足征之典。但以一人而定五宗世系，容有择而不精，语而不详者。史之阙文，孔子以吾犹见为幸，则甚矣立言之难也。《宝林传》文字鄙俗，序致繁乱，明教嵩尝言之矣，又岂无舛漏之失乎。"②认为《宝林传》文字鄙俗，序致繁乱，而《景德传灯录》又是依据《宝林传》撰述，故纪荫斥责的还是《景德传灯录》。

对于清初具有争议的宋代佛教史家惠洪，纪荫的观点与天童圆悟观点颇为一致。"寂音尊者，岂是欲以语言名世。然以罹身多难，不

---

① （清）释纪荫：《宗统编年》卷一二，《卍续藏经》，中国台湾新文丰出版社1994年影印本，第147册，第188—189页。
② （清）释纪荫：《宗统编年》卷一九，《卍续藏经》，中国台湾新文丰出版社1994年影印本，第147册，第285页。

第五章　清代佛教史学批评

得大行其志，庵居著述以老。识者虽为一时惜，不可不为千古庆也。圆悟祖称其笔端具大辩才，为不可及，信夫。至《智证传》，世有罪之而无知之者，当时已有明言之者矣。"① 如上所言，《智证传》是引起清初"济洞之诤"的一个导火线，纪荫对惠洪的评价亦符合他作为临济宗史家的身份。

除了《宗统编年》，清代编年体佛教史籍还有光绪时楚衡高僧邃庵禅机撰述《崇佛纪略》七卷，该书源于撰者见到"佛法东来，其道甚着特。近世天道陵迟，人情浇漓，故多不向善。甚有不识佛法之人，往往毁佛灭教，破塔坏寺者。莫之为谕，余甚伤之"。于是，"探讨大藏，参阅群籍，辄以其历代奉佛故事，删繁撮要，汇集一书，为世殷鉴，命名曰《崇佛纪略》"②。禅机选择编年体的原因是佛教传入中土几千年，宗派之间争斗不休，以往纪传体、灯录体佛教通史撰述多注重于宗派正统之争，忽视佛教作为一个整体的法运隆替、盛衰变化。编年体恰好能反映这样一种整体发展态势。所谓："虽间值攻击，固亦千载之否遇，是故沿用编年体式。"其用意在于使"不识佛法之人俾之，闻而生善。一经展卷，则佛道之优劣，法运之隆替，及信毁之臧否，一一皆了然胸次矣"③。而不必再拘泥于佛教内部之间的争斗。该书"始自周昭甲寅，终于明末甲申，凡二千六百七十一年之事实，昭若眉目"④。

在时间上限，禅机仍然采用两晋南北朝隋唐时较流行的周昭王二十四年甲寅，佛圣人释迦牟尼诞生日为上限。时间下限，禅机只记载到明代崇祯甲申年间（1644年）三月十九日，李自成攻克紫禁城，崇祯皇帝吊死煤山，明朝灭亡。为什么撰述者没有记载清代佛教发

---

① （清）释纪荫：《宗统编年》卷二三，《卍续藏经》，中国台湾新文丰出版社1994年影印本，第147册，第340页。
② （清）释禅机：《崇佛纪略序》，《崇佛纪略》，清光绪年间刊本，中国人民大学图书馆藏。
③ （清）释禅机：《崇佛纪略序》，《崇佛纪略》，清光绪年间刊本，中国人民大学图书馆藏。
④ （清）释禅机：《崇佛纪略序》，《崇佛纪略》，清光绪年间刊本，中国人民大学图书馆藏。

413

展大事？且在清初佛教编年体通史的记载中，有的史书下限时间到了清康熙已巳二十八年，前有惯例。但禅机并不遵循旧有惯例，原因在于"独惜圣朝二百余年，记载阙如，无从稽考，仍存余结"①。可见，禅机认为清代佛教发展衰弱，资料无从考证，无法记载。

四　清代僧家佛教史学批评的思想核心

大致来说，清代佛教僧家对佛教史籍及史家的褒贬既有佛教观念，又具有传统史学的思想，其背后是以儒释融汇思想为内在的核心，亦是其展现不同佛教史学批评风格的主要原因之一。清代佛教史家多自幼熟习儒家经典、佛教文献，熟悉传统史学，集儒家、道家、杂家、传统史学、释家思想于一体，故以释为主，儒道融汇为辅，是中国佛教史学之关键，亦是佛教史学批评之思想内核。

首先，儒佛一家，二者共生共利是清代佛教僧家史学批评，乃至佛教史学整个思想体系的一个主要观点。如纪荫在《宗统编年总论》从佛、儒角度解释天地始生，互感运动产生万物的原理，证明二者共同存在的合理性。他先用儒家气、太极、两仪等理论解释天地始："洪荒以前，浑沌先是何状。九州之际，溟渤终于何底。沧桑见见，生死历然。将来世数何终，人物何止。藉曰方圆一气，一气之始，何以弥纶。太极两仪，无极之初，是何境象。性本于天，而天之所以为天，则曰：'无声无臭，至矣。'得之有命。而命之所以为命，则曰：'莫之致而致焉。'"② 接着，他用佛教概念混淆儒家观点，即儒家的天就是佛教的天。"天则匪一，居须弥山，治四部洲，为四天王天。居人间顶，超日月明，为忉利天。"③ 共有三十二天。故儒家之天命即佛教之法天。在此基础

---

①　（清）释禅机：《崇佛纪略序》，《崇佛纪略》，清光绪年间刊本，中国人民大学图书馆藏。

②　（清）释纪荫：《宗统编年总论》，《宗统编年》，《卍续藏经》，中国台湾新文丰出版社1994年影印本，第147册，第12页。

③　（清）释纪荫：《宗统编年总论》，《宗统编年》，《卍续藏经》，中国台湾新文丰出版社1994年影印本，第147册，第13页。

第五章　清代佛教史学批评

上，他认为："佛之所谓自觉，儒之所谓明明德也。佛之所谓觉他，儒之所谓亲民也。佛之觉行圆满，儒之在止于至善也，佛儒之修证同也。佛之清净法身，即天命之性也。佛之圆满报身，即率性之道也。佛之千百亿化身，即修道之教也，其体用同也。"① 可见，纪荫看来，佛教的任何观点在儒家思想中都有对应之概念，二者本质、功能皆相同。

其次，佛教理论始终是清代僧家评述任何史事、人物的内在核心。佛教史观肇始于两晋南北朝时期，发展于隋唐时期，特有的佛教理论与中国传统史观结合，构成了佛教史观的两大因素。最大一方面就是佛教史家运用因果报应观、末法观、感应观等佛教学说评价佛教变化、社会盛衰、历史人物、史学发展等。② 这亦是清代佛教僧家评述的一个主导思想。

戒显在《现果随录》评述所有因果史事曰："夫因之与果，犹形有影焉，形已有焉则影必从焉。……是我法门之通训也。世典亦有之，曰阴德，曰阳报。此岂不我之所说因果者哉。世有一等不信因果，其陋尤甚。"③ 故，他在业报史观指导之下评述听闻经历的人物和事件。如他评述"陈益修以力护关庙大士赐目"曰："陈公以好心护庙，感此奇缘，大士以千手眼转瞽复了，神通广大，海口难宣矣。神佛报应速于反掌，可不惧哉。"④

纪荫则采用佛教正统史观评述宋元明清以来禅宗五家发展态势。"治统与道统不同，治统以天下为家，帝王诞膺天命，君临万邦，大

---

① （清）释纪荫：《宗统编年总论》，《宗统编年》，《卍续藏经》，中国台湾新文丰出版社1994年影印本，第147册，第15页。
② 关于因果报应观、末法观、感应观等佛教史观研究，请参见《宋代佛教史籍研究》第四章《宋代佛教史籍中的思想文化内涵》，华东师范大学出版社2006年版。另，宋道发《佛教史观研究》（宗教文化出版社2008年版）提出缘起史观和本迹史观、感应史观、神通史观、业报史观、末法史观、正统史观六种佛教史观，称为"一本六支"，甚有合理之处。此处不赘言。
③ （清）释戒显：《现果随录序》，《现果随录》，《卍续藏经》，中国台湾新文丰出版社1994年影印本，第149册，第489页。
④ （清）释戒显：《现果随录序》，《现果随录》，《卍续藏经》，中国台湾新文丰出版社1994年影印本，第149册，第489页。

415

统集焉。春秋首书王正于鲁史之元年者,大一统也。五霸之强,必黜之,不使奸此统也。吴楚之窃,必外之,不使僭此统也。又治统必天命人归,而大统始集。……正统之归,间不容发。治统必世次相承,天下不可一日无君。"① 此为撰述者对传统正统观,即治统的理解。在此基础上,他则认为佛教发展的正统一方面与政权正统既有相似之处,但亦有不同地方,即治统和道统的不同。是故:"佛祖垂统,不许无师自悟。千佛列祖,必躬承记莂,乃称法王。法王治统,则以法界为家,以立法开宗为统。立法因时,所以救知见之不一,开宗设教,所以示纲要之大同。其间父子投机,君臣合妙,此沩仰曹洞,所以并垂宗统也。法王治统,即集于道统。故建统开宗,而年历纪焉,昭法化相宣也。"② 可见,纪荫用传统史学正统观比附禅宗正统,并以此作为评判佛教正统传承以及五家正统地位的标准。

再次,清代佛教的衰微现状以及传统史学批评与佛教史学进一步合融,成为清代史学家责无旁贷的职责之一,亦是清代史学批评思想内核的又一个当代因子。如上所言,佛教自宋元以后即陷入衰微之势。除明末清初少有振兴之外,清代佛教已日益颓废,不可复救。面对这种衰微之势,佛教史学家采取的措施也不相同,引导、劝度、撰史、接引等各有所现,而通过对佛教历史的总结,批评当下佛教的弊端亦成为清代佛教史学家,尤其是清初史家的现世救教的一个重要手段。

最后,继承中国佛教史学批评之优秀传统是清代佛教僧家不可推卸的一个责任。佛教史学肇始于两晋,佛教史学批评亦开始于此。魏晋出现了许多杰出僧人,他们创建寺院、授徒讲学、制定礼仪、翻译佛经,对佛教在中国发展作出很大贡献。时人为纪念他

---

① (清)释纪荫:《宗统编年》卷一二,《卍续藏经》,中国台湾新文丰出版社1994年影印本,第147册,第192页。

② (清)释纪荫:《宗统编年》卷一二,《卍续藏经》,中国台湾新文丰出版社1994年影印本,第147册,第192页。

第五章　清代佛教史学批评

们,便把僧人的生平事迹、宗教活动记载下来,并用传统史学的形式对当时佛教发展、僧人事迹做一些评述。如《高僧传》,分为"译经""义解""神异""习禅"等十类,每类之后,撰述者皆对这一类涉及的佛教史事与僧人作评述。如他用三卷记载翻译经文的僧人,在翻译类最后则"论曰:传译之功尚矣,固无得而称焉。……弘道济人,功用弥博。圣慧日光,余晖未隐"[1]。以褒奖翻译在佛教发展史上的价值。《高僧传》"论曰",已经成为撰述者总结佛教历史发展,批评佛教诸多现象,评论高僧大德的一种重要手段,蕴含了强烈的史学批评。

其后,《宋高僧传》《佛祖统纪》《释氏通鉴》等亦保持这一优秀传统,且名称繁多,曰系,曰通,曰赞,曰论,曰述。无论形式怎样变化,性质大致相同。结构上,佛教史籍的论赞也不尽相同,有的附在正文之后,有的以小注代替论赞,形式灵活多样。前代佛教史学批评对清代佛教史学批评亦产生重要影响,亦成为清代佛教僧家总结历史,抨击当下、宗统之争的一个利器。

总的来说,清代佛教史学批评可以分为官方、儒家士人、僧家三个方面。前两者更多是从政治统治和意识上来审视包括佛教史籍在内的佛教事宜,他们对于佛教史籍的态度和评述更多是一种有资考述的观点,具有史传性的佛教史籍更受到清代儒家士人的青睐,这从官私目录对佛教典籍的著录皆可以看到。另一方面,清代僧家则是纠结于宗统,无论是《五灯全书》,还是《宗统编年》,撰述者对佛教史籍的批评亦关注于《五灯会元》《景德传灯录》的讨论,这种史学撰述甚至影响到清中期贤首、律宗的史学撰述与讨论。

---

[1] （梁）释慧皎:《高僧传》卷三,中华书局1992年校注本,第141页。

结　　语

佛教史学发轫于中土。印度虽有佛教，但其不善于记述，较少有系统、详细的历史记载。早期翻译的佛经多是《四阿含经》《无量寿经》《大方广佛华严经》等反映佛祖及其弟子思想、教义的经典，很少会看到具有历史性书籍的存在。现存翻译过来的史籍只有《提婆菩萨传》《龙树菩萨传》《马鸣菩萨传》等僧传，并无较系统的史学撰述。

魏晋是中土佛教史学肇始阶段，时人为了纪念那些创建寺院、授徒讲学、制定礼仪、翻译佛经，对佛教在中土传播作出了很大贡献的高僧大德，遵循传统史学"有闻必录"的原则，将其生平事迹、宗教活动记载下来，出现了较早的佛教僧传。同时，专详佛教通史的南齐竟陵王《三宝记》、北周净蔼《三宝集》；外国志传如僧道安《西域志》、法显《历游天竺记》等；经录体如道安《综理众经目录》、僧祐《出三藏记集》等亦纷纷撰述，形成了独特的中国佛教史学，历经隋唐、宋元、明清，绵延不绝，流传至今，蔚为壮观，为中国史学之一奇葩。

一　由文入史：魏晋佛教史学批评视角的转变与确立

佛教史学批评是中国佛教史学的伴生品。早期印度无佛教史学，亦无佛教史学批评。印度佛经在一段经文之后，常有偈颂出现，或为

结　语

总结所讲内容，或为提醒后来者便于记忆之用，形式有传记性，亦有散文性，为印度佛经之规制。如后秦佛陀耶舍共竺佛念译《佛说长阿含经》有大量的佛祖时颂："尔时，世尊告诸比丘：'善哉，善哉。汝等以平等信，出家修道，诸所应行，凡有二业。一曰贤圣讲法，二曰贤圣默然。……记生名号姓，哀鸾音尽知。无上天人尊，记于过去佛。'"① 故此，印度佛经中佛祖偈颂无所不在。亦如《高僧传》卷二曰："天竺国俗，甚重文制，其宫商体韵，以入弦为善。凡觐国王，必有赞德，见佛之仪，以歌叹为贵。经中偈颂，皆其式也。"② 这种早期的偈颂或便于记忆，或总结讲过内容，或采用散文叙事，或采用传记讲述，形式内容多不固定，本意的偈颂内涵中并没有史学批评或总结的意识。

故魏晋时僧传撰述、经录翻译虽多，但多无史学批评精神。一方面，无论是《龙树菩萨传》《马鸣菩萨传》《提婆菩萨传》等印度僧传，还是中土《名僧传》，只有对传主史事的记载，简单的分类，并无撰述者对传主、以往僧传、史家的总结和评价。另一方面，《众经目录》《综理众经目录》等魏晋南北朝经录多著录译经，并不著录、评价佛教史籍。佛教史学不入魏晋僧家之法眼，更不论有史学批评。

较早对僧传、碑铭、护法文集有评述的当属齐梁之际的僧祐，他认为具有史传性质的文献更像是"杂记碎文，条例无附，辄别为一帙，以存时事。其山寺碑铭，僧众行记，文自彼制，而造自鄙衷。窃依前古，总入于集，虽俗观为烦，而道缘成业矣"③。将传记、碑铭列为史传文学，从先秦到魏晋文学中素有传统，《左传》《国语》《史记》皆为如此。④ 僧祐仿效世俗观念将佛教的传记、碑铭、行记亦入传记文学，但其目的还是"道以人弘，教以文明"。"故前代胜士，书

---

① （后秦）佛陀耶舍、竺佛念译：《佛说长阿含经》卷一，《大正新修大藏经》，中国台湾财团法人佛陀教育基金会1990年版，第1册，第1页。
② （梁）释慧皎：《高僧传》卷二，中华书局1992年校注本，第53页。
③ （梁）释僧祐：《出三藏记集》卷一二，中华书局1995年校注本，第498页。
④ 郭丹：《先秦两汉史传文学史论》，上海古籍出版社2014年版，第2页。

419

记文述，有益三宝者，亦皆编录。"① 可以说，他将僧传、碑铭列入佛教文集，来源于世俗影响，但其目的仍是为了护教，僧传、碑铭虽有益于三宝，但不是真正的佛教三宝，只是传统的"文"，而非佛教的"经"。这种观点与时人刘勰《文心雕龙》将史传列为文学思想不无关系。② 可以说，僧祐对佛教史传为"文"的认知，且将其归为有益佛教，但非经的思想是中国佛教史学批评的肇始，开创性意义不言而喻。

慧皎《高僧传》是魏晋僧传集大成者，所谓集大成者，除了体现在史料丰富、体例严谨，还表现在他对以往僧传的总结和褒贬，取长补短，是为完备。相较僧祐，慧皎对僧传、碑铭的认知转变为"史"，是一种能客观反映历史真相的"史"，而非"文自彼制，而造自鄙衷"，颇具主观性的"文"。对僧传、碑铭认知由僧祐的主观性转向对史料的客观性，是慧皎史学认知的一大转变。是故"搜检杂录数十余家，及晋、宋、齐、梁春秋书史，秦、赵、燕、凉荒朝伪历，地理杂篇，孤文片记"等不入僧祐法眼的文献，却被慧皎当作史料来源，甚至他还"博谘古老，广访先达，校其有无，取其同异"③。缘由还是在于慧皎认为僧传是"史"而非"文"。

既然是史，就要严格按照撰史的标准，真实可信当为首要。一方面慧皎在史料上，不厌其烦阐述参考史料的丰富、考据的严谨，以求最大程度表明《高僧传》为"史"的客观真实性。另一方面，他又以此标准来批评以往僧传，"（法进）乃通撰传论，而辞事阙略，并皆互有繁简，出没成异。考之行事，未见其归。宋临川康王义庆《宣验记》及《幽明录》、太原王琰《冥祥记》、彭城刘俊《益部寺记》、沙门昙宗《京师寺记》、太原王延秀《感应传》、朱君台《征应传》、陶

---

① （梁）释僧祐：《出三藏记集》卷一二，中华书局1995年标点本，第492页。
② 李最欣、冯国栋：《僧祐之学与〈文心雕龙〉》，《西南民族大学学报》（人文社科版）2006年第1期。
③ （梁）释慧皎：《高僧传》卷一四，中华书局1992年校注本，第524页。

结　语

渊明《搜神录》，并傍出诸僧，叙其风素，而皆是附见，亟多疏阙。齐竟陵文宣王《三宝记传》，或称佛史，或号僧录。既三宝共叙，辞旨相关，混滥难求，更为芜昧。琅邪王巾所撰《僧史》，意似该综，而文体未足。沙门僧祐撰《三藏记》，止有三十余僧，所无甚众"①。可以说，他把以往佛史著作批评个遍，考订缺失、史料疏漏、体例混乱、文体不足等问题都出现在撰者评语中。实际上，慧皎所列的史书中，有僧传、地记、笔记、杂记、经录各种体裁，而在僧祐看来大多为"文"，故齐竟陵文宣王《三宝记传》，虽称佛史、僧录，但实为文，文中有三宝融合，文辞驰骋，是为正常，但慧皎以"史"看之，则是"混滥难求，更为芜昧"。

慧皎《高僧传》追求的目标有内外之分，内在目标是"顾惟道藉人弘，理由教显。而弘道释教，莫尚高僧。故渐染以来，昭明遗法。殊功异行，列代而兴"②。即撰述僧传，出于"道藉人弘，理由教显"，此与僧祐"道以人弘，教以文明"的观点类似，皆是彰显佛教为本。

为了更好实现这个目标，让僧传更加真实和客观、可信，慧皎外在形式追求的就是"求之实理"③。他特别推崇先秦董狐"良史无隐"、孔子"述而不作"撰史思想，前者是一种对史书真实性的赞同，后者是对体裁体例、撰史立意上的一种追求。"凡十科所叙，皆散在众记。今止删聚一处，故述而无作。俾夫披览于一本之内，可兼诸要。"④ 可见，无论著史的立意、体例的完备，还是求实的精神以及述而不作的思想，都对慧皎影响至深。慧皎也以此标准来评述过往的僧传、地记、经录、僧史的文，缺陷一目了然。

出现这种变化的缘由在于魏晋史学的独立与大发展，早期史学发

---

① （梁）释慧皎：《高僧传》卷一四，中华书局1992年校注本，第524页。
② （梁）释慧皎：《高僧传》卷一四，中华书局1992年校注本，第553页。
③ （梁）释慧皎：《高僧传》卷一四，中华书局1992年校注本，第524页。
④ （梁）释慧皎：《高僧传》卷一四，中华书局1992年校注本，第525页。

展缓慢，经史不分，数量较少，如《汉书·艺文志》把史书附于"六艺类·春秋家"，12种，552篇。东汉以后史书逐渐增多。魏晋南北朝时出现了史学第一次大发展，史部独立，数量繁多。如西晋荀勖编目时分甲、乙、丙、丁，史部在第三位。东晋时，李充将史部改为乙部，居第二位，史学地位之高由此可见。数量上，《隋书·经籍志》共著录史书874部，16558卷，其中绝大部分都出自魏晋南北朝史家之手，史学呈现繁盛之象，并独立出经学、文学。① 故僧祐受到《文心雕龙》影响，认为僧传、碑铭为文。但随着魏晋史学的发展，慧皎敏锐地抓住了时代史学的变化，将所推崇的董狐直书、孔子信史、述而不作等思想引入到《高僧传》撰述当中，并以此评述僧传、碑铭、经录、僧史，这是对僧祐认知为文的一大转变，奠定了中国佛教史学批评"内在弘教，外在信史"的新标准，为历代史家所延续，也是中国佛教史学批评的开始。

二　信史与混乱：隋唐两个知识体系中的不同考察

隋唐僧家对佛教史籍的认知有两条路线：一是佛教经录；一是撰述僧传、僧史时对以前史籍的总结和评述。

在经录中，隋唐僧家一改魏晋经录不著录佛教史籍的做法，将其纳入到经录中，并最终入藏，实现了教内文献对佛教史籍的承认。法经首次在《众经目录》设置佛灭度后传记录，分为西域圣贤和此方诸德传记。西域圣贤传记著录13部30卷，此方诸德传记55部155卷；后者又分为此方佛法传记、大小乘经记。在此方佛法传记中，法经著录了十六部中土撰述的佛教史籍。② 这种做法将佛教史籍划入到佛教文献的大体系之中，是重视佛教史籍的明显体现，并为后世经录著录

---

① 瞿林东：《中国古代史学批评纵横》（增订本），中华书局1994年版，第174页。
② （隋）释法经：《众经目录》卷六，《大正新修大藏经》，中国台湾财团法人佛陀教育基金会1990年版，第55册，第146页。

结　语

佛教史籍提供了理论依据，对后代《大藏经》史传部的分类影响甚大，颇具开创之功。费长房《历代三宝记》没有采取法经《众经目录》的做法，而是在帝年、代录中按照时间顺序，通过儒家经义与佛教三宝的排序，将佛教史籍编撰纳入到佛教三宝流传中的历史大事顺序中，承认佛教史籍的重要地位，较之经录更进一步。同时，他在代录中，以书系人，将三十余部佛教史籍以提要形式进行著录，并考述撰述者的生平、成书情况。可以说，无论在著录佛教史籍的数量上，还是考证质量，都是前人所不及，是为真正意义上第一个重视佛教史籍著录和批评的教内史家。

唐僧道宣撰述《大唐内典录》，创立《历代众经传译所从录》，按照朝代著录历代佛经翻译，著录僧俗编撰之书。在立意上，将佛教史籍附属于翻译佛经。唐僧智昇《开元释教录》"合二十卷，开为总、别。总录括聚群经，别录分其乘藏。二录各成十卷，就别更有七门"[1]。这种分类更细微，"组织更加绵紧，资料更加充实，在斯学中，兹为极轨"[2]。《开元释教录》著录佛教史籍较多，设立史传部，将其入藏，对后世著录佛教史籍影响颇大。如"贞元间圆照为《贞元新定释教录》袭录其文，不易一字"[3]。宋代经录则多以《贞元新定释教录》为准，补入新译而已。可以说，隋唐教内史家创立了教内经录著录佛教史籍的体例，并为后世之定例。

同时，隋唐教内史家对慧皎内在弘教，外以孔子《春秋》为标准，评述、撰述僧传的做法颇为推崇。《春秋》撰史之法与佛教史籍得到进一步的融合。费长房仿效《春秋》的编年方式，按照时间顺序，将世俗事与佛教三宝流传交织在一起，"始于周庄之初，上编甲

---

[1] （唐）释智昇：《开元释教录》卷一，中华书局2018年标点本，第2页。
[2] 梁启超：《佛家经录在中国目录学之位置》，黄夏年主编《梁启超集》，中国社会科学出版社1995年版，第105页。
[3] 梁启超：《佛家经录在中国目录学之位置》，黄夏年主编《梁启超集》，中国社会科学出版社1995年版，第105页。

子，下录年号，并诸代所翻经部卷目，轴别陈叙，亟多条例"①。将《春秋》体例和思想精神与佛教通史融合在一起，突出佛教三宝流传的重要性，表达佛经明大道、正伦理，寓理于事、寓经于史的思想。唐僧道宣也赞同史书要以直笔、实录为首要标准，并将之作为自己撰述的目标，他推崇孔子《春秋》，司马迁《史记》。"仲尼因《鲁史记》以著《春秋》，使百代之后，仰高风以式瞻，孟轲、孙卿并赞扬大化。暨乎史迁，亦记一代之成败，明鉴诫，作来今。"②故追求史料的翔实、考据的严谨，保证僧传、僧史的真实性、客观性仍是隋唐教内史家外在撰述、批评的一个准则。

此外，《隋书·经籍志》是魏晋南北朝以来，官方首次著录和评述包括佛教史籍在内的释书。撰述者站在官方和儒家思想立场上，秉持"道、佛者，方外之教，圣人之远致也。俗士为之，不通其指，多离以迁怪，假托变幻乱于世，斯所以为弊也。故中庸之教，是所罕言，然亦不可诬也。故录其大纲，附于四部之末"③。意即儒家士人不相信怪力神鬼之说，但又不能忽视佛道的存在，故只记载其大纲，不著录具体书名。尽管如此，《隋书·经籍志》还是著录大量与佛教有关的书籍，这些多是佛教高僧撰述有关文学、儒家、音义、杂传、地理、目录类的书籍，这种分类很大程度上表明撰述者对佛教文献和非佛教文献明显的区分，即未被著录在佛经类中的文献在传统史家看来多是传统书籍而非佛教典籍。这种认知亦皆表明《隋书·经籍志》对试图将包含佛教史籍在内的释书的分类和著录纳入传统知识体系还不明确，传统史家对具有史学、佛学、地理学等多重性质的佛教文献认知尚待完善，整体上，教外对佛教史籍的认知仍处于有秩序的混乱中。

---

① （唐）释道宣：《续高僧传》卷二，中华书局2014年校注本，第47页。
② （唐）释道宣：《集古今佛道论衡实录》卷甲，《中华大藏经》，中华书局1993年影印本，第60册，第763页。
③ 《隋书》卷三五《经籍四》，中华书局1973年校注本，第1099页。

结　语

三　信史、禅统、资考：宋代佛教史学批评视角的再变化

宋代佛教是禅宗的世界，佛教史学也出现了繁盛。传统经录对佛教史籍的著录和评价在唐《开元释教录》中完成定型并为宋代经录继承，后续教内史家对其只是补新，而无变化。慧皎提倡的内在佛教，外在《春秋》的观点，不仅隋唐得到发展和继承，在宋代亦被赞宁发扬光大。为了强调僧传的真实和可信性，赞宁特别强调实录、信史撰述："慨兹释侣，代有其人，思景行之莫闻，实纪录之弥旷。臣等谬膺良选，俱乏史才，空门不出于董狐，弱手难探于禹穴。"① 他十分推崇被孔子称为良史的董狐，将其视为不畏强权、仗义执言的史家代表和撰史的榜样。

《春秋左传》《汉书》等对赞宁评述佛教史事影响颇深。他评述佛教译经、佛教戒律、僧传沿袭变革时多次将《春秋》《汉书》的撰述思想作为评判的标准。如他评价历代佛教译经方式曰："迨观道安也，论五失三不易。彦琮也籍其八备，明则也撰《翻经仪式》，玄奘也立五种不翻，此皆类《左氏》之诸凡，同史家之变例。"② 认为这些译经方式的变化与《春秋左传》中凡例的道理相通，万变不离其宗。又如，他评价魏晋戒律曰："元魏已前，诸受戒者用《四分羯磨纳戒》，及乎行事，即依诸律为随。何异乎执《左氏》经本专循《公羊》之传文也？"③ 认为二者关系稍有混乱，好比是拿《春秋左传》文本却与《春秋公羊传》进行检验的道理。赞宁的评述标准延续了慧皎、道宣内在佛教，外在《春秋》的传统，只不过，相较两者，鉴于宋初的环境，他更强调尊崇王权对史学撰述的影响，更注重实录的展

---

① （宋）释赞宁：《宋高僧传》序，中华书局1987年校注本，第2页。
② （宋）释赞宁：《宋高僧传》卷三，中华书局1987年校注本，第53页。
③ （宋）释赞宁：《宋高僧传》卷一六，中华书局1987年校注本，第406页。

425

现，故"或案谋铭，或征志记，或问轺轩之使者，或询耆旧之先民，研磨将经论略同，雠校与史书悬合"①，撰述《宋高僧传》，以阐明僧传的真实性和神圣性。

史学批评视角的再变化，是相对慧皎、道宣、赞宁等内在佛教，外在《春秋》思想而言。这种变化更像是禅宗繁盛后，争夺史学话语权的一种表现。

禅宗强调"不立文字，直指人心"，记载僧人史事少，更强调"言语道端，心行外灭"，暗示诸法实相并非一切语言概念能表达，应该离开语言概念直接契证真如法要。② 故禅宗讲究对语言无所贪著，所谓"以心传心"。《景德传灯录》《五灯会元》《续灯录》等禅宗灯史的叙述风格皆如此。禅宗的兴盛势必要构建属于禅宗的传承和谱系，有破才有立，故禅宗史家有新的撰述，对旧有僧史的批评亦属正常。

亦如惠洪批评旧传所言："僧史自慧皎、道宣、赞宁而下皆略观矣，然其书与《史记》《两汉》《南北史》《唐传》大异，其文杂烦重，如户婚、斗讼、按检。"③ 惠洪《禅林僧宝传》在修订传统僧传的基础上，融入禅宗的机缘语句与"微言大义"，仿效史传，撰有赞词，编撰禅宗意义上的新僧传。惠洪对《禅林僧宝传》的要求是达意、达信、达文。

达意是在旧传基础上，融入禅宗的微言大义，颇有宋代新《春秋》学强调史学褒贬，构建义理之风；又类似欧阳修用《春秋》撰述《新唐书》之例。达信是惠洪像旧传那样，追求信史，故其书既博采行录、行状、碑文，重视史料来源，同时又考据严谨。目的还是可信。达文是惠洪对旧传的新要求，颇有恢复中古史传文学之风。故他

---

① （宋）释赞宁：《宋高僧传》序，中华书局1987年校注本，第2页。
② 陈兵编著：《新编佛教辞典》，世界语出版社1994年版，第109页。
③ （宋）释惠洪：《石门文字禅》卷二五，中国台湾新文丰出版社1987年影印明《嘉兴大藏经》本，第23册，第700页。

结　语

批评"道宣精于律,而文词非其所长,作禅者传如户婚按检",批评赞宁"博于学,然其识暗",批评《宋高僧传》文风是"聚众碣之文为传,故其书非一体"①。

实际上,信史精神一直贯通两宋佛教史学撰述。《佛祖统纪》既有许多高僧大德的高尚事迹,也有佛门不屑的丑事记载。禅宗灯录,尽管重言不重行,重意不重史,但每个灯录又都要强调采择之广泛,撰述之严谨,体例之完备,以显示灯史的可信。如《景德传灯录》不仅"披弈世之祖图,采诸方之语录,次序其源派,错综其辞句",还要"事资纪实,必由于善叙;言以行远,非可以无文。其有标录事缘,缕详轨迹。或辞条之纷纠,或言筌之猥俗,并从刊削,……校岁历以愆殊,约史籍而差谬,咸用删去,以资传信"②。可见灯录亦重信史。

宋代禅宗兴盛,灯录盛行,造成佛教正统之争,撰史之争。如契嵩《传法正宗记》阐述禅宗正统传承,"原夫菩提达摩,实佛氏之教之二十八祖也,与乎大迦叶,乃释迦文如来直下之相承者也。传之中国,年世积远,谱谍差缪,而学者寡识,不能推详其本真,纷然异论,古今颇尔。某平生以此为大患,适考其是非,正其宗祖"③。又如《释门正统》撰述目的就是为了天台宗遭遇"称戎侮我"④,与敌对抗,申明本宗是佛教正统。这种正统之争到明清时期愈演愈烈,一发不可收拾,成为明清禅宗史学撰述、评述互相倾轧、争斗的主流。

资考一词,是相对宋代官方著录佛教史籍目的而言。《崇文总目》

---

① （宋）释惠洪:《石门文字禅》卷二五,中国台湾新文丰出版社1987年影印明《嘉兴大藏经》本,第23册,第700页。
② （宋）释道原:《景德传灯录》附录一,上海书店出版社2010年译注本,第2466页。
③ （宋）释契嵩:《镡津文集》卷一一,上海古籍出版社2016年标点本,第213—214页。
④ （宋）释宗鉴:《释门正统》序,《卍续藏经》,中国台湾新文丰出版社1994年影印本,第130册,第713页。

427

恢复单独释书类，分类有序，著录数量更多。著录释书有138部，627卷，数量上超过前代。《崇文总目》著录佛教史籍较多，既有《比丘尼传》《宝林传》《法显传》《僧法琳别传》等僧传，亦有《弘明集》《广弘明集》《庐山集》《破胡集》等护法文集，亦有《金陵塔寺记》《舍利塔记》《摄山栖霞寺记》等寺记、塔志。过往隋唐史家对此类书籍属于佛教文献，还是史书性质尚不明确。但《崇文总目》的著录表明宋代官方对佛教史籍首先归属佛教文献，其次是史书性质的一种肯定。其目的则出于有资考证之意。

四 禅统争斗与实录的继承：明清佛教史学批评的多重面向

明清佛教衰弱，但佛教史籍撰述再现复兴，尤其晚明清初之时，禅宗正统之争，天童、临济之争，使得双方争斗史学话语权更为激烈，但旧传、僧史的撰述趋于衰弱，灯录繁盛已是不争事实。教内双方纠结的焦点在于《五灯会元》《景德传灯录》的分歧，批评史书的焦点亦多集中于此。

曹洞宗的僧家褒《景德传灯录》而贬斥《五灯会元》，目的在于抬高曹洞，降低临济。如元贤对《五灯会元》先南岳，后青原的做法颇多微词。"五宗次序，《景德传灯》及《正宗记》俱先青原，后南岳。大川乃私党己宗，以南岳先青原后。又恐人净论，故复以法眼先临济，紊乱极矣。"[①] 净柱亦将"自宋大川普济禅师《五灯会元》始到明末数百年来，大鉴慧能下先南岳，后青原，已成约定俗成之事"[②]，改为先曹洞，后临济，凸显曹洞的中心地位。

---

① （明）释元贤：《继灯录》卷首，《卍续藏经》，中国台湾新文丰出版社1994年影印本，第147册，第702页。
② 释定明：《费隐通容〈五灯严统〉与曹洞、临济的批判、辩说》，《佛学研究》2013年总第22期。

结　语

对净柱、元贤重曹洞，轻临济，争正统的做法，临济宗僧人费隐通容采取针锋相对的反击回应。顺治十七年，他撰述、刊行《五灯严统》，又撰述《五灯严统解惑篇》阐释"洞济之诤"以及禅家内部之争的诸多看法，亦多涉及他对古今灯录、僧传、佛史的诸多褒贬，而这种评述亦与正统之争有紧密联系。通容从详略角度，贬低《景德传灯录》《传法正宗记》之简，大力赞扬《五灯会元》之详。"盖《传灯》与《正宗记》虽入在藏中，约二种书，总四十卷。考其人名，如《传灯》所载，六祖下一千四百三十四人。如《正宗记》所载，六祖下一千四百九十六人。于几千人，而《传灯》只以简易之文，作世次与传。《正宗》则仅以节略之笔，叙其嗣法及世系而已。并不曾将二千余人，昭明举出，表其宗旨，分其支派，纲领节目，浩繁无绪，故不能使家喻户晓。虽有其书，而实未盛行于世也。"① 实际上，二者对《景德传灯录》《五灯会元》的褒贬皆基于禅统利益之上，已无史学撰述之初心。

荒谬不堪与资以考信，是明清官方对佛教史籍的两种不同认知。无论是《文渊阁书目》，还是《四库全书总目》，官修地方通志中的艺文之所以著录佛教史籍的缘由在于有资考证目的。正如馆臣评价《法苑珠林》曰："其间荒唐悠谬之说，与儒理抵牾。"但如果"较后来侈谈心性，弥近理，大乱真者，固尚有间矣"，亦有其可取之处。② 虽然荒谬，与儒家思想相违背，但亦有可资之处。亦如馆臣评价《开元释教录》曰："佛氏旧文，兹为大备，亦兹为最古。所列诸传，尤足为考证之资。"③ 可以说，考证之资是官方著录佛教史籍的最大缘由，除此之外，官方对其并无太多好感。

---

① （清）释通容：《五灯严统解惑编》，《卍续藏经》，中国台湾新文丰出版社1994年影印本，第139册，第1045页。
② （清）永瑢、纪昀主编：《四库全书总目》卷一四五，中华书局1965年影印本，第1237页。
③ （清）永瑢、纪昀主编：《四库全书总目》卷一四五，中华书局1965年影印本，第1237页。

明清文人对佛教史籍的著录和评价亦颇具风格。如王世贞《弇州山人四部续稿》卷一五六对佛教史籍中出现讹误批评甚多，认为记载佛教史事与世俗历史讹误太多，每卷都为其考辨，计有数十条之多。佛教史籍每每标为信史，实则错误百出。清代私人藏书家对佛教史籍著录或出于版本，或出于读后感，或出于教学导读之用，对佛教史籍的评价亦呈现多样化。如李慈铭用史书来比附佛教史籍。"予尝谓九经之外，若《法苑珠林》《佛祖通载》《五灯会元》三书，则犹儒之三史，皆参宗乘者所必须也。"① 他对于佛教史籍的理解仍是以资考据，有补于佛教。又如，金星轺"自幼嗜古，好蓄异书，筑文瑞楼以贮之"②。他按照异书标准著录《邓尉圣恩寺志》《普陀山志》《九华山志》《灵隐寺志》等佛教志书。③ 这种标准完全是出于其个人的喜好。

更有意思的是，教内史家尽管以禅统之争为主撰述僧史、灯录，但也推崇《春秋》《史记》的史意和史法，时时表明其撰述的崇高性、真实性、客观性。正如如惺曰："夫孔子作《春秋》而乱臣贼子惧，太史公作史传天下不肖者耻。今吾释氏而有是书，则使天下沙门非惟不作师子身中虫，而甚有见贤思齐，默契乎言表，得免亡罟者，讵可量哉！"④ 他将僧史比拟孔子《春秋》、司马迁《史记》，意不在于体例而在于史意，希望僧传具有使"乱臣贼子惧""天下不肖者耻"功效，让僧人不作"师子身中虫"，不蝇营狗苟地活在当下，史意较高。德清则认为："塔铭即世之僧史，取信千载之下。"要真实撰

---

① （清）李慈铭著，由云龙辑：《越缦堂读书记》，中华书局2006年版，第1102页。
② （清）杨蟠：《文瑞楼藏书目序》，（清）金星轺编《文瑞楼藏书目录》，王云五主编《丛书集成初编》，中华书局1985年版，第1页。
③ （清）金星轺编：《文瑞楼藏书目录》卷二，王云五主编《丛书集成初编》，中华书局1985年版，第1、17、18页。
④ （明）释如惺：《大明高僧传》卷一，《大正新修大藏经》，中国台湾财团法人佛陀教育基金会1990年版，第50册，第901页。

结 语

述,"不可以荒唐谬悠之言取罪"①。再如,元贤、净柱、通容等互相争论中,史料丰富、考据严谨,是否为信史亦成为双方指责、批评的一个重要内容。正如通容批评《景德传灯录》《传法正宗记》曰:"道原所修《传灯录》亦多差错,如魏府大觉属临济之子,却修为黄檗法嗣。与临济作昆季,则其余差谬可知。如明教云,其所出佛祖年世事迹之差谬者,若传灯录之类。"② 认为《景德传灯录》《传法正宗记》考据不严,讹误太多,无法与《五灯会元》并论。故此,明清教内史家重视禅统,也重视《春秋》中的信史思想。这与古代史家一贯追求史书的真实性、客观性有关。

可以说,明清禅宗正统争夺表现在灯录、僧传的撰述上是愈演愈烈,史家之间的鄙视和评述亦趋于激烈,但双方都一直坚持撰述信史的理念。对明清教外史家来说,无论是官方,还是私家对于佛教史籍的著录和评述仍然沿袭宋代形成的观点。相对宋代教外史家,明清史家对佛教史籍的评述更为严苛。

五 民国佛教史学批评的现代化转型

随着西方、日本撰述方法的传入,民国佛教史籍在撰述内容、结构安排上都有向近代史著转型的趋势,呈现了既有旧式佛教史籍撰述传统,又有在清代乾嘉考据之学影响下佛教史研究的新思路,还有在西方、日本佛教史新式研究影响下出现的新佛教史,出现了中国佛教史籍撰述"百家争鸣"的新局面。其中对佛教史籍、史家、史学发展的总结,既有一书者,亦有一章者,亦有忽视者,此为民国佛教史学批评之一变化。

---

① (明)释德清:《憨山老人梦游集》卷一八,《卍续藏经》,中国台湾新文丰出版社1994年影印本,第127册,第476页。
② (清)释通容:《五灯严统解惑篇》,《卍续藏经》,中国台湾新文丰出版社1994年影印本,第139册,第1048页。

首先，对传统佛教史籍、史学、史家的继承、改造与评述，是民国教内史家的一个方向。如僧德森对彭希涑《净土圣贤录初编》、胡珽《净土圣贤录续编》较为赞赏，"虽记载少而遗漏多，亦大有可观"①，为后世净土传记奠定了一个基础。"文笔圆妙，记事确实"②是他褒奖两书的标准，前者是文采，后者为信史，这两个概念仍是古代史评家的旧有标准。

又如，喻谦欣赏梁慧皎《高僧传》，对宋元以后的僧传则嗤之以鼻。受此影响，1923年他撰述中国旧式僧传的最后一部——《新续高僧传四集》。该书无论在编排结构、文字审定，还是在收录的僧人数量、史学规范上，皆以《高僧传》为准则。所谓："自梁武以逮赵宋，选辑僧传，代有其人。然自宋而后，时历四朝，岁近千载，其开国之初，若元若明以迄有清，莫不推崇象教，故一时高座传经阐化，异迹神力，多有足纪。"③ 明僧如惺编撰的《明高僧传》尤其较差："所辑才及数卷，辞事阙略，参差尤甚，不能称为完书。"④ 实不能反映宋元以后高僧大德的光辉事迹。故喻谦"尊其所闻，广加甄采，汰其复杂，成书六十六卷，得高僧千数百人"，撰成《新续高僧传四集》。可见，撰述者无论在体例上，还是信史理念上，都遵循《高僧传》精神，广搜史料，严谨考据，以成信史，但其目的不再像古代僧家那样弘扬佛法，"非徒为桑门龙象之楷"，而是"启寰宇和平之福"⑤，希望用僧传的撰述来祈求世界和平和幸福，这也是民国佛教史学在史书撰述立意上的一大转变，是民国佛教史学在理论上最大的进步与变化，颇具现代性。

---

① 释德森：《净土圣贤录三编序》，1933年苏州灵岩山寺刊本。
② 释德森：《净土圣贤录三编序》，1933年苏州灵岩山寺刊本。
③ 靳云鹏：《新续高僧传四集序》，喻谦《新续高僧传四集》，1923年北洋印刷局影印本。
④ 靳云鹏：《新续高僧传四集序》，喻谦《新续高僧传四集》，1923年北洋印刷局影印本。
⑤ 靳云鹏：《新续高僧传四集序》，喻谦《新续高僧传四集》，1923年北洋印刷局影印本。

结　语

其次，进化论、实证等西方思潮、新式研究方法涌入中国，民国教内外之研究者受其影响，史学批评范式也出现新变化。

在佛教史观与研究方法上，西方实证思想对佛教史籍撰述影响颇大。美国人宣达尔斯（K. J. Saunders）《美国佛学界之中国佛学史观》用近代方法考察了佛教的最初输入、中国佛教现状等内容。[①] 法国人普纪吕司基（M. Przyluski）《佛学研究》考证佛入涅槃前最后之巡历，佛经原始诵读法，印度佛教数种职名考，那先比丘经中诸名考等内容。法国人莱维（S. Levi）、孝阀纳（E. Chavannes）撰述《法住记及所记阿罗汉考》（冯承钧翻译，商务印书馆1930年初版）针对《法住记》中所记载阿罗汉事情进行考证。[②] 类似实证研究方法来研究佛教文献，都对佛教人物、典籍研究产生一定的影响。

深受西方思想影响较深的胡适，采用怀疑加实证的方法，撰述了《菩提达摩考》、《白居易时代的禅宗世系》、《论禅宗史的纲领》、《禅学古史考》、《〈坛经〉考》（系列）以及编辑《神会和尚遗集》（上海东亚图书馆1930年初版）等著述。[③] 他对《楞伽师资记》《传法正宗记》等记载的禅宗传承、西方二十八祖和东土各祖的考证打破了宋以后禅宗史籍的信史概念，是对古代佛教史家建构"信史"的一次大挑战。

受进化论思想的影响，梁启超开创了一条研究中国佛教经录的新道路。他重新审视佛教经录的价值和特点，认为佛教经录的特点在于历史观念甚发达，辨别真伪极严，比较甚审，搜集史料丰富，分类复杂而周备。[④] 梁启超对佛教经录的评价甚高，多以近代发展的观点考察，较之古人认知佛教经录进一大步。如他提出"经录盖起于道安""经录之学至隋已殆大成""学术愈发达，则派别愈细分"等

---

① 北京图书馆编：《民国时期总书目》宗教分册，书目文献出版社1994年版，第82页。
② 北京图书馆编：《民国时期总书目》宗教分册，书目文献出版社1994年版，第68页。
③ 北京图书馆编：《民国时期总书目》宗教分册，书目文献出版社1994年版，第53页。
④ 梁启超：《佛家经录在中国目录学之位置》，黄夏年主编《梁启超集》，中国社会科学出版社1995年版，第83页。

观点都颇具现代化学术色彩。① 这些都是古代佛教史家评价经录所不见者。

汤用彤《汉魏两晋南北朝佛教史》《隋唐佛教史略稿》将佛教史籍与佛教发展紧密联系在一起，这也是对佛教史籍价值的最大认可。他认为："中国佛教虽根源译典，而义理发挥，在于本土撰述。"② 故将本土撰述分为注疏、论著、纂集、史地编著、目录五项。史地编著又分为释迦传记、教史、僧传、宗派史、杂记、名山寺塔记、西域地志七类。③ 其中释迦传记、僧传，古人多为僧传；教史、宗派史，古人统称僧史；杂记，若古人之经记、杂记类；名山寺塔记、西域地志，古人多列入史部地理类。故汤氏对佛教史籍分类颇有古人之风，他单独为章，重视其与佛教史之关联，在民国佛教史研究中亦为少有。

将西学方法与传统学术融合专门研究中国佛教史籍，开辟这一学科新范式的为陈垣。他撰述《清初僧诤记》《明季滇黔佛教考》《中国佛教史籍概论》等书，一定程度上显示了新旧方法结合的治学态度。正如他总结道："余今不业医，然极得医学之益，非只身体少病而已。近二十年学问，皆用医学方法也。有人谓我懂科学方法，其实我何尝懂科学方法，不过用这些医学方法参用乾嘉清儒考证方法而已。"④ 医学方法是具有西方科学研究精神的方法，乾嘉清儒考证方法则是指中国传统考据之学。

尤其《中国佛教史籍概论》对建构中国佛教史学批评的实证化、现代化功劳尤甚。

首先，陈垣创建中国佛教史籍这一概念，并厘清它与史学研究的关系。他认为："中国佛教史籍恒与列朝史事有关，不参稽而旁考之，

---

① 梁启超：《佛家经录在中国目录学之位置》，黄夏年主编《梁启超集》，中国社会科学出版社 1995 年版，第 87、100、104 页。
② 汤用彤：《隋唐佛教史稿》，中华书局 1982 年版，第 2 页。
③ 汤用彤：《隋唐佛教史稿》，中华书局 1982 年版，第 90 页。
④ 陈垣：《陈垣全集》，安徽大学出版社 2009 年版，第 23 册，第 593—594 页。

结 语

则每有窒碍难通之史迹。此论即将六朝以来史学必需参考之佛教史籍，分类述其大意，以为史学研究之助，非敢言佛教史也。"① 当时学者，无论是梁启超、陈寅恪、胡适、汤用彤，还是黄忏华、蒋维乔等，撰述、研究佛教史比比皆是，但对于佛教史传作品，或如胡适将其当作史料，考证其真伪，或如梁启超研究中国佛教经录之发展，或如汤用彤认为"中国佛教虽根源译典，而义理发挥，在于本土撰述"②。其余学者阐述佛教史时亦未见有谈及佛教史籍者，中国佛教史籍的概念创自陈垣，当自无疑。

其次，陈垣认为中国佛教史籍是研究"列朝史事"的一大助力，不参稽而旁考之，则每有窒碍难通之史迹。在古代教内史家认知中，僧史、僧传一直是弘扬佛法，发扬佛教的辅益之书，而对于官方和儒家士人来说，佛教史籍或是有资考证，或是无益教化的荒谬无用之书。但陈垣提出它是中国史的一大参考，理解中国历史之发展离不开佛教史籍的助力，在学术价值和意义上，给予了中国佛教史籍现代化的最大学术认可。

再次，他认为中国佛教史籍是历史上重要的文化遗产，应该加以重视。陈垣在很多场合都强调中国佛教史籍的重要性。他曾言："中国佛教史籍很多，而且佛教书中，也常与各时代的历史有关系，研究佛学就要注意佛教书，而研究历史，也应注意佛教书，所以对佛教史籍的研究、整理、注释等工作也是一项重要工作。这些佛教书也是我国历史上的一批遗产，也应当加以批判的继承，然后才便于利用。"③ 在研究方法上，陈垣较之《阅藏知津》《四库全书总目》更具科学化、实证化，褒贬更为客观。

类似将新旧方法融合为一体，研究佛教史籍的还有余嘉锡。他撰

---

① 陈垣：《中国佛教史籍概论》，上海书店出版社2005年版，第1页。
② 汤用彤：《隋唐佛教史稿》，中华书局1982年版，第2页。
③ 陈垣：《在中国佛学院教学问题讨论会上的发言》，黄夏年主编《陈垣集》，中国社会科学出版社1995年版，第228页。

文《牟子〈理惑论〉检讨》（北平燕京大学1936年初版），对《弘明集》中《理惑论》的作者加以考证。① 岑仲勉撰述《佛游天竺记考释》（商务印书馆1934年版），就《佛国记》中的人物、时间、地点进行考证。② 这些都是采用新科学精神对旧式佛教史籍提出了新的看法。

相比西方思潮，日本佛教史学研究方法对中国佛教史研究的影响亦颇多。"明治以后，历史的研究方法作为学问的方法而被采用，特别是在佛教史研究中，村上专精与鹫尾顺敬共同出版的《佛教史林》，引入了这种历史的研究方法。"③ 其后，境野黄洋、常盘大定、宇井伯寿等的著述相继传入中国，对中国佛教研究产生了较大影响。④

第一部较系统、科学化的中国佛教史是1928年蒋维乔撰述的《中国佛教史》，该书很大程度上"借资于东籍，竭年余心力，以成此书"⑤。"东籍"指的是境野黄洋1907年出版的《中国佛教史纲》。⑥ 从结构来看，蒋书无专门章节讨论佛教史籍。另一部黄忏华撰述《中国佛教史》，全书分中国佛教之肇始时代（东汉至西晋）、中国佛教之进展时代（东晋至南北朝）、中国佛教之光大时代（隋唐）、中国佛教之保守时代（五代至清）。⑦ 该书多以宇井伯寿《中国佛教史》为基础编撰而成。⑧ 书中只言片语谈及《高僧传》《宋高僧传》等僧传⑨，并无系统考察中国佛教史籍之全貌。可见，日本新式研究佛教方法对民国佛教研究影响虽深，亦形成了一批新式的中国佛教史研

---

① 北京图书馆编：《民国时期总书目》宗教分册，书目文献出版社1994年版，第68页。
② 北京图书馆编：《民国时期总书目》宗教分册，书目文献出版社1994年版，第68页。
③ ［日］镰田茂雄：《近代日本的中国佛教史研究》，圣凯译，《法音》2000年第2期。
④ ［日］镰田茂雄：《近代日本的中国佛教史研究》，圣凯译，《法音》2000年第2期。
⑤ 蒋维乔：《中国佛教史》，湘潭大学出版社2011年版，第1页。
⑥ 肖平：《近代中国佛学研究事业的兴起与日本》，《中山大学学报论丛》2000年第3期。
⑦ 北京图书馆编：《民国时期总书目》宗教分册，书目文献出版社1994年版，第82页。
⑧ 肖平：《近代中国佛学研究事业的兴起与日本》，《中山大学学报论丛》2000年第3期。
⑨ 黄忏华：《中国佛教简史》，福建莆田广化寺2007年印本，第63页。

结　语

究，但从中国佛教史籍考察角度来说，尚不如西方实证对民国学者影响之深。陈垣《中国佛教史籍概论》可谓是其在《阅藏知津》《四库全书总目》基础上，结合实证方法的对中国佛教史籍的第一次现代化、科学意义上的总结和评述，亦是使中国佛教史学批评进入现代化的奠基之作。

余　论

总的来说，印度无佛教史学批评，但中国古代高僧大德、文人居士编撰佛教史籍，除了用传统史学的直笔、实录、传记、通史等记载佛教发展历史、寺院变迁痕迹、宗派发展盛衰，他们还用"论""颂""曰"等方式评论、褒贬佛教历史发展、史籍得失、社会变迁、史学现象等，这些高度凝结的思想载体散乱在中国佛教史籍中，或在序言，或在跋语，或在其间，形式多样，内容精辟，独成一系，是为中国古代中印文化交融的结晶，亦是中国传统文化中不可或缺的一项重要内容。

大致来说，中国佛教史学批评可以概括为三个知识体系、两个不同立场。三个知识体系指佛教、儒家与西方思潮，前者从弘扬佛法、佛教发展等教内角度来认知和考察佛教史籍与史学的发展；儒家则从儒家思想出发认知和评述佛教史学与史籍；西方科学研究精神则指民国时随着西方进化论、实证方法的传入，再加上，日本佛教史研究新方法的影响，赋予中国佛教史籍走向了更加历史化的研究道路。相应的佛教史学批评的角度亦有呈现近代化话语。

两个不同立场是指教内、教外。教内是指教内史家更多是从护教的角度评述佛教史学、史籍的发展。教外是指教外的官方和私家，他们作为政治精英和儒家精英阶层、文人士绅的代表，多从政治意识，儒家教化为先的角度来评述考察包括佛教史籍在内的所有释书。所谓："夫经籍者，机神之妙旨，圣哲之能事，所以经天地、纬阴阳、正纪纲、弘道德。显仁足以利物，藏用足以独善。"① 私家认知佛教史籍目的则多样化，或有导读实用，或有收藏版本，或出于个人藏书兴趣，或读书有感而发等，评述佛教史籍呈现多样化、兴趣化，地域化，个人喜好常融于评述之中。

正如有学者所言，史学批评是促进史学理论发展、新史著作不断出现、史学发展的巨大推动力。② 纵观中国佛教史学批评发展、变化的历程，佛教史学批评亦是中国佛教史学不断发展的推动力。教内史家注重于史籍佛教化的同时，还尽可能借用传统史学的体裁体例、内容繁省有约、古今贯通、属辞比事、文质关系等概念，来评述、撰述佛教史籍，是为传统史学影响佛教史学之一大明证。教外史家则用一种儒家文化、官方意识观点来审视佛教史学的资考之用。民国实证史家在西方思潮的影响下，借用学理和历史的研究两种方法，梳理中国佛教史籍与佛教之间的关联，亦可使中国佛教史籍之著录、评述由传统资料的编辑、汇编走向东西方法融合的新视野研究，由零散见于序跋、经录中，逐渐有系统，"则所得结果，必益精确"。

综上可见，中国佛教史学批评是佛教进入中土之后，受到传统史学影响在理论思想层面上反思的产物。它始于魏晋，发展于隋唐，变化于两宋，丰富于明清，转型于民国。它是中国佛教史学发展的伴生物，它的产生是中国佛教史学发展到一定高度的标志，代表着中国佛教史学家自我史学意识的独立和较高的史学水准，是中国佛教史学完全不同于印度佛教史学，也是佛教中国化在传统史学的理论反映和杰出代表。

---

① 《隋书》卷三二《经籍一》，中华书局1973年标点本，第903页。
② 瞿林东：《史学批评怎样促进史学发展》，《人文杂志》2016年第10期。

主要参考文献

佛教典籍：

（三国吴）康僧会译：《六度集经》，《大正新修大藏经》第三册，中国台湾财团法人佛陀教育基金会1990年版。

（东晋）释法显撰，岑仲勉考释：《〈佛游天竺记〉考释》，知识产权出版社2014年版。

（梁）僧祐撰，苏晋仁、萧炼子点校：《出三藏记集》，中华书局1995年版。

（梁）僧祐撰，李小荣校笺：《弘明集校笺》，上海古籍出版社2013年版。

（梁）释僧祐：《释迦谱》，《大正新修大藏经》第50册，中国台湾财团法人佛陀教育基金会1990年版。

（梁）释宝唱撰，王儒童校注：《比丘尼传校注》，中华书局2006年版。

（梁）释慧皎撰，汤用彤校注，汤一玄整理：《高僧传》，中华书局1992年版。

（北魏）杨炫之撰，周祖谟校释：《洛阳伽蓝记》，中华书局1963年版。

（南朝陈）释慧思：《南岳思大禅师立誓愿文》，《大正新修大藏经》第46册，中国台湾财团法人佛陀教育基金会1990年版。

（隋）释法经：《众经目录》，《大正新修大藏经》第55册，中国台湾财团法人佛陀教育基金会1990年版。

（隋）释彦悰：《众经目录》，《大正新修大藏经》第55册，中国台湾财团法人佛陀教育基金会1990年版。

（隋）费长房：《历代三宝纪》，《中华大藏经》第54册。

（隋）释智颛说，释灌顶记：《摩诃止观》，《大正新修大藏经》第46册，中国台湾财团法人佛陀教育基金会1990年版。

（唐）释玄奘、释辩机著，范祥雍汇校：《大唐西域记汇校》，上海古籍出版社2011年版。

（唐）释玄奘撰，董志翘译注：《大唐西域记》，中华书局2012年版。

（唐）释道世：《法苑珠林》，《大正新修大藏经》第53册，中国台湾财团法人佛陀教育基金会1990年版。

（唐）释道宣：《集神州三宝感通录》，《大正新修大藏经》第52册，中国台湾财团法人佛陀教育基金会1990年版。

（唐）释道宣：《大唐内典录》，《中华大藏经》第54册。

（唐）释道宣撰，郭绍林点校：《续高僧传》，中华书局2014年版。

（唐）释道宣：《开元释教录》，中华书局2018年版。

（唐）道宣撰：《广弘明集》，《大正新修大藏经》第52册，中国台湾财团法人佛陀教育基金会1990年版。

（唐）释道宣撰，范祥雍点校：《释迦方志》，上海古籍出版社2011年版。

（唐）释道宣：《道宣律师感通录》，《大正新修大藏经》第52册，中国台湾财团法人佛陀教育基金会1990年版。

（唐）释道宣：《释迦氏谱》，《大正新修大藏经》第50册，中国台湾财团法人佛陀教育基金会1990年版。

（唐）释智升撰，富世平点校：《开元释教录》，中华书局2018年版。

（唐）释明佺：《大周刊定众经目录》，《大正新修大藏经》第55册，中国台湾财团法人佛陀教育基金会1990年版。

（唐）释靖迈：《古今译经图纪》，《大正新修大藏经》第55册，中国台湾财团法人佛陀教育基金会 1990 年版。

（唐）释窥基：《大乘法苑义林章》，《大正新修大藏经》第 45 册，中国台湾财团法人佛陀教育基金会 1990 年版。

（唐）释彦琮：《唐护法沙门法琳别传》，《大正新修大藏经》第 50 册，中国台湾财团法人佛陀教育基金会 1990 年版。

（唐）释道宣：《集古今佛道论衡实录》，《中华大藏经》第 60 册。

（唐）释神清撰，富世平校注：《北山录校注》，中华书局 2014 年版。

（宋）杨亿等：《大中祥符法宝录》，《宋藏遗珍》，中国台湾新文丰出版有限公司 1978 年版。

（宋）释赞宁著，范祥雍点校：《宋高僧传》，中华书局 1987 年版。

（宋）释惠洪著，吕有祥点校：《禅林僧宝传》，中州古籍出版社 2014 年版。

（宋）释惠洪：《石门文字禅》，中国台湾新文丰出版社 1987 年影印明《嘉兴大藏经》本，第 23 册。

（宋）释道原著，妙音、文雄点校：《景德传灯录》，成都古籍书店 2000 年版。

（宋）释契嵩：《传法正宗记》，《大正新修大藏经》第 51 册，中国台湾财团法人佛陀教育基金会 1990 年版。

（宋）释赞宁撰，富世平校注：《大宋僧史略校注》，中华书局 2015 年版。

（宋）释契嵩：《镡津文集》，《大正新修大藏经》第 52 册，中国台湾财团法人佛陀教育基金会 1990 年版。

（宋）释惠洪：《冷斋夜话》，中华书局 1988 年版。

（宋）释普济撰，苏渊雷点校：《五灯会元》，中华书局 1984 年版。

（宋）释悟明辑，朱俊红点校：《联灯会要》，海南出版社 2010 年版。

（宋）释志磐：《佛祖统纪》，《大正新修大藏经》第 49 册，中国台湾财团法人佛陀教育基金会 1990 年版。

（宋）释祖琇：《隆兴佛教编年通论》，《卍续藏经》第 130 册，中国台湾新文丰出版社1994年影印本。

（宋）释本觉：《释氏通鉴》，《卍续藏经》第131册。

（元）释祥迈：《至元辨伪录》，《大正新修大藏经》第52册，中国台湾财团法人佛陀教育基金会1990年版。

（元）释念常：《佛祖历代通载》，《大正新修大藏经》第49册，中国台湾财团法人佛陀教育基金会1990年版。

（元）释熙仲：《历朝释氏资鉴》，《卍续藏经》第132册。

（元）刘谧：《三教平心论》，《大正新修大藏经》第52册，中国台湾财团法人佛陀教育基金会1990年版。

（元）释觉岸：《释氏稽古略》，《大正新修大藏经》第49册，中国台湾财团法人佛陀教育基金会1990年版。

（元）释灵操：《释氏蒙求》，《卍续藏经》第148册。

（元）释昙噩：《新修科分六学僧传》，《卍续藏经》第133册。

（明）释居顶：《续传灯录》，《卍续藏经》第142册。

（明）释文琇：《增集续传灯录》，《卍续藏经》第142册。

（明）释如惺：《大明高僧传》，《大正新修大藏经》第50册，中国台湾财团法人佛陀教育基金会1990年版。

（明）释明河：《补续高僧传》，《卍续藏经》第134册。

（明）释心泰：《佛法金汤编》，《卍续藏经》第148册。

（明）释无愠：《山庵杂录》，《卍续藏经》第148册。

（明）傅梅撰，向东、关林校点：《嵩书》，中州古籍出版社2003年版。

（明）夏树芳：《名公法喜志》，《卍续藏经》第150册。

（明）朱时恩：《佛祖纲目》，《卍续藏经》第146册。

（明）释幻轮：《释氏稽古略续集》，《大正新修大藏经》第49册，中国台湾财团法人佛陀教育基金会1990年版。

（明）憨山大师：《憨山老人梦游集》，《卍续藏经》第127册。

（明）释元贤：《建州弘释录》，《卍续藏经》第147册。

（明）释元贤：《鼓山永觉和尚广录》，《卍续藏经》第 125 册。

（明）释元贤：《继灯录》，《卍续藏经》第 147 册。

（明）释净柱：《五灯会元续略》，《卍续藏经》第 138 册。

（明）黎眉：《教外别传》，《卍续藏经》第 144 册。

（清）释通醉：《锦江禅灯》，《卍续藏经》第 145 册。

（清）彭绍升撰，赵嗣沧点校：《居士传》，成都古籍出版社 2001 年版。

（清）释通容：《五灯严统》，《卍续藏经》第 139 册。

（清）释真朴撰，杨权等校注：《曹溪通志》，广东教育出版社 2016 年版。

（清）释超永：《五灯全书》，《卍续藏经》第 140 册。

（清）释智楷：《卫灯录》，首都图书馆藏清刊本。

（清）无依道人：《高僧摘要》，《卍续藏经》第 148 册。

（清）释自融：《南宋元明禅林僧宝传》，《卍续藏经》第 137 册。

（清）释戒显：《现果随录》，《卍续藏经》第 149 册。

（清）释纪荫：《宗统编年》，《卍续藏经》第 147 册。

杜洁祥主编：《中国佛寺史志汇刊》，中国台湾明文书局、丹青图书公司出版 1980—1985 年版。

蓝吉福主编：《大藏经补编》，华宇出版社 1986 年版。

白化文、刘永明主编：《中国佛寺志丛刊》，江苏广陵古籍出版社 1996 年版。

白化文、刘永明主编：《中国佛寺志丛刊续》，江苏广陵古籍出版社 2000 年版。

许明编著：《中国佛教经论序跋记集》，上海辞书出版社 2002 年版。

郑州市图书馆文献编辑委员会编：《嵩山岳文献丛刊》，中州古籍出版社 2003 年版。

赵一新主编：《杭州佛教文献丛刊》，杭州出版社 2006 年版。

古籍资料：

（南朝宋）刘义庆：《世说新语》，上海古籍出版社2013年版。

（南朝）刘勰，王志彬译注：《文心雕龙》，中华书局2017年版。

（北齐）魏收：《魏书》，中华书局1974年版。

（唐）欧阳询：《艺文类聚》，上海古籍出版社1965年版。

（唐）魏征等：《隋书》，中华书局1973年版。

（唐）李延寿：《南史》，中华书局1975年版。

（唐）刘知几撰，黄寿成校点：《史通》，辽宁教育出版社1997年版。

（唐）刘肃撰：《大唐新语》，古典文学出版社1956年版。

（唐）段成式：《酉阳杂俎续集》，上海古籍出版社2012年版。

（后晋）刘昫等：《旧唐书》，中华书局1975年版。

（宋）欧阳修等：《新唐书》，中华书局1975年版。

（宋）王禹偁：《小畜集》，商务印书馆1937年版。

（宋）范祖禹：《唐鉴》，三秦出版社2003年版。

（宋）王尧臣等编，（清）金锡鬯辑释：《崇文总目》，《粤雅堂丛书》，《中国历代书目丛刊》，现代出版社1987年版。

（宋）司马光：《资治通鉴》，中华书局1956年版。

（宋）李焘：《续资治通鉴长编》，中华书局1979年版。

（宋）郑樵撰，王树民点校：《通志·二十略》，中华书局1965年版。

（宋）晁公武编，孙猛校：《郡斋读书志校证》，上海古籍出版社1990年版。

（宋）陈振孙撰，徐小蛮、顾美华点校：《直斋书录解题》，上海古籍出版社1987年版。

（宋）尤袤：《遂初堂书目》，《丛书集成初编》，中华书局1985年版。

（元）脱脱等：《宋史》，中华书局1978年版。

（元）耶律楚材著，谢方点校：《湛然居士文集》，中华书局1986年版。

（元）马端临：《文献通考》，中华书局1986年版。

（元）陶宗仪：《说郛》，上海古籍出版社1988年版。

（明）谈迁：《国榷》，中华书局1958年版。

（明）王世贞：《弇州山人四部稿》，《景印文渊阁四库全书》第1284册，中国台湾商务印书馆1986年版。

（明）王世贞：《弇山堂别集》，中华书局1985年版。

（清）赵士麟、王国安等编纂：《（康熙）浙江通志》，《中国地方志集成·省志辑·浙江》，凤凰出版社2010年版。

（清）赵弘恩等监修，黄之隽等编纂：《（雍正）江南通志》，《中国地方志集成·省志辑·江南》，凤凰出版社2010年版。

（清）昭梿撰，何英芳点校：《啸亭杂录》，中华书局2010年版。

（清）黄虞稷撰，瞿凤起、潘景郑整理：《千顷堂书目》，上海古籍出版社2001年版。

（清）黄虞稷：《明史艺文志稿》，日本京都大学图书馆藏刊本。

（清）王鸿绪：《明史稿》，文海出版社有限公司影印敬慎堂刊本，1984年版。

（清）张廷玉：《明史》，中华书局1974年版。

（清）董皓：《全唐文》，上海古籍出版社1990年版。

（清）永瑢、纪昀主编：《钦定文渊阁四库全书》，中国台湾商务印书馆1987年版。

（清）永瑢、纪昀主编：《四库全书总目》，中华书局1965年版。

（清）永瑢等：《四库全书简明目录》，上海古籍出版社1985年版。

（清）汪士钟编：《艺芸书舍宋元书目》，《丛书集成初编》，中华书局1985年版。

（清）瞿镛编纂，瞿果行标点：《铁琴铜剑楼藏书目录》，上海古籍出版社2000年版。

（清）沈复粲编，潘景郑校订：《鸣野山房书目》，上海古籍出版社2005年版。

（清）钱曾撰，瞿凤起编：《虞山钱尊王藏书目录汇编》，上海古籍出版社 2005 年版。

（清）周中孚：《郑堂读书记》，北京图书馆出版社 2007 年版。

（清）李慈铭著，由云龙辑：《越缦堂读书记》，中华书局 2006 年版。

（清）章学诚：《文史通义》，上海书店 1988 年版。

（清）张之洞撰，范希曾补正，徐鹏导读：《书目答问》，上海古籍出版社 2001 年版。

（清）沈初等撰，杜泽逊、何灿点校：《浙江采集遗书总录》，上海古籍出版社 2010 年版。

（清）孙星衍：《孙氏祠堂书目》，光绪癸未李氏木犀轩刊本。

（清）严可均辑，苑育新审订：《全三国文》，商务印书馆 1999 年版。

（清）严可均辑，苑育新审订：《全晋文》，商务印书馆 1999 年版。

（清）严可均辑，苑育新审订：《全梁文》，商务印书馆 1999 年版。

（清）严可均辑，苑育新审订：《全隋文》，商务印书馆 1999 年版。

吴慰祖校订：《四库采进书目》（原名《各省进呈书目》），商务印书馆 1960 年版。

曾枣庄等：《全宋文》，巴蜀书社 1991 年版。

冯惠民、李万健等：《明代书目题跋丛刊》，书目文献出版社 1994 年版。

《续修四库全书》编纂委员会编：《续修四库全书》，上海古籍出版社影印本，1995 年版。

《四库全书存目》编纂委员会编：《四库全书存目》，齐鲁书社 1997 年版。

周绍良主编：《全唐文新编》，吉林文史出版社 2000 年版。

《国家图书馆藏古籍题跋丛刊》，北京图书馆出版社 2002 年版。

王承略、刘心明等编：《二十五史艺文经籍志考补萃编》，清华大学出版社 2013 年版。

近人论著：

白寿彝：《史学概论》，宁夏人民出版社 1985 年版。

白云:《中国古代史学批评史论纲》,人民出版社2010年版。

曹刚华:《明代佛教方志研究》,中国人民大学出版社2011年版。

曹刚华:《宋代佛教史籍研究》,华东师范大学出版社2006年版。

曹仕邦:《中国佛教史学史——东晋至五代》,法鼓文化事业股份有限公司1999年版。

曹仕邦:《中国沙门外学的研究——东汉至五代》,东初出版社1994年版。

陈宝良:《明代士大夫的精神世界》,北京师范大学出版社2017年版。

陈兵主编:《新编佛教辞典》,世界语出版社1994年版。

陈士强:《大藏经总目提要·文史藏》第1册,上海古籍出版社2008年版。

陈士强:《佛典精解》,上海古籍出版社1992年版。

陈永革:《晚明佛教思想史》,宗教文化出版社2007年版。

陈玉女:《明代佛教区域发展路线之变迁——以高僧活动圈为主要观察对象》,《明史研究》第10辑,黄山书社2007年版。

陈垣:《明季滇黔佛教考》,河北教育出版社2000年版。

陈垣:《中国佛教史籍概论》,上海书店出版社2005年版。

陈自力:《释惠洪研究》,中华书局2005年版。

程曦:《明代儒佛融通思想研究》,合肥工业大学出版社2008年版。

戴蕃豫:《中国佛典刊刻源流考》,书目文献出版社1995年版。

方立天:《中国佛教与传统文化》,上海人民出版社1998年版。

郭丹:《先秦两汉史传文学史论》,上海古籍出版社2014年版。

黄碧姬:《费长房〈历代三宝纪〉研究》,中国台湾花木兰文化出版社2009年版。

黄忏华:《中国佛教史》,福建莆田广化寺内部印本,2007年版。

黄海涛:《明清佛教发展新趋势》,云南大学出版社2008年版。

黄夏年主编:《陈垣集》,中国社会科学出版社1995年版。

黄夏年主编:《梁启超集》,中国社会科学出版社1995年版。

纪赟：《慧皎〈高僧传〉研究》，上海古籍出版社2009年版。

江灿腾：《晚明佛教改革史》，广西师范大学出版社2006年版。

蒋维乔：《中国佛教史》，湘潭大学出版社2011年版。

金建锋：《弘道与垂范——释赞宁〈宋高僧传〉研究》，中国社会科学出版社2014年版。

瞿林东：《中国古代史学批评纵横》，中华书局1994年版。

瞿林东：《中国史学史纲》，北京出版社1999年版。

来新夏：《古典目录学》修订本，中华书局2013年版。

蓝吉富：《佛教史料学》，东大图书股份有限公司1997年版。

李熙：《僧史与圣传——〈禅林僧宝传〉的历史书写》，中国社会科学出版社2014年版。

李小荣：《〈弘明集〉、〈广弘明集〉述论稿》，巴蜀书社2005年版。

梁启超：《中国佛教研究史》，中国社会科学出版社2008年版。

林淑玟：《南山大律师——道宣律师》，法鼓文化事业公司1996年版。

刘立夫：《弘道与明教：〈弘明集〉研究》，中国社会科学出版社2004年版。

刘学军：《张力与典范：慧皎〈高僧传〉书写研究》，商务印书馆2022年版。

吕澂：《中国佛学源流略讲》，上海人民出版社1979年版。

倪士毅：《中国古代目录学史》，杭州大学出版社1998年版。

潘桂明：《中国居士佛教史》，中国社会科学出版社2000年版。

《清代佛教史籍研究》，人民出版社2018年版。

饶宗颐：《中国史学上之正统论》，上海远东出版社1996年版。

任继愈主编：《中国佛教史》，中国社会科学出版社1981年版。

任士敏：《中国佛教史·清代》，人民出版社2015年版。

任宜敏：《中国佛教史·明代》，人民出版社2009年版。

任宜敏：《中国佛教史·元代》，人民出版社2005年版。

圣严法师：《明末佛教研究》，宗教文化出版社2006年版。

宋道发：《佛教史观研究》，宗教文化出版社2009年版。
汤用彤：《汉魏两晋南北朝佛教史》，上海人民出版社2015年版。
汤用彤：《隋唐佛教史稿》，中华书局2016年版。
汤用彤：《魏晋玄学论稿》，上海人民出版社2015年版。
童玮编：《二十二种大藏经通检》，中华书局1997年版。
王德恒：《中国方志学》，大象出版社1997年版。
王丽娜：《汉译佛典偈颂研究》，商务印书馆2016年版。
王亚荣：《道宣评传》，宗教文化出版社2017年版。
王月清：《中国佛教伦理研究》，南京大学出版社2000年版。
魏承思：《中国佛教文化史稿》，上海人民出版社1991年版。
魏道儒：《中华佛教史·宋元明清佛教史卷》，山西教育出版社2013年版。
向燕南：《中国史学思想通史·明代卷》，黄山书社2002年版。
杨健：《清王朝佛教事务管理》，社会科学文献出版社2008年版。
杨艳秋：《明代史学探研》，人民出版社2005年版。
杨曾文：《隋唐佛教史》，中国社会科学出版社2014年版。
杨志飞：《赞宁〈宋高僧传〉研究》，巴蜀书社2014年版。
姚名达：《中国目录学史》，商务印书馆2014年版。
于海波：《清代净土宗著述研究》，巴蜀书社2009年版。
张曼涛：《现代佛教学术丛书》，中国台湾大乘文化出版社1979年版。
周齐：《明代佛教与政治文化》，人民出版社2005年版。
周齐：《清代佛教与政治文化》，人民出版社2015年版。

重要论文：

梁启超：《佛家经录在中国目录学上之位置》，《图书馆季刊》1926年第3期。
冯承钧：《王玄策事辑》，《清华学报》1932年第2期。
向达：《记现存几个古本〈大唐西域记〉》，《文物》1962年第1期。

谢俊贵：《清代目录类型简述》，《广东图书馆学刊》1982年第3期。

黄夏年：《四朝〈高僧传〉与法门寺》，《世界宗教研究》1983年第1期。

黄爱平：《王鸿绪与〈明史〉纂修——王鸿绪"窜改""攘窃"说质疑》，《史学史研究》1984年第1期。

苏晋仁：《佛教传记综述》，《世界宗教研究》1985年第1期。

陈士强：《〈佛祖统纪〉脉略》，《法音》1988年第4期。

陈士强：《〈景德传灯录〉概述》，《法音》1988年第6期。

陈桥驿：《法显与〈法显传〉》，《山西大学师范学院学报》1989年第2期。

邓子美：《佛教史籍在历史编撰上的贡献》，《史学史研究》1990年第2期。

赵俊：《魏晋南北朝史学批评述论》，《中国社会科学院研究生院学报》1990年第3期。

刘乃昌：《宋代文化概观》，《高校理论战线》1991年第1期。

吴杰、黄爱平：《论清代目录学》，《清史研究》1992年第3期。

李剑亮：《〈宋高僧传〉的文学史料价值》，《杭州大学学报》1994年第1期。

黄爱平：《〈明史〉纂修与清初史学——兼论万斯同、王鸿绪在〈明史〉纂修中的作用》《史学史研究》1994年第2期。

马建华：《罗含的〈更生论〉与佛教的轮回说——〈弘明集〉研究之二》，《福建师大福清分校学报》1996年第1期。

程民生：《论宋代佛教的地域差异》，《世界宗教研究》1997年第1期。

靖居：《中国佛教史学之研究》，《佛学研究》1998年年刊。

汤勤福：《朱熹与〈通鉴纲目〉》，《史学史研究》1998年第2期。

王路平：《明清贵州临济禅宗灯系及其典籍著述》，《世界宗教研究》1999年第1期。

宋道发：《中国佛教史观的形成愈佛教史学的建立》，《法音》1999年第 12 期。

蒋海怒:《道宣与中国佛教文献学》,《宗教哲学季刊》1999 年第 5 卷第 4 期。

张总:《末法与佛历之关联初探》,《中国佛学》1999 年总第 17 期。

陈钟楠:《略说中国佛教史学文献》,《古籍整理研究学刊》2001 年第 3 期。

洪修平:《佛儒道三教关系与中国佛教的发展》,《南京大学学报》2002 年第 3 期。

严耀中:《试论佛教史学》,《史学理论研究》2002 年第 3 期。

曹刚华:《试论中国古代官私书目中的佛教典籍》,《图书馆杂志》2002 年第 6 期。

韩毅:《〈佛祖统纪〉与中国僧人的史学思想》,《河北学刊》2003 年第 5 期。

严耀中:《试论宗教文献学》,《上海师范大学学报》2004 年第 1 期。

王守春:《道安与〈西域志〉》,《西域研究》2006 年第 4 期。

仓修良:《朱熹和〈资治通鉴纲目〉》,《安徽史学》2007 年第 1 期。

纪华传:《永觉元贤〈鼓山志〉及其文献价值》,《世界宗教研究》2008 年第 2 期。

葛兆光:《〈魏书·释老志〉与初期中国佛教史的研究方法》,《世界宗教研究》2009 年第 1 期。

哈磊:《宋代目录书所收禅宗典籍》,《四川师范大学学报》(社会科学版) 2010 年第 3 期。

金秉垣:《辩太极图源于佛教一说》,《世界宗教研究》2010 年第 3 期。

余欣:《〈大唐西域记〉古写本述略稿》,《文献》2010 年第 4 期。

黄夏年:《丈雪通醉禅师对四川佛教的贡献——兼谈明清四川佛教的性格》,《西南民族大学学报》2010 年第 12 期。

季爱民:《道宣与中国佛教史上"法难观"的形成》,《东北师范大学学报》(哲学社会科学版) 2011 年第 1 期。

定明：《费隐通容〈五灯严统〉与曹洞、临济的批判、辨说》，《佛学研究》2013年总第22期。

圣凯：《明末清初律宗的传播情况与特点——以〈南山宗统〉与〈律宗灯谱〉为中心》，《世界宗教研究》2014年第5期。

朱东润：《道宣〈续高僧传〉之传叙》，《中华文史论丛》2015年第1期。

张云：《黄虞稷〈千顷堂书目〉与〈明史·艺文志稿〉关系考实》，《文史》2015年第2辑。

颜世明、高健：《道安〈西域志〉研究三题》，《新疆社科论坛》2016年第3期。

孔维勤：《罗含〈更生论〉初探》，《吉林师范大学学报》（人文社会科学版）2017年第2期。

崔颖：《王世贞佛学思想研究》，《宗教学研究》2018年第1期。

王大伟：《唐代道宣与他的佛教感通世界》，《华东师范大学学报》2018年第1期。

罗凌：《〈宋史·艺文志〉子部释氏类书目考辨》，《三峡论坛》2018年第3期。

刘净净：《〈千顷堂书目〉与〈明史艺文志稿〉关系新证》，《文献》2018年第3期。

王绍峰：《〈续高僧传〉在僧传撰著历史上的地位》，《湖州师范学院学报》2019年第1期。

王宣标：《杭世骏与雍正〈浙江通志·经籍〉的纂修》，《中国地方志》2019年第4期。

何宗美：《〈四库全书总目〉明代子部的佛禅批评——思想史、文学史考察的一个侧面》，《武汉大学学报》（哲学社会科学版）2019年第6期。

国外论著：

乔衍绾：《中国佛教史籍概论与历代艺文志》，《中国图书馆学会学报》1991年。

阮忠仁：《从〈历代三宝记〉论费长房的史学特质及意义》，《东方宗教研究》新1期1990.10。

［加］卜正民（Timothy Brook）：*Geographical Sources of MING-Qing*《明清地理史籍提要汇编》，Center for Chinese Studies The University of Michigan，2002。

［美］柯嘉豪（John Kieschnick）：*Buddhist Historiography in China*（《中国佛教史学》），Columbia University Press，2022。

［美］斯坦利·威斯坦因著，张煜译：《唐代佛教》，上海古籍出版社2015年版。

［日］长谷部幽溪：《明清佛教研究序说》，中国台湾新文丰公司1979年版。

［日］长谷部幽溪：《明清佛教研究资料》，中国社科院世界宗教研究所作者馈赠本。

［日］大内文雄：《南北朝隋唐时期佛教史研究》，法藏馆，2013年。

［日］高田时雄：《京都兴圣寺现存最早的〈大唐西域记〉抄本》，《敦煌研究》2008年第2期。

［日］高雄义坚：《宋代佛教史研究》，陈季菁译，华宇出版社1987年版。

［日］忽滑谷快天：《中国禅学思想史》，朱谦之译，上海古籍出版社1994年版。

［日］尸次显彰：《仏教世界における历史家の视点：——僧祐·道宣を中心とする史书编纂の背景》，《现代と亲鸾》2017年第36卷。

［日］镰田茂雄：《简明中国佛教史》，郑彭年译，上海译文出版社1986年版。

［日］牧田谛亮：《中国近世佛教史研究》，中国台湾华宇出版社1985年版。

［日］前川隆司：《道宣の佛教史观》，《印度学佛教学研究》1961年第9卷第2期。

［日］藤善真澄：《〈道宣伝〉の研究》，京都大学学术出版会 2002年版。

［日］小野玄妙：《佛教经典总论》，杨白衣译，中国台湾新丰文出版公司 1983 年版。

［日］野上俊静：《中国佛教史概说》，中国台湾商务印书馆 1993 年版。

［日］中村元：《中国佛教发展史》，余万居译，天华出版事业股份有限公司 1984 年版。

［英］崔瑞德主编：《剑桥中国明代史》，中国社会科学出版社 1992年版。

后　　记

批评与反省历来是社会进步的主要因素之一。2006年《南方都市报》社论《继承鲁迅：因为热爱而绝不放弃批判》中提到的一句话至今让我记忆犹新："没有哪一个时代不需要思想者的医治，没有哪一个时代不需要批评者的坚持。"在我看来，批评是一种鼓励，是一种坚持，更是一种鞭策，它可以刺激个人、群体、社会的痛点，让人和社会在自我中冷静与反思。

从2004年博士毕业至今已近二十年。一方面，博士阶段想要做的事情——将陈垣先生《中国佛教史籍概论》写成五卷本断代史的构想一直鞭策着我，至今已经出版《宋代佛教史籍研究》《明代佛教方志研究》《清代佛教史籍研究》三部专著，尽管不尽如人意，但一直在努力。再加上一些志同道合的青年才俊、海外学者陆续加入这个研究，中国佛教史学研究之兴盛指日可见，亦不负八十余年前（1942年）陈老撰成《中国佛教史籍概论》，开创中国佛教史籍研究之"新园地"。另一方面，我也在反思，从套路到个性，从文献到思想，从历史到宗教，用什么样的眼光去理解中国佛教史学的发展，史学批评的思维很自然影响了我阅读、解构中国佛教史籍与史学的视角。

佛教史学批评是中国佛教史家对佛教史学发展的一种总结和评述，它有褒有贬，散落在佛教典籍与传统文献中，它是中国史学的另一种精髓，是佛教中国化表现在史学融合的结晶。本书的出版也算是我多年来阅读中国佛教史籍的一些不成熟心得，它既有对中国佛教史学批评框架的思考，亦有对具体史家、史书的不同理解，对错皆在我，而不在文献。

感谢中国人民大学良好的学术和生活环境，感谢国家哲学社会科学基金、中国人民大学科研基金对本书研究、出版的支持。感谢学生安大伟、刘欣宇、孙祎达、吴晗、于尚波、刘海杰等对原始史料的核对和文字修改。本书部分内容曾在《世界宗教研究》《史林》《史学史研究》等刊物上发表过，一并感谢。

感恩在我前行道路上所有帮助过我的师友和家人们，你们一直是我勇敢前行的动力。

谨以此书献给我的父亲！1994年9月14日，我即将离开家乡奔赴大学前一夜，父亲给我的笔记本上写道"学习进步，报效祖国，做一个有用的人"，我永远牢记心中。

曹刚华

2024年1月